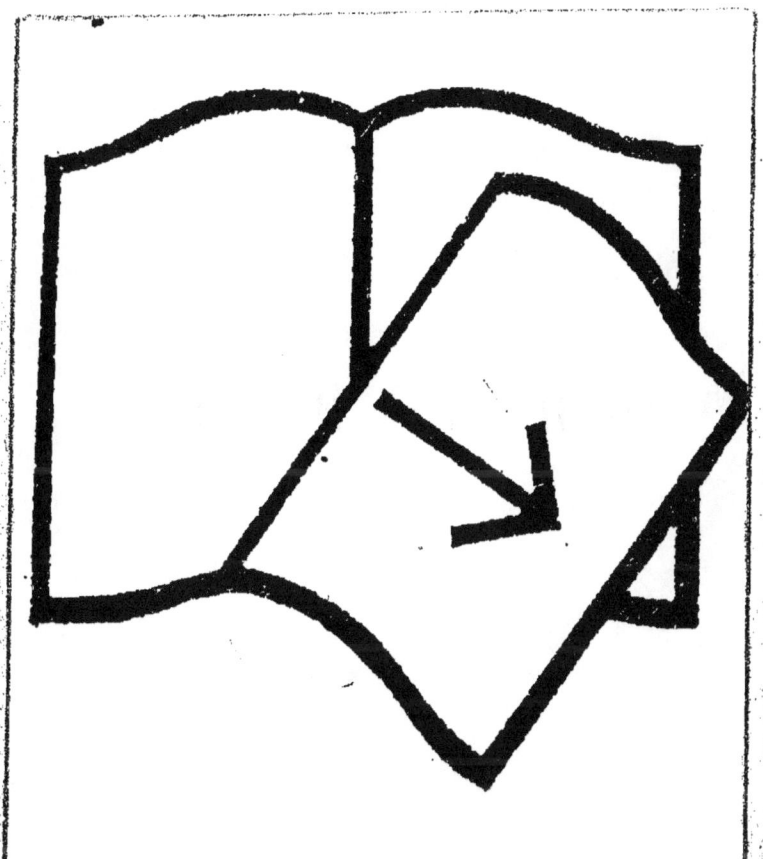

Couvertures supérieure et inférieure manquantes

LA PÊCHEUSE D'AMES

Imprimeries réunies, B, rue Mignon, 2.

SACHER-MASOCH

LA
PÊCHEUSE D'AMES

ROMAN TRADUIT DE L'ALLEMAND
AVEC L'AUTORISATION DE L'AUTEUR

PAR

L.-C. COLOMB

PARIS
LIBRAIRIE HACHETTE ET Cie
79, BOULEVARD SAINT-GERMAIN, 79
1889
Droits de propriété réservés.

LA PÊCHEUSE D'AMES

I

LA PRÉDICTION

> Devant mon esprit se dévoile tout ce qui sera.
> ESCHYLE.

Un cri sauvage et désespéré comme celui d'un tigre blessé retentit dans le silence et le calme du soir. Les chevaux s'arrêtèrent, sans que le cocher tirât sur les rênes; et, pendant qu'il se signait, un jeune officier se levait dans la légère calèche et regardait tout ému dans la direction d'où était venu ce cri épouvantable.

« Qu'est-ce ?

— On dirait qu'un homme a crié au secours, répondit le cocher.

— Où ?

— Si j'ai bien entendu, cela venait de l'eau. »

L'officier sauta hors de la calèche et s'élança vers la rivière, à travers les chaumes et les épaisses broussailles. Encore un cri, un dernier, étouffé, cette fois, un cri de détresse, suppliant; puis l'eau fit entendre un sifflement, comme si l'on y avait jeté une pierre brûlante.

« Il y a quelqu'un qui se noie, » pensa l'officier. Il prit son revolver, courut à en perdre haleine vers la rive à travers la prairie et les roseaux. Dans le demi-jour qui suivait le coucher du soleil, l'eau avait des reflets blafards; les flots roulaient avec des teintes de plomb fondu entre les berges peu élevées. Rien de suspect, ni dans le petit bois où était maintenant l'officier, ni dans l'eau qui murmurait, ni sur le tertre couvert de gazon qui s'élevait en face.

Le jeune homme songeait à s'en retourner, lorsque sur l'autre rive apparut quelque chose de blanc, puis une forme humaine, puis une deuxième.

« Qui va là? » cria-t-il.

Pas de réponse.

« Halte ! »

La blanche apparition s'éloigna en flottant en l'air, et en même temps les buissons semblèrent s'animer.

« Halte ! ou je tire ! » cria de nouveau l'officier.

Comme les vagues figures prenaient la fuite, il fit feu deux fois avec son revolver. L'éclair et la détonation traversèrent solennellement les sombres profondeurs du bois, puis tout redevint silencieux. Les étranges fantômes s'étaient évanouis.

Le jeune officier revint mécontent à sa voiture.

« L'avez-vous touché, herr lieutenant? demanda le cocher.

— Malheureusement, je suis arrivé trop tard. Les gueux ont échappé.

— Qui sait si c'en étaient? dit le cocher. Il se passe des choses peu rassurantes dans ce pays-ci.

— Quoi donc? »

Le cocher regarda avec inquiétude autour de lui. « Ce qu'il y a de mieux, c'est de n'en pas parler. Remontez plutôt en voiture, herr Zésim. Madame votre mère vous attend, et il se fait tard. »

Le jeune officier remonta dans la calèche, et les chevaux repartirent à toute vitesse, traversant les flaques d'eau qui rejaillissaient et les fondrières dans lesquelles il semblait que la voiture allait s'abîmer.

Après une longue absence, Zésim Jadewski revenait dans son pays. Jusqu'alors il avait été en garnison à Moscou, à Pétersbourg, et même pendant quelque temps dans le Caucase. A peine eut-il foulé avec son régiment le sol sacré de l'antique Kiew, l'ancienne ville des czars, qu'il demanda un congé; et maintenant il se rendait en toute hâte chez sa mère, qui possédait un domaine dans le voisinage.

Le soleil avait presque disparu derrière la forêt lointaine. Il n'y avait plus que les cimes des arbres où flottât encore une légère teinte rouge. Plaines, collines, bois, hameaux, châteaux s'apercevaient maintenant à travers le voile gris transparent du crépuscule du soir. Les bêtes fauves regagnaient leurs tannières, et dans les broussailles qui bordaient les pâturages se montraient des flammes errantes, feux follets ou yeux brillants de quelque loup, en quête d'une proie.

Dans leur course rapide, ils franchirent un marais, passèrent sur un pont en ruine, traversèrent un petit bois de hêtres, et arrivèrent enfin au village de Koniatyn. De tous les côtés s'élevait une fumée bleuâtre : ici elle sortait d'une cheminée de pierre; là elle se frayait un passage à travers un toit de chaume noirci. Une vapeur légère flottait autour des cabanes basses; elle s'élevait des haies et des vergers. Par les portes ouvertes on voyait la lueur rouge des âtres; les chiens aboyaient avec fureur. Auprès du puits se tenaient des jeunes filles avec de longues tresses et les pieds nus, qui remplissaient leurs seaux de bois.

Il faisait maintenant tout à fait sombre. Zésim se pencha hors de la voiture pour découvrir la maison paternelle. Elle était là; là s'étendait son toit entre les hauts peupliers, et à l'une des petites fenêtres brillait une lumière. Le jeune officier sentit un attendrissement de bonheur dans son âme. Déjà le vieux chien de chasse aveugle de son défunt père le saluait avec un gémissement de joie. La porte s'ouvrit; la calèche entra dans la cour; il était dans ses foyers.

Sa bonne et douce mère descendit les marches du perron. Il se jeta dans ses bras; elle le regarda, le toucha pour s'assurer que c'était bien lui, le cher enfant, le fils dont elle avait été si longtemps privée. Puis elle traça le signe de la croix sur son front et lui donna un baiser.

« Ah! comme tu as été longtemps loin de moi! dit d'une voix tout émue la vieille dame, comme tu es grand! comme tu es fort! comme l'uniforme te va bien! Dieu soit loué! ils ne t'ont pas tué dans le Caucase! »

Mme Jadewska le conduisit dans la maison. Toute la troupe des vieux serviteurs arriva pour voir le jeune maître et le saluer, mais aucune main ne le toucha et ne le servit que celle de sa mère. Elle lui ôta son bonnet et son épée; elle lui apporta le souper; elle lui remplit son verre d'un généreux vin de Hongrie, s'assit près de la fenêtre entre ses fleurs et sa volière, et se mit à le contempler, silencieuse et heureuse.

C'est qu'aussi Zésim était bien fait pour réjouir le cœur

d'une mère. De bonne taille, élancé, avec des muscles d'acier, un beau et noble visage, qu'encadrait une courte barbe blonde, et où brillaient deux grands yeux bleus enthousiastes, il représentait la nature humaine dans ce qu'elle a d'aimable.

« Combien de temps restes-tu ? lui demanda tout d'abord sa mère.

— Deux semaines, mère chérie, mais Kiew est près; je reviendrai bientôt.

— A Noël ?

— Plus tôt, aussi souvent que je le pourrai. »

Il regarda autour de lui, et une émotion silencieuse s'empara de son cœur. Tout était comme il l'avait laissé, quand il était parti, encore adolescent. Chacune des vieilles armoires, des vieilles tables, des vieilles chaises était toujours à la même place. Le sopha avait toujours son étoffe à fleurs, qu'il connaissait si bien. L'antique horloge faisait toujours entendre son majestueux tic-tac. Sur le poêle se tenait encore la Diane de plâtre, avec son carquois et son arc; et sur la commode étaient les flacons avec les fruits confits dont il aimait tant à se régaler.

« Qu'est devenue Dragomira ? » demanda tout à coup Zésim.

Mme Jadewska haussa les épaules.

« Elle n'a pourtant pas quitté le bon chemin ?

— C'est selon comme tu l'entends. Elles sont devenues dévotes, elle et sa mère. Tu ne reconnaîtras pas ta joyeuse compagne d'autrefois. On n'entend plus chez elles qu'oraisons et psaumes de la pénitence.

— Il faut que j'y aille, aujourd'hui même.

— Pourquoi tant te presser ?

— Je ne sais, je me réjouis de revoir Dragomira. N'était-elle pas autrefois ma petite femme, quand nous nous bâtissions des maisonnettes avec des bottes de paille et des branches.

— Je ne t'en empêche pas, tu peux y aller, mais tu ne trouveras pas ce que tu cherches.

— Combien y a-t-il d'ici à Bojary ? Un quart de lieue ?

— Oui, à peu près. »

Zésim se leva, prit son bonnet, chargea son fusil de chasse, qui était pendu à un clou, le mit sur son épaule, embrassa sa mère et partit.

La route passait par les champs dont les blés étaient coupés et par une prairie où les bergers avaient allumé un grand feu autour duquel ils s'étaient installés pendant que les chevaux paissaient, les jambes de devant entravées. Le croissant de la lune apparaissait au-dessus de la forêt. On entendait de temps en temps les clochettes des chevaux, les airs mélancoliques du chalumeau et le murmure lointain de la rivière.

Quand Zésim fut près du château de Bojary, le cœur lui battit avec force et l'image de sa petite amie d'enfance se dressa vivante devant lui. Il était arrivé à la porte : il frappa. Les aboiements d'un chien lui répondirent; du reste, tout demeura silencieux. Les sombres peupliers bruissaient d'une façon sinistre. La maison et la cour étaient plongées dans la plus profonde obscurité. Aucune fumée ne sortait des cheminées; aucune fenêtre n'était éclairée.

Zésim frappa de nouveau. Enfin des pas lents et traînants s'approchèrent.

« Qui est là ?

— Mme Maloutine est-elle à la maison ?

— Non.

— Et Mlle Maloutine ?

— Non plus. »

Zésim haussa les épaules, et, de fort mauvaise humeur, se mit en route pour revenir chez lui.

Cette fois, il prit par la forêt. La lumière argentée du croissant de la lune lui montrait le chemin entre les trous noirs, les arbres tombés et les épaisses broussailles. Tout à coup, une lueur rouge illumina le sentier, et, du milieu des noisetiers et des buissons de ronces, des étincelles jaillirent, à travers la nuit, vers le ciel majestueux. Il tourna à gauche et se trouva bientôt en face d'un feu clair qui flambait. Des coups de sifflet retentirent, de sombres figures surgirent de différents côtés.

Zésim abaissa son fusil :

« Qui va là ?

— Des bohémiens, monsieur, » répondit une voix humble, et, du fourré, sortit un gaillard basané et velu qui s'inclina respectueusement.

Zésim s'approcha du feu, autour duquel était établi un fantastique campement de bohémiens. Des tentes étaient dressées, de petits chariots les entouraient, les chevaux piaffaient; des hommes à la peau brune étaient étendus sur leurs manteaux et dormaient; d'autres dépouillaient de sa peau un agneau qu'ils avaient certainement volé. Une jeune mère berçait son nourrisson, des enfants nus couraient çà et là, des chiens aboyaient et montraient les dents. Deux femmes surveillaient les chaudrons qui ronflaient sur les flammes.

Pendant que Zésim, encore étonné, contemplait cet étrange tableau, il vit s'avancer une jeune et jolie femme, aux yeux brillants, à la chevelure noire et flottante, au corps élancé, de la teinte de l'ébène. Elle avait une robe rouge collante, et, par-dessus, un vêtement blanc, court et sans manches, en peau d'agneau. Elle était à cheval sur un ours apprivoisé, et elle salua Zésim d'un air à la fois fier et moqueur.

Cette étonnante créature semblait être la reine de la bande.

« Que cherches-tu chez nous, bel étranger ? dit-elle en sautant à bas du dos velu de sa sauvage monture. Si tu veux me faire un cadeau, je te prédirai l'avenir, car je vois tout ce qui a été, tout ce qui est, et tout ce qui sera. »

Zésim lui donna en riant une pièce d'argent. Elle la regarda, la mit dans son sein, et prit ensuite la main du jeune homme.

« Du bonheur, beaucoup de bonheur, murmura-t-elle en secouant la tête, mais tout cela est bien loin. De grands dangers te menacent, et de puissants obstacles s'entassent autour de toi. Tu triompheras de tout, si tu es sage, fidèle et courageux. Deux femmes se tiennent sur le chemin de ta vie ; tu les aimeras toutes deux, et toutes deux te donneront leur cœur. Pourtant, il en est une dont tu dois te garder : elle menacera ta vie, et si tu n'es pas prévoyant, elle t'apportera la mort. Mais un ange veille sur toi et te montrera le chemin du salut.

— Que vois-tu encore ?

— Tout le reste est obscur, confus ; mais ta ligne de vie est croisée ; prends garde ! »

En ce moment on entendit comme une plainte mystérieuse flottant à travers les cimes des arbres.

« Qu'est-ce ?

— Ferme tes oreilles et tes yeux, dit la bohémienne, il n'est pas bon d'être dans le voisinage, quand ils passent.

— De qui parles-tu ?

— Entends-tu le psaume de la pénitence ? Ce sont les dévots pèlerins de cette secte que l'on nomme les Dispensateurs du ciel. Il y a une odeur de sang dans l'air. Prends garde ! »

Zésim partit brusquement et se dirigea en hâte à travers les fourrés vers la rivière dont les flots scintillaient entre les troncs noirs. Des coups de rame retentissaient, et un chant triste à déchirer le cœur traversait lentement la nuit éclairée par la douce lueur de la lune. Une grande barque apparut, des hommes et des femmes y étaient assis par couples, la tête penchée et se frappant la poitrine avec le poing. Une torche brûlait avec une lumière terne à l'avant du bateau; la poix fumeuse dégouttait dans l'eau, pendant que la flamme rougeâtre éclairait une haute croix de bois dressée au milieu de la barque. Alors — Zésim crut rêver — le Sauveur attaché à la croix ouvrit ses yeux épuisés de fatigue, et de ses blessures tomba goutte à goutte un sang chaud sur les pénitents.

II

MÈRE ET FILLE

> Le monde est un miroir qui montre
> à chacun son propre visage.
>
> THACKERAY.

Le lendemain, à midi, Zésim renouvela sa visite à Bojary. Cette fois encore la porte resta fermée ; seulement la voix plaignarde de la veille au soir se fit encore entendre et déclara à l'officier qui frappait et refrappait que les maîtres étaient partis.

« Ouvre toujours, cria Zésim.

— Je ne dois laisser entrer personne.

— C'est ce que nous allons bien voir. »

Zésim s'élança sur le mur et sauta de l'autre côté. Au milieu de la cour se tenait une vieille bonne femme, en costume de paysanne, qui le regarda avec épouvante.

« Vous êtes donc un brigand? balbutia-t-elle.

— Je suis officier de l'empereur, comme tu vois, répondit gaiement Zésim, et en outre un vieil ami de Mme Maloutine. Est-elle dans la maison? »

La vieille haussa les épaules. Zésim, sans s'occuper d'elle plus longtemps, monta rapidement les marches de pierre couvertes de mousse.

Sur le seuil de la porte une grande et majestueuse personne vint à sa rencontre.

« Madame Maloutine?

— C'est moi.

— Ne me reconnaissez-vous pas? Je suis Jadewski. »

Un sourire fugitif glissa sur le visage immobile et dur de la maîtresse de Bojary.

« Soyez le bien-venu, dit-elle, en lui tendant une main qu'il baisa à deux reprises, Dragomira sera heureuse de vous voir. Vous êtes changé, mais bien à votre avantage.

— Les apparences sont trompeuses, répondit Zésim, pendant que Mme Maloutine le conduisait à sa chambre de réception, — je crois bien que je suis toujours l'ancien garnement qui pillait vos pommiers et qui dérobait vos épis de maïs. »

La chambre où ils entrèrent était remplie d'une singulière odeur qui faisait penser à la fois à une église et à une pharmacie. La température était celle d'une cave; depuis longtemps sans doute les fenêtres n'avaient pas été ouvertes; les meubles et le lustre cachés dans des enveloppes de toile grise avaient l'air de porter le deuil avec un sac et des cendres. Évidemment dans cette maison on ne recevait pas de visites. Mme Maloutine ne faisait pas non plus supposer qu'on en reçût. C'était une dame imposante, d'une grande beauté, qui n'avait pas plus de quarante-cinq ans, mais dont les cheveux étaient déjà tout blancs. Avec son visage sévère, au teint délicat, et ses grands yeux sombres au regard jeune et vif, elle avait plutôt l'air d'une de ces amazones poudrées et à paniers du temps de Catherine que d'une vieille femme.

La porte s'ouvrit et une grande jeune fille d'un charme tout à fait singulier, presque glacial, entra dans la chambre.

« Dragomira !

— C'est vous ! »

Elle sourit et tendit la main comme sa mère; puis s'assit près de la fenêtre et regarda dehors, sans s'occuper davantage du visiteur. Zésim put la considérer à son aise. Dragomira pendant son absence s'était épanouie dans toute la splendeur d'une virginale beauté. Sa taille haute et élancée dénotait une force souple et élastique; et l'élégance vraiment royale des lignes de son corps s'harmonisait d'une façon étrange avec sa robe grise et plate comme celle d'une nonne. Ses cheveux blond-doré, d'une rare abondance, étaient simplement séparés sur son front blanc et pur et rattachés sur son cou de marbre par un grand nœud tout uni. Elle n'avait ni ruban, ni fleur, ni bijou d'aucune espèce.

« D'après ce que je vois, vous vivez toutes seules, dit Zésim.

— Oui, répondit la mère.

— Mais Dragomira... est-ce qu'elle s'arrange de cette solitude ?

— Je pense comme ma mère, répondit la belle jeune fille, et elle attacha ses grands yeux bleus froids sur Zésim.

— Nous savons comment vivent messieurs les officiers, continua la mère ; vous qui êtes toujours entraînés dans le brillant tourbillon du grand monde, vous devez trouver notre existence étrange, pour ne pas dire ridicule. Mais nous sommes heureuses ainsi. Le mal remplit le monde. On a assez à combattre pour se défendre contre le tentateur, quand on vit dans la solitude. Au dehors, parmi les hommes, là où mille bras nous saisissent, où mille voix chantent le chant des sirènes, il est presque impossible de ne pas succomber.

— Oh ! je vous jure que c'est tout à fait charmant à Kiew, reprit Zésim.

— Vous êtes maintenant à Kiew ? demanda Dragomira, devenue tout à coup attentive.

— Oui, je suis à Kiew.

— Et quand y retournez-vous ?

— Dans deux semaines, je pense. »

Dragomira regarda sa mère, puis Zésim, et enfin le sol. Une pensée tenace l'occupait et s'emparait d'elle de plus en plus. Ses traits demeuraient immobiles et inanimés comme auparavant, mais ses énergiques sourcils se contractaient, et ses lèvres rouges laissaient un peu voir ses dents.

« Pourquoi ne me dites-vous plus *tu ?* damanda Zésim en se levant pour s'approcher de sa compagne d'enfance. M'avez-vous donc si complètement oublié ? Ne vous souvenez-vous plus des bons tours que nous jouions ensemble ? Vous suis-je devenu étranger à ce point ?

— Non, mais il vaut mieux qu'il en soit ainsi. »

Il lui prit la main ; elle était froide et lisse, et lui échappa en glissant comme un serpent.

« Que vous ai-je fait, Dragomira ? Regardez-moi donc.

— Je ne suis plus la même.

— Si... pour moi.

— Comme vous voudrez. »

Dragomira regarda devant elle, dans le vide.

Zésim éprouvait une sensation singulière. Son cœur était ému par l'ancienne inclination de son enfance ; ses sens étaient de plus en plus charmés par cette énigmatique beauté, et, en même temps, il ne pouvait se défendre d'une sorte d'effroi devant ces deux femmes.

La mère et la fille étaient également étranges et inquiétantes.

Il revint bientôt et eut la chance de trouver la jeune fille seule. Comme il traversait la cour en se dirigeant vers la maison, Dragomira, qui était venue à la fenêtre, le regarda. Il remarqua en elle un mouvement d'impatience et en même temps de dédain.

« Ah ! vous voilà déjà de retour ! dit-elle avec une indifférence blessante.

— Je ne perds pas si facilement courage, répliqua Zésim, autrement pourquoi serais-je soldat ?

— Mais je suis seule et ne puis vous recevoir.

— Seule ? Tant mieux. Quant aux règles sévères de l'étiquette, vous pouvez bien les enfreindre pour moi.

— Entrez donc, » dit Dragomira après une courte hésitation.

Zésim traversa le vestibule. Au mur était suspendu un grand crucifix devant lequel brûlait une petite lampe. Il passa ensuite dans le corridor, plein de l'odeur de l'encens. Dragomira se tenait sur le seuil de sa chambre ; elle lui tendit la main.

« En vérité, je suis bien enfant, dit-elle, qu'ai-je à craindre de vous ?

— Voilà que vous parlez raisonnablement, reprit le jeune officier en souriant, et puisque vous avez fait le premier pas, je fais le second et je vous prie de m'appeler comme autrefois, quand vous étiez ma petite femme dans la tranquille petite maison de gerbes dorées.

— Oui, je le veux bien, à condition que vous promettiez de ne pas me faire la cour.

— Je vous en donne ma parole, répondit Zésim, mais ce que je ne peux pas vous promettre, Dragomira, c'est de forcer mon cœur à se taire ; il parle beaucoup trop haut. Rappelez-vous les vers de Pouschkine :

> Mon cœur aimant encore brûle et palpite,
> Parce qu'il lui est impossible de ne pas t'aimer.

— Je ne peux pas te défendre de sentir quelque chose pour moi, dit la belle jeune fille avec calme, mais je ne puis répondre à tes sentiments. Jamais je n'aimerai, jamais je n'appartiendrai à un homme.

— Veux-tu devenir la fiancée du ciel ?

— Il est plus méritoire de combattre dans le monde que derrière les murs, là où il n'y a pas de tentation.

— Je crois que tu me traites avec défiance, parce que je suis soldat.

— Pas du tout : la guerre est bonne ; grâce à elle beaucoup d'hommes à la fois gagnent le paradis, soit parce qu'ils souffrent cruellement, soit parce qu'ils meurent sur le champ de bataille. »

Zésim la regarda tout surpris. Elle s'était assise près de la fenêtre grillée, ses belles mains modestement jointes sur ses genoux. En ce moment, elle lui semblait une prisonnière, dans cette chambre blanchie à la chaux, dont tout l'ameublement consistait en un lit à baldaquin, une armoire, une table et deux chaises. Le seul ornement était une image du Sauveur couronnée de fleurs desséchées ; une discipline y était suspendue.

Qu'est-ce que cela voulait dire ? Cette jeune fille autrefois si gaie, si aimable, poussait-t-elle l'austérité jusqu'au délire religieux ? Était-elle son propre bourreau.

De plus en plus il se sentait devant une énigme qui lui serrait le cœur.

Une autre fois encore il la trouva seule. Elle était dans le jardin et avait une robe blanche tout unie, qui la rendait encore plus charmante. Elle fit un brusque mouvement d'effroi, quand il apparut devant elle à l'improviste, et elle rougit. C'était le premier signe de vie, d'émotion humaine qu'elle donnât.

« Je te suis donc bien désagréable, dit-il, que tu tressailles à mon aspect ?

— Que t'imagines-tu là ? répondit-elle avec calme, il n'y a rien qui pourrait m'effrayer ; pourquoi aurais-je précisément peur de toi ? Je t'aime autant que je le peux et que je le dois, et je sais que je n'ai rien à craindre de toi. Tu aurais plutôt des motifs d'éviter ma rencontre.

— Tu as raison.

— Oh ! pas dans le sens où tu le prends.

— Dans quel sens alors ? »

Dragomira arracha une branche de rosier et passa rapidement les épines sur son bras blanc. Des lignes rouges apparurent et une goutte de sang tomba à terre.

« Que fais-tu là ? demanda Zésim.

— Ce qui me fait du bien, répondit Dragomira.

— Aimes-tu donc à te martyriser ?

— Comme tous ceux qui cherchent le ciel et méprisent la terre.

— Crois-tu que Dieu t'a créée pour le martyre ? Je crois que c'est bien plutôt pour donner la félicité et pour en jouir.

— C'est ainsi, répondit-elle, que parle l'homme dont l'esprit est emprisonné dans les lourdes et épaisses vapeurs de la terre. La femme est plus pure et plus sage que lui ; aussi est-elle moins l'esclave du péché.

— Si tu es un ange, répliqua Zésim avec un sourire qui la déconcerta un peu, alors sois le mien ; conduis-moi sur ces pures hauteurs où tu résides.

— Ne le souhaite pas, la route qui y mène est pénible et douloureuse. »

Elle attacha pour la première fois sur lui un regard de compassion et presque de prière. Puis elle eut comme un frisson soudain et elle lui saisit la main.

« Va-t-en, maintenant, va-t-en. On me cherche. »

Elle le salua encore d'un mouvement de tête et le quitta rapidement.

Pendant qu'elle s'éloignait et que sa taille élancée disparaissait avec un doux balancement entre les buissons de groseilliers et les arbres du verger, un sinistre et menaçant personnage se montrait à la porte du jardin. C'était un homme grand et fort, d'environ quarante ans, à la chevelure blonde et bouclée, à la barbe blonde, vêtu d'une longue robe noire à plis. Sur ses traits se lisait la conscience froide et impitoyable d'une puissance illimitée.

« Est-ce un prêtre ou un démon ? se demanda Zésim, et qu'est-ce que tout cela signifie ? »

III

DRAGOMIRA

> Une douleur puissante est attachée
> à la vie.
> MAHABHARATA.

On était aux premiers jours de septembre. Les riches campagnes de la Petite-Russie étalaient toute la splendeur d'une végétation luxuriante. Le ciel sans nuage ressemblait à une immense pierre précieuse; l'air vermeil était calme et embaumé; le soleil étendait sur tout comme un réseau étincelant. Le feuillage prenait les couleurs de l'automne, et les gazons avaient des teintes d'or mat. Les branches des arbres fruitiers se courbaient jusqu'à terre, jonchant le sol de leurs fruits. Dans les jardins, les reines-marguerites et les dahlias aux nuances variées faisaient penser aux éclatantes broderies de l'Orient, et, au-dessus des haies vives, se dressaient les tournesols au cœur noir. Les troupeaux de moutons erraient dans les chaumes, et tout en haut, dans les airs, volaient des bandes de grues et de cigognes. Autour des gracieux villages on sentait l'âcre parfum du thym et de l'absinthe; le bruit rythmé des fléaux tombant sur l'aire retentissait, et, dans chacune des auberges situées sur la route, se faisait entendre le grincement du violon et la voix des joyeux chanteurs. Zésim était sorti avec son fusil et son chien canard anglais, pour tirer des bécasses, ces fugitifs feux-follets, qui se moquent si volontiers du chasseur. Quand il eut rempli sa carnassière, il s'assit pour se reposer sur l'herbe touffue de la berge, et écouta l'antique et mystérieux langage des éléments, le murmure des roseaux et des arbres, la plainte des eaux, toutes ces voix enfin qui semblent parler à travers les airs. Devant lui, les flots brillants jetaient des flocons d'une écume scintillante; l'on entendait au loin le cri mélancolique de quelque oiseau.

Tout à coup un bruit de rames retentit; sur un petit bateau arrivait Dragomira, vêtue d'une longue robe blanche, comme une fée. Elle avançait à travers le jardin enchanté d'algues, de lis d'eau et de nénuphars, qui venait jusqu'à la rive. Quand elle aperçut Zésim, elle resta d'abord interdite, puis elle approcha et lui tendit la main.

« Tu chasses ici?

— Oui, j'ai brûlé un peu de poudre, répondit Zésim, et maintenant je me repose en rêvant à toi. Veux-tu me prendre, ange charmant?

— Pourquoi pas? Mais je ne suis pas un ange. »

Elle aborda. Il sauta dans la barque et saisit les rames, après avoir appuyé son fusil et solidement attaché son chien à ses pieds.

« Le monde est pourtant bien beau! dit-il, pendant qu'ils descendaient lentement la rivière; la nature est une grande cathédrale où toutes les prières ont leur place et où chacun se sent porté au recueillement.

— C'est là ton idée, dit Dragomira, et au premier coup d'œil il semble qu'il en soit ainsi; la terre nous paraît un immense et magnifique autel, d'où ne montent vers le ciel que de suaves parfums. Mais quand nous y voyons mieux, nous découvrons bientôt que ce sont nos propres pensées, nos sentiments, nos fantaisies que nous introduisons dans la nature pour la poétiser, et que tout cet univers n'est qu'une gigantesque pierre de sacrifice sur laquelle les créatures souffrent et versent leur sang pour la gloire de Dieu.

— Quel épouvantable tableau!

— Moi aussi, Zésim, je me suis réjouie de la vie et j'ai regardé dans l'avenir comme dans un pays merveilleux; mais j'ai vu un jour que j'avais été aveugle. Quand on m'a ôté le voile de devant les yeux et que j'ai pu voir les choses comme elles sont, je me suis senti au cœur une pitié profonde et un silencieux effroi pour moi-même. C'était comme si le soleil s'éteignait, comme si la terre et mon cœur s'engourdissaient dans la torpeur d'une glace éternelle. Tu es heureux, tu peux encore être gai; pour moi, il n'y a plus ni joie ni espérance. Je ne puis plus m'abuser sur la valeur de la vie; je sais que l'existence est une sorte de pénitence, un purgatoire qui purifie; elle n'est pas un bonheur, mais plutôt un perpétuel martyre.

— En vérité, ce sont là des rêveries de l'Inde, reprit Zésim, de plus en plus surpris, elles sont parvenues avec les caravanes jusqu'au cœur de la Russie, et se retrouvent modifiées chez différentes sectes de l'Église russe. Appartiens-tu décidément à l'une d'elles ?

— Non ; quelle idée ! s'écria Dragomira, en essayant de sourire. De quoi t'avises-tu de me croire capable ? On n'a qu'à ouvrir les yeux pour découvrir ce que je viens de te faire voir. »

Ils débarquèrent et continuèrent leur route à pied à travers les prairies et les bois. Au bout de quelque temps, ils trouvèrent une fourmilière qui s'élevait comme un château fort. Il en sortait de longues rangées de petits travailleurs noirs qui se répandaient sur l'étroit sentier, pendant que d'autres revenaient chargés d'œufs.

« Vois cette petite merveille, dit Zésim en s'arrêtant ; comme l'organisation de cette petite république est sage et bonne ! C'est un vrai Lilliput sorti du pays fabuleux des contes et parvenu à la réalité. Ne crois-tu pas que ces petits êtres laborieux et prudents sont heureux ?

— Non, dit Dragomira, car ils ont parmi eux des maîtres et des esclaves comme nous, et même ils ne peuvent vivre qu'en faisant souffrir et mourir d'autres êtres. Vois, cette limace qui se tortille avec les plus affreuses contractions, tes républicaines l'ont tuée ; non, elle vit encore, et ils la dévorent toute vive. Et leur pitoyable bonheur ? Un coup de pied peut le détruire. »

Elle s'avança d'un pas rapide vers la fourmilière en pleine activité. Il n'y avait chez elle ni colère, ni désir fiévreux et diabolique d'être cruelle, et elle ensevelit sous des ruines la petite cité tout entière, écrasant et broyant du pied des milliers de créatures.

Zésim baissa la tête et garda le silence. Ils continuèrent à marcher. Elle aussi resta muette jusqu'à ce qu'ils fussent arrivés à un petit bois, où elle découvrit un nid de rouge-gorge dans un arbre creux.

« Qu'il est joli, dit-elle, n'est-ce pas ? Une idylle ! Mais regarde cette charmante petite bête, qui revient à tire-d'ailes pour nourrir ses petits ! Qu'a-t-elle dans le bec ? Quelque insecte qui se tord douloureusement. Crois-tu que cet insecte soit bien heureux ? »

Ils avancèrent encore. Ils avaient à peine fait une centaine de pas qu'un autour s'abattit du haut des airs sur le pauvre petit oiseau sans inquiétude et l'emporta dans ses serres.

Dragomira montra du doigt le ravisseur sans dire un mot. Zésim le visa et tira. Au moment où la fumée se dissipait, l'autour mourant tombait à terre, les ailes étendues, et près de lui gisait le rouge-gorge palpitant.

« Et toi, s'écria Dragomira avec un rire effrayant, que viens-tu de faire, homme, toi, le maître et l'honneur de la création? Tu as tué comme les autres! Ce n'est partout que souffrance, sang versé, mort et anéantissement! »

Ils arrivèrent à Bojary, sans s'être dit un mot de plus. A la porte, Zésim, étrangement ému, prit congé de sa compagne, et pendant qu'il regagnait la propriété de sa mère, à travers la brume du crépuscule du soir, des pensées troublantes voltigeaient autour de lui, comme de sombres chauves-souris. Le lendemain, dans l'après-midi, attiré comme par une force magique, il revint chez Mme Maloutine, et pour la première fois il trouva la porte ouverte. Une voiture, recouverte d'une bâche de toile et attelée de trois chevaux maigres, était dans la cour. Un petit juif en caftan noir était assis sur le banc, devant le fournil, au soleil, et comptait rapidement sur ses doigts crochus.

Zésim fit le tour de la maison en se glissant et regarda par la fenêtre ouverte dans la petite salle de réception. Il ne fut pas peu surpris de voir Dragomira devant la glace, Dragomira richement parée comme une jeune sultane, dans tout l'éclat éblouissant de sa beauté.

Une jupe à traîne, en soie d'un bleu mat, enveloppait sa personne, aux lignes d'une distinction royale, et laissait voir ses petits pieds chaussés de pantoufles rouges, brodées d'or. Une jaquette en velours cramoisi, digne d'une princesse et toute garnie de zibeline dorée, s'ajustait élégamment avec son cou orné de perles d'ambre jaune, avec ses bras magnifiques chargés de bracelets d'or, avec ses hanches élancées comme celles d'une amazone.

Ses cheveux blond doré, rassemblés en larges nœuds entrelacés de rangées de perles, faisaient comme un diadème sur cette tête admirable.

« Ah! comme tu es belle! » s'écria Zésim. Dragomira eut peur, rougit, puis pâlit, et jeta sur lui un long regard de reproche.

« Tu fais donc de la toilette quelquefois, continua-t-il, il n'y a que pour moi que tu n'en fais pas.

— J'essayais seulement quelque chose, dit Dragomira qui

avait rapidement reconquis son calme, tu vois là-dedans le tailleur juif qui attend. Ce n'est pas autre chose que cela.

— Oui, mais tu ne t'es pas fait faire cette magnifique toilette pour la donner à manger aux mites dans une armoire.

— Es-tu curieux!

— Je ne suis qu'étonné, Dragomira; cette magnificence et ce luxe me semblent en contradiction avec le masque de sainte que tu portes.

— Je te montre mon vrai visage, répliqua Dragomira avec un douloureux sourire.

— Mais le costume d'une despote et d'une conquérante ne va pas avec ce visage.

— On pare aussi la victime, répondit doucement Dragomira, et la prêtresse déploie également une pompe royale quand elle brandit le couteau du sacrifice.

— Laquelle es-tu des deux?

— Peut-être l'une et l'autre.

— Pour moi, tu es seulement la bien-aimée de mes charmants rêves de jeunesse, la plus adorable femme qui respire ici-bas; il n'y a que les déesses de marbre des Grecs, les figures idéales de Titien et de Véronèse qui pourraient être tes rivales! »

Entraîné par un mouvement subit de passion, le jeune officier sauta dans le salon par la fenêtre, entoura Dragomira de ses bras et lui donna un baiser.

Ce qu'il y eut de remarquable, c'est qu'elle ne montra ni colère, ni dédain; elle ne le repoussa même pas, et se borna à attacher sur lui un regard calme et glacial.

« Je t'avertis, Zésim, dit-elle d'une voix tranquille, presque douce, reste loin de moi. Je ne crois pas que tu m'aimes, car un feu qu'on ne nourrit pas doit s'éteindre; mais si tu m'aimes, à plus forte raison éloigne-toi. Si je veux, tu m'appartiendras; je le sais mieux que toi-même et je pourrais te pétrir comme une cire molle, mais je ne le veux pas.

— Pourquoi ne le veux-tu pas? C'est toi, précisément toi, qui as été créée pour moi, aussi dois-tu devenir ma femme. »

Dragomira secoua la tête.

« Tu en aimes un autre?

— Non.

— Alors je ne puis te comprendre.

— Ne souhaite pas de pénétrer dans les ténèbres de mon âme, répondit-elle, je te le répète, reste loin de moi, dans ton propre intérêt. J'ai encore pitié de toi et de la gaîté de ta jeunesse, peut-être parce que mon cœur est encore libre, parce que je ne m'intéresse que peu à toi. Mais si tu réussissais à gagner enfin mon amour, alors tu serais perdu, Zésim. Fuis-moi, pendant qu'il est encore temps.

— Et quand il sera trop tard?

— Alors ce sera ta destinée, et je l'accomplirai.

— Tu me donnes donc de l'espoir. »

Dragomira s'était assise dans l'un des petits fauteuils et semblait plongée dans des réflexions profondes.

« Je suis courageux, continua Zésim, la peur ne me fera reculer devant rien. Pour te conquérir, pour te conduire dans ma maison comme maîtresse, j'accepte le combat avec l'enfer tout entier.

— Oui, mais pas avec le ciel, Zésim. Il y a des puissances mystérieuses, plus fortes que nous. Le chemin que je suis conduit à la lumière à travers des tourments et des douleurs, à travers des souffrances indicibles, à travers des ténèbres pleines d'angoisse. Ne désire pas marcher sur cette route, même à côté de moi. Ah! si je pouvais seulement parler!... Mais je n'en ai pas le droit, mes lèvres sont fermées.

— Dis-moi seulement que tu m'aimes.

— Non, je ne t'aime pas, et tu peux remercier Dieu de ce que je ne t'aime pas. »

IV

LA MISSION

> On dirait que dans le livre du ciel les plus beaux passages, les plus saintes légendes de paix et d'amour qu'enseignent les religions, ont été biffés de raies noires par les mains des hommes.
>
> ANASTASIUS GRUN.

Pendant que Zésim, triste et l'esprit tourmenté par les impressions les plus contradictoires, reprenait le chemin de sa demeure, le soir était venu, l'épaisse brume d'automne s'était levée, et, comme une mer aux vagues silencieuses, s'était répandue sur la vaste plaine.

Dragomira, les bras croisés sur la poitrine, se tenait à la fenêtre et regardait fixement dans la cour comme dans une chaudière de sorcières bouillonnante, d'où se seraient élancés des fantômes nocturnes enveloppés de linceuls traînants, des démons aux gigantesques ailes de chauve-souris, ou des gnomes à la longue barbe grise. Tout à coup, de l'épais brouillard sortit un paysan petit-russien, d'une taille de géant, avec une chevelure blonde touffue comme celle d'un Samson. Il s'inclina profondément devant elle.

« C'est toi, Doliva? demanda Dragomira en se penchant à la fenêtre.

— Oui, c'est moi, dit le géant à voix basse, le prêtre m'envoie, il attend la noble demoiselle.

— Maintenant, sur-le-champ?

— Oui, sur-le-champ. »

Dragomira fit signe de la tête et disparut. Elle changea de vêtements à la hâte et descendit dans la cour, où Doliva tenait prêt le cheval qu'il avait sellé pour elle pendant ce temps-là. En un clin d'œil, elle s'assit sur l'animal fougueux, et franchissant la porte au galop, le lança droit à travers les champs de chaume, les prairies, les bois, en lui faisant sauter les ruisseaux et les fossés. On eût dit qu'une troupe de cavaliers fantastiques l'accompagnait dans sa course furieuse. Devant elle, dans le ciel, semblait se dresser une tête gigantesque avec une longue barbe grise qui descendait jusqu'à terre en ondoyant.

Sans se soucier des obstacles de la route, ni des formes menaçantes qui sortaient du brouillard, elle poussait toujours en avant son cheval, sous les pieds duquel tremblait maintenant le pont de bois. Enfin, rapide comme la tempête, elle arriva à Okosim.

L'ancien château des starostes polonais était bâti sur une colline rocheuse qui s'élevait brusquement de l'autre côté du Dnieper, comme si le feu d'un volcan l'avait fait jaillir de la plaine et de la forêt. Il fallait s'en approcher pour apercevoir ses tours rondes, couvertes de plaques de métal, qui maintenant dépassaient à peine les cimes des chênes et des hêtres séculaires. Une muraille d'une grande élévation entourait les bâtiments isolés ; elle se dressait immédiatement sur le haut de la pente qui descendait à pic. De cette façon, on ne pouvait parvenir à Okosim que par un côté : il fallait d'abord gravir l'étroit sentier qui serpentait à travers les rochers et les arbres, franchir ensuite le pont jeté comme dans les airs au-dessus d'un précipice, enfin passer la porte aux lourds battants de fer.

Dragomira heurta d'une certaine façon à cette porte. On lui ouvrit et elle pénétra dans l'étroite et sombre cour du château.

Un grand vieillard à la longue barbe blanche, portant un costume bleu sombre de cosaque, prit son cheval. Elle entra dans le vaste bâtiment, aux pierres noircies par les années, qui se trouvait à sa droite, suivit un long corridor voûté, faiblement éclairé et frappa à une petite porte recouverte de fer.

« Qui est là ? demanda une belle voix grave et douce.

— C'est moi.

— Entre. »

Dragomira ouvrit la porte et la ferma immédiatement derrière elle. Elle se trouvait maintenant dans une salle médiocrement grande qui produisait l'impression d'un cachot. L'unique fenêtre était fermée en bas par des planches et en haut par une grille. Les parois étaient grises et sans aucun ornement. A l'une d'elles était suspendu un crucifix colossal; le clou qui traversait les pieds du Sauveur retenait une discipline. En face, sur le sol même, était une couche de paille, et près de la couche, un morceau de pain noir et une cruche d'eau.

Dans une niche, une petite lampe à la lumière rouge était allumée. Près de la fenêtre se trouvait une table grossièrement façonnée : le « Nouveau-Testament », dans la langue originale, y était ouvert. Des deux côtés du Sauveur crucifié brûlaient deux cierges.

Sur la chaise, devant l'Évangile, la tête appuyée sur la main gauche, était assis ce même homme dont l'apparition avait si étrangement troublé Zésim dans le jardin de Bojary. Sa taille puissante était enveloppée d'une ample robe noire dont les plis lourds lui descendaient jusqu'aux pieds. Sa barbe touffue et son abondante chevelure tombant en boucles ondoyantes sur ses épaules encadraient en le faisant ressortir un visage qui n'était pas du tout en rapport avec les objets environnants. Il n'avait ni la pâleur de l'ascète, ni la rougeur bouffie du prêtre. C'était une figure distinguée, au teint délicat, aux traits nobles, dont les grands yeux bleus avaient un regard à la fois doux et impérieux; les lèvres pleines et rouges avaient un éclat presque sensuel. C'était la tête d'un lion, d'un dominateur, d'un despote.

Dragomira s'était agenouillée devant le personnage mystérieux et, les bras croisés sur la poitrine, comme une esclave, sa belle tête humblement inclinée, elle attendait ses ordres en silence.

« Je t'ai appelée, dit-il avec une majesté calme attestant qu'il était habitué à rencontrer une obéissance absolue, parce que j'ai une nouvelle mission à te confier; cette fois, c'est pour Kiew.

— Tu m'y as déjà préparée, apôtre!
— Quand peux-tu partir?
— Tout de suite, si tu l'ordonnes.
— Alors, tiens-toi prête à partir dans trois jours. Les instructions nécessaires sont déjà parvenues à Kiew.
— Ne me reconnaîtra-t-on pas?
— Cette fois, tu paraîtras sous ton vrai nom. C'est une grande et importante mission qui t'est confiée. Je sais que tu es capable de l'accomplir comme personne; aussi t'avons-nous choisie. Je compte sur ta prudence, la force de ton cœur, ta

volonté inflexible et la puissance de ta foi. Tu nous en as donné des preuves suffisantes. Mais es-tu digne d'entreprendre cette sainte mission? Te sens-tu en ce moment assez pure et innocente pour exercer ta haute fonction?

— Non, apôtre.

— Quel péché pèse sur ta conscience? »

Dragomira se prosterna jusqu'à terre; ses lèvres touchaient presque les pieds de l'apôtre. Elle garda le silence.

« Tu aimes?

— Non, apôtre.

— Tu sens qu'il y a quelque chose qui s'émeut dans ton cœur pour cet homme, ton compagnon de jeunesse? »

Dragomira releva la tête et le regarda calme et sans crainte dans les yeux.

« Non, dit-elle, non, je ne l'aime pas; mais son amour m'a effleurée, comme un rayon de soleil effleure la terre glacée par l'hiver. Il y a eu des instants où des doutes se sont élevés en moi, où mon âme a été doucement traversée par des aspirations vers le bonheur de la femme, de la mère.

— Et il espère t'obtenir?

— Oui, quoique je l'aie repoussé.

— Ne lui ôte pas l'espérance, dit l'apôtre, il demeure à Kiew et doit bientôt y retourner; tu peux avoir besoin d'un protecteur dans cette ville. Il ne serait pas bon de l'offenser; d'ami, il pourrait devenir ennemi, et certes ennemi dangereux. Sois prudente, Dragomira.

— Je le serai.

— Mets-toi en route avec lui; il pourrait être utile que l'on te vît arriver dans sa compagnie; et, à Kiew, montre-toi souvent aussi avec lui dans la rue.

— Je t'obéirai en tout.

— Cet officier peut en outre nous rendre des services dans le cercle où tu dois agir à Kiew. Ta mission est cette fois d'une importance toute particulière. Connais-tu le comte Boguslav Soltyk!

— Non.

— Mais tu as entendu parler de lui?

— Oui; on avertit toutes les jeunes filles et toutes les jeunes femmes de se défier de lui.

— On a raison. C'est un grand pécheur. Non seulement il est chargé du poids de ses milliers d'iniquités, mais il a entraîné une foule d'autres malheureux à leur perte, et il se joue criminellement des hommes et de leur bonheur. Tu es choisie pour te mettre en travers de sa route, pour apporter une fin à ses vices et pour sauver son âme de la damnation éternelle. Il ne te sera pas facile de résister à la séduction de cet homme ; il est beau, son esprit est élevé, il possède toutes les qualités chevaleresques. Courageux jusqu'à la témérité, il ne recule devant aucun danger. Avec tout cela, il est sans conscience et se moque de tout sentiment humain. »

L'apôtre prit quelques papiers cachetés, qui étaient devant lui et les donna à Dragomira.

« Voici tout ce que tu as besoin de savoir sur lui et sur ta mission ; conserve ces papiers avec soin ; ne les ouvre qu'à Kiew, et quand tu les auras lus, brûle-les. Tout est pesé, prévu, calculé. Tu trouveras des serviteurs et des auxiliaires sûrs. Ils t'obéiront aveuglément et te fourniront toute l'assistance dont tu auras besoin. S'il survenait malgré cela quelque chose d'inattendu, ou si tu te sentais n'importe quels doutes, envoie immédiatement vers moi et attends de nouvelles instructions.

— J'agirai exactement d'après tes prescriptions, apôtre ; tu seras content de moi.

— Tu es plus qu'un instrument aveugle, reprit celui-ci, le ciel t'a comblée des plus riches dons et tu as une tête froide et sage. Si tu trouves à Kiew occasion d'agir encore dans un autre sens, n'hésite pas, suis ton inspiration. Tu trouveras ce qui est juste ; agis toujours selon les commandements de Dieu et de notre sainte doctrine ; tu ne pourras pas te tromper. Tu mèneras là-bas une tout autre existence qu'ici ; tu ne vivras plus comme une pénitente dans le désert, mais comme une grande dame d'un monde distingué et brillant. Toutes les portes s'ouvriront pour toi ; tu pourras te créer un grand nombre de nouvelles relations et étendre ton filet sur toute la ville. Théâtres, concerts, cavalcades, bals, courses en traîneau te viendront en aide. On te fera la cour, on te demandera ta main. J'attache les plus grandes espérances à ce voyage et à ton séjour là-bas. En dehors de Jadewski, as-tu encore des amis à Kiew ?

— Je ne connais moi-même personne, mais je rechercherai un ami de mon défunt père, si tu le veux, le commissaire de police Bedrosseff.

— Relation importante, qui peut nous être d'une grande utilité. »

L'apôtre s'enfonça dans ses pensées.

« As-tu encore quelque chose à me dire ? demanda Dragomira au bout de quelques instants.

— Non, tu sais tout. Va avec Dieu.

— Et quelle pénitence m'imposes-tu ? Je veux partir pure pour ma mission, le cœur et la conscience libres.

— Tu as raison ; viens donc. »

Il se leva et marcha devant elle à travers le corridor et la cour sombre du château. Tous les deux entrèrent dans la chapelle, dont les murs portaient encore les traces d'anciennes peintures. De la voûte, soutenue par des piliers massifs, pendait une petite lampe qui jetait, à travers l'obscurité, une lueur incertaine. En face de l'entrée se dressait un autel de pierre, de grandeur ordinaire, au-dessus duquel était suspendu le Sauveur crucifié avec sa couronne d'épines et ses plaies sanglantes. Une ombre épaisse était répandue sur la mélancolique image ; sur le visage seul tombait une mystérieuse clarté.

« C'est ici que tu dois éveiller dans ton cœur le repentir et l'affliction, dit l'apôtre, humilie-toi devant lui qui est notre maître et notre juge à tous, et attends-moi. »

Il disparut et Dragomira resta seule. Elle se jeta à genoux devant l'autel et s'étendit ensuite sur les dalles du sol, les bras allongés en croix, le visage contre terre. Elle resta longtemps ainsi et pria en répandant des larmes brûlantes.

Par intervalles, dans le silence de la nuit, des plaintes douloureuses comme celles des damnés dans les enfers s'élevaient en se mêlant à un chant de psaumes faible comme un murmure et d'une tristesse infinie.

Quand ces plaintes et ce chant qui la faisaient frissonner s'interrompaient, elle entendait le grincement mélancolique de la vieille girouette sur la tour et le cri du hibou dans la forêt.

Enfin, des pas s'approchèrent. Dragomira se redressa. Devant elle était l'apôtre, une discipline à la main. Elle resta devant lui, à genoux, humble et soumise comme la pénitente devant le maître.

Le Sauveur crucifié laissait tomber sur elle un regard de compassion, et sur son front déchiré par les épines et sur ses lèvres à la douce expression, il sembla que passait un mélancolique sourire.

V

LE FEU FOLLET

> Il dirigea ses pas vers de fausses
> routes, suivant les images du bonheur
> mensonger.
>
> DANTE.

Ce fut une grande surprise à Koniatyn, lorsque le lendemain, dans l'après-midi, une voiture entra dans la cour et que de cette voiture descendirent Mme Maloutine et sa fille.

« Qu'est-ce que cela signifie? murmura Mme Jadewska; il y a des années qu'elles ne sont venues chez moi. »

Elle s'enveloppa rapidement dans un châle de Turquie et se hâta d'aller saluer ses hôtes. Zésim, qui la suivait de très près, ne fut pas médiocrement étonné lorsque Dragomira lui tendit la main avec un aimable sourire et lui fit un petit signe de tête familier. Que s'était-il passé? La belle jeune fille avait changé de peau comme un serpent; le sombre costume de la nonne avait disparu. Elle portait une robe blanche comme la neige, serrée à la taille par une ceinture bleu clair, et ses magnifiques cheveux blonds lui tombaient en longues tresses sur le dos. Son regard était gai, et sur ses lèvres rouges s'épanouissait toute la joie innocente de la jeunesse.

« Faites donc dételer, chère amie, dit Mme Jadewska; on ne laisse pas repartir tout de suite des hôtes si rares. Restez à souper avec nous, je vous en prie. »

Madame Maloutine regarda Dragomira, qui lui répondit par un petit signe. Elle accepta alors l'invitation et donna à son cocher les ordres nécessaires.

Lorsqu'on eut pris le café, Dragomira demanda au jeune officier de venir au jardin avec elle; et quand ils eurent descendu les marches, elle lui prit le bras et s'y appuya familièrement.

« Qu'as-tu donc? demanda-t-il avec un ton d'aimable badinage, comme tu es gracieuse aujourd'hui ! Il y a quelque chose là-dessous.

— Dis-toi bien, mon ami, répliqua Dragomira, que quand les femmes sont aimables, c'est qu'elles ont toujours besoin de quelque chose.

— Alors, que veux-tu?

— Tu le sauras plus tard. »

Ils passèrent à travers les treilles et les corbeilles de fleurs. Les papillons voltigeaient et les abeilles bourdonnaient. Ils allèrent s'asseoir auprès du petit bassin, sur le banc de bois. Dragomira avait cueilli des reines-marguerites et des dahlias avec les dernières roses. Elle en tressa une couronne qu'elle se mit sur la tête, et des guirlandes dont elle entoura sa taille élancée. Zésim l'admirait avec une joie muette.

« Voilà comme tu me plais, s'écria-t-elle en lui tendant les deux mains, si tu étais toujours aussi gentil et aussi calme, je t'aimerais beaucoup plus.

— C'est toujours le même ordre : Ne m'aime pas.

— Oui, c'est cela, ne m'aime pas; aie seulement de l'affection pour moi, continua-t-elle, reste mon ami. Je voudrais bien me confier à toi, mais j'ai peur de ton ardeur impétueuse.

— Avoue-moi donc que tu en aimes un autre, et je ne me plaindrai plus.

— Je n'ai pas d'aveu de ce genre à te faire. Crois-moi, — elle le regarda, et son regard sincère et loyal n'avait aucune arrière-pensée, — si je pouvais aimer un homme, je ne donnerais mon cœur à personne qu'à toi.

— Ce sont de belles paroles !

— Voici ma main, Zésim. Je te jure que je ne serai jamais la femme d'un autre. Si je me marie, ce ne sera qu'avec toi. Es-tu satisfait?

— Oui.

— Mais je ne me marierai jamais.

— Exaltation de jeune fille !

— Tu peux essayer de m'amener à d'autres pensées, dit-elle en souriant, je te le permets, mais je suis, comme cette dame, qui est là-bas... de pierre. »

Elle désignait la statue de la reine des Amazones qui, court-vêtue, une peau de bête sur les épaules et la lance à la main, était placée dans un bosquet, comme dans une niche.

« Et quel service puis-je te rendre ?

— J'ai une prière à te faire.

— Pourquoi pas un ordre à me donner ?

— Parce que je veux que tu sois mon ami et non mon esclave.

— Alors ?

— Je dois partir après-demain pour Kiew ; veux-tu m'accompagner ?

— Tu parais avoir le dessein de me rendre aujourd'hui tout à fait heureux.

— Alors, tu viendras avec moi ?

— Certainement ! Et combien de temps penses-tu rester là-bas ?

— Peut-être jusqu'au printemps.

— C'est ravissant !

— J'ai à mettre en ordre d'importantes affaires de famille, qui me retiendront là-bas quelques mois au moins.

— As-tu un logement ?

— Je demeurerai chez une vieille tante, qui a une petite maison. Je serai bien gardée ; mais c'est justement à cause de cela que j'aurai encore besoin de la protection d'un homme. Veux-tu être mon chevalier ?

— Tu me le demandes ? s'écria Zésim. Oh ! comme tout à coup le monde me paraît beau ! Comme l'avenir est riant ! Je me réjouis comme un enfant de ces intimes soirées d'hiver passées avec toi devant la cheminée.

— Tu seras content de moi, dit Dragomira, mais promets-moi de ne pas troubler le repos de mon âme.

— Je m'efforcerai d'être aussi froid que toi.

— Je ne suis pas froide ; et toi, tu ne dois pas être froid, pas plus que tu ne dois être ardent. Une douce chaleur, voilà la plus agréable température. »

Au souper, Dragomira leva son verre et but à Zésim ! à l'avenir ! Quand vint le moment du départ, Dragomira demanda sa jaquette de fourrure, qui était restée dans la calèche ; Zésim la lui apporta et l'aida à s'en revêtir. Puis il mit la mère et la fille en voiture et recommanda au cocher d'être bien prudent.

« Alors, à après-demain, dit Dragomira, dans l'après-midi ; je viendrai te prendre.

— Si tu veux. »

Elle sortit encore une fois de la manche d'épaisse fourrure parfumée sa petite main blanche et tiède et la lui tendit; et quand il l'eût serrée avec tendresse, elle lui dit en souriant:

« Tu peux aussi la baiser, je ne m'y oppose pas. »

Zésim la pressa contre ses lèvres avec feu, mais elle lui échappa soudain, et les roues se mirent en mouvement.

« Bonne nuit! »

Les chevaux noirs s'ébrouèrent, le long fouet claqua; tout partit comme un oiseau qui s'envole.

Zésim consacra le lendemain à sa mère. Le soir, il fit ses paquets. C'était, encore une fois, la dernière nuit passée sous le toit de ses parents, puis il fallait se séparer; mais, aujourd'hui, son cœur n'était pas trop oppressé, un gracieux fantôme flottait devant lui et il le suivait volontiers. Au point du jour, il était éveillé. Il sortit dans le jardin. Là, à la même place où il s'était assis la veille avec Dragomira, il trouva sa mère, dont les yeux étaient rouges d'avoir pleuré. Il s'assit à côté d'elle, et ils demeurèrent longtemps silencieux, la main dans la main, appuyés l'un contre l'autre.

« Promets-moi, Zésim...

— Quoi, ma mère?

— D'être prudent avec Dragomira.

— Sans compter qu'elle ne veut pas entendre parler d'amour.

— C'est ce qu'on dit, et je veux bien le croire; mais une voix intérieure, qui ne m'a jamais trompée, me dit aussi qu'elle vise un but avec toi et que quelque danger te menace de sa part.

— S'il n'y a pas autre chose, dit Zésim, je te promets bien d'être sur mes gardes. »

Juste à deux heures de l'après-midi, Dragomira arrivait devant la maison. Sa voiture de voyage était remplie de malles, de cartons et de petites boîtes. Elle descendit pour baiser la main de madame Jadewska. Zésim prit encore une fois congé de sa mère, qui se suspendait à son cou en pleurant amèrement; puis ils montèrent en voiture, le cocher saisit les rênes, et le jeune et beau couple s'élança dans le monde.

La route traversait de vastes plaines, longeait des chaînes de collines brisées, des forêts aux teintes bleuâtres, d'immenses prairies couvertes de troupeaux de chevaux et de moutons, passait devant des églises aux coupoles brillantes et des villages au gracieux aspect. Pendant qu'ils se dirigeaient vers le Nord, des bandes d'oiseaux de passage, des oies sauvages, des hirondelles, des cailles, volaient vers le Sud. De temps en temps, une légère brise apportait les notes plaintives d'un chalumeau ou la douce mélodie d'un lied populaire petit-russien.

Zésim parlait, et Dragomira l'écoutait; il la servait, et elle acceptait ses services avec calme; toutes ces prévenances rendaient le voyage charmant.

Une seule fois elle lui adressa une question; elle était relative au comte Soltyk.

Zésim ne le connaissait pas; il avait seulement entendu parler de lui. On l'avait dépeint, au Casino des officiers, comme une espèce de Monte-Cristo et d'Hamlet.

Le soir venait; dans le lointain resplendissaient les tours et les coupoles dorées de Kiew.

Le ciel, tout rouge, semblait enflammé, et la terre paraissai inondée de feu: c'était comme si l'on avait passé à travers une mer de sang. Puis les flammes s'éteignirent; les nuages se frangèrent d'or du côté du couchant; l'obscurité se répandit, et la brume s'éleva sur les prairies. Le crépuscule étendit son épais voile sombre, la première étoile apparut à l'Orient. Il faisait nuit; le cocher alluma ses lanternes. Ils passèrent par une forêt touffue.

De temps en temps les arbres s'interrompaient. Dans les intervalles on apercevait un pays marécageux avec de grands roseaux et des lys blancs. Tout à coup, sur un des côtés de la route, dans les buissons, apparut une flamme longue et mince : elle s'inclinait et faisait des mouvements étranges.

« Un feu follet, » dit Zésim.

Dragomira posa son bras sur celui de son compagnon et le regarda bien en face.

« C'est mon portrait, dit-elle, moi aussi je suis un feu follet; ne me suis pas; et surtout si je te fais signe. Tu pourrais tomber dans un marais et te noyer.

— Tu tiens d'étranges discours. Es-tu donc une de ces sirènes qui nous entraînent à la mort?

— Il y a aussi des créatures saintes qui tuent. »

Ils arrivèrent tard à Kiew. La nuit couvrait déjà les hauteurs et les plaines, les rues et les maisons de la ville étaient resplendissantes de lumières.

Le cocher tourna du côté de Podal, ce quartier qui s'avance au bord du Dnieper et qui est situé sur la pente de ces hauteurs où s'élève la vieille ville proprement dite. La voiture passa par un certain nombre de rues dont les magasins étaient brillamment illuminés et les trottoirs remplis d'une foule animée. Elle entra dans une rue silencieuse, sombre et étroite, et ensuite dans une ruelle à peine éclairée par une lanterne à la lueur douteuse. Le cocher arrêta devant une maison de mince apparence, qui n'avait qu'un étage. Les fenêtres étaient hermétiquement fermées, la muraille revêtue d'un enduit de couleur sombre ; le tout avait un aspect lugubre.

Les deux jeunes gens descendirent, et Zésim sonna. Il se passa un certain temps avant qu'une faible lumière se montrât au premier ; puis on ouvrit une fenêtre, une vieille femme regarda dehors et se retira. On entendit alors des pas lourds, la porte s'ouvrit, et un petit serviteur maigre avec une chevelure et une barbe blanches sortit de la maison, une lanterne à la main. Il plia le genou devant Dragomira et baisa le bord de sa robe, puis il se mit à décharger les bagages.

« Pour aujourd'hui, je te dis adieu, dit Dragomira en s'adressant à Zésim, je suis fatiguée et je désire être seule. Le cocher te conduira chez toi. Demain matin, je t'attends pour le thé. » Elle lui tendit une main qu'il baisa respectueusement. Puis il remonta dans la voiture et partit, pendant que Dragomira, conduite par le petit vieux, montait l'escalier.

En haut, elle trouva une vieille dame simplement habillée. Elle avait un visage rose, presque jeune, des yeux bleus malins et des cheveux blancs qui sortaient en abondance d'un bonnet de couleur sombre. Elle s'inclina profondément devant Dragomira et lui baisa humblement le coude.

« Cirilla ?
— Pour vous servir, ma jeune maîtresse.
— Tu es au courant de tout ?
— Oui.
— Pour le monde, tu es désormais ma tante.
— A vos ordres, et pour tout le reste votre esclave. »

Elle conduisit Dragomira à travers plusieurs salles meublées avec un luxe sérieux, jusqu'à une petite chambre où se trouvait un lit à baldaquin.

« C'est ici que vous reposerez, maîtresse.
— Bien. »

Cirilla aida Dragomira à changer de vêtements, et celle-ci, bien à l'aise dans une casaque de fourrure, vint s'asseoir à la table de thé. Cirilla, debout devant elle et les mains croisées sur la poitrine, ne pouvait se rassasier de la regarder.

« Que vous êtes belle ! disait-elle en soupirant, et si jeune ! »

Puis elle partit en secouant tristement la tête. Dragomira ferma la porte au verrou, prit les papiers que l'apôtre lui avait remis, brisa le cachet et les lut. Quand elle eut fini, elle les jeta un à un dans la cheminée et ne les quitta pas du regard, jusqu'à ce que les flammes eussent tout dévoré.

VI

LA VESTALE

> La nature, c'est le péché.
> FAUST (2ᵉ partie).

Dragomira se leva le lendemain de bonne heure et écrivit d'abord une lettre à sa mère, puis un billet de deux lignes au commissaire de police Bedrosseff, l'ami de son père. Cela fait, elle sonna; Cirilla apparut, lui baisa la main et apporta le déjeuner. Quelques minutes plus tard arriva aussi le vieux serviteur qui avait déchargé les bagages. Il avait une livrée. Ses yeux rusés erraient sans cesse tout autour de la chambre.

« Comment te nommes-tu ?

— Barichar, pour vous servir.

— Occupe-toi de faire parvenir cette lettre au commissaire de police, dit Dragomira en lui tendant le billet parfumé.

— Ce sera fait, maîtresse. »

Barichar se glissa vers la porte, sans faire de bruit, le dos un peu voûté comme un chat.

« Je dois encore vous faire observer, dit-il en s'arrêtant, que pour tout le monde je suis sourd et muet, ma noble demoiselle. »

Dragomira lui répondit par un signe de tête. Quand Barichar se fut éloigné, elle prit son café, et s'habilla ensuite avec l'aide de Cirilla.

« Tu m'accompagneras, dit-elle, debout devant la glace.

— Dès que vous le désirerez.

— As-tu les vêtements nécessaires pour avoir l'air d'être ma tante ?

— Tout a été prévu. »

Quelques minutes plus tard, les deux femmes quittaient la

maison. Cirilla conduisait, et Dragomira faisait bien attention à tout, afin de s'orienter le plus tôt possible dans cette ville qui lui était inconnue.

« Où est le cabaret rouge ? demanda Dragomira à voix basse.

— Je vais vous faire passer devant ; nous y sommes dans un instant, » répondit la vieille.

Cirilla tourna dans une rue sombre, sale, peuplée surtout de juifs, et se dirigea du côté du Dnieper. C'est là qu'était le cabaret. On ne voyait que son toit rouge et bas derrière un mur élevé, dans lequel était pratiquée une porte de couleur noirâtre. Cirilla fit un signe à Dragomira. Celle-ci nota soigneusement dans sa mémoire l'endroit et tous ses alentours, puis elle continua sa route pour gagner le vieux Kiew, bâti sur la hauteur. Là, elle se fit indiquer un élégant magasin d'objets d'art, examina ce qui était en montre, et ordonna d'entrer à la vieille qui ressortit bientôt avec une grande enveloppe contenant une photographie.

Après une courte excursion dans les rues les plus animées, Dragomira revint à la maison avec sa compagne. Elle ôta son manteau et son chapeau, s'installa dans un coin du sopha et tira la photographie de l'enveloppe.

Elle représentait le comte Soltyk.

Dragomira considéra l'image avec attention. Elle étudiait l'homme qui était l'objet de sa mission, comme un agent de police étudie le portrait du malfaiteur qu'il est chargé de poursuivre.

Le comte, vêtu d'une robe de chambre de fourrure, était assis dans un fauteuil et tenait à la main une longue pipe turque. C'était certes un bel homme, séduisant et intéressant. Sur son visage de marbre se lisait une grande énergie ; dans ses yeux brillaient l'esprit et la passion.

L'image était sur la table, lorsque Bedrosseff apparut. C'était un petit homme vif, approchant de la quarantaine, avec des cheveux clairsemés, une petite moustache blonde, un front large, des pommettes accentuées et un nez tuberculeux. Il baisa la main de Dragomira, la conduisit à la fenêtre pour mieux la voir, et entra dans une véritable extase.

« Non, s'écria-t-il, ce n'est pas possible... Êtes-vous devenue grande et belle ! Je peux à peine croire que ce soit la mignonne petite Mira que je faisais autrefois sauter sur mes genoux, qui me prenait pour son cheval et m'attelait à sa petite voiture de bois. Que je suis donc charmé de vous voir ici!

— C'est bien plutôt à moi d'être heureuse de trouver ici un si bon, un si ancien ami, reprit Dragomira en souriant.

— J'accepte « l'ami », s'écria Bedrosseff avec son rire bruyant et jovial, mais je me défends très humblement de « l'ancien ». Suis-je donc déjà gris ou délabre? On peut, ce me semble, m'appeler un homme à la fleur de l'âge.

— Sans doute, sans doute.

— Oui, mademoiselle, sur ce point-là je ne fais pas de concessions; comme ami de monsieur votre père, je réclame le droit de vous protéger de toute façon; mais je ne consacre mes services à la belle Dragomira qu'à la condition de pouvoir aussi lui faire un peu la cour.

— Je vous prends au mot, dit Dragomira en lui saisissant les mains, et je vous déclare mon cavalier. »

Bedrosseff s'inclina.

« J'espère que vous serez satisfaite de moi, et maintenant j'attends vos ordres.

— Avant tout, asseyez-vous et bavardons. »

Elle l'attira près d'elle sur le sopha; et Bedrosseff s'empara de ses mains qu'il ne lâcha plus.

« Vraiment je vous envie, dit Dragomira.

— Et pourquoi donc?

— Parce que dans votre position vous possédez quelque chose qui nous est malheureusement inaccessible à nous autres enfants des hommes.

— Et c'est?...

— Une bonne part de l'omniscience.

— Bah! notre connaissance des hommes et des choses ne s'étend pas si loin que cela; d'ordinaire la chance nous aide, et notre meilleur allié c'est le hasard.

— Mais vous savez combien les filles d'Ève sont curieuses!... Et vous, que d'événements cachés, que de secrets vous sont dévoilés! Que de cœurs dont vous devinez les énigmes! Vous tendez vos filets de rue à rue, de maison à maison, comme la toile d'une araignée gigantesque.

— C'est vrai jusqu'à un certain point.

— Ah! que je serais heureuse de pouvoir un peu pénétrer dans ces mystères!

— Pourquoi pas? Cela peut se faire. De tout temps, la police s'est servie d'alliés; et les femmes ont, je peux bien le dire, un talent supérieur pour exercer nos fonctions. Leur instinct, leurs pressentiments font souvent plus que toute la logique et tous les calculs du monde.

— Alors prenez-moi comme agent.

— Avec plaisir, s'écria Bedrosseff en riant, et il lui baisa de nouveau la main.

— Aujourd'hui, j'aimerais bien, pour ma part, mettre un peu votre omniscience à contribution.

— Ordonnez. »

Dragomira tint en l'air le portrait de Soltyk.

« Qui est-ce ?

— Le comte Soltyk, dit Bedrosseff immédiatement. Comment avez-vous sa photographie ? Le connaissez-vous ?

— Non, je me promenais dans la ville, et je l'ai achetée parce qu'elle m'a plu.

— Vous n'êtes pas la première jeune dame qui se laisse éblouir par ce sultan, continua le commissaire de police ; mais je vous en prie, restez-en à cet enthousiasme pour son image et gardez-vous bien de faire la connaissance de l'homme.

— Je ne m'enthousiasme pas pour le comte, je m'intéresse seulement à lui.

— Cela même est dangereux. Soltyk est une nature à la Néron, un despote, un don Juan, un être animé du plus brutal égoïsme, sans cœur, sans égard pour rien ni personne, sans pitié.

— Vous nous donnez là une étonnante mesure de sa moralité.

— Je lui ai déjà arraché plus d'une victime, et j'ai l'œil sur lui. Vous ne devez pas faire sa connaissance, ce serait votre perte.

— Oh ! j'ai beaucoup de sang-froid ; il ne me prendra pas dans ses filets.

— Alors vous seriez la première femme qui lui aurait résisté. »

Dragomira dîna avec Bedrosseff dans un des premiers hôtels ; elle jugeait bon de se faire voir avec lui. Après le dîner il prit une voiture et lui fit voir la ville. Quand il commença à faire sombre, Dragomira était rentrée à la maison, et elle attendait Zésim qui ne tarda pas à venir. Cirilla joua le rôle de la tante et prépara le thé, quand Zésim lui eût été présenté. Le samovar chantait en bouillonnant, les jeunes gens étaient assis devant la cheminée et causaient. Dragomira était gaie et naturelle comme elle ne l'avait jamais été. Zésim lui en fit la remarque.

« Tout le mérite t'en revient, dit-elle, dès que tu es raisonnable, je me sens rassurée, et la bonne humeur revient d'elle-même.

— C'est donc déraisonnable de t'aimer ?

— Oui, c'est même plus que cela.

— C'est dangereux ? »

Elle fit signe que oui, de la tête.

« Je ne peux pas tout t'expliquer, mais mon amour ne t'apporterait aucun bonheur, pas du moins dans le sens où tu l'entends.

— Tu veux donc finir ta vie comme une vestale ? »

Dragomira sourit tristement.

« J'ai dit adieu à tout ce qui fait soupirer le cœur d'une jeune fille, et je crois que j'ai eu raison. La terre me semble une vallée de douleurs, la vie un voyage malheureux et lamentable à travers cette vallée, la nature une grande séductrice qui attire nos âmes à elle pour les perdre. Le démon, qui jadis, sous la forme du serpent, tenta les premiers hommes dans le paradis, chante maintenant son chant de sirène dans le murmure des bois verdoyants, dans le chuchotement des flots argentés, dans la musique flatteuse du zéphyr et les plaintes mélodieuses du rossignol. Il nous gouverne nous-mêmes sans que nous en ayons conscience; il cherche à nous persuader par la grâce des paroles humaines; à nous troubler par les caresses des lèvres en fleur de la femme, par le regard loyal de l'ami, par le regard angélique des yeux de l'enfant. Partout les pièges sont tendus; nous sommes enveloppés de filets, et c'est à peine si nous pressentons où commence le péché.

— Alors, selon toi, il vaut mieux renoncer à tout ce qui fait l'ornement de la vie ?

— Oui.

— C'est bien triste.

— Je me sens calme et satisfaite ainsi. Voilà pourquoi je veux bien t'aimer si tu consens à être mon ami, mon frère; mais jamais un homme ne m'entraînera avec lui dans le tourbillon de ce monde coupable. »

En ce moment on sonna à la porte de la rue; peu après on frappa doucement à la porte de la chambre Cirilla se leva et sortit. Elle trouva dans le corridor une femme habillée de drap gris. La faible lueur de la lampe, accrochée au mur, lui permit de distinguer un visage rond, plein, aux traits accentués, et deux yeux noirs où brillait tout l'éclat fascinateur des regards orientaux. Les deux femmes se parlèrent à voix basse quelques instants, puis l'étrangère partit et Cirilla rentra dans la chambre.

Zésim se leva un moment pour allumer sa cigarette à la lampe. La vieille murmura alors à l'oreille de Dragomira :

« C'était la juive, la propriétaire du cabaret rouge.

— Que voulait-elle ?

— Elle a fait une capture et voulait savoir si elle peut compter sur vous, dit Cirilla mystérieusement.

— Pourquoi ne le fait-elle pas elle-même ?

— Le courage lui manque.

— Alors je prendrai la chose sur moi.

— Dieu vous en récompensera, maîtresse.

— Et quand a-t-on besoin de moi ?

— Nous le saurons quand il sera temps. »

VII

ANITTA

> Le premier regard attache les âmes
> parentes avec des liens de diamant.
> **SHAKESPEARE.**

Zésim n'avait été jusqu'alors occupé que de Dragomira. Il se souvint tout à coup d'une lettre que sa mère lui avait confiée pour Mme Oginska, une de ses amies de jeunesse, qui demeurait à Kiew. La famille Oginski était une des plus anciennes et des plus considérables de la noblesse du pays; elle était riche, cultivée, aimable et irréprochable à tous égards.

Zésim se rendit au petit palais bâti dans le vieux Kiew, donna sa carte au laquais et fut immédiatement introduit dans un magnifique salon orné de tableaux anciens, de tapisseries des Gobelins et d'armes. M. Oginski vint au devant de lui. C'était un homme de taille moyenne, d'environ cinquante ans, le type incontestable du magnat polonais, élancé, un peu brun, vif et affable.

Quand ces messieurs eurent allumé un cigare et causé quelque temps, Mme Oginska vint les retrouver. C'était une petite dame, très corpulente, de quarante ans, qui soupirait sans interruption; on ne savait pas trop si c'était à propos de la dépravation du monde moderne ou de l'embonpoint à la Rubens qui la fatiguait. Zésim lui présenta sa lettre. Mme Oginska la lut avec une certaine émotion et lui adressa ensuite quelques questions sur sa mère et sur lui-même.

« Cela se trouve bien que vous soyez venu juste en ce moment, dit Mme Oginska; notre fille Anitta arrive de sa pension de Varsovie. J'espère que vous serez bons amis : votre mère et moi nous n'étions qu'un cœur et qu'une âme. »

Zésim s'inclina sans dire un mot. La perspective de jouer le rôle de grande poupée vivante pour une jeune fille qui venait à peine de quitter ses souliers d'enfant, ne lui inspira dans le premier moment qu'un très médiocre enthousiasme. Il ne devait pas tarder à changer complètement d'avis.

La porte qui donnait sur le jardin s'ouvrit tout à coup, et une petite brunette potelée, en robe rose, un volant dans une main, une raquette dans l'autre, entra légère comme un oiseau, jeta un regard rapide et interrogateur sur le jeune officier, et s'en alla quelque peu interdite derrière la chaise de sa mère.

« Ma fille Anitta, dit Mme Oginska, et le fils de ma chère amie Jadewska, Zésim Jadewski. J'espère que vous vous entendrez et que vous vous aimerez un peu. »

Anitta fit une révérence et tendit la main à Zésim, qui la porta respectueusement à ses lèvres. La jeune fille resta alors debout devant lui, rougissante et le regard fixé à terre. Zésim, charmé, la dévorait des yeux. C'était la plus ravissante créature qu'il eût rencontrée jusqu'à ce jour. Sa jolie taille, ses formes à peine épanouies, son cou blanc et élancé, son visage rond et frais, sa petite bouche rouge et mutine, son délicieux petit nez retroussé, ses cheveux noirs allant et venant sur son dos en deux épaisses nattes, ses yeux noirs à la fois espiègles et bons, tout dans sa personne respirait la grâce et le charme irrésistibles de la jeune fille qui est presque encore une enfant.

Et quand elle leva sur lui ses aimables yeux noirs, il fut décidé dans le livre du destin que ces deux jeunes cœurs tendres et purs s'appartiendraient l'un à l'autre à tout jamais.

« Venez donc avec moi dans le jardin, dit-elle, — sa voix résonnait comme une joyeuse chanson d'alouette — je veux vous montrer mes fleurs, mes pigeons et mes chats, et mon Kutzig. Tu permets, maman ?

— Certainement; amusez-vous, mes grands enfants; les déceptions, la tristesse, la douleur, viennent bien assez tôt. »

Anitta passa devant, et Zésim descendit les marches derrière elle. Au bas de l'escalier elle lui prit naïvement le bras.

« Jusqu'à présent, dit-elle avec le plus ingénu sourire, j'ai toujours eu peur des officiers; mais vous, vous ne me faites pas peur du tout.

— C'est qu'aussi vous n'avez rien à craindre, mademoiselle; avec un seul de vos regards, vous feriez tomber toute une armée à vos pieds.

— Ne me défiez pas, sinon je commence tout de suite la bataille. »

Ils se dirigèrent, en passant par des parterres de fleurs artistement dessinés, vers les bâtiments de derrière où se trouvaient l'écurie et le grenier à foin. A une place bien dégagée s'élevait le colombier. Un couple de beaux pigeons blancs y étaient perchés, tout brillants dans la lumière du soleil et roucoulant amoureusement. Quand ils virent approcher leur jeune maîtresse, ce fut comme s'ils avaient donné un ordre à tous les autres. De toutes parts arrivèrent soudain des pigeons blancs qui se posèrent sur les épaules et les mains d'Anitta et voltigèrent à ses pieds. Elle alla promptement chercher une petite corbeille remplie de graines et les jeta à pleines mains au milieu de la bande qui roucoulait et battait des ailes.

« Maintenant, nous allons faire visite à Mitzka et à sa famille, dit-elle en souriant, mais pour cela il faut monter dans le grenier à foin. Passez devant et tendez-moi la main. »

Zésim déboucla aussitôt son épée et l'appuya contre le mur, puis monta à l'échelle. Anitta le suivait, sa petite main flexible tenant solidement la main du jeune homme. Une fois arrivés en haut, ils furent reçus par Mitzka, une grande chatte tachetée qui dressait la queue et miaulait de la façon la plus tendre.

Elle leur présenta ses petits; ils étaient sept qui accoururent en bondissant hors de leur foin.

Anitta prit un des petits chats sur son bras, le baisa et le caressa doucement de la main.

« Comme ils sont mignons et aimables! C'est moi qui leur apporte tous les jours à manger, et il me connaissent maintenant. Dès qu'ils entendent le froufrou de ma robe, ils arrivent. »

Quand ils furent descendus, Anitta prit tout à coup l'épée de Zésim et s'écria, en lançant au jeune homme un regard malicieux :

« Vous êtes mon prisonnier! »

Puis elle s'enfuit, à travers les bosquets, dans les fourrés du parc.

« Prenez-moi, dit-elle, ou vous n'aurez jamais plus votre épée. »

Zésim la poursuivit, et ce fut une joyeuse et charmante chasse à travers les broussailles et les branches, autour des vieux arbres moussus, par dessus les plates-bandes et les gazons, jusqu'à ce que la robe d'Anitta s'accrochât aux épines d'un rosier.

Le jeune officier la rejoignit alors d'un bond et entoura d'un bras victorieux sa taille élégante.

Elle riait de tout son cœur, et, dans cet instant d'abandon, elle semblait encore plus jolie et plus séduisante, car en elle tout était noble et distingué ; et, plus elle se laissait aller, plus se révélaient les charmes de son adorable nature.

Elle s'assit sur le banc le plus rapproché, et c'était un délicieux spectacle que de la voir reprendre haleine ; ses petites mains tenaient toujours l'épée bien serrée et ses yeux d'enfant souriaient gaiement à Zésim.

« Vous ne m'auriez pas attrapée, dit-elle enfin, sans ce vilain rosier. »

Il y avait à côté une petite prairie, dorée par les rayons du soleil, dans laquelle paissait un poney noir.

« Voilà mon Kutzig, dit la jeune fille. Papa me l'a acheté à des écuyers de cirque, parce que je l'avais pris en affection ; il me suit comme un petit chien, et il sait faire des tours de toute espèce. »

Elle poussa un cri, et le joli petit animal vint en effet immédiatement devant elle et lui flaira amicalement la main.

« Attends, mon ami, il faut montrer tes talents, dit Anitta en lui tapant sur le cou et en cueillant une baguette. Viens ! »

Elle se dirigea vers la haie la plus proche et se mit à animer le petit cheval.

« En avant ! montre ce que tu sais, hopp ! »

Le poney obéit avec un véritable plaisir et sauta à plusieurs reprises par dessus la haie. Puis Anitta lui jeta son mouchoir qu'il rapporta exactement, enfin elle le fit s'agenouiller au commandement devant elle. Elle lui donna comme récompense deux morceaux de sucre de sa jolie main.

« Il est bien dressé, dit Zésim en souriant, mais il n'y a pas grand mérite à obéir à une si charmante maîtresse ; qui donc n'aimerait à se mettre sous ses ordres ?

— Pas de compliments, sinon je vous punis.

— Je vous en prie !

— C'est bon, je vous prends au mot, s'écria Anitta avec un petit ton délicieusement hautain, nous allons voir si vous êtes aussi docile que mon Kutzig, et si vous obéissez aussi bien.

— J'attends votre commandement.

— Allons, en avant! sautez! »

Zésim prit son élan, et d'un bond souple et gracieux franchit la haie.

« Encore, hopp! »

Nouveau bond, nouveau succès. Anitta riait et battait des mains avec une joie d'enfant.

« Maintenant, le mouchoir. Apporte! »

Zésim l'apporta.

« Et maintenant... »

Anitta s'arreta et rougit.

« J'attends le commandement.

— Eh bien! à genoux! »

Il obéit avec plaisir.

« Mais maintenant, je demande aussi du sucre. »

Le rire enchanteur de la jeune fille retentit de nouveau dans le jardin silencieux, et sa jolie voix au timbre argentin trouva un écho mélodieux dans les cimes des arbres d'où lui répondirent les pinsons et les mésanges.

« Voilà! dit Anitta. »

Et elle poussa avec ses doigts roses un morceau de sucre dans la bouche de Zésim. Elle releva alors le jeune homme qui était toujours à genoux devant elle, et lui demanda s'il était fâché.

« Pourquoi donc?

— Je suis si mal élevée! Mais vous verrez bientôt que je n'ai pas de mauvaises intentions et que, malgré tous les tours que je vous joue, je suis bonne au fond.

— Est-ce vrai aussi?

— Sans doute; pourquoi ne le serait-ce pas? »

Il avait pris sa main et la baisait. Elle la lui retira enfin et lui tendit son épée.

« Maintenant, allez-vous-en, Zésim, j'ai aujourd'hui une leçon de piano. Mais revenez bientôt dans l'après-midi, s'il fait beau, pour qu'on puisse jouer dans le jardin. Demain, peut-être.

— Je reviendrai, je suis heureux que vous me le permettiez. »

Ce jour-là, dans l'après-midi, Oginski reçut une autre visite, tout aussi inattendue, celle du père jésuite Glinski.

C'était un de ces prêtres polonais qui réunissent dans une seule personne l'homme du monde distingué, l'ardent patriote et le zélé serviteur de l'Église. Il jouissait d'une grande considération comme prédicateur et comme ancien précepteur du comte Soltyk. C'etait en effet le seul homme qui eût quelque influence sur le comte, et il jouait le rôle d'une sorte d'intendant chez ce puissant et riche magnat.

Son extérieur était beaucoup plus d'un diplomate que d'un théologien. Sa taille bien prise, pas trop grande, sa belle tête, son visage distingué, encadré de cheveux bruns, ses yeux calmes et intelligents, qui vous pénétraient jusqu'au fond de l'âme, ses manières élégantes, son langage choisi, tout en lui indiquait qu'il se sentait plus chez lui sur le parquet glissant et silencieux des palais que sur les dalles retentissantes des églises, et qu'il s'entendait mieux à faire le confident et le conseiller dans un boudoir que dans son confessionnal vermoulu.

« Je vous croyais encore à Chomtschin, dit Oginski au jésuite qui entrait.

— Nous sommes revenus hier, répondit le P. Glinski, le comte commençait à s'ennuyer; c'est alors le moment de lever le camp.

— Saviez-vous, mon très révérend père, qu'Anitta est de retour.

— En vérité? La chère enfant! Ce doit être à présent une grande jeune fille? Où est-elle cachée? Puis-je la voir?

— Elle est dans le jardin avec ses amies; je vais la faire appeler.

— Non, non, je veux aller moi-même la chercher. »

Le jésuite prit sans tarder son chapeau aux larges bords retroussés et descendit en hâte l'escalier de pierre qui conduisait au jardin. Il trouva Anitta et une demi-douzaine d'autres jeunes filles, toutes fraîches, jolies et de joyeuse humeur, qui jouaient au volant sur la prairie.

Dès qu'Anitta le reconnut, elle courut à lui et lui sauta au cou.

« A quoi pensez-vous, mademoiselle? vous n'êtes plus une enfant, lui dit le jésuite un peu embarrassé, pendant que son œil expérimenté examinait cette charmante personne avec une véritable satisfaction.

— Enfant ou non, s'écria Anitta, je vous aime toujours bien, père Glinski, et il n'y a pas à dire, vous allez jouer avec nous à colin-maillard.

— Je... Mais cela ne va pas à...

— Vous allez voir comme cela ira bien. »

La troupe pétulante entoura le père jésuite malgré sa résistance. Une des jeunes dames s'empara de son chapeau, une autre de sa canne, une troisième donna son mouchoir, une quatrième se plaça devant lui, pour bien s'assurer qu'il ne pouvait pas y voir, et Anitta lui banda les yeux. Le Père était au milieu de la prairie, et toutes ces jolies filles sautaient autour de lui et l'agaçaient en poussant des éclats de rire folâtres. Plus il mettait d'ardeur à en saisir une, plus la gaieté augmentait. Enfin, au lieu d'Anitta qu'il croyait attraper, il serra dans ses bras... qui? le poney! On le força à monter dessus, et il fut promené en triomphe à travers le jardin par les jeunes filles qui l'escortaient en poussant des cris de jubilation.

VIII

LE CABARET ROUGE

> Le jour du jugement est proche.
> KRASINSKI.

Dragomira était déjà éveillée depuis longtemps, quand Cirilla entra dans la chambre sur la pointe des pieds. Sa chevelure éparse autour de sa tête et de ses épaules semblait une crinière d'or ondoyante; elle était étendue au milieu de ses blancs oreillers, et elle se souleva sur son bras gauche lorsqu'elle aperçut la vieille.

« Je ne sais pas, dit-elle, je suis fatiguée aujourd'hui; ce que je voudrais par-dessus tout, ce serait de rester couchée et de rêver.

— Rien ne vous en empêche pour le moment, ma belle maîtresse, répondit Cirilla, seulement il s'agira plus tard d'être dispos et d'avoir bon courage... C'est la juive qui était là.

— Que voulait-elle?

— On a besoin de vous aujourd'hui au cabaret rouge.

— Ce soir?

— Oui, ce soir, à dix heures.

— C'est bien. »

Dragomira continua de rêver. A midi, Zésim vint et ne fut pas reçu. Après le dîner, Dragomira sortit avec Cirilla.

Elle alla examiner de nouveau la situation du cabaret mystérieux, et se fit ensuite montrer la maison du marchand Sergitsch, à qui la vieille porta un billet de sa maîtresse.

Barichar vint un peu après, avec une grande valise qu'il remit au marchand.

Le soir, Dragomira sortit de chez elle, soigneusement enveloppée et voilée, et se rendit chez Sergitsch. Elle trouva tout fermé. Pourtant, dès qu'elle sonna, un jeune garçon vint lui ouvrir la porte et la conduisit silencieusement au premier étage, dans une petite chambre de derrière, dont les fenêtres étaient bouchées avec d'épais volets de bois. Sergitsch était là et l'attendait. Il reçut Dragomira d'un air de soumission, la pria de s'asseoir sur le divan et resta lui-même respectueusement debout devant elle.

« Vous savez de quoi il s'agit? dit Dragomira.

— Je suis au courant de tout et j'attends vos ordres. Je vous prie de me considérer comme votre serviteur, ma noble demoiselle.

— Peut-on concevoir quelque soupçon, si l'on me voit venir dans votre maison ou en sortir?

— Pas le moins du monde, répondit Sergitsch, je suis le président de la confrérie du Cœur de Jésus. Il vient beaucoup de monde chez moi, surtout des femmes.

— Mes affaires sont-elles ici ?

— Oui, certainement. »

Il apporta la valise.

« Alors, je vous prie de me laisser seule. »

Quand Dragomira quitta la maison du marchand, un quart d'heure plus tard, comme un papillon qui a secoué la poussière diaprée de ses ailes, elle avait dépouillé tout son extérieur féminin et s'était transformée en un beau jeune homme élancé. Elle avait des bottes noires à talons hauts, dans lesquelles entrait un large pantalon de drap bleu foncé, à plis épais et bouffants. Sa longue redingote, ajustée, de même étoffe, à brandebourgs noirs, était bordée et doublée de fourrure brun-foncé. Les cheveux blonds étaient habilement ramassés sous un bonnet rond également de fourrure brune. Elle avait sur les épaules un long manteau de couleur sombre. Elle avait pris un poignard et un revolver qu'elle avait chargé avant de partir.

Elle trouva la rue devant le cabaret vide et peu éclairée. La porte qui se trouvait dans le mur s'ouvrit dès qu'elle la poussa.

Elle traversa la cour, et arrivée devant le seuil de la maison, fit entendre le signal convenu, un bref coup de sifflet. Aussitôt la cabaretière Bassi Rachelles sortit furtivement et s'approcha de Dragomira, un doigt sur la lèvre supérieure.

« Il est là, dit-elle tout bas.

— Le sieur Pikturno?

— Oui, voulez-vous lui parler ?

— C'est mon devoir de faire un essai avant de le sacrifier.

— Entrez donc, reprit Bassi, mais cela n'aboutira à rien. Il faut le mener à la boucherie comme un bœuf, et c'est mon affaire plus que la vôtre. Il est tellememt amouraché de moi que je peux tenter avec lui tout ce que je veux. »

Après s'être entendue avec Dragomira, elle rentra dans la maison en se glissant, et la belle jeune fille s'approcha de la fenêtre pour regarder dans l'intérieur qui était éclairé.

C'était une grande salle, aux murailles noircies. Çà et là étaient suspendues quelques gravures. Le comptoir barrait la porte qui conduisait dans la chambre d'habitation. Des deux côtés étaient des tables et des bancs. Dans un coin, près du poêle, était assis un jeune homme d'une vingtaine d'années, qui avait l'air de sommeiller. C'était Juri, comme l'avait dit la Juive, un des membres de leur association, et certes, un des plus farouches et des plus déterminés. Devant le comptoir, dans un vieux fauteuil dont l'étoupe s'échappait de tous côtés était étendu un jeune homme de haute taille, solidement conformé. Sur son visage rond et encadré de cheveux noirs bouclés se lisait une certaine timidité et une indifférence apathique. Ses yeux ronds et noirs regardaient fixement la belle juive aux formes opulentes, qui était assise auprès de lui, sur le bras du fauteuil, et lui abandonnait avec un astucieux sourire ses mains blanches et charnues.

C'était Wlastimil Pikturno, fils d'un riche propriétaire polonais, et étudiant à l'Université de Kiew.

Dragomira entra sans se presser dans la maison, puis dans la salle de débit. Bassi quitta Pikturno et vint avec empressement à sa rencontre.

« Bonsoir, mon jeune monsieur, dit-elle à voix haute, que faut-il vous servir ? Une bouteille de vin ou un cognac ?

— Oui, un cognac, » répondit Dragomira.

Et elle s'assit à la table la plus proche. Quand Bassi eut apporté le cognac, Pikturno lui fit signe de venir près de lui.

« Qui est-ce ? demanda-t-il.

— Je le vois pour la première fois.

— Tu mens. C'est un nouvel adorateur.

— Quelle absurdité !

— Comment s'appelle-t-il ?

— Est-ce que je sais ? Demandez-le-lui à lui-même.

— Vous faites probablement aussi vos études à Kiew, monsieur, dit Pikturno en allongeant ses membres de géant.

— Non, je ne suis ici qu'en passant.
— Vous allez sans doute à Odessa.
— Oui, à Odessa. »

Il y eut un moment de silence. La juive faisait semblant de s'occuper de son comptoir et elle quitta la salle en emportant des verres et des bouteilles vides.

« Une femme superbe !
— La juive ?
— Oui.
— Je suis complètement indifférent à l'égard des femmes, dit Dragomira, elles m'ennuient.
— Ah! oui, vous êtes un homme de la nouvelle école. La femme n'est plus pour nous un sphinx qui nous propose des énigmes mortelles, mais un animal d'une organisation plus basse que la nôtre.
— Prenez garde, il y a aussi des bêtes féroces qui nous déchirent tout aussi joliment que le sphinx.
— Possible, mais quand on est jeune, on ne s'inquiète pas beaucoup des conséquences terribles que peuvent avoir nos passions; on vit, on jouit, on tue le temps.
— Si cela valait seulement la peine de vivre !
— Trentowski[1] !
— Je ne l'ai jamais lu.
— Pourquoi donc méprisez-vous la vie, vous, à votre âge ?
— Parce que j'en ai reconnu l'inanité, répondit Dragomira. Est-ce autre chose qu'un pèlerinage ? Ne sommes-nous pas ici-bas comme dans un Purgatoire ? Nommez-moi une jouissance, une joie, si petite qu'elle soit, qu'il ne faille pas acheter au prix de la sueur, des larmes, du sang des autres ? Partout, dans la nature, je ne vois que vol, brigandage, esclavage, assassinat, et voilà pourquoi j'ai horreur d'elle et de ses dons. Nous n'avons qu'une sagesse et elle s'appelle renoncement.
— Bah! vous devriez vous faire moine ! s'écria Pikturno avec un gros rire; vous avez du talent, mais ce n'est pas ici l'endroit pour faire des sermons. Hé! Bassi! une bouteille de vin ! Quant à moi, vous ne me convertirez pas. »

La juive apporta la bouteille, la déboucha et versa.

« Encore un verre pour monsieur. Puis-je vous offrir ?..
— J'accepte, si vous acceptez à votre tour.

---

[1] Le Schopenhauer polonais.

— Convenu ! »

Dragomira trinqua avec Pikturno.

« Vous etes peut-etre bien étudiant en médecine, avec vos idées atrabilaires sur la vie ? » dit Pikturno.

Et il alluma un cigare.

« Non... philosophe.

— Un Socrate imberbe ! il faut aussi, ce me semble, posséder une Xantippe pour devenir un vrai sage.

— Ne raillez pas, dit Dragomira d'un ton grave, en attachant sur lui le regard glacial de ses yeux bleus; les calamités, la détresse, les convulsions des martyrs, les malédictions de ceux qu'on trompe, les larmes de ceux qu'on abandonne, toutes ces misères qui couvrent l'immense tapis bariolé de la terre ne se laissent pas chasser par des railleries. Plongez d'abord une fois votre regard dans le système de ce monde et ensuite en vous-même, et vous frissonnerez d'horreur.

— Mais je ne veux pas frissonner d'horreur, s'écria Pikturno à voix haute, je veux être gai. Admettons que vous ayez raison, nous n'en devrions que nous efforcer davantage d'oublier et de chercher où on oublie. Dans les coupes écumantes et sur les lèvres rouges. Vive la joie! Trinquons !

— Non.

— A quoi voulez-vous donc trinquer ?

— A celle qui nous apporte la délivrance et la liberté, dit Dragomira en levant son verre : « A la mort ! »

— Folie ! » dit Pikturno en posant son verre avec bruit sur la table, pendant que Dragomira vidait le sien lentement comme un calice consacré.

En ce moment, le cabaret fut envahi par une bande d'ouvriers de fabrique ivres, qui remplirent toute la salle de la fumée de leur mauvais tabac et de leur odeur d'eau-de-vie.

Dragomira tendit la main à Pikturno.

« Vous partez ? lui dit-il.

— Oui, je n'aime pas cette sorte de compagnie.

— Alors, au revoir ! »

Dans la cour, Dragomira trouva la juive :

« Eh bien ! qu'en pensez-vous ? Vous ai-je dit la vérité ? Je le connais mieux que vous. Il n'y a pas moyen de le convertir.

— Je veux pourtant lui parler encore une fois.

— Pourquoi faire ? dit la juive en sifflant comme un serpent, nous perdrons notre temps tout simplement, et à la fin il nous échappera encore. Aujourd'hui, il est fou de moi et veut m'épouser. Demain, s'il découvre qu'il n'a rien à espérer, ou si une autre lui plait davantage, il s'envolera. Croyez-moi, si vous etes décidée, il faut que cela se fasse maintenant, maintenant ou jamais.

— Aujourd'hui ? » demanda rapidement Dragomira.

Un léger frisson lui parcourut tous les membres.

« Non, pas aujourd'hui et pas ici; mais au prochain jour. Aurez-vous le courage de traverser la foret à cheval, quand il fera nuit noire ?

— Je n'ai peur de rien, quand il y a une âme à sauver.

— Alors, au prochain jour.

— Où ?

— Vous le saurez par Cirilla.

— C'est bien, répondit Dragomira, livre-le-moi, et je le sacrifierai. »

La juive fit signe que oui de la tête, avec un sourire étrange. Si les tigres pouvaient sourire, c'est ainsi qu'ils souriraient. Dragomira s'avança avec précaution dans la rue ; il n'y avait personne aux environs. Elle s'enveloppa dans son manteau, et regagna en toute hâte la maison du marchand Sergitsch. Là elle se métamorphosa rapidement en élégante dame à la mode, et repartit, s'en allant à travers la lumière éclatante du gaz.

Elle n'avait fait que quelques pas, lorsqu'un beau jeune homme, qui venait sur le trottoir en sens opposé, la regarda fixement. Captivé par l'aspect de cette femme à la taille haute et distinguée, il se mit à la suivre.

Elle s'en aperçut et s'inquiéta. Pour lui échapper, elle se détourna de sa route, gagna la partie la plus animée du vieux Kiew et accéléra sa marche. Elle espérait pouvoir se dérober dans la foule ; mais elle se trompait, elle l'avait toujours sur ses talons. Elle s'arrêta devant un magasin de tabac pour le laisser passer. Il vint se poster près d'elle et la regarda de côté. Elle répondit à son regard par un regard froid et menaçant. Elle comptait là-dessus pour l'intimider, mais elle comptait mal.

« Si belle et si impitoyable ! lui murmura le jeune homme, une déesse d'amour en glace ! »

Dragomira ne fit pas attention à ces paroles et continua son chemin. Mais cette fois elle allait beaucoup plus lentement et se sentait rassurée : elle savait que la poursuite ne s'adressait qu'à sa beauté, et comme elle était assez brave pour se défendre contre une armée d'adorateurs indiscrets, elle se dit qu'elle n'avait rien à craindre et reprit la direction de Podal.

Le jeune homme la suivit jusqu'à sa maison et, quand elle sonna, attendit respectueusement à une certaine distance qu'on lui eût ouvert la porte et qu'elle eût disparu.

Quand elle fut arrivée au premier étage, Dragomira défendit à la vieille d'apporter de la lumière et s'avança avec précaution à la fenêtre. Le galant enthousiaste était encore dans la rue, comme s'il soupirait toujours après sa divinité. Dragomira haussa dédaigneusement les épaules.

« Va, rêve, murmura-t-elle, rêve doucement; le réveil n'en sera que plus terrible. »

IX

LE COMTE SOLTYK

> Plus un homme est haut, plus il est
> sous l'influence des démons.
>
> GŒTHE.

Le doux soleil d'une sereine et froide journée d'octobre éclairait le somptueux palais du comte Soltyk. C'était une étrange et fantastique construction, devenue un petit monde à travers le cours des années. Les styles et les matériaux les plus divers s'y trouvaient mélangés et confondus; sur des murs cyclopéens se dressait un château de vieux voïvode polonais, et un hermitage baroque, rococo, était accolé à un splendide édifice byzantin.

Dans une vaste salle ornée de statues et de tableaux, un grand nombre de personnes des conditions les plus diverses attendaient le moment où le comte voudrait bien les recevoir. C'était à cette heure-là, en effet, qu'il donnait audience, comme un monarque. Tous le craignaient; ils venaient cependant mendier sa protection et cherchaient à savoir, par le vieux valet de chambre, si le comte se trouvait bien disposé.

Il était assis dans son cabinet de travail et parcourait les lettres qui venaient d'arriver. Il offrait l'image d'un jeune sultan, beau et despote. Sa tête, encadrée d'une chevelure noire et d'une barbe coupée court, faisait penser aux plus belles œuvres des artistes grecs. Son visage au teint blanc était délicatement coloré. Ses yeux sombres avaient une expression d'ardeur et d'orgueil, de force et d'audace; leur mystérieux regard semblait à la fois épier et menacer. Sa taille élancée ne dépassait que de peu la moyenne; mais ce corps, avec ses muscles de gladiateur romain d'une beauté divine, avait les proportions irréprochables d'un Bacchus grec. Il était chaussé de bottes de maroquin rouge, avait une longue robe de chambre de satin jaune doublée et bordée de fourrure, et portait un fez sur la tête.

Il jeta ses lettres de côté et sonna. Aussitôt apparut un jeune cosaque qui apportait le café sur un plateau d'argent. Le pauvre diable tremblait de peur devant le froid regard de tigre de son maître; et, dans sa peur mortelle de ne commettre aucune bévue, il laissa tomber la tasse de porcelaine ancienne, ornée du portrait de Stanislas Auguste. Elle se brisa avec bruit. Un instant il resta immobile, comme paralysé. Puis il se précipita à genoux devant le comte.

« Pardon ! Excellence, pardon ! Je ne l'ai pas fait exprès ! » dit-il, en levant des mains suppliantes.

Le comte le regarda.

« Ne savais-tu pas que cette tasse me vient de ma grand-mère ?

— Pitié, seigneur ! dit le cosaque en gémissant.

— Une autre fois, fais un peu plus attention, murmura le comte; et maintenant, décampe, fils de chien ! »

Un vigoureux coup de pied suivit ces paroles, puis le malheureux se leva rapidement et disparut.

Quand le vieux valet de chambre lui eut apporté une autre tasse et allumé son tchibouck, il demanda quels gens étaient là.

« Quelques juifs, le régisseur de Chomtschin, Brodezki, le joueur de violon, quelques paysans...

— Fais-les entrer dans l'ordre où ils sont venus; seulement, si le commissaire de police arrivait, introduis-le tout de suite. »

Le comte n'eut pas à attendre. La porte était à peine entr'ouverte que quatre juifs se précipitèrent dans le cabinet et s'avancèrent avec force révérences, à la façon de magots chinois.

« Que voulez-vous ? demanda le comte en souriant.

— Nous venons, avec le plus profond respect et la plus profonde humilité, dit l'orateur du quatuor, supplier le haut et noble seigneur de vouloir bien accorder une grande grâce à nous et à nos familles.

— Comment vous appelez-vous ?

— Je suis Wolf Leiser Rosenstrauch; avec la permission du gracieux seigneur comte, voici mon beau-père; voici mon beau-frère; et voilà mon frère. Il y a encore ma belle-mère, ma sœur et ma femme avec mes sept enfants, tous vivants.

— Et que demandez-vous?

— La faveur de tenir le cabaret sur le domaine de Popaka, du gracieux seigneur comte, et alors j'ose...

— C'est bon. Je te connais, Wolf Rosenstrauch; tu es un homme rangé; tu auras le cabaret.

— Que Dieu vous bénisse, seigneur comte, vous et vos enfants et vos petits-enfants...

— Attends un peu, sinon tu n'auras pas le cabaret.

— Que devons-nous faire, Excellence?

— Vous allez à l'instant me danser ici un quadrille.

— Miséricorde! danser sans musique! »

Le comte sonna et donna l'ordre de faire venir le cocher avec son violon. Quand il fut arrivé et qu'il eut accordé son pauvre instrument, il se mit à râcler dessus quelque chose qui ressemblait à une contredanse; et les quatre juifs, dans leurs longs caftans, commencèrent à danser et à sauter çà et là comme des cabris, pendant que le comte repaissait ses yeux de ce spectacle extravagant, et de temps en temps éclatait de rire avec la joie bruyante d'un enfant.

Quand les juifs furent partis, non sans s'être encore confondus en remerciements enthousiastes, le régisseur de Chomtschin entra. Il était pâle et embarrassé, car c'était le comte qui l'avait mandé, et cela ne présageait rien de bon.

« J'en apprends de belles sur votre compte, dit Soltyk en s'enfonçant avec une tranquillité nonchalante dans la molle fourrure de sa robe de chambre. Voilà que vous jouez déjà au maître dans mon château. Qui vous a ordonné de renvoyer le concierge?

— C'était un ivrogne, seigneur comte, et alors je croyais...

— Vous n'avez pas à croire, mais à obéir. Je ne me rappelle pas non plus vous avoir commandé de faire bâtir une nouvelle grange.

— L'ancienne avait brûlé, seigneur comte.

— Vous auriez dû m'en informer. Vous avez aussi fait abattre cent chênes...

— Les chênes... je croyais... c'est qu'ils nous ont été bien payés.

— Je vois que vous n'avez plus ce qu'il faut pour être un serviteur, conclut Soltyk, et par conséquent je vous renvoie.

— Pour l'amour de Dieu, seigneur comte, dit le régisseur

d'une voix suppliante, ne me jetez pas tout de suite dans la rue avec ma femme et mon enfant !

— C'est décidé. Allez-vous-en !

— Je n'aurai plus qu'à me brûler la cervelle ; seigneur comte, ayez pitié de moi ; punissez-moi, mais ne m'ôtez pas mon pain.

— Vous punir ? Et comment ? dit Soltyk. Que je fasse un exemple, et j'aurai immédiatement les juges sur le dos.

— Je ne me plaindrai pas, je me soumets à tout ; seulement gardez-moi à votre service, seigneur comte. »

Soltyk sourit.

« Vous vous promenez aussi en voiture à quatre chevaux, d'après ce que l'on me dit, et votre femme se fait venir des voitures et des chapeaux de Paris. Comment tout cela peut-il se faire, sans que je sois volé ? Pour vous punir et en même temps vous réapprendre l'humilité, je vais faire de vous mon chien de garde. »

Soltyk sonna.

« Le monsieur que voici, dit-il au valet de chambre, va se rendre à la cabane du chien et prendre sa chaîne. On ne le lâchera qu'à la tombée de la nuit. »

Puis se tournant, vers le régisseur :

« Vous avez bien une montre ?

— Pour vous servir.

— Eh bien ! toutes les dix minutes, vous aboierez, et fort ! Est-ce compris ?

— Parfaitement, seigneur comte. »

Soltyk le congédia d'un signe de tête et le malheureux régisseur, presque anéanti de confusion et de honte, se glissa humblement du côté de la porte.

En cet instant, le commissaire de police Bedrosseff arriva et fut aussitôt introduit.

Le comte se leva et lui tendit la main.

« Quelles nouvelles ?

— Tout va bien, mais cela a coûté cher. »

Le comte respira. C'était une fort mauvaise affaire dans laquelle l'avait entraîné son tempérament de Néron, et Bedrosseff pouvait bien lui apparaître comme un ange sauveur. Le curé d'une paroisse située sur un des domaines du comte s'était refusé à enterrer un suicidé dans le cimetière. Soltyk avait alors juré de le faire enterrer lui-même, et il était homme à tenir son serment. Par son ordre, le pauvre curé fut saisi et mis dans une bière ; le couvercle fut cloué, la bière descendue dans la fosse et couverte d'une mince couche de terre. D'ailleurs, cette bouffonnerie barbare n'était pas allée plus loin ; le comte avait fait retirer bien vite de la fosse et de la bière le malheureux enterré vivant. Mais il avait été saisi d'une fièvre chaude et il était mort au bout de quelques jours des suites de cette affreuse plaisanterie. Bedrosseff avait heureusement étouffé cette fatale affaire, et le grand seigneur l'avait richement récompensé de ses bons offices.

Le comte écouta encore les plaintes de quelques paysans, administra sans façon un soufflet au jeune violoniste Brodezki, qu'il faisait instruire à ses frais et qui avait fait quelques dettes à l'étourdie ; puis l'audience fut finie. Alors, comme tous les jours, vint son ancien précepteur, le père jésuite Glinski. Il aimait toujours à causer avec le comte et parfois aussi jouait une partie d'échecs ou de tric-trac. Le Père était le seul homme qui possédât quelque influence sur Soltyk, peut-être parce qu'il ne le laissait jamais voir.

« Bonjour, mon révérend père, dit le comte en saluant le jésuite ; qu'y a-t-il de nouveau ?

— Ce qu'il y a de plus nouveau, c'est qu'Anitta Oginski est revenue chez ses parents. »

Le comte haussa les épaules avec un air de dédain très marqué.

« Mon cher comte, vous jugez trop vite, continua Glinski, cette Anitta, qui sautille maintenant dans le palais Oginski, joyeuse comme un rayon de soleil, vous ne la connaissez pas, mais pas du tout. C'est une créature qui semble être sortie tout d'un coup d'une fleur ou tombée d'une étoile ; elle est accomplie à tous égards. Voyez la jeune fille ; vous me contredirez après.

— Après tout, c'est possible. Elle promettait de devenir jolie.

— C'est aujourd'hui la plus belle personne de notre noblesse, dit Glinski, et elle est si brillamment douée du côté de l'esprit et du cœur, que, si j'étais le comte Soltyk, c'est elle et non pas une autre qui serait ma femme.

— Vous voulez me marier ?

— Je ne m'en cache pas, répondit le jésuite, vous le savez, mon cher comte, et je sais tout aussi bien que vous ne suivrez jamais mon conseil, et n'en ferez qu'à votre tête. Mais je n'en désire pas moins vous voir prendre femme, et cesser définitivement cette existence sauvage.

— Et pourquoi?

— Pourquoi? dit le jésuite, parce que je vous aime, et parce que j'ai comme un pressentiment que tout cela finira mal.

— Croyez-vous qu'une pareille perspective me fasse peur? dit Soltyk en redressant sa tête avec un inimitable mouvement d'orgueil, pendant que sa splendide fourrure craquetait tout autour de lui : je ne veux pas vieillir, et je ne veux pas finir comme tous ces individus à la douzaine. Ce que j'aimerais au-dessus de tout, ce serait de monter au ciel dans un océan de flammes, comme Sardanapale. La vie n'a de valeur que quand on la méprise, quand on montre le poing au monde et qu'on foule les hommes sous ses pieds. Et combien dure toute cette comédie? Est-ce encore la peine de vivre, quand le pouls s'affaiblit et que les cheveux blanchissent? Merci bien pour ces jours ridicules de grand-père, pour toute cette félicité bourgeoise! J'aurais dû naître sur un trône, voir le monde à mes pieds, régner sur des millions d'esclaves, prêts sur un signe de moi à lever la main ou à courir à la mort. J'aurais alors accompli de grandes choses, dignes peut-être de l'immortalité; tandis que je suis emprisonné dans un cercle qui m'étouffe, dans une vie qui m'ennuie. Je me fais l'effet d'un lion qui rêve de bondir à travers les déserts, et qui est enfermé dans une cage, où il a tout juste la place de s'étendre.

— Il y a encore bien assez de bonnes choses et de grandes choses à faire, répondit le jésuite au bout d'un instant, et puis vous avez des devoirs. Votre nom doit-il disparaître, votre famille doit-elle s'éteindre avec vous? »

Soltyk s'absorba dans ses réflexions.

« Une femme n'est pas en état de remplir ma vie, dit-il enfin, c'est une fleur que je cueille et que je jette ensuite et voilà tout... Mais je verrai Anitta; pourquoi pas? Je ne risque rien.

— Assurément, vous avez tout à fait raison, dit doucement le jésuite qui avait peine à ne pas sourire, mais ne faisons-nous pas une partie d'échecs?

— Si fait, jouons. »

X

LE LOUP

> La rose n'est jamais si belle que quand elle ouvre ses boutons.
>
> WALTER SCOTT.

C'était une fraîche après-midi ; mais il y avait un beau soleil et le temps était agréable. Zésim était venu faire visite aux Oginski. Quand il eut ôté son manteau, on le conduisit au jardin où Anitta et ses jeunes amies jouaient aux grâces sur la grande prairie.

Dès que les jeunes dames aperçurent le charmant officier, chacune d'elles eut immédiatement quelque chose à arranger à sa toilette. Anitta seule n'eut pas l'air d'y songer. Elle vint rapidement et sans aucune coquetterie à la rencontre de Zésim, et lui tendit la main. Ses joues étaient aussi roses que ses yeux étaient brillants ; sa jaquette de velours bleu, doublée et bordée de skung, craquait aux coutures à chaque mouvement de ce corps vif et agile : on eût dit une rose qui va rompre les murs de sa prison parfumée.

« Quelle chance de vous avoir ! dit-elle, nous allons courir comme il faut. »

Elle le présenta à ses amies, qui, de leur côté, firent leur plus belle révérence. Il y avait là Henryka Monkony, une sylphide élancée, aux épaisses nattes blondes et aux yeux bleus enthousiastes ; Kathinka Kalatschenkoff, grande, fière, avec un impertinent petit nez, des cheveux noirs et le regard d'une gazelle ; enfin Livia Dorgwilla, une blondine potelée, avec un profil d'une finesse ravissante.

« Jouez-vous aux grâces avec nous ? demanda Livia lentement, comme si les mots étaient trop lourds pour sa langue.

— Non, nous jouerons au loup, dit Anitta, c'est plus amusant. »

Les cercles furent immédiatement accrochés aux branches de l'arbre le plus proche et les baguettes jetées sur le gazon.

« Qui est-ce qui fera le loup? demanda Henryka.

— M. Jadewski, naturellement, répondit Anitta.

— Et vous, mesdemoiselles? demanda-t-il en débouclant son épée.

— Nous sommes les chiens, et nous chassons le loup.

— Et qu'arrive-t-il quand le loup est pris?

— Nous avons le droit de faire de lui ce que nous voulons, s'écria Anitta, vous avez dix minutes pour vous cacher, et puis la chasse commence. Vous pouvez employer toute les ruses pour nous échapper; mais vous ne devez pas sortir du jardin. »

Zésim s'inclina, et les jeunes filles regagnèrent la maison en voltigeant comme une troupe de papillons. L'officier eut vite trouvé une superbe cachette. Devant la serre était un grand tas de paillassons empilés. Un de ces paillassons formait une espèce de petite tente. Zésim s'y cacha, de manière pourtant à surveiller le jardin. Ce n'était qu'un jeu; cependant, il se sentit saisi d'une émotion particulière au moment où un rire éclatant lui annonça que les dix minutes étaient écoulées, et que les jeunes filles sortaient de la maison. Les robes claires et les jaquettes aux vives couleurs se mirent à courir çà et là, derrière les espaliers et les haies, et, quand il se vit cerné de tous côtés, le cœur commença à lui battre bien fort.

Là-bas, la personne élancée, habillée de velours violet avec de la fourrure brune, qui se dirigeait vers le bassin, c'était certainement Henryka; Kathinka, dont la casaque rouge foncé était bordée de petit-gris argenté, se glissait comme un chat à travers les bosquets; et ce qui brillait tout à fait au loin comme de la neige nouvellement tombée, c'était l'hermine de la jaquette de velours vert portée par Livia. Et Anitta? Elle s'était d'abord montrée à l'entrée de la grande allée, puis elle avait disparu et on ne l'apercevait plus nulle part.

Kathinka approcha, toujours doucement et avec précaution, regarda tout autour d'elle, mais passa sans le découvrir. Zésim respira; un meurtrier échappant à ceux qui le poursuivent, n'est pas plus soulagé qu'il ne le fut au moment où la robe s'éloignait en flottant au milieu des dahlias. Henryka s'arrêta quelque temps indécise auprès du bassin et se dirigea ensuite vers le fourré du bois. Ces deux ennemies n'étaient plus à craindre; mais la jaquette d'hermine s'approcha, s'approcha encore, lentement, à son aise, et par cela même d'autant plus menaçante. Une fois arrivée, Livia ne s'en alla pas tout de suite; elle semblait bien décidée à faire une inspection consciencieuse. Aussi Zésim se préparait-il à être découvert et, cherchant une direction qui fût libre, calculait-il ses chances de fuite.

En attendant, la jeune fille avec son visage paisible et ses grands yeux tranquilles commençait à fureter partout devant la serre. Elle faisait son affaire sans se gêner; elle monta tout simplement sur les paillassons. Elle parvint à celui qui abritait Zésim, sentit qu'il ne cédait pas au pied comme les autres et essaya de le soulever.

« Vous êtes là! » dit-elle, sans s'animer le moins du monde.

Et quand Zésim bondit tout à coup hors de sa cachette et prit la fuite en franchissant la haie la plus proche, elle le regarda en souriant et ne songea pas à le poursuivre même de très loin. Cependant, Henryka vint à sa rencontre sur la prairie, et, comme il se tournait du côté du parc, Kathinka sortit à l'improviste du bosquet de sapins.

Alors commença une chasse acharnée et joyeuse. Zésim se sauvait à travers les troncs rougeâtres des sapins et des pins, par dessus les haies et les plates-bandes, au milieu des buissons et des vertes clôtures; les jeunes filles le poursuivaient, les jupes flottaient, les nattes voltigeaient. Elles l'avaient déjà poussé dans un coin et le serraient de près, lorsque, comme un vrai loup, il s'élança brusquement à travers les broussailles et les arbustes, brisant les branches sur son passage, et se trouva de nouveau en liberté. Elles se mirent à sa poursuite en poussant de grands cris, mais elles le perdirent bientôt de vue dans le fourré; et il put se croire sauvé. Il s'arrêta dans la partie la plus sauvage du parc, reprit haleine, et, à la faveur d'un épais rideau de sapins, chercha à gagner le sentier dont il apercevait le sable blanc. Mais au moment où il s'avançait, deux bras souples l'entourèrent et une jolie voix riante, dans toute la joie du triomphe, s'écria : « Pris! »

Zésim regarda le ravissant visage d'enfant d'Anitta, qui était maintenant si près de lui, avec ses tresses flottantes, ses lèvres rouges, et ses bons yeux brillants. Il s'oublia lui-même, vaincu par un charme plus fort que lui, pressa sur son cœur la douce et frémissante créature, et posa ses lèvres de feu sur celles de la jeune fille. Elle ne se défendit pas; elle était à lui; elle se laissait aller de toute son âme à son premier rêve printanier d'amour, et elle ne retira ses bras que lorsque l'hermine apparut derrière les sapins, et que Livia se montra, écartant lentement les branches.

« J'ai pris le loup ! » lui cria Anitta.

Henryka et Kathinka arrivaient en même temps.

« Alors il t'appartient, s'écria la dernière, qu'en vas-tu faire ?

— Il me servira aujourd'hui toute la soirée.

— Oh ! ce n'est pas une punition, dit galamment Zésim.

— Attendez un peu, je vais bientôt vous tourmenter, reprit Anitta; et elle le regarda, comme si elle voulait lui sauter au cou.

— Oui, mais le froid vient, et nous avons bien chaud, dit Livia.

— Eh bien ! nous allons jouer dans la chambre. »

Ils regagnaient tous ensemble la maison, quand vinrent à leur rencontre deux jeunes messieurs, Sessawine et Bellarew.

Ils appartenaient à des familles nobles, amies des Oginski. Le premier était grand, blond, avait une véritable crinière de lion et portait toute sa barbe. Le second avait un visage délicat, sans caractère, un regard fatigué, une chevelure foncée, avec une raie, une barbe bien soignée, taillée court et frisée. Il semblait avoir de la peine à traîner son corps d'apparence pourtant vigoureuse.

Les jeunes gens échangèrent leurs noms et quelques paroles de politesse, puis tous entrèrent dans le grand salon où était le piano. Un domestique tira les rideaux et apporta deux lampes qui donnaient une lueur suffisante, mais pas trop éclatante. On causa un peu, les jeunes gens firent la cour aux jeunes filles, les jeunes filles coquetèrent, et enfin on décida de jouer à quelque chose.

« Deviner au piano ! » proposa Henryka.

Le projet fut agréé. Livia s'assit devant le clavier et se mit à jouer.

« Qui est-ce qui va dehors le premier ? demanda-t-elle.

— M. Jadewski, s'écria Anitta en souriant, je vous l'ordonne, est-ce entendu ?

— J'obéis. »

Pendant que Zésim attendait dans la chambre à côté, les autres délibéraient sur ce qu'on allait lui donner à faire.

« Il devra prendre une rose du bouquet qui est là-bas, dit Kathinka, et la porter à Anitta.

— Il devra ensuite se mettre à genoux devant moi, ajouta celle-ci.

— Oui, dit Henryka, et puis te baiser la main.

— Parfait ! monsieur Jadewski, vous pouvez venir. »

Zésim rentra et regarda autour de lui.

Livia jouait une douce mélodie, qui résonna plus fort quand il s'approcha de la table, et qui éclata en un accord énergique quand il prit la rose. Il promena de nouveau ses regards sur l'assistance et s'approcha rapidement d'Anitta. Nouvel accord parfait, joyeux et retentissant, quand il se mit à genoux devant elle et lui présenta la rose. Il réfléchit ensuite de nouveau, mais pas trop longtemps, et posa ses lèvres sur les doigts de la jeune fille.

Livia joua une marche triomphale, et tous applaudirent.

« Vous avez entendu ? s'écria Anitta.

— Oh ! c'était facile à deviner, répondit Zésim ; il suffit d'être debout devant vous, mademoiselle, le genou fléchit de lui-même. »

Anitta rougit. C'était à Kathinka de deviner. Zésim profita de l'occasion pour s'asseoir à côté d'Anitta.

« Êtes-vous fâchée contre moi ? » demanda-t-il doucement.

Elle secoua la tête.

« Alors donnez-moi un signe, un gage de pardon. »

Anitta lui tendit la rose.

Zésim se taisait, mais il respirait l'air qui la touchait ; il voyait la molle fourrure se soulever et s'abaisser avec les battements précipités de sa poitrine, ses lèvres frémir doucement, sa main jouer machinalement avec les tresses qui, de ses épaules, retombaient sur son sein. Enfin, elle le regarda, une seule fois, mais ce regard lui disait tout, plus qu'il n'eût osé espérer.

Après le souper, on fit avancer les voitures, et les jeunes dames se séparèrent en se donnant les plus tendres baisers. Les messieurs partirent en même temps. Anitta tendit sa main à Zésim, et pressa celle du jeune homme, doucement, bien doucement, mais ce fut comme un torrent de félicité entre ces deux cœurs.

Sessawine et Bellarew emmenèrent l'officier et le conduisirent dans un café du voisinage, sous prétexte de boire n'importe quoi ; en réalité, leur idée était de bavarder sur les dames et de les critiquer, comme c'est la mode.

« A vrai dire, commença Bellarew, cette petite cérémonie

était fort ennuyeuse ; il n'y a de vraie société que là où il y a des femmes. C'est alors que l'esprit étincelle et jaillit de tous côtés, et que l'amour décoche trait sur trait.

— Alors Kathinka devrait vous plaire, répliqua Sessawine, elle a incontestablement l'air d'une jeune femme.

— Oui, mais elle est par trop... élancée.

— A ce point de vue-là, Livia a des formes avantageuses.

— Les blondines sont toujours plus sculpturales que les brunettes.

— Sculpturales ? Quel mot ! Où cherchez-vous ces expressions-là ? »

Bellarew haussa les épaules.

« A propos, messieurs, entendons-nous pour l'avenir afin qu'il n'y ait pas de duel, s'écria Sessawine : à laquelle voulez-vous faire la cour, monsieur Jadewski ? »

Zésim sourit.

« Je vous laisse le choix.

— Alors, Bellarew, c'est bien Livia dont vous faites la reine de votre cœur ?

— A vrai dire, il n'y a qu'Henryka qui m'intéresse.

— Quoi ? Ce grand lis silencieux ?

— Il ne faut pas regarder au nombre des paroles, dit Bellarew, mais elle a un attrait particulier, je dirais presque mélancolique. Avec votre manière de voir, on pourrait trouver qu'elle penche vers le romanesque. Je crois qu'elle sera un jour ou l'autre très malheureuse, et c'est intéressant.

— Henryka, soit ! s'écria Sessawine ; moi, je me décide pour Livia, quoique dans le fond ce soit une tout autre dame que j'aimerais pour reine et maîtresse.

— Anitta ?

— Non, une dame que j'ai découverte récemment. Elle demeure ici, dans une maison tout à fait retirée, avec une vieille tante. »

Zésim prêta l'oreille.

« Est-ce que je la connais ? demanda Bellarew.

— Non, c'est une demoiselle Maloutine, répondit Sessawine, je donnerais beaucoup pour lui être présenté.

— Vraiment ? demanda Zésim en souriant.

— Vous la connaissez ?

— Sans doute, nous avons grandi ensemble.

— Et..., je vous demande pardon..., cette demoiselle est peut-être déjà fiancée ?

— Non.

— Mais vous, vous lui faites la cour?

— Pas du tout, dit Zésim, et même je ne demande pas mieux que de vous présenter à elle.

— En vérité? Oh! je vous remercie, monsieur Jadewski. Vous me rendez extraordinairement heureux.

— Qui sait? Dragomira — c'est le nom de Mlle Maloutine — est une espèce de sphinx, et les femmes qui nous proposent des énigmes sont toujours dangereuses.

— Moi, j'aime le danger. »

Il y eut un moment de silence, puis Bellarew dit avec un bâillement :

« Anitta s'est développée d'une façon surprenante, n'est-ce pas?

— Oui, surprenante, dit Sessawine en approuvant, mais aucune de ces jeunes dames n'est à comparer avec Mlle Maloutine, pas plus que les beautés mignonnes des peintres de genre hollandais avec une déesse du Titien. »

XI

ANGE OU DÉMON?

> Quand les diables veulent faire commettre les pires péchés, ils attirent d'abord par des apparences innocentes.
>
> **SHAKESPEARE.**

Dragomira s'était trouvée bien seule dans les derniers temps. Elle n'avait fait aucun pas vers son but, et l'inactivité à laquelle elle était provisoirement condamnée lui rendait d'autant plus sensible le manque de connaissances et de relations. Un soir elle était assise dans son petit salon, auprès de la cheminée, se chauffait les pieds et songeait.

De pensée en pensée, elle était arrivée à une espèce d'émotion assez agréable, lorsqu'elle entendit sonner. On ouvrit la porte de la rue. Peut-être était-ce la juive qui venait; on avait besoin de son bras.

Cirilla se glissa dans la chambre, et l'avertit qu'il y avait là un monsieur qui désirait parler à Dragomira.

« Qui est-ce?

— Je ne le connais pas, répondit la vieille, pourtant c'est un des nôtres. Il m'a donné le signe; c'est le prêtre qui l'envoie.

— Introduis-le donc. »

Quelques instants plus tard entrait un homme fait pour imposer à toute femme, sauf à celle qui était là. Lui et Dragomira restèrent quelque temps debout et muets l'un devant l'autre, les yeux dans les yeux, se considérant réciproquement avec une sorte de curiosité et d'admiration. La belle jeune fille reprit sa première place et indiqua à l'étranger une chaise qu'il ne prit pas. Il se contenta d'appuyer une main sur le dossier, et remit une lettre à Dragomira. Cette lettre venait de l'apôtre et contenait ce qui suit :

« Je t'envoie Karow, qui nous a déjà rendu de grands services ; il se mettra à ta disposition. Tu peux te confier à lui sans réserve. »

Dragomira parcourut de nouveau du regard le jeune homme qui se tenait debout devant elle avec la modestie de la force et du courage. De moyenne grandeur, taillé en athlète, dans la fleur de la beauté et de la santé, il avait de hautes bottes, un pantalon collant et une courte tunique de velours qui le faisaient paraître encore plus à son avantage. Son visage, bien dessiné, était légèrement bruni ; son nez, fin, était un peu retroussé ; il avait la bouche bien accentuée, les cheveux foncés, et des yeux bleus dont le regard vous pénétrait avec une sorte de puissance diabolique. Une autre aurait frissonné sous le calme rayon de ces yeux ou se serait sentie subjuguée pour toujours. Dragomira se dit : « Enfin ! voilà donc un homme, un associé, comme il m'en faut un. »

« Vous demeurerez maintenant à Kiew ? dit-elle.

— Oui, mademoiselle, et je vous prie de me donner vos ordres pour quoi que ce soit.

— Je vous remercie. Et... vous êtes...?

— Je suis dompteur, attaché à la ménagerie Grokoff, qui est arrivée hier dans cette ville.

— Ah ! ça se trouve bien. Et quels animaux avez-vous dressés ?

— Je crois que je les dompterais tous. J'ai ici pour le moment un lion, deux lionnes, une tigresse, un léopard, deux panthères et un ours.

— Puis-je les voir une fois ?

— Certainement.

— Mais il faudrait que ce fût dans un moment où il n'y a personne.

— Le soir, alors, quand la représentation est finie et la ménagerie fermée.

— Je vous préviendrai par écrit. »

Karow s'inclina silencieusement.

Un hasard particulier voulut que, le soir même où Dragomira avait annoncé sa visite à la ménagerie, Sessawine vint la voir. Il avait dans l'intervalle fait la connaissance de la jeune fille. Elle lui tendit la main et le pria de l'excuser pour quelques instants.

« J'ai deux mots à écrire au dompteur Karow, dit-elle, il m'attend ce soir à la ménagerie.

— Puis-je vous demander pourquoi ?

— Pour me faire voir ses bêtes.

— C'est très intéressant, dit Sessawine, je vous prie de ne pas vous gêner du tout pour moi. Je serais au contraire très heureux de pouvoir vous accompagner.

— Bien ; alors prenons le thé ensemble ; nous irons ensuite voir les bêtes. »

Cirilla vint pour tenir compagnie aux jeunes gens. Elle jouait son rôle de vieille tante vénérable avec beaucoup d'habileté, et avait tout à fait bon air dans sa robe de soie et sa jaquette de fourrure. Barichar prépara la table et apporta le samovar. Pendant que Dragomira faisait le thé, Sessawine lui donnait des détails sur la société de Kiew et exprimait ses vifs regrets de ce que Dragomira n'en fît pas partie.

« Je n'ai pas le sens du monde comme les autres jeunes filles de notre temps, dit-elle, et je me fais une idée très sérieuse de la vie.

— M. Jadewski m'a parlé de cela ; il vous appelait une philosophe. »

Dragomira sourit.

« C'est ce que je suis le moins ; je suis plutôt une personne d'un cœur pieux et je cherche à vivre conformément aux commandements de Dieu. Je considère cette existence comme un temps d'expiation.

— Pouvez-vous, créée comme vous l'êtes pour le triomphe et la joie, pouvez-vous nourrir d'aussi sombres pensées ?

— Tout homme voit le monde avec ses yeux ; probablement, les miens sont faits de manière à voir partout la désolation.

— Voilà pourquoi vous devriez sortir de chez vous, vous distraire.

— Je ne dis pas non, répondit Dragomira, mais qui me présentera ? Ma tante est toujours souffrante et, depuis bien des années déjà, vit tout à fait retirée.

— Vous n'avez qu'à apparaître et l'on vous accueillera à bras ouverts. En attendant, si vous voulez bien me le permettre, je parlerai de vous à Mme Oginska ; elle se hâtera de vous conquérir pour son cercle.

— Ce serait un honneur pour moi d'être reçue chez elle.

— Nous ferons tout pour vous rendre votre séjour à Kiew aussi agréable que possible, dit Sessawine ; vous devriez aussi faire la connaissance de Soltyk; c'est un homme dangereux, mais intéressant.

— J'ai entendu beaucoup parler de lui.

— On vous en a dit beaucoup de mal?

— Oui, beaucoup de mal.

— Et pourtant, vous précisément, ce me semble, vous sympathiseriez avec Soltyk. Si différents que vous soyez tous les deux, vous avez un trait commun de caractère, l'orgueil et le mépris du monde.

— Je ne suis pas orgueilleuse.

— Pourtant...

— Oh! vous ne vous doutez pas combien je puis être humble.

— Devant Dieu, peut-être.

— Devant les hommes aussi, quands ils vivent et agissent selon l'esprit de Dieu.

— Vous croyez donc sérieusement que l'on peut forcer ta destinée par le sacrifice, le renoncement, les bonnes œuvres?

— Non, je ne le crois pas; on peut seulement obtenir la grâce de Dieu et la vie éternelle. Tant que dure notre pèlerinage sur cette terre, nous devons accomplir la destinée pour laquelle nous sommes faits.

— Vous êtes fataliste.

— Oui et non. Je ne crois pas que rien arrive sans la volonté de Dieu.

— Alors, le sang qui coule à torrents n'est versé que parce que c'est la volonté de Dieu.

— Oui.

— Vous ne pouvez pas penser cela sérieusement.

— Je veux vous le prouver et entrer aujourd'hui même au milieu des animaux féroces, quoique je ne sache pas comment on les dompte. Je suis sûre qu'ils ne me déchireront que si ma destinée est d'être déchirée.

— Ce serait défier Dieu. »

Cette fois Dragomira ne répondit pas, et la conversation prit un autre tour. Quand il fut temps de partir, Sessawine s'empressa d'envelopper Dragomira dans son vêtement de fourrure. Il lui prit ensuite le bras pour la conduire, à travers les rues éclairées et animées, sur le champ de foire. C'est là que se trouvait la célèbre ménagerie dans une vaste construction en bois. La représentation était finie. Il ne restait plus que quelques rares flâneurs et gamins arrêtés devant l'entrée, admirant les tableaux suspendus comme enseignes. Un nègre habillé de rouge conduisit Dragomira et Sessawine dans l'intérieur, et Karow vint avec empressement à leur rencontre pour leur donner, avec beaucoup d'amabilité, toutes les explications nécessaires. Quand on eut vu tous les animaux, Dragomira revint à la cage des lions.

« Les fières, les magnifiques bêtes! dit-elle. Avec quoi vous protégez-vous contre leur férocité, monsieur Karow? Avec quoi les maîtrisez-vous?

— Avec le regard et la voix, répondit Karow; si vous le désirez, je vais vous donner une petite représentation de mon savoir faire.

— Non, je vous remercie, répondit Dragomira d'une voix calme, pendant qu'elle dévorait des yeux les superbes animaux, mais permettez-moi d'entrer dans la cage.

— Quelle idée! dit Karow, vous ne savez pas manier les bêtes, et, à coup sûr, vous seriez mise en pièces.

— Je voudrais pourtant essayer.

— Mais vous plaisantez, mademoiselle, dit Sessawine.

— Non, c'est tout ce qu'il y a de plus sérieux.

— Je vous en conjure... continua Sessawine, ce serait affreux si, bien malgré moi, j'étais l'occasion de...

— Je voudrais voir, interrompit Dragomira, si Dieu ne m'a pas réellement réservée pour quelque grande tâche, ou si je ne suis plus qu'une feuille inutile de l'arbre de la vie.

— On ne doit pas faire des essais de cette sorte, dit Karow, en regardant fixement Dragomira, ce ne serait pas du courage, mais de la démence.

— Moi, je dirais que c'est de la confiance en Dieu, répliqua Dragomira.

— Si Dieu veut vous faire mourir, il n'a pas besoin de ces lions.

— Peut-être, murmura Dragomira. Une force mystérieuse me pousse à entrer dans cette cage. Qu'est-ce? Ou ma destinée est de finir maintenant, ou Dieu me donnera un signe, et accomplira un miracle en moi. Laissez-moi entrer, Karow.

— Non, je ne le peux pas.

— Vous ne le pouvez pas? même si je le veux, même si je l'ordonne?

— Voulez-vous donc absolument mourir? dit Karow d'une voix basse et oppressée.

— Je vous ordonne de m'ouvrir la cage.

— Soit, donc ! venez, nous allons entrer ensemble.
— Non, dit Dragomira, moi seule. »

Karow la regarda. Un rude combat se livrait dans son âme.

« Pour l'amour de Dieu, dit Sessawine en la suppliant, n'allez pas plus loin ! Quelle bizarre fantaisie ! Vous nous torturez le cœur. Venez, quittons ce lieu.

— Je veux entrer dans la cage, répéta encore une fois Dragomira, comprenez-vous bien ? toute seule. Donnez-moi votre cravache, et puis ouvrez !

— Non, non, vous ne devez pas ouvrir, monsieur Karow ! » s'écria Sessawine ; mais ses paroles n'eurent aucun effet.

En cet instant, Karow était complètement sous l'influence de Dragomira. Elle l'immobilisait et le dirigeait, avec son regard, comme bon lui semblait. Elle tendit la main et il lui donna la cravache. Elle posa le pied sur l'escalier menant à la galerie de bois qui régnait derrière les cages, et il lui présenta la main et la conduisit ; elle lui fit signe d'ouvrir la porte de la cage, et il l'ouvrit. Mais, à peine était-elle entrée, que, se plaçant derrière elle, il tira un revolver de chaque poche de sa tunique de velours, et, son regard dominateur fixé sur les bêtes, il resta là, prêt à faire feu au moindre danger.

Sessawine, muet et pâle, semblait cloué devant la cage par la contemplation de cette belle jeune fille, audacieuse jusqu'à la folie. Elle s'était avancée, fière et calme, au milieu des bêtes assoupies.

« Debout ! cria-t-elle, en poussant le lion avec son pied. En avant ! Déchirez-moi en morceaux ! »

Alors elle se mit à fouailler de sa cravache les trois animaux, le lion et les lionnes. La cravache sifflait en fendant l'air. Les bêtes reculèrent d'abord et grondèrent, en montrant les dents ; puis le lion se mit à battre le sol de sa queue et se prépara à bondir.

« Allons ! viens donc ! » s'écria Dragomira.

Karow était prêt à agir ; mais, au moment où le lion s'élançait sur Dragomira, elle se plaça entre la bête et l'homme, si bien qu'il ne pouvait plus faire feu. Cependant, elle avait jeté au loin la cravache et se tenait debout, les bras étendus, comme une martyre chrétienne dans l'arène.

« Je suis dans la main de Dieu ! » s'écria-t-elle.

Le lion s'arrêta soudain devant elle, leva la tête, la regarda longtemps et se coucha ensuite paisiblement à ses pieds.

Karow ouvrit alors en toute hâte et tira Dragomira hors de la cage. Elle lui sourit.

« Je vous admire, dit le dompteur.

— C'était effrayant, mais beau, dit Sessawine; cependant, ne tentez pas le ciel une seconde fois.

— Je voulais avoir un signe, dit Dragomira tranquillement, maintenant je suis satisfaite; je sais que Dieu a encore besoin de moi. Quand mon heure sonnera, il m'appellera à lui; pas plus tôt. »

Elle tendit la main à Karow.

« Je vous remercie; ne soyez pas fâché contre moi.

— Ah! cela a été l'heure la plus affreuse de ma vie, répondit-il, je ne l'oublierai jamais.

— Eh bien, demanda Dragomira en prenant le bras de Sessawine, croyez-vous maintenant que rien n'arrive sans avoir été décidé auparavant?

— Si vous aviez seulement l'intention de faire un prosélyte, répondit-il, vous avez entièrement réussi. »

XII

FLÈCHE D'AMOUR

> Le monde entier ne vaut point vos appas.
>
> VOLTAIRE (*la Pucelle*).

Zésim revenait du champ de manœuvre, un peu fatigué et mécontent, et passait avec l'indifférence d'un aveugle le long des brillants magasins, des élégantes, dont les robes l'effleuraient. Tout à coup, une voix claire et charmante retentit de l'autre côté de la rue; le jeune officier s'arrêta, et Anitta, suivie de sa vieille femme de chambre, vint à lui d'un pas rapide et joyeux.

« Que je suis heureuse de vous rencontrer! dit-elle, en lui tendant sa petite main, nous allons aujourd'hui à l'Opéra; vous y viendrez aussi, n'est-ce pas?

— Pour sûr, du moment que je sais que vous y serez.

— Et vous viendrez nous voir dans notre loge?

— Puisque vous le permettez.

— Oh! certainement. »

Zésim fit mine de prendre congé de la jeune fille.

« Avez-vous du service? demanda Anitta. Pourquoi partez-vous si vite? Accompagnez-moi au moins jusqu'à la promenade.

— Avec plaisir. »

Ils marchaient l'un à côté de l'autre et causaient sans souci et familièrement. Au milieu de la promenade, là où les bosquets touffus faisaient une espèce d'abri contre les regards curieux, Anitta s'arrêta.

« Maintenant, vous pouvez vous en aller, mais n'oubliez pas de vous trouver à sept heures auprès de l'escalier; j'ai une si jolie toilette! »

Zésim lui prit la main, repoussa un peu son manteau, et lui baisa le bras entre le gant et la manche.

« M'aimez-vous? demanda tout bas Anitta.

— De tout mon cœur.

— Moi aussi, je vous aime bien. »

Elle le regarda d'un regard enchanteur, lui dit adieu d'un charmant petit signe de tête et partit. Zésim la suivit des yeux et soupira; ce n'était pas la tristesse, mais l'émotion du bonheur qui le faisait soupirer.

Le soir, Zésim se tenait, le cœur palpitant dans le vestibule du théâtre, au bas de l'escalier recouvert de tapis. Les élégants cavaliers et les dames en riche toilette défilaient devant lui. Mais aucune de ces beautés n'obtenait de lui plus qu'un coup d'œil fugitif et indifférent. Cependant, en passant devant le bel officier, l'une redressait fièrement les épaules et la tête, l'autre riait d'un rire forcé, une troisième lui lançait des regards provoquants; toutes le remarquaient et cherchaient à être remarquées.

Enfin arriva celle qu'il attendait. Elle était avec sa mère. Sa toilette était, en effet, très jolie : elle avait une robe de satin rose, à traîne courte, un manteau de théâtre de soie blanche brochée, garni de renard blanc, une rose blanche au corsage, une autre dans les cheveux. Il ne pouvait y avoir rien de plus ravissant que ce contraste de l'hiver et du printemps. Anitta sourit et fit un signe de tête à Zésim en passant devant lui de son pas léger.

Cependant le comte Soltyk était assis dans sa loge, déjà énervé et ennuyé. Il avait envoyé des fleurs à la prima donna, mais dans le fond elle lui était aussi indifférente que les dames appuyées au balcon de velours, qui braquaient leurs lorgnettes sur lui. Mme Oginska et sa fille entrèrent dans la loge qui était en face de celle du comte. Le regard de Soltyk effleura la mère; il la reconnut; et comme pour le moment il n'avait rien de mieux à faire, il regarda fixement la fille.

Anitta resta debout un instant contre le balcon, sans plus se douter de l'attention du comte que si elle avait été une marchandise vivante dans un marché d'esclaves. Le comte s'était soudain animé; ses joues se colorèrent, ses lèvres frémirent. Ses yeux ardents dévoraient cette charmante créature, à la grâce presque enfantine, et s'arrêtèrent longtemps sur ce visage si pur et si délicieux. On joua l'ouverture, le chœur chanta et la prima donna fit son entrée. C'est en vain qu'elle essaya, elle si capricieuse et si hautaine d'ordinaire, d'attirer l'attention du comte; il n'avait d'yeux que pour la loge d'en face. Des sensations qu'il n'avait jamais connues jusqu'alors envahissaient son cœur malgré lui, son sang bouillonnait, et son imagination commençait à travailler violemment. Il était habitué à obtenir immédiatement tout ce qui lui plaisait. Cette fois, les circonstances faisaient que l'objet de ses désirs était séparé de lui par un mur infranchissable; c'était un attrait de plus. Et ce qui l'excitait presque encore davantage, c'est que la jeune fille n'avait pas même l'air de se douter de sa présence. Lui! le comte Soltyk, le possesseur de tant de millions, le magnat, le conquérant, l'Adonis, il n'était certes pas facile de ne pas le remarquer; et cependant, voilà que cette chose incroyable, impossible, se faisait.

Soltyk, en proie à une vive agitation, perdit tout empire sur lui-même lorsque après le second acte Zésim apparut dans la loge des Oginski, prit place derrière Anitta, et que celle-ci, tournant le dos à la scène et au comte, engagea une conversation vive et familière avec le jeune officier. Soltyk descendit dans les coulisses, déclara à la prima donna qu'il trouvait sa toilette abominable, puis il alla au buffet, avala d'un seul trait un verre de punch brûlant et demanda sa voiture.

Le jésuite était dans son cabinet de travail tout rempli de livres. Plongé dans un in-folio, il consultait différents Pères de l'Église à propos d'une grave question, lorsque la porte s'ouvrit brusquement. Le comte Soltyk entra, jeta sur un meuble son vêtement de fourrure, et, sans dire un mot, se mit à aller et venir à grands pas dans l'étroit espace qui restait au milieu de la pièce.

« Est-ce que l'opéra est déjà fini? demanda le P. Glinski étonné.

— Non.

— Qu'est-ce qu'il y a donc? vous avez l'air agité. »

Le comte attendit longtemps sans répondre et continua sa promenade. Enfin il s'arrêta devant le jésuite, et le regardant bien en face :

« Je l'ai vue, murmura-t-il.

— Qui?

— Anitta.

— Ah!... Et c'est ce qui vous a déterminé à quitter le théâtre?

— Oui, répondit le comte, j'ai horreur, comme vous savez, de toutes les sensations vagues, de tous les états équivoques.

Et maintenant je ne peux pas m'empêcher de me demander en vain à moi-même ce qui m'est arrivé, ce qui m'émeut et ce que je veux.

— C'est pourtant bien simple.

— Qu'en pensez-vous?

— Vous êtes amoureux.

— Moi?... »

Soltyk le regarda fixement.

« Vous pourriez bien avoir raison. Comme je n'ai jamais encore été amoureux, je ne peux pas en juger. Mais c'est bien possible. Je suis agacé, mécontent, inquiet; je me fais l'effet d'un enfant maussade.

— Dieu soit loué! vous êtes amoureux.

— Je commence moi-même à le croire, parce que, sans motif aucun, je me sens une haine ardente contre le jeune officier qui était assis à côté d'elle, et avec qui elle causait d'une si aimable façon.

— Jadewski? Ah! quant à celui-là, vous n'avez pas besoin de vous en inquiéter; il ne tire pas à conséquence.

— Je ne m'en inquiète pas non plus, répondit Soltyk; s'il me gêne, je m'en débarrasse tout bonnement en lui brûlant la cervelle, et son compte est réglé. Mais elle, la jeune fille, Anitta? si elle l'aime?

— Il n'y a pas encore bien longtemps qu'elle aimait ses poupées; en ce moment, elle aime ses amies. Ce cœur est jusqu'à nouvel ordre une feuille blanche et sans tache. Heureux celui qui y écrira le premier!

— Je veux faire sa connaissance, dit brusquement Soltyk.

— Cela ne vous sera pas difficile, cher comte, on vous recevra à bras ouverts.

— Mais c'est que depuis longtemps j'ai singulièrement négligé les Oginski.

— Vous n'en serez que mieux accueilli.

— Advienne que pourra, s'écria Soltyk, il faut que je fasse la conquête d'Anitta. A quoi me servent mon nom, mon rang, ma richesse sans cet ange? C'est la première fois que je peux penser à donner ma main à une jeune fille sans avoir envie de rire de moi-même.

— Si vous amenez cette charmante créature comme reine et maîtresse dans votre maison, tout le monde vous enviera, » dit le jésuite.

Soltyk s'assit sur une chaise et respira profondément.

« Que pourrais-je bien faire maintenant ? Je suis incapable de dormir.

— Prenez un peu d'eau gazeuse. »

Soltyk se mit à rire, puis sonna et ordonna de seller son cheval arabe. Quelques minutes plus tard, il s'élançait à travers la nuit claire et froide. Cependant le jésuite restait assis devant ses Pères de l'Eglise et souriait comme un homme heureux, en prenant avec délices une prise de son excellent tabac d'Espagne.

Le lendemain, dans la matinée, il vint en cachette chez M. Oginski, et, fort content de lui-même, il annonça la visite de Soltyk. Anitta ne fut pas peu surprise lorsque sa mère, après le dîner, fit une inspection méticuleuse de sa toilette, et la baisa ensuite au front avec une expression d'orgueil.

Quand l'équipage du comte arriva devant la porte, la chère jeune fille était dans le jardin avec Livia et ne se doutait de rien. Soltyk vint accompagné du jésuite. Après qu'on eut échangé quelques mots de politesse, il demanda où était Anitta.

« Elle joue sur la prairie avec une amie, dit Mme Oginska, c'est encore une enfant, monsieur le comte.

— Nous pourrions bien faire une petite promenade, proposa le P. Glinski.

— Certainement. »

Le comte aida Mme Oginska à mettre sa mantille et lui offrit le bras pour descendre l'escalier.

« Ne vous attendez pas à des merveilles, lui chuchota-t-elle, on sait combien vous êtes difficile.

— J'ai vu mademoiselle votre fille au théâtre, répondit Soltyk, et j'ai été ravi de voir à la fois tant de beauté, de noblesse et de pureté.

— Vous êtes trop indulgent. »

Le P. Glinski marchait en avant, et quand les jeunes filles l'aperçurent, elles accoururent à sa rencontre.

« Vous allez jouer au loup avec nous ! dit Anitta.

— Une autre fois, mon enfant, répondit le père, aujourd'hui le comte Soltyk est venu ; il désire vous être présenté. »

Déjà Mme Oginska et le comte approchaient.

« Voici ma fille, dit-elle avec des yeux rayonnants ; le comte Soltyk désire faire ta connaissance... mais quel air tu as, avec tes cheveux ébouriffés et tes joues rouges comme celles d'une paysanne ! »

Anitta se tenait debout, la tête baissée, devant Soltyk ; elle respirait avec une certaine gêne sous la fourrure de sa kazabaïka, et ses mains serraient fortement le cerceau avec lequel elle venait de jouer.

« Je suis bien heureux de faire votre connaissance, » dit le comte.

Anitta jeta un regard craintif du côté de sa mère. Celle-ci avait pris le bras de Glinski et proposait au comte de faire la visite du jardin. Soltyk était tout disposé et il suivit avec les deux jeunes filles la maîtresse de la maison qui avait pris les devants.

« On ne vous a pas encore vue jusqu'à présent, mademoiselle, dit Soltyk reprenant la parole; vous semblez fuir nos réunions.

— J'étais hier au théâtre, pour la première fois, répondit Anitta, c'était très joli, n'est-ce pas? J'irai probablement aussi à un bal.

— Ce serait une injustice de la part de vos parents que de vous dérober à nous, continua Soltyk.

— Anitta est encore si jeune! dit la mère en se mêlant à la conversation, elle a bien le temps de faire connaissance avec le grand monde. Mais j'espère que maintenant vos visites seront moins rares, monsieur le comte.

— Certainement. J'apprécie à sa valeur tout l'honneur de votre aimable permission.

— Ce que vous pouvez faire de mieux, dit le jésuite en s'adressant à Anitta, c'est de proclamer mon cher comte votre Maître de plaisir. Personne n'approche de lui pour arranger des fêtes.

— Vraiment?

— Je me mets entièrement à votre disposition, mademoiselle. »

Après avoir parcouru le jardin, ils regagnèrent tous ensemble la maison. M. Oginski était encore absent, en vertu d'une combinaison de sa femme, pour que le comte ne fût pas forcé de causer avec lui. Mme Oginska proposa une partie de dominos au jésuite, et pria Livia de se mettre au piano. Soltyk resta ainsi seul avec Anitta dans un coin à moitié sombre. Il fit des efforts inutiles pour l'amener à parler; à côté de lui elle se sentait gênée et intimidée, et ne fut vraiment à son aise qu'au moment où il partit.

« Elle est merveilleusement jolie, dit Soltyk, lorsqu'il se retrouva dans la voiture à côté du jésuite, mais elle est encore remarquablement timide, pour ne pas dire peureuse.

— Elle a entendu trop parler de vous, mais cela ne peut que vous être utile ; les hommes que les femmes aiment le plus facilement sont ceux dont on leur dit de se méfier. »

« Eh bien ! que dis-tu de Soltyk ? demanda Mme Oginska à sa fille quand elles se trouvèrent seules.

— C'est un bel homme. »

Mme Oginska la menaça du doigt en souriant.

« Non, maman, non, reprit Anitta, cela n'empêche pas que je ne pourrais jamais l'aimer ; il a quelque chose qui me fait peur.

— Cela se passera, mon enfant.

— Jamais, maman, jamais ! »

XIII

L'INFIRMIÈRE

> C'est de l'enfer que me vient cette pensée.
>
> SILVIO PELLICO.

Dragomira venait de s'éveiller, lorsque Sergitsch arriva avec un message important.

« Il faut partir sur-le-champ, noble demoiselle, dit-il, c'est une affaire des plus sérieuses; l'apôtre ne veut la confier qu'à vous, parce qu'il vous sait prudente et résolue. Vous vous rendrez aujourd'hui à Mischkoff, en qualité d'infirmière de notre confrérie, auprès de Mme Samaky. C'est une veuve d'un certain âge, qui vit seule. Elle a une fièvre typhoïde. Avez-vous peur de la contagion ?

— Non, je ne crains rien. Je sais maintenant que le ciel a besoin de moi, et je suis partout dans la main de Dieu.

— Alors, venez.

— Laissez-moi seulement deux minutes pour m'habiller »

Sergitsch sortit de la chambre, et, en quelques instants, Dragomira fut prête à partir. Après avoir donné différentes instructions à Cirilla, elle quitta la maison avec Sergitsch et se rendit chez lui pour prendre la robe et le mouchoir de tête d'une infirmière. Elle était étrangement belle dans ce costume de religieuse; son visage surtout, ordinairement austère, avait la douce expression d'une figure de madone. Quand Sergitsch l'eut enveloppée dans une grande fourrure de renard qu'il tenait toute prête, il lui remit une lettre cachetée qu'elle ne devait pas ouvrir avant d'être à destination, et la fit monter dans une voiture qui attendait et que conduisait le paysan Doliwa, un de ses affidés. Puis Dragomira quitta Kiew. La route, boueuse et sans fin, traversait un pays désert où il n'y avait rien à voir que des bandes de corneilles et des saules rabougris.

Dragomira arriva à midi, se chauffa un peu, ouvrit la lettre de l'apôtre, la lut deux fois avec la plus grande attention et la mit ensuite dans le poêle. Quand elle fut bien sûre qu'il n'en restait pas trace, elle entra tout doucement dans la chambre de la malade.

C'était une grande salle, où l'on ne voyait pas très clair, à cause des rideaux de couleur sombre qui étaient fermés. Il y régnait une odeur lourde et engourdissante.

Dragomira commença par tirer les rideaux et ouvrir la fenêtre.

« Le médecin l'a bien dit, murmura la vieille femme qui était auprès du lit, mais nous n'avons pas osé. »

La malade ouvrit les yeux, s'appuya sur le bras gauche et regarda Dragomira avec étonnement. C'était une femme d'environ quarante ans, maigre, aux joues creuses; sa chevelure embrouillée avait des reflets rouges, et ses grands yeux gris hallucinés semblaient percer la jeune fille qui se tenait tranquillement devant elle.

« Qui êtes-vous? demanda-t-elle.

— L'infirmière de Kiew.

— C'est bon. J'en suis bien aise. Et comment vous nommez-vous?

— Sœur Warwara.

— Ah! ce feu!...

— C'est la fièvre, dit Dragomira, mais vous allez vous trouver plus à votre aise, maintenant que j'ai ouvert la fenêtre.

— Je vous remercie; la lumière fait du bien; j'étais comme dans un tombeau. On ne m'enterrera pourtant pas vivante? J'ai le temps de mourir. Faut-il donc que je meure?

— J'espère qu'avec l'aide de Dieu nous triompherons de la maladie, répondit Dragomira.

— Oui, vous, c'est Dieu qui vous a envoyée, murmura Mme Samaky; vous avez l'air de son ange. »

Elle saisit la main de Dragomira et la baisa, puis elle retomba sur ses oreillers et tourna son visage du côté de la muraille.

Dragomira renvoya la vieille et s'installa auprès du lit. Elle n'avait pour le moment qu'une seule chose devant les yeux,

6

faire son devoir; et elle ne se refusait à aucune besogne; les soins les plus infimes ne lui répugnaient pas; chaque jour, vers le soir, le médecin venait, et tout ce qu'il prescrivait, Dragomira l'exécutait avec conscience et zèle. Elle ne s'écartait ni jour ni nuit du lit de la malade; elle ne s'absentait même pas un moment pour prendre sa nourriture; elle restait là, toujours calme, patiente et de bonne humeur.

C'était la troisième nuit. Mme Samaky, qui depuis bien des heures était en proie au délire de la fièvre, revint tout à coup à elle, regarda autour d'elle avec de grands yeux étonnés, et saisit la main de Dragomira.

« Cela va mal pour moi, murmura-t-elle, dites-moi la vérité.

— Jusqu'à présent le médecin est satisfait de la marche de la maladie.

— Oui..., mais il serait peut-être bon tout de même de faire venir un prêtre.

— Si vous le désirez.

— Je n'ai pas non plus fait encore de testament. L'homme doit être toujours prêt, il ne sait pas quand Dieu l'appellera.

— Si vous voulez, je suis à votre disposition pour écrire ce que vous me dicterez.

— Nous avons encore le temps, ne croyez-vous pas?

— Certainement.

— Je voudrais bien ne pas mourir. »

Dragomira sourit.

« Pourquoi souriez-vous ?

— Parce que je ne comprends pas comment on peut craindre la mort. Je comprends aussi peu l'amour de la vie qui possède la plupart des hommes. Je donnerais volontiers la mienne pour la vôtre.

— Parce que vous êtes un ange.

— Non, mais parce que j'estime bien plus l'éternité que les quelques jours de la vie d'ici-bas. Tout pas que nous faisons sur cette terre peut nous conduire à notre perte, car partout sont tendus les lacets invisibles du péché.

— C'est vrai; ce n'est que trop vrai.

— Seule la pénitence peut nous obtenir le pardon; seule la mort peut nous apporter l'expiation.

— Pourtant vous... Comment, si jeune!.. si belle!.. vous désirez mourir?

— Oui, j'aspire à la mort, répondit Dragomira, mais non pas

à une mort survenue par hasard ; j'aimerais à sacrifier volontairement ma vie, comme les saints martyrs.

— Vous croyez que nous pouvons ainsi sauver notre âme ?

— La victime qui tombe avec joie devant l'autel apaise le juge éternel.

— Vous pouvez bien avoir raison. »

Le jour commençait à poindre ; Mme Samaky, après avoir sommeillé quelque temps, s'éveilla, prit sa potion et regarda Dragomira d'un œil scrutateur. « Je veux un prêtre, murmura-t-elle.

— Tout de suite ?

— Tout de suite. »

Dragomira envoya chercher le prêtre.

La malade se confessa et reçut la communion.

Quand le prêtre l'eut quittée, elle se trouva bien et causa gaîment avec Dragomira.

« Conseillez-moi, dit-elle enfin, qui dois-je faire mon héritier ? je n'ai plus que des parents éloignés qui se sont assez mal conduits envers moi. Ne vaudrait-il pas mieux laisser mon bien à n'importe quelle institution pieuse ?

— Sans aucun doute, répondit Dragomira, c'est Dieu qui vous a inspiré cette pensée. Faites un testament en faveur de notre confrérie : elle donne à manger à ceux qui ont faim, elle habille ceux qui sont nus, elle soigne ceux qui sont malades. Ce sont des milliers de bienfaits dont votre générosité sera la source jusque dans l'avenir le plus reculé.

— Oui, c'est ma volonté ; prenez du papier et de l'encre. »

Dragomira fit ce que la malade demandait, et celle-ci se mit à dicter. Quand le testament fut terminé et que Dragomira l'eut relu, Mme Samaky le signa. « Mettez-le là dans le bureau, dit-elle, ou plutôt non, il vaut mieux que vous le gardiez ; c'est sur vous qu'il sera le plus en sûreté. On ne peut pas savoir, il y a de méchantes gens. Ma famille a pour sûr un espion ici. »

Vers le soir, l'apôtre apparut soudain à la fenêtre ouverte et fit un signe à Dragomira. La malade ne pouvait pas le voir ; la tête du lit était tournée du côté de la fenêtre ; de plus un paravent se trouvait entre la fenêtre et le lit.

« Qu'est-ce qu'il y a ? demanda-t-elle, lorsque Dragomira se leva.

— Rien, je vais seulement chercher un peu de glace. »

Elle attendit que la malade se fût rendormie, et se glissa vers la fenêtre sur la pointe des pieds.

« Comment va-t-elle ?

— Bien.

— Alors elle ne mourra pas ?

— Le médecin a bon espoir de la sauver.

— A-t-elle fait le testament ?

— Oui.

— En faveur de la confrérie ?

— Oui. »

L'apôtre inclina légèrement la tête. Au bout de quelques instants il regarda Dragomira de ses yeux bleus, puissants et interrogateurs.

« Ta tâche n'est pas encore accomplie.

— Je le sais, je resterai ici jusqu'à ce qu'elle soit sauvée.

— C'est son âme qu'il importe de sauver. Ne t'a-t-elle fait aucune confidence ?

— Non.

— Il faut mettre tout en œuvre pour lui arracher le secret qu'elle cache si soigneusement. Elle a un lourd péché sur la conscience ; sonde-la, mais sois prudente. Les malades sont toujours défiants.

— Et quand elle aura avoué ?

— Alors, cherche à la convertir.

— Je ferai tous mes efforts, mais si je ne réussissais pas ?

— Alors, vois comment tu pourras sauver son âme.

— Tu peux avoir pleine confiance en moi.

— Je le sais, c'est pour cela que je t'ai choisie. Dieu t'a destinée à une grande œuvre. Sois seulement courageuse et inflexible.

— Tant que Dieu m'assistera, rien ne m'arrêtera.

— Adieu. »

L'apôtre la bénit et disparut dans l'obscurité des arbres et des buissons qui entouraient la maison de ce côté-là.

Le jour tombait. Au dehors, la brume flottait mystérieusement, et l'épais crépuscule qui remplissait la chambre prenait des formes étranges ; la malade s'agita.

« Vois-tu... là ? s'écria-t-elle tout à coup, en se dressant sur son séant et en étendant son bras décharné.

— Oui... je vois, dit tranquillement Dragomira.

— Est-ce que tes cheveux ne se dressent pas sur ta tête ? s'écria Mme Samaky ; que veut-il ? il me parle...

— Il demande satisfaction.

— Il a raison, car je l'ai fait mourir. J'étais égoïste, dure, sans cœur. N'y a-t-il aucune expiation ? Dieu ne peut-il pas être miséricordieux ? »

La malade se tordait les mains et regardait Dragomira avec des yeux suppliants.

« Il y a une expiation.

— Laquelle ?

— La mort.

— Si Dieu le veut, je mourrai.

— Il faut mettre fin vous-même à votre vie, vous offrir comme victime sur l'autel du Seigneur.

— Moi ?... moi-même ?... Non, non ! je ne veux pas mourir. »

La malade retomba dans son délire et se roula sur son lit en gémissant et en frissonnant. Dragomira avait allumé la petite lampe et lui avait mis son abat-jour. Elle jetait une lumière indécise dans la chambre et faisait de grands cercles brillants au plafond. Les spectres s'évanouirent ; la lune se montra, et devant sa sainte clarté disparurent aussi les nuages qui, comme une vapeur d'enfer, avaient rempli la maison de fantômes. La malade se calma.

Minuit approchait quand la vieille servante entra sans bruit et avertit Dragomira qu'un monsieur de Kiew était là et désirait lui parler.

Dragomira passa dans la chambre à côté et trouva Sergitsch.

« Nous ferons mieux de sortir dans le jardin, dit-il à voix basse et en regardant avec inquiétude autour de lui, j'ai de nouvelles instructions à vous communiquer. »

Dragomira passa devant. Ils s'avancèrent entre les buissons de groseilliers tout dénudés et arrivèrent à la tonnelle où pendaient encore quelques feuilles jaunes. Dragomira appuya son bras à un piquet et regarda Sergitsch avec une sorte d'inquiétude.

« Avez-vous le testament ?

— Oui.

— Donnez-le-moi ; voici l'ordre de l'apôtre. »

Dragomira lut le billet que Sergitsch lui avait présenté, tira le testament de son corsage et le lui remit.

« A-t-elle avoué ?

— Non, mais dans son délire elle a parlé d'un homme dont elle s'imputait la mort.

— C'était son mari ; son sang retombe sur elle.

— J'essayerai de la sauver.

— Elle vous promettra tout tant qu'elle sera malade ; une fois guérie, elle recommencera son ancienne vie de péchés.

— Que faut-il donc faire?

— Voici une médecine pour son âme. »

Sergitsch tira d'une poche avec précaution une petite fiole contenant une liqueur brune et la donna à Dragomira.

« Qu'ai-je à faire?

— Il faut qu'elle meure.

— Quand?

— Cette nuit. Êtes-vous décidée?

— Que la volonté de Dieu soit faite. »

XIV

JEUNE AMOUR

> L'amour ne s'informe pas du rang des pères ; toutes les créatures humaines sont égales dans son pays.
>
> HOUWALD.

Le plan trouvé par Mme Oginska faisait honneur à son habileté de mère. Quand le comte Soltyk arriva, à la tombée de la nuit, Oginski était au Casino, et les dames étaient assises dans la serre avec leur ouvrage.

Mme Oginska faisait les honneurs de chez elle, lorsque la vieille femme de chambre apparut et l'avertit qu'il y avait là quelqu'un qui demandait instamment à lui parler. Mme Oginska pria Soltyk de l'excuser, et sortit avec un grand bruit de jupes.

Le comte et Anitta se trouvaient seuls. En ce moment elle était bien heureuse d'avoir son métier à broder entre elle et lui comme une barrière contre ses regards ardents et ses paroles flatteuses. D'ailleurs tout semblait venir en aide à Soltyk : la pittoresque luxuriance des plantes exotiques qui garnissaient toute la serre et formaient autour d'eux une sorte de temple verdoyant et fleuri, le murmure mélodieux du petit jet d'eau, la douce et mystérieuse lueur de la lampe à globe rouge suspendue à la voûte, et le parfum pénétrant qui remplissait l'air et qui excitait et engourdissait à la fois les sens, comme ces poisons qu'on respire sous l'ombrage d'un arbre vénéneux.

S'il y avait un endroit fait pour éveiller la passion endormie ou pour séduire l'innocence ignorante, c'était bien celui-là. Le comte se penchait sur les fleurs fantastiques qui naissaient sous les doigts de fée d'Anitta et tenait la pauvre jeune fille comme fascinée par ses yeux sombres, dont elle commençait malgré elle à ressentir la fatale puissance. Elle avait peur de lui; il lui inspirait une sorte de haine; et, pourtant, il l'attirait et s'emparait de son imagination d'enfant.

« Vous avez quelque chose contre moi, Anitta, dit Soltyk à voix basse; vous me fuyez, vous évitez mon regard.

— Non, certainement non; comment ferais-je, d'ailleurs?

— Vous ne voulez pas entendre que vous êtes belle, que vous êtes adorable, du moins quand c'est moi qui le dis.

— Vous êtes le premier qui me parle ainsi, répondit Anitta avec timidité et douceur (le sang lui était monté aux joues et elle pressait secrètement sa main contre son cœur); je ne suis pas habituée à de pareils compliments, comme les autres dames; je les prends au sérieux et je me sens toute confuse.

— Pour moi aussi c'est sérieux, jamais je ne me permettrais de badiner avec vous.

— Je suis nouvelle pour vous, monsieur le comte, voilà tout. Dans deux jours vous penserez à autre chose.

— Jamais, Anitta, jamais! vous m'avez fait une impression profonde, ineffaçable. Vous êtes la première jeune fille avec qui je trouve qu'il vaille la peine de causer. Vous m'avez complètement converti, et vous n'avez qu'à vouloir pour me mettre dans vos fers ou m'atteler à votre char de victoire.

— Je ne suis pas coquette.

— Ce n'est pas ce que je voulais dire, il y a des chaînes qui sont sacrées... »

Anitta eut peur. La conversation prenait un tour auquel elle n'était pas préparée le moins du monde. Il lui était pénible d'éconduire Soltyk; et se donner à lui, non, elle ne le pouvait pas; elle sentait qu'elle n'était plus libre, que son cœur appartenait à un autre. D'ailleurs, quand il n'en eût pas été ainsi, elle n'aurait jamais pu aimer Soltyk, et la pensée de lui appartenir sans amour faisait horreur à sa délicatesse comme un péché.

Ce n'était pas une jeune fille à se laisser donner par ses parents.

« Vous ne me dites rien, Anitta, reprit le comte.

— Que puis-je vous dire? Je suis si inexpérimentée, si sotte peut-être. »

Par bonheur pour elle, sa mère revint. Le comte se mordit les lèvres. Pour cette fois, l'occasion était perdue.

Il resta pour le thé, mais Oginski était revenu du Casino, et l'engagea dans une ennuyeuse conversation politique et économique. A un moment, il put adresser la parole à Anitta ; elle ne lui répondit qu'en hésitant et par monosyllabes. Mme Oginska vit un nuage de mécontentement sur le front de Soltyk. Aussi, quand le comte fut parti et qu'Anitta fut rentrée chez elle pour se coucher, elle vint doucement dans la chambre de sa fille, s'assit sur le bord du lit et se mit à la questionner.

« Heureuse enfant! dit-elle tout bas, en baisant sa fille sur le front ; à peine entrée dans le monde, quelle conquête!

— Qui veux-tu dire, maman?

— Qui? Soltyk. Quel autre pourrait-ce être? Tu ne penses pas, je suppose, au jeune officier? »

Anitta rougit.

« Quelle idée!

— Ce serait de la folie que de gâter une si belle partie, continua Mme Oginska. Le comte est le plus brillant prétendant que tu puisses trouver. Il t'a peut-être déjà parlé de ses intentions?

— Oui.

— Et toi... qu'as-tu dit?

— Rien. »

Mme Oginska frappa ses mains l'une contre l'autre.

« Ah! petite fille! qu'as-tu donc dans la tête? Ta poupée?

— Jamais je n'aimerai Soltyk.

— Mon enfant, on se marie pour avoir une position dans le monde et non pas pour faire plaisir à son cœur. Une fois comtesse Soltyk, tu peux jouer un rôle, mener un grand train de vie. Ne rejette pas si légèrement ton bonheur ; sois raisonnable. »

Anitta garda le silence. Mme Oginska lui caressa les cheveux sur le front et lui donna un baiser sur son innocente bouche d'enfant.

« Oui, raisonnable, Anitta ; pour aujourd'hui, bonne nuit.

— Bonne nuit, maman. »

Quand Anitta se leva le lendemain, elle était beaucoup plus avisée, mais aussi plus résolue. Elle s'enferma dans sa chambre, jeta quelques lignes sur une feuille de papier rose, mit le cher petit billet dans la poche de sa kazabaïka, descendit tout doucement l'escalier, traversa la cour et gagna les bâtiments de derrière.

C'est là que se trouvait celui qu'elle cherchait, dans une grande chambre toute tapissée d'images de sainteté et de batailles. Il cirait une paire de grandes bottes. C'était Tarass, le vieux cosaque qui l'avait portée sur ses bras quand elle était encore dans ses langes, et qui l'avait balancée sur ses genoux, au temps où, avec ses cheveux flottants, elle voltigeait dans toute la maison.

Le grand homme maigre, à la chevelure grise et à la moustache ébouriffée, sourit aussitôt qu'il l'aperçut, et ses traits, habituellement sévères et durs comme le bronze, prirent une expression touchante d'amour et de dévouement.

« Tarass, veux-tu me rendre un service? dit la petite enchanteresse.

— Tous les services.

— Même contre la volonté de mes parents?

— Même contre leur volonté.

— Alors, je t'en prie, porte-moi tout de suite cette lettre au lieutenant Jadewski, et, s'il peut venir dans l'après-midi, attends-le à la porte et ne le conduis pas dans la maison, mais amène-le-moi tout de suite dans le jardin.

— Savez-vous quelque chose, mademoiselle, dit Tarass d'un air fin, c'est que je le ferai plutôt entrer tout de suite par la petite porte ; il arrivera dans le parc sans même être aperçu.

— Oui, fais cela, mon cher, mon gentil petit Tarass.

— Pour vous, je me battrais avec le monde entier, s'il le fallait, » répondit le vieux cosaque.

Le ciel favorisa Anitta cet après-midi-là. Il était clair, sans nuages, et le soleil remplissait de sa chaude lumière d'or le jardin où Anitta s'était adroitement esquivée. La charmante enfant se tenait cachée dans le fourré comme une biche craintive. A travers les branches dépouillées des chênes, des hêtres et des bouleaux, à travers le sombre petit bois de sapins et les troncs entourés de lierre, elle regardait la petite porte au bout du parc. Enfin, elle aperçut les brillantes couleurs d'un uniforme, et Zésim s'avança.

Anitta courut à sa rencontre et lui saisit les mains. Ses yeux brillaient d'une joie céleste.

« Ne me jugez pas trop vite ; vous vous tromperiez, dit-elle, j'avais besoin de vous parler pour différentes raisons.

— Je vous remercie, mademoiselle, répondit Zésim, vous me rendez bien heureux, et je me demande seulement en quoi je mérite tant de bonté.

— Il n'y a pas là de mérite, je crois, dit Anitta, cela vient de soi-même, ou pas du tout. »

Ils se dirigèrent vers un banc en bois de bouleau qu'on apercevait sous l'ombrage sombre des sapins, et le fit asseoir auprès d'elle.

« Écoutez, murmura-t-elle avec une gravité d'enfant, le comte Soltyk me fait la cour, oui, oui, très sérieusement, si incroyable que cela paraisse.

— Je ne le comprends que trop bien.

— Il veut m'épouser et mes parents favorisent son idée.

— Et vous?

— Jamais je ne lui donnerai ma main, jamais!

— Oh! ma chère, ma bonne Anitta.

— Suis-je donc bonne? M'aimez-vous réellement?

— Vous en doutez? Ne savez-vous pas encore lire dans mon âme? Et si vous ne le savez pas, la voix de votre propre cœur ne vous dit-elle pas ce qui brûle et frémit dans mes regards! Je croyais que tout le monde devait savoir que je vous aime et combien je vous aime.

— Vous m'aimez! »

Anitta le regarda avec ravissement.

« Est-ce bien vrai? Cela peut-il être vrai?

— Me croyez-vous capable de mentir? » murmura Zésim; il se mit à genoux devant l'adorable créature et il plongea son regard dans ses yeux d'une irrésistible douceur, qui brillaient comme un ciel de printemps.

« Ah! Zésim, c'est peut-être mal, car mes parents ne le veulent pas; mais je ne peux pas faire autrement, mon cœur vous appartient. C'est avec vous que je dois vivre, avec vous et non avec un autre; je vous jure un éternel amour, une éternelle fidélité!

— Une éternelle fidélité! » répéta le jeune homme.

Elle l'entoura de ses bras dans un mouvement de débordante et chaste tendresse; il l'attira à lui et leurs lèvres se confondirent. Ce fut un moment si doux, si pur! Toutes les joies de cette vie et de l'éternité inondèrent ces deux jeunes cœurs, unis dans un rêve délicieux.

Anitta se dégagea doucement des bras de Zésim.

« Nous n'avons que peu d'instants à nous, dit-elle, ainsi ne perdons pas de temps. Vous allez peut-être me trouver folle, et rire de ce que je me mêle de vous donner des conseils, mais si vous trouvez que c'est sérieux, si vous voulez m'obtenir, il faut que vous agissiez promptement.

— Que dois-je faire?

— Il faut prévenir le comte. Allez tout simplement trouver mon père, et demandez-lui ma main !

— Je le ferai, dès que j'aurai parlé à ma mère.

— Avez-vous besoin de son consentement ?

— Non, Anitta ; mais il y a différentes choses à arranger, et je veux pouvoir dire à votre père quel avenir je pourrai offrir à sa fille.

— Vous avez raison, s'écria Anitta en riant, je n'y ai pas pensé ; je croyais que nous pourrions nous bâtir une demeure dans les branches verdoyantes d'un arbre, comme les chanteurs de la forêt, et vivre des graines que répand la main généreuse de Dieu pour nourrir ses créatures. Mais ne tardez pas, chaque jour, chaque heure peut amener un nouveau danger. »

Un sifflement aigu avertit le jeune couple. C'était Tarass qui donnait ce signal à Anitta.

« Il faut partir, lui dit-elle en se levant, c'est certainement une visite. »

Zésim la serra encore une fois contre sa poitrine, lui donna un long baiser où il mit toute son âme, puis partit rapidement, tandis qu'elle revenait en toute hâte à la maison. C'était le jésuite que Tarrass avait annoncé. Anitta le rencontra à moitié chemin.

« Quoi ! seule ! dit-il. J'ai peur de vous avoir troublée dans vos doux rêves. Puis-je vous demander de qui vous étiez occupée ?

— Je ne sais pas ce que vous voulez dire, père Glinski.

— Mon cher comte est plein de votre pensée, dit le jésuite, il ne parle plus que de l'ange qui lui est apparu ; et, en effet, vous êtes entrée dans sa vie comme un envoyé du ciel. Vous tenez dans vos mains une grande destinée. Vous seule êtes capable de faire de cet homme sauvage et sans frein, qui est doué dans le fond des meilleures et des plus brillantes qualités, une créature humaine qui donne de la joie à Dieu et à nous tous et qui remplisse le monde de ses nobles actions et de ses bonnes œuvres.

— Vous vous trompez, mon révérend père, répliqua Anitta avec calme et loyauté, votre comte a besoin d'une main ferme qui le fasse obéir, la mienne est faible et complaisante. Je ne le rendrais pas heureux non plus. Quant à moi, si je vivais avec lui, je serais aussi malheureuse qu'une créature humaine peut l'être.

— Parce que vous en aimez un autre ?

— Non, mais parce que je ne l'aime pas.
— Vous l'aimerez.
— Jamais.
— Il n'est pas un cœur dont il ne soit devenu le maître.
— Il ne pourrait qu'empoisonner et broyer le mien.
— Vous prenez la chose trop au tragique, dit le jésuite en plaisantant.
— Je la prends simplement au sérieux, répondit Anitta, parce qu'il s'agit là de tout le bonheur de ma vie. Je ne joue pas avec mon cœur, et malheur à qui voudrait se risquer à jouer avec lui ! »

XV

LA MÉDECINE DES BORGIA

> N'attends pas de pitié de moi.
> CALDERON.

Quand Sergitsch eut quitté Dragomira, elle se jeta à genoux dans le jardin, sous la voûte du ciel libre, et elle pria; puis elle se releva et revint vers la maison, bien décidée à exécuter l'ordre qu'elle avait reçu. Quand elle rentra dans la chambre de la malade, ses joues colorées par le froid semblaient brûlantes; sur ses traits sévères se lisait toute l'énergie d'un fanatisme impitoyable, et ses yeux d'ordinaire si froids brillaient d'un éclat étrange.

Elle dit à la vieille d'aller se reposer, ferma la fenêtre, tira les rideaux et s'assit auprès du lit de la malade.

« Madame Samaky, dit-elle.

— Oui... qu'est-ce qu'il y a ?... Ah ! c'est vous. Où étiez-vous donc ?

— Le médecin était là.

— Ah! qu'est-ce qu'il a dit?

— Il a apporté une nouvelle médecine.

— A quoi bon? Il ne peut rien faire pour moi.

— Vous voulez dire qu'il ne peut pas vous enlever le péché qui oppresse et torture votre conscience.

— Que sais-tu à ce sujet, jeune fille? murmura la malade en serrant le poignet de Dragomira. Était-il là? L'as-tu vu ?... Non, il n'apparaît qu'à moi, quand je suis seule.

— Lui? Celui qui a reçu la mort de vos mains?

— Je le vois bien, tu sais tout. Oui, c'était moi... Je l'ai tué, et maintenant il me fait mourir en me chuchotant à l'oreille des histoires effrayantes que je ne veux pas entendre, en s'élevant de la terre jusqu'au ciel comme une fumée qui grandit toujours. Il se tient là debout... un géant... il a le soleil sur le devant de la poitrine... non... ce n'est pas le soleil, c'est une blessure d'où jaillit son sang tout chaud... partout du sang... une mer de sang... elle monte... j'étouffe. » Elle parlait en élevant la voix ; enfin, elle cacha son visage avec épouvante contre l'épaule de Dragomira.

« Réconciliez-vous avec Dieu, pendant qu'il en est encore temps.

— Que faut-il faire ? Ma vie entière n'a été que prière, sacrifice, pénitence !

— Il faut vous sacrifier vous-même.

— Moi ?

— Sang pour sang ; donnez votre vie en expiation.

— Non, non ! je ne peux pas ! s'écria Mme Samaky. Je ne veux pas mourir ! »

Dragomira la regarda longtemps, puis se leva tranquillement, prit le petit flacon, en versa le contenu dans un verre et se pencha sur la malade.

« Voici la médecine. »

Mme Samaky se redressa, regarda avec défiance d'abord la liqueur, ensuite Dragomira. Elle eut comme un pressentiment mystérieux.

« Quel est votre dessein ? demanda-t-elle avec inquiétude. Pourquoi dois-je boire ? Qu'est-ce qu'il y a dans ce verre ?

— La médecine.

— Non, c'est du poison !

— Etes-vous folle ?

— Jeune fille, qui t'a donné cette médecine ? Tu veux me tuer !

— Allons, prenez-la.

— Non, je ne veux pas.

— Il le faut.

— Il le faut ? »

Elle se mit à rire haut d'un rire horrible.

« Qui me forcera ?

— Moi ! »

Dragomira se jeta avec une sorte de fureur farouche sur Mme Samaky. Celle-ci se défendit en désespérée. Ce fut une lutte sauvage et silencieuse. Enfin Dragomira réussit à serrer étroitement les deux bras de la malade et à poser un genou sur sa poitrine. Elle lui tenait maintenant la tête immobile comme avec un crampon de fer. Elle lui ouvrit la bouche, y versa la liqueur brune, puis la lui ferma rapidement avec le drap.

Quelques instants s'écoulèrent et l'agonie commença.

Dragomira lâcha sa victime. La malheureuse cria au secours; mais personne ne l'entendit.

« Voici celle qui doit te sauver, dit Dragomira fièrement et comme inspirée; c'est moi, pauvre pécheresse, qui t'ouvre le chemin du ciel. »

Un dernier râlement, et ce fut tout; Mme Samaky n'était plus.

Dragomira s'agenouilla auprès du lit et se mit à prier à haute voix :

« Seigneur, sois miséricordieux pour sa pauvre âme; remets-lui sa faute, et aie pitié de tous ceux qui errent et pèchent sur cette terre. »

Au bout de quelques instants, Dragomira ouvrit la fenêtre et alla dans le jardin pour enterrer au plus épais des broussailles le mystérieux flacon et le verre où était resté un peu de résidu. Au moment où elle revenait vers la maison, une forme sombre se détacha de la muraille.

« Qui est là ? demanda Dragomira.

— Moi, Sergitsch.

— C'est fait.

— Elle est morte ?

— Oui.

— Est-elle morte volontairement?

— Non, elle s'est défendue.

— Espérons que Dieu aura pitié d'elle et acceptera votre action comme une expiation de ses péchés.

— Maintenant, je vais m'en aller, dit Dragomira, je n'ai plus rien à faire ici.

— Non, vous devez rester, Il faut veiller la morte jusqu'à ce que je revienne.

— Alors, je reste. »

Sergitsch s'éloigna et Dragomira rentra dans la maison. Elle ferma la porte de la chambre où gisait la morte, prit la clef, s'étendit sur un divan dans l'antichambre, se couvrit de son manteau et s'endormit. Elle reposa paisiblement, immobile elle-même comme une morte, avec l'innocent sourire d'un enfant, jusqu'au matin, jusqu'au moment où le soleil apparut clair et chaud. Alors une voiture arriva, et Sergitsch en descendit.

Il venait afin de prendre possession de la maison et du bien au nom de la confrérie dont il était président. Peu de temps après lui arrivèrent quatre des frères avec un cercueil. Le danger de la contagion fournit un prétexte commode pour éloigner toute autre personne. Dragomira mit la morte dans la bière qui fut aussitôt fermée. Sergitsch se rendit ensuite chez le directeur de la localité et chez le prêtre. Grâce à son éloquence sonnante, Sergitsch, « eu égard au caractère de la maladie qui avait emporté Mme Samaky », obtint l'autorisation de l'enterrer le soir même.

Quand tout fut terminé, Sergitsch revint à la maison de la morte et rentra dans sa chambre avec Dragomira.

« Je vous prie de rester encore ici, noble demoiselle, dit-il. Vous aurez encore à faire dans le voisinage, peut-être cette nuit même.

— De quoi s'agit-il ?

— Vous avez vu le jeune gentilhomme que la juive a pris dans ses filets ?

— Pickturno ?

— Oui, cette nuit-ci ou la nuit prochaine, il aura un rendez-vous dans le cabaret qui se trouve sur la route, à moitié chemin de Kiew.

— Serons-nous là en sûreté ?

— Tout à fait en sûreté.

— J'attendrai donc ici votre message.

— Parfaitement. La maison nous appartient désormais, continua-t-il, vous êtes ici la maîtresse ; je vais signifier aux gens de service qu'ils sont à vos ordres et qu'ils doivent vous obéir en tout.

— Mais je ne peux pourtant pas dans ce costume ?...

— On y a pensé. Vous devez continuer ici à jouer votre rôle ; mais dans le cabaret de là-bas, vous trouverez tout ce dont vous avez besoin pour changer d'habillement.

— Bien.

— Je vous laisse maintenant. L'apôtre sera content de vous. Que le ciel vous bénisse ! » dit Sergitsch en terminant ; puis il remonta en voiture et partit.

Dragomira resta seule dans cette maison silencieuse, solitaire, sinistre. Les gens de service étaient réunis dans le fournil qui se trouvait de l'autre côté de la cour. De temps en temps le vent apportait un murmure de prières et de chants funèbres. Au dehors il faisait noir; quelques rares étoiles se montraient dans le ciel couvert d'épais nuages blanchâtres. Puis, quelques légers flocons tombèrent sur le sol, et tout d'un coup la neige se mit à tourbillonner autour de la maison et du jardin.

Dragomira allait et venait, les bras croisés sur sa poitrine. Elle était disposée à quelque chose de méchant, de cruel. Au moindre bruit qui se faisait entendre, elle espérait voir arriver le messager qui devait l'appeler au cabaret. Elle aspirait au mouvement, à l'action, au combat; la solitude et l'isolement lui devenaient insupportables.

A plusieurs reprises, elle crut entendre la bruyante et lourde respiration, le râle de la malade; puis sur le mur apparaissait une ombre qui semblait la menacer.

Elle finit par sortir dans la cour, appela le vieux cocher et demanda un cheval. Le vieillard, tout courbé par l'âge, la regarda avec étonnement. Il n'avait évidemment pas idée d'une infirmière allant à cheval, et encore allant à cheval par un si mauvais temps et à une pareille heure. Cependant, comme Dragomira réitérait son ordre, il obéit.

Elle attacha solidement sa chevelure, enroula un mouchoir blanc autour de sa tête et mit son vêtement de fourrure. Quand elle sortit, une cravache à la main, le cocher amenait déjà le cheval. Elle sauta en selle et fit ouvrir la porte. Le cheval, jeune et ardent, qui était resté longtemps à l'écurie, se montrait indocile et reculait effarouché, chaque fois qu'elle tentait de sortir. Cette résistance semblait lui plaire; elle était justement en humeur de lutter et de briser cette singulière résistance. Elle l'excita de la voix, fit siffler sa cravache, et finit par si bien le dompter, qu'il céda à sa volonté et en quelques légers bonds l'emporta à travers la tempête et la nuit.

Elle galopait maintenant sur la grand'route, dans une neige profonde, au milieu des flocons qui tourbillonnaient, poussés contre elle par le vent. La lutte sauvage des éléments lui faisait du bien et calmait l'excitation de ses sens. Elle était encore poursuivie par de pâles et plaintifs fantômes qui flottaient çà et là sur les sombres prairies, des deux côtés de la route, ou qui l'attendaient en la guettant sur la lisière du bois de bouleaux.

Devant elle, comme une noire muraille, se dressa la forêt de sapins. Elle s'y élança, sans avoir peur ni de l'obscurité qui régnait sous les arbres secoués par la tempête, ni des voix qui retentissaient dans les airs, sortaient des profondeurs de la forêt et parfois semblaient monter de l'abîme. Elle ne connaissait pas la crainte. On eût dit bien plutôt que son courage impassible se rendait peu à peu maître de la nature déchaînée. Les hurlements du vent se perdirent dans le lointain; la neige cessa de tourbillonner; à peine en tombait-il maintenant quelques flocons; l'armée des étoiles étincela dans le ciel clair et paisible.

Cependant, de nouveaux ennemis approchaient. Dans les fourrés apparaissaient des lueurs errantes; des yeux brillaient, une bande de loups s'élança.

Dragomira sentit son cheval trembler sous elle, mais elle resta calme. Elle s'avança avec sang-froid en suivant le milieu de la route et prit son revolver.

Déjà le premier loup sautait par-dessus le fossé.

Un éclair, une détonation... il roula dans la neige aux pieds de Dragomira. Elle cravacha vivement son cheval et partit au galop. Il s'écoula quelque temps avant que les loups ne la poursuivissent; elle les vit dans le lointain accourir comme des chiens qui se réunissent pour chasser une noble bête. Elle avait déjà laissé derrière elle la forêt de sapins, et, faisant un long détour, elle traversait les plaines couvertes de neige pour revenir à Myschkow.

Les loups s'approchèrent de nouveau et firent entendre leurs rauques hurlements derrière les sabots de son cheval; de nouveau elle fit feu de son revolver, une fois, deux fois, et prit de l'avance. Enfin, elle aperçut devant elle le toit de la maison couverte de neige, dont la blancheur apparaissait à travers les sombres peupliers dépouillés.

Les hurlements ne s'entendaient plus, les effrayantes formes s'évanouirent.

Cheval et écuyère reprenaient haleine. Dragomira laissait maintenant le superbe animal aller au pas, et lui tapait doucement sur le cou pour le caresser. La porte était encore ouverte. Elle entra dans la cour et sauta à terre. A son appel, le vieux cocher arriva et prit le cheval.

Quand Dragomira pénétra dans la maison, elle brillait comme un chérubin : la gelée avait soupoudré ses cheveux, son vêtement et sa fourrure de diamants étincelants qui, dans la chaude atmosphère de la chambre, se changèrent en gouttes d'argent et tombèrent lentement à terre. Maintenant elle se sentait bien; elle jeta sa cravache sur un meuble et se débarrassa de ses vêtements humides. Fatiguée et échauffée par sa course, elle s'étendit sur le divan. Les fantômes s'étaient évanouis. La maison solitaire avait pris quelque chose de paisible et de familier.

Dragomira n'était là que depuis peu de temps, lorsqu'on frappa doucement à la fenêtre.

Elle se leva et ouvrit si rapidement que les vitres en tremblèrent.

« Qui est là ?
— Moi, noble demoiselle. »

La juive était dehors et souriait d'un méchant sourire.

« Nous avons besoin de vous, murmura-t-elle, ma voiture est là, sur la route ; préparez-vous. »

XVI

UNE AME SAUVÉE

> Verser le sang toujours et toujours,
> voilà ta gloire.
>
> ALFIERI.

Deux minutes plus tard, Dragomira sortait de la maison et traversait la cour avec Bassi. Sur la route était arrêtée une petite voiture juive, recouverte d'une bâche de toile; Juri conduisait. Les deux femmes montèrent sans dire un mot, et le misérable équipage se mit en route.

La tourmente de neige avait tout à fait cessé. Quelques étoiles brillaient au ciel; cependant il faisait noir; on n'avançait que lentement et avec précaution. Les roues grinçaient dans la neige; les chevaux soufflaient.

« Ne concevra-t-il pas de soupçons? demanda enfin Dragomira.

— Il est tout à fait fasciné, répondit Bassi en raillant, il ne nous échappera pas, et pourquoi se défierait-il?

— Parce que tu lui as donné rendez-vous bien loin de chez toi.

— Je lui ai dit que c'était à cause de mon mari, et il faut bien qu'il le croie. »

Il était tard lorsque la voiture s'arrêta devant le cabaret et que les deux femmes descendirent. A quelque cent pas de la grand'route se dressait la maison, assez vaste, couverte de chaume et entourée d'une haie élevée. Des chiens aboyaient; devant la porte se balançait tristement l'arbuste desséché qui servait d'enseigne au cabaret. Le terrain avoisinant était plat et désert; mais à une certaine distance s'élevaient des collines plantées de pins. La juive poussa la porte et fit traverser à

Dragomira la grande salle remplie de la fumée du tabac et de l'odeur de l'eau-de-vie ; un vieux juif y disait sa prière. Elle la conduisit dans une jolie chambre propre, où il y avait un lit, une glace pendue à la muraille et un coffre contenant les vêtements envoyés par Sergitsch.

Bassi alluma une bougie et laissa seule Dragomira qui changea rapidement de costume. Elle n'était pas encore prête, qu'elle entendit le pas d'un cheval et bientôt après la voix de Pikturno qui retentissait dans la salle du cabaret. Bassi entra en se glissant par la porte entr'ouverte, et fit un signe à Dragomira en mettant en même temps un doigt sur ses lèvres.

« Il est là, murmura-t-elle, je le conduis dans la chambre voisine ; vous pourrez voir tout ce qui se passera par une petite fente de la porte, mais n'oubliez pas d'éteindre d'abord la bougie. »

Dragomira répondit par un signe de tête, et la juive se retira. Dragomira acheva sa toilette, jeta un regard dans la glace et chargea son revolver.

L'infirmière était devenue une belle et audacieuse amazone.

On entendit des pas dans la chambre à côté, puis la voix du jeune gentilhomme, et de petits rires étouffés. Dragomira éteignit sa bougie, s'approcha de la porte sur la pointe des pieds et appliqua son œil à la fente.

Elle voyait d'un coup d'œil la petite salle presque tout entière. Cette salle avait deux issues, l'une conduisant dans la chambre où elle se trouvait elle-même, l'autre dans la grande salle du cabaret. La fenêtre donnait sur la cour, et avait son épais rideau vert tiré. Au milieu de la paroi que Dragomira voyait en face d'elle, était un vieux divan recouvert d'une étoffe rouge et d'où le crin sortait en différentes places. D'un côté du divan se trouvait une armoire sur laquelle étaient rangés différents flacons de fruits confits ; et de l'autre une commode portant une petite pendule et quelques figurines de porcelaine. Près de la fenêtre, il y avait encore une chaise, c'était tout.

Bassi Rachelles, les mains dans les poches de sa jaquette de fourrure, allait et venait avec un sourire moqueur sur ses lèvres charnues, pendant que Pikturno, à cheval sur la chaise, la regardait d'un air étonné.

« Vous n'allez pas vous figurer au moins que je suis amoureuse de vous, dit la juive. Vous m'avez demandé un rendez-vous; j'ai bon cœur et je vous l'ai donné, mais cela ne tire pas à conséquence, pas du tout.

— J'aurais cru que vous aviez un peu d'inclination pour moi, balbutia Pikturno avec timidité.

— De l'inclination ? — Bassi s'arrêta devant lui et le regarda effrontément en plein visage. — Pas la moindre !

— Si vous n'aviez que cela à me dire, reprit Pikturno, vous n'aviez vraiment pas besoin de me donner rendez-vous ici ; les occasions ne vous manquaient pas à Kiew.

— Eh ! savez-vous, s'écria Bassi en posant sa main sur sa hanche, dans quelle intention je vous ai fait venir ici ?

— Vous avez des caprices aujourd'hui, à ce qu'il semble, ma chère Bassi, » dit Pikturno.

Il se leva et chercha à la prendre par la taille ; mais elle lui échappa avec l'élasticité d'un serpent.

« Ne me touchez pas ! s'écria-t-elle ; et elle le repoussa.

— Je vois qu'il vaut mieux que je m'en aille.

— Allez-vous-en, essayez. »

Bassi se dirigea vers la fenêtre et lui tourna le dos.

« Bassi ! »

Elle ne bougea pas.

« Êtes-vous fâchée contre moi ? Qu'avez-vous donc ? là, au fond ? »

En ce moment on frappa doucement à la fenêtre. La juive ouvrit rapidement le rideau et frappa aux vitres de la même façon.

« Qu'est-ce que cela signifie ? demanda Pikturno.

— Rien, répondit Bassi, qui alla au divan et s'assit. Venez près de moi. »

Pikturno obéit volontiers et la séduisante créature lui abandonna maintenant ses mains sans aucune résistance.

« Ce ne sont donc que des caprices ?

— C'est peut-être une ruse.

— Pourquoi faire ?

— Pour vous prendre.

— Moi ? Ne suis-je pas depuis longtemps en votre pouvoir, belle Bassi ?

— Sans doute, dit-elle en raillant, mais il ne suffit pas que l'oiseau arrive dans le filet ; il faut encore fermer ce filet, et c'est ce que je veux faire.

— Comment ? »

Elle le regarda d'une manière étrange, avec une expression

de langueur et de ruse tout à la fois. Il recommençait à l'entourer de ses bras ; alors, rapide comme l'éclair, elle tira un lacet de sa large manche, le lui jeta autour du cou et se releva d'un bond.

« Au nom du ciel !... s'écria Pikturno, vous m'étranglez ! »

Au même instant, les complices de la juive, Juri, Tabisch et Dschika, se précipitèrent dans la chambre ; et avant que le malheureux eût compris de quoi il s'agissait, ils l'avaient renversé par terre, lui avaient lié les mains et les jambes, et lui avaient introduit un bâillon dans la bouche.

Pikturno tourna vers Bassi des yeux suppliants ; elle lui répondit par un regard de froid mépris. Il fut enfermé dans un grand sac, puis jeté et solidement attaché sur le dos d'un cheval qui partit d'un trot rapide. Quand le bruit des pas se fut éloigné, Bassi ouvrit la porte.

« Êtes-vous prête, noble demoiselle ? demanda-t-elle.

— Oui.

— Avez-vous vu comme j'ai bien fait mon affaire ? Faites de même à présent.

— Tu le verras bien.

— Moi, non, reprit Bassi en secouant la tête, je ne peux pas voir de sang. Juri attend avec les chevaux ; il vous montrera la route. »

Dragomira mit rapidement ses gants de cheval et sortit, la cravache sous le bras. Juri s'inclina respectueusement devant elle et baisa le bord de sa robe. Tous deux sautèrent en selle et prirent la direction du bois.

Là, sur une colline dominant tout le pays, les compagnons de la juive attendaient dans un fourré avec leur victime. Ils avaient attaché Pikturno debout à un grand sapin, qui se dressait au milieu d'une petite clairière, et allumé un feu de broutilles autour duquel ils étaient silencieusement étendus.

Quand Dragomira arriva et sauta à bas de son cheval, Pikturno la regarda avec un profond étonnement. Ses traits lui étaient connus, mais son costume le trompait. Elle avait encore de hautes bottes d'hommes, mais elle portait aussi une robe de couleur sombre, une courte jaquette de fourrure et un bonnet de cosaque.

« Sommes-nous ici en sûreté ? demanda-t-elle.

— Tout à fait en sûreté, répondit Tabisch, un vieillard à taille de géant.

— Je dois faire encore une tentative pour le convertir, dit

Dragomira. Mettez-vous en sentinelles. Nous allons lui ôter le bâillon; il faut que nous soyons en sûreté et qu'on ne l'entende pas dans le cas où il pourrait appeler au secours. Un coup de sifflet nous avertira que tout est en ordre et que nous pouvons nous mettre à l'œuvre. Dschika restera avec moi. »

Les hommes s'éloignèrent. Dragomira s'était assise sur un tronc d'arbre abattu et Dschika attisait le feu. Elle était habillée en paysanne, avait de grosses bottes d'homme, une robe brune qui lui tombait à peine aux chevilles et une courte casaque en peau de mouton; autour de ses cheveux roux était enroulé un mouchoir jaune à fleurs; sa taille de moyenne grandeur donnait à la fois l'idée de la force et de l'agilité; son visage hâlé, aux traits massifs et sévères, avait autour de la bouche charnue une expression de fierté et de dédain.

Au bout de quelques instants, on entendit les coups de sifflet.

« Nous pouvons commencer, dit Dschika avec un sourire diabolique.

— Ote-lui le bâillon, ordonna Dragomira.

— Que signifie cette comédie? demanda Pikturno, une bien mauvaise farce! Je me croyais d'abord tombé dans les mains de brigands, mais maintenant, je vous reconnais, j'ai bu avec vous dans le cabaret rouge.

— Parfaitement.

— Qu'est-ce que ces vêtements? Est-ce l'autre fois que vous étiez déguisée, ou bien est-ce maintenant?

— Je suis une jeune fille.

— Alors, pourquoi cette froide plaisanterie? Nous allons tous ensemble attraper un bon rhume de cerveau.

— Il ne s'agit pas de plaisanterie, reprit Dragomira, s'avançant devant lui; vous êtes dans les mains d'hommes compatissants qui veulent servir Dieu et sauver votre âme en consacrant à la mort ce qu'il y a de terrestre en vous.

— Etes-vous folle?

— Vous allez mourir, continua Dragomira, personne ne peut vous arracher à nous; nous tenons solidement notre victime. Mais vous avez encore la ressource de vous repentir de vos péchés et de mourir volontairement.

— Volontairement? Mais non; j'aime la vie, s'écria Pikturno, allez vous promener avec votre extravagante philosophie; détachez-moi, ou j'appelle au secours.

— Personne ne vous entendra.

— Au secours ! Au secours ! cria Pikturno. »

Sa voix se perdait peu à peu dans la nuit.

« Allons, décidez-vous, dit Dragomira en braquant sur lui son revolver.

— Je ne veux pas, je ne veux pas mourir ! disait le malheureux en gémissant et en cherchant à briser les cordes qui le retenaient.

— Confessez-vous.

— Je ne veux pas.

— Priez.

— Non, non !

— Alors, je vous sacrifie au nom de Dieu Père, Fils et Saint-Esprit. Amen. »

Dragomira visa et fit feu. La balle se logea dans le bras droit. Le sang se mit à couler lentement sur la neige.

« Repentez-vous de vos péchés, il est encore temps.

— Au secours ! au secours ! »

La deuxième balle entra dans l'épaule gauche, Pikturno essaya de se mettre à genoux.

« Grâce ! disait-il en gémissant, pitié !

— C'est en Dieu qu'est la pitié, » reprit Dragomira tranquillement.

Et elle continua à tirer sur Pikturno avec autant de sang-froid que si elle eût visé un but. Un troisième coup le frappa à la cuisse; un quatrième au ventre; la dernière balle lui entra dans la poitrine.

« Achevez-moi, disait-il d'une voix suppliante, tuez-moi.

— Priez. »

Le malheureux fit une courte prière. Il y eut un éclair suivi d'une détonation, sa tête s'inclina sur sa poitrine, il était mort.

Dschika appuya son oreille contre le cœur de Pikturno. « Il ne vit plus », murmura-t-elle. Puis elle introduisit un doigt dans sa bouche et poussa un sifflement aigu pour rappeler les hommes. Pendant qu'ils creusaient une fosse sous le sapin, Dragomira sauta sur son cheval et reprit la route de Kiew.

Elle dormit le lendemain jusqu'à midi, et elle était assise devant sa table de toilette, occupée à se coiffer, lorsque le commissaire de police Bedrosseff, qu'il fut impossible d'arrêter, se précipita dans la chambre.

« Savez-vous, s'écria-t-il, l'aventure mystérieuse qui tient toute la ville en agitation ?

— Non.

— Un jeune genthilhomme, Pikturno, a disparu depuis hier, il a été probablement assassiné. Il doit avoir eu une intrigue avec la juive du cabaret Rouge ; aussi ai-je fait faire une visite domiciliaire chez cette femme ; malheureusement elle n'a donné aucun résultat.

— Naturellement.

— Comment ? savez-vous quelque chose ?

— Ne vous disais-je pas que vous devriez me prendre pour agent ?

— Avez-vous découvert quelque chose qui puisse nous mettre sur la piste ?

— Je vous donnerai seulement le conseil, cher monsieur Bedrosseff, de ne pas chercher cette piste, car il y a de hauts et puissants personnages mêlés à l'affaire.

— Vraiment ?

— Il s'agit d'un duel à l'américaine.

— Avec qui ?

— On prétend que c'est avec le comte Soltyk. Pikturno a tiré au sort la balle noire, et il est parti pour l'étranger afin de se brûler la cervelle.

— Dans ce cas, ce qu'il y a de mieux, c'est de ne pas pousser l'affaire plus loin. »

XVII

UN BEAU RÊVE

> Rien ne fait la joie de l'enfer comme
> de séparer les cœurs.
>
> AUFFENBERG.

Anitta était à son piano et jouait un nocturne de Chopin, lorsque Henryka passa d'abord la tête à travers la portière et entra ensuite rapidement. Anitta interrompit son morceau et sauta au cou de son amie. Elles s'embrassèrent et se tinrent tendrement enlacées.

« Est-ce vrai? demanda Henryka, peut-on t'adresser des souhaits de bonheur?

— A moi? et pourquoi?

— Pour tes fiançailles.

— Avec qui? » Anitta avait un peu rougi.

« Pourquoi t'en défendre? toute la ville en parle, tout le monde t'envie.

— Mais, Henryka, je ne sais pas ce que tu veux dire.

— Oh!.. tu vas devenir comtesse Soltyk. Ce n'est plus un secret.

— Ah! grand Dieu!.. Cela ne peut cependant pas se faire sans mon consentement, dit Anitta d'un ton sérieux; je ne suis pas une poupée qu'on donne sans plus de cérémonies.

— On raconte pourtant que Soltyk t'aurait demandée en mariage.

— Le ciel m'en préserve!

— Anitta, tu n'es pas raisonnable; c'est le plus beau des hommes et le plus riche des magnats.

— C'est possible, mais je ne l'aime pas, et je ne l'aimerai jamais.

— Quelles idées surannées, ma chérie ! continua Henryka. Est-ce qu'aujourd'hui l'on consulte son cœur en pareille matière ? On examine quel effet l'on fera ; on se demande si le mari nous procurera une grande situation dans la société ; s'il est en position de nous entourer de luxe, de satisfaire nos goûts de toilette, de contenter nos fantaisies. Pour le reste, les choses suivent tranquillement leur chemin. Une grande dame ne s'ennuiera jamais ; et, si elle est jeune et jolie comme toi, elle peut rassembler toute une cour autour d'elle. »

Anitta considérait son amie, en passant d'un étonnement à un autre.

« Henryka, lui dit-elle, je ne te reconnais plus. Qu'as-tu fait de ton idéal, de ton enthousiasme ?

— Oh ! c'est bon quand il s'agit d'art et d'amour, mais pas de mariage.

— Le mariage me semble justement quelque chose de si sérieux, de si saint !..

— Ne va donc pas faire rire de toi, interrompit Henryka, applique un peu ton oreille à la porte, quand des femmes mariées sont ensemble et parlent franchement ; c'est alors que tu entendras des choses, ah ! mais des choses !..

— C'est possible, dit Anitta presque tristement ; je veux bien paraître ridicule et démodée, mais je veux agir et vivre d'après mes sentiments. »

Pendant que les deux jeunes filles s'entretenaient dans le salon, le jésuite était entré avec un fin et significatif sourire dans le boudoir de Mme Oginska, qui lui tendit cordialement les deux mains.

« Quelles nouvelles apportez-vous, mon révérend père, dit-elle, vous semblez tout heureux ?

— Je le suis en effet, répondit le P. Glinski, le vœu le plus cher de mon cœur va s'accomplir : le comte s'est décidé à se marier.

— En vérité ? Et sur qui son choix est-il tombé ?

— Vous me le demandez ? Sur notre enfant bien-aimée, sur notre Anitta.

— C'est un grand honneur pour nous.

— Je les regarde tous les deux comme mes enfants, continua le jésuite, le comte et votre fille, et cette union était depuis des années ma pensée de prédilection. Anitta est simple, bonne ; elle le conduira, sans qu'il s'en aperçoive ; elle dirigera son énergie sauvage dans des voies où il puisse travailler et où il travaillera au bonheur de l'humanité et surtout de sa patrie.

— Espérons-le.

— Le comte viendra aujourd'hui pour vous demander la main de votre fille. Soyez prudente. Anitta a sa tête à elle; son opiniâtreté pourrait tout gâter au dernier moment. Le comte n'a pas besoin de se douter que je suis venu ici et que j'ai annoncé sa visite.

— Certes non; mais Anitta, vous croyez vraiment que?..

— Dans notre jeune fille il y a plus de choses cachées que nous n'en imaginons à nous tous. J'en ai le pressentiment, dit le Père, faites bien attention; nous pourrions être pris au dépourvu.

— Elle se soumettra, répondit Mme Oginska, même si elle n'aime pas Soltyk. Mais pourquoi ne l'aimerait-elle pas?

— Parce qu'elle en aime probablement un autre.

— Non, c'est impossible.

— Plaise à Dieu que je me trompe!

— Vous ne voulez cependant pas dire, père Glinski, que mon Anitta pourrait favoriser le jeune officier, le fils de ma chère amie Jadeweska?

— Pourquoi pas?

— En mettant les choses au pis, ce ne serait qu'une fantaisie de jeune fille, sans conséquence. Je connais cela; mais le monde est le monde, et aucune jeune fille n'a encore épousé son idéal.

— Espérons le mieux, noble amie, mais attendons-nous toujours au pire; c'est la vraie, la seule philosophie. N'oubliez jamais que l'extraordinaire est beaucoup plus habituel que le naturel et le régulier, car c'est justement ce dernier qui est le vrai idéal.

— Dois-je prévenir Anitta? demanda Mme Oginska après une petite pause.

— Non; à quoi pensez-vous?

— Ne sera-ce pas pire, si la chère enfant apprend à l'improviste qu'elle est fiancée?

— Qui songe à cela? Remettez-vous-en pour tout au comte; il a une certaine expérience en ces matières, et, croyez-moi, s'il n'obtient pas Anitta lui-même, nous réussirons encore moins. »

Le P. Glinski baisa avec un doucereux sourire la main de Mme Oginska et partit silencieusement et mystérieusement comme il était venu. Une fois dehors, il se glissa le long des maisons pour ne pas être aperçu d'Anitta, et ne se sentit en sûreté qu'après avoir tourné dans une rue voisine et populeuse, où il se perdit dans la foule.

A midi sonnant, l'équipage du comte Soltyk s'arrêtait devant le palais des Oginski. Après avoir déposé sa précieuse pelisse de zibeline dans l'antichambre, le comte, en toilette parisienne des plus élégantes, entra dans le salon, où M. Oginski vint à sa rencontre. Quelques instants plus tard, Mme Oginska arrivait avec un grand froufrou de jupes. On s'assit, on échangea quelques formules de politesse; puis il y eut un moment de silence pénible dans le magnifique salon, tout rempli d'un parfum distingué. On n'entendait que le tic-tac monotone de l'antique horloge enfermée dans son énorme gaîne de bois et la chanson des flammes qui dansaient dans la cheminée à l'italienne.

— Je suis venu vous voir aujourd'hui pour une affaire sérieuse et importante, dit enfin le comte, sérieuse surtout pour moi, puisque le bonheur de ma vie est en jeu. J'aime votre fille et je viens vous demander sa main.

— Je sens tout l'honneur que vous me faites, répondit Oginski en s'inclinant, une alliance entre nos deux familles dépasse mes espérances les plus ambitieuses, et je ne pouvais pas m'attendre...

— Pardonnez-moi, M. Oginski, l'honneur est tout pour moi.

— Je vous en prie... mon cher, mon bien cher comte, je suis vraiment confus...

— A quoi bon tant de paroles? dit Mme Oginska en interrompant son mari, il suffit, nous sommes heureux de vous donner notre Anitta. »

Soltyk s'inclina respectueusement, prit la main de Mme Oginska et la baisa.

« Mais où en êtes-vous avec notre fille? reprit Oginski, je pense que vous vous êtes quelque peu entendus?

— Au contraire, répondit le comte, je n'ai encore fait aucune espèce d'aveu à Mlle Anitta, et je désire que pour le moment, la chose reste entre nous.

— Ce sera comme vous le désirez.

— J'ai votre consentement; tout le reste ira de soi-même; accordez-moi seulement la permission de me rapprocher de Mlle Anitta.

— C'est trop juste, dit Mme Oginska, il vous faut avoir l'occasion de vous déclarer; remettez-vous-en à moi pour cela, monsieur le comte. Je suis heureuse de voir que vous voulez conquérir vous-même le cœur de ma fille; elle est un peu entêtée, et elle aimera mieux résister que se soumettre à notre volonté.

— N'ayez pas d'inquiétude, dit Soltyk en souriant, je ne montrerai que l'ardent adorateur et je cacherai avec soin le prétendant favorisé par les parents. Cela me sera facile, car j'aime Anitta avec une passion dont vous ne me croyez peut-être pas du tout capable.

— Oh! par exemple! Pourquoi pas? dit Mme Oginska.

— On me juge souvent bien à faux.

— Des envieux, mon cher comte! Qui en aurait, sinon vous, que toutes les femmes adorent, que la nature a comblé de ses dons?

— Je vous en prie...

— Mais moi, j'ai toujours pris votre défense.

— Vous êtes trop bonne. »

La portière s'agita avec un léger bruit; Anitta apparut et disparut immédiatement.

« C'était elle, la petite friponne, murmura Mme Oginska.

— Je vous le demande encore une fois; que Mlle Anitta ne se doute pas de notre intelligence, dit Soltyk en prenant son chapeau.

— Elle n'en saura rien; nous sommes tout à fait de votre avis. »

Sur l'escalier, le comte rencontra Zésim. Il lui adressa un regard bref et hostile que le jeune officier soutint fièrement. Pendant qu'il suspendait son manteau dans l'antichambre, Anitta arriva en toute hâte.

« Je crois que vous venez trop tard, lui dit-elle tout bas; si je ne me trompe pas complètement, Soltyk vient de demander ma main. »

Zésim haussa les épaules avec toute la présomption de la jeunesse.

« Il ne nous est pas permis de nous laisser intimider, Anitta, dit-il; moi je ne faiblirai jamais, par conséquent tout est en votre main. Du moment que vous opposez votre volonté à celle de vos parents, nous n'avons rien à craindre. Soltyk, tel que je le connais, est trop orgueilleux pour essayer de vous obtenir, s'il sait que votre cœur appartient à un autre, et non à lui.

— Je ne sais pas, répondit Anitta, je ne pressens rien de bon, mais vous pouvez compter sur moi ; quelles que soient les circonstances, je resterai courageuse et inébranlable. »

Ils se serrèrent les mains, puis elle disparut aussi rapidement qu'elle était venue ; et Zésim entra dans le salon, où il fut reçu par Mme Oginska.

« Vous étiez et vous êtes encore une fidèle amie de ma mère, dit-il tout d'abord, et vous m'avez donné bien des preuves de bonté ; cependant le courage me manque presque pour vous exposer ce que j'ai dans le cœur. »

Mme Oginska commença à devenir nerveuse.

« Parlez, M. Jadewski, s'il dépend de moi de... »

Ce qu'elle eût désiré par dessus tout, c'eût été de s'échapper immédiatement du salon.

« J'aime Anitta, et elle répond à mes sentiments.

— En vérité ? La chère enfant ! Mais vous ne pensez pas à prendre au sérieux ce petit... arrangement ?

— Si, madame, car je suis venu pour vous demander à vous et à monsieur votre mari la main de votre fille.

— Mais... mon cher Zésim (Mme Oginska commençait à rire nerveusement), on ne peut cependant pas marier ensemble deux enfants. Votre demande me fait plaisir, car elle me prouve que vous n'êtes pas un de ces jeunes viveurs qui ont des amourettes derrière le dos des parents, et que vous agissez en cela comme un homme honnête et loyal. Mais abandonnez cette idée. Qu'est-ce que ces beaux sentiments romantiques ? Nous avons tous passé par là... Un beau rêve, rien de plus. Pour le mariage, il faut toute autre chose. D'ailleurs, Anitta est déjà fiancée.

— Fiancée ? sans qu'elle le sache ?

— C'est-à-dire que c'est comme si elle l'était, reprit Mme Oginska quelque peu troublée ; le comte Soltyk nous l'a demandée et nous avons donné notre consentement. Anitta regimbera peut-être un peu d'abord, mais elle finira bien par dire oui. C'est un très brillant mariage.

— Et le cœur ? Et le bonheur de votre fille ?

— Elle sera heureuse.

— Non, elle ne le sera pas, reprit Zésim avec énergie ; mais pardonnez-moi, je n'ai pas besoin de m'animer, Anitta ne consentira jamais à cette alliance.

— Nous verrons, dit Mme Oginska froidement, mais dans aucun cas nous ne prêterons les mains à un mariage qui ne serait qu'une comédie avec un dénouement tragique ; et nous comptons bien — je parle à l'officier, à l'homme d'honneur —

que vous cesserez de rechercher Anitta. Puis-je espérer qu'à l'avenir — il m'est bien pénible de vous dire cela — vous vous abstiendrez de venir chez nous?

— A cet égard, vous n'avez qu'à commander, répondit Zésim en se levant, mais je ne renoncerai jamais à Anitta. »

Il s'inclina et sortit, nullement découragé, mais plein d'amertume.

Anitta l'attendait sur l'escalier.

« Vite! dit-elle tout émue, on vous a repoussé?

— Oui.

— Mes parents veulent me marier à Soltyk?

— Oui, et l'on compte sur votre condescendance.

— Bien, on compte à tort, s'écria Anitta en relevant sa petite tête d'un air de défi; on peut nous séparer pour le moment, mais jamais on ne pourra me forcer à appartenir à un autre. Ayez confiance en moi, Zésim, comme j'ai confiance en vous. Ne vous laissez troubler par rien; on répandra toutes sortes de bruits, on tramera des intrigues, ne vous en occupez pas; tant que vous croirez en moi, il n'y aura rien de perdu.

— Aurez-vous assez de force, Anitta?... »

Elle sourit.

« On ne me connaît pas encore; attendez seulement un peu... Je suis plus forte que vous ne le croyez tous.

— Mais je ne dois plus mettre les pieds dans votre maison.

— Nous nous verrons et nous nous parlerons tout de même.

— Où?

— Quant à cela, c'est mon affaire; pour le moment restez calme; je vous donnerai des nouvelles le plus tôt possible. »

Zésim la regarda longtemps en silence.

« Qu'avez-vous? demanda-t-elle un peu surprise.

— Pourrez-vous résister à toutes les séductions du luxe et de la splendeur?

— Quelle pauvre opinion vous avez de moi! répondit Anitta, avec la sainte et candide conviction de l'enfant, qu'est-ce que le monde tout entier pour moi sans vous? Non, Zésim, je ne me laisserai ni aveugler, ni séduire, simplement parce que je vous aime.

— Vous m'aimez donc réellement? »

Pour réponse, Anitta se mit à rire, pas fort, tout bas et tout doucement; mais ce rire était comme une charmante promesse qui valait tous les serments de la terre. Puis elle prit vaillamment la tête du grand et bel officier et l'embrassa.

XVIII

LES ROSES SE FANENT

> Ravir le bonheur est facile, le rendre est difficile.
>
> HERDER.

Deux jours se passèrent sans qu'Anitta donnât signe de vie à Zésim. Le deuxième soir, enveloppé dans son manteau, le jeune officier vint dans la rue où était le palais Oginski et regarda les fenêtres d'Anitta. Aucune lumière. Peut-être était-elle à l'Opéra. Une voiture de louage passait. Il siffla le cocher, monta et se fit conduire au théâtre.

« Où en est-on? demanda-t-il à un des buralistes.

— Le convive de pierre vient d'entrer en scène. »

On jouait *Don Juan*.

Zésim se promena de long en large dans le vestibule de l'escalier et attendit la bien-aimée. Il s'écoula encore quelques minutes qui lui parurent bien pénibles; puis des applaudissements éclatèrent, et en même temps les portes s'ouvrirent. Le public sortit en foule. Sur toutes les marches descendaient lentement des dames élégantes avec leurs cavaliers. De toutes parts ce n'étaient que causeries et rires.

Enfin il aperçut Anitta. Elle marchait en avant avec le comte. Ses parents suivaient. Zésim se dissimula derrière un pilier, de façon à ne pas être vu de la jeune fille, et observa ses mouvements et sa physionomie avec une attention douloureuse. Il pouvait être satisfait. Anitta si vive, si gaie d'habitude, avait l'air d'une statue; rien ne remuait en elle; sur son visage se lisait une froide indifférence, pendant que le comte se donnait toutes les peines du monde pour lui arracher un sourire et la dévorait de son regard de flamme. Zésim vit aussi Soltyk aider la mère à monter en voiture, et la fille refuser son aide. Il respira, et, tranquillisé, entra dans le café le plus proche pour parcourir les journaux du soir; puis il reprit le chemin de sa maison.

Le lendemain au retour de l'exercice, il trouva une lettre d'Anitta que Tarass avait apportée pendant son absence. Il la baisa, ouvrit l'enveloppe et lut ce qui suit :

« Venez ce soir pour la bénédiction à l'église catholique, et attendez-moi à gauche de la grande porte, près du premier confessionnal. Votre fidèle Anitta. »

Quand Zésim vint le soir à l'église, on commençait à allumer les cierges à l'autel. Il se posta près de la chaire derrière une colonne. De là, il pouvait embrasser d'un coup d'œil toute l'église. Dans sa situation présente, c'était déjà pour lui un bonheur indicible que de voir, même de loin, la bien-aimée. Un instant avant que le prêtre sortît de la sacristie, elle apparut accompagnée de Tarass. Elle s'avança d'un pas lent et modeste à travers les rangées de fidèles jusqu'au premier banc, où elle s'assit. Après avoir posé devant elle son livre de prières, elle leva instinctivement les yeux et aperçut Zésim. Il la salua d'une légère inclinaison de tête et elle lui répondit par un sourire plein de bonté et de tendresse.

Le service divin commença. Les fidèles agenouillés chantaient, accompagnés par l'orgue, ce chant admirable de la bénédiction qui, comme une révélation consolante, pénètre dans les cœurs tourmentés et endoloris des hommes. La voix d'Anitta s'élevait au dessus des autres, comme le chant de l'alouette s'élève au dessus des bruits de la campagne au printemps. Ses yeux attachés à la voûte semblaient apercevoir les étoiles éternelles, et, dans un sentiment de naïve reconnaissance, chercher Dieu qui a créé le monde, le printemps, la jeunesse et l'amour. Jamais Zésim n'avait été si pieux. La bien-aimée, telle qu'un ange, emportait la prière du jeune homme avec la sienne jusqu'au ciel.

Quand les chants et l'orgue eurent cessé et que le prêtre eut quitté l'autel, la foule sortit lentement de la maison de Dieu. Zésim suivit le flot et arriva heureusement au confessionnal où il devait attendre Anitta. Elle restait toujours agenouillée et plongée dans la prière. Ce ne fut que quand le sacristain en robe rouge et en blanc surplis vint éteindre les cierges qu'elle se leva, fit un signe de croix et se dirigea, sans se presser, vers l'endroit où elle espérait trouver le bien-aimé.

Zésim fit deux pas à sa rencontre; ils se serrèrent les mains et se regardèrent; puis il releva la manche de la jeune fille et lui baisa le bras.

« J'ai bien des choses à vous dire, commença-t-elle.

— Avant tout, je dois vous demander pardon, dit Zésim, pour avoir douté de vous un instant.

— Et aujourd'hui, pensez-vous autrement?

— Oui, je vous ai vue hier au théâtre, avec Soltyck. »

Anitta rougit.

« Zésim, cela ne me plaît pas, dit-elle, vous me surveillez... pourquoi?... Vous me connaissez donc bien peu?

— Oh! ce n'était pas de la défiance, c'était le désir ardent de vous voir.

— C'est possible, mais cela me fait de la peine. Vous ne le referez plus, n'est-ce pas? Vous me le promettez.

— Je vous en donne ma parole. »

Elle le fit asseoir auprès d'elle, sur le dernier banc de l'église. Sous la haute voûte régnait maintenant une obscurité mystérieuse. Seule, une petite lampe rouge était allumée dans une nef latérale, aux pieds de la Mère des douleurs.

« Zésim, dit-elle à voix basse, en lui tenant les mains, j'ai beaucoup souffert ces jours-ci. Jamais je n'en aimerai un autre: jamais je n'en suivrai un autre à l'autel; mais je n'ai aucune espérance de vous appartenir un jour. On ne me forcera pas à devenir la femme du comte Soltyk, mais on me menace de me déshériter et de me maudire, si je deviens la vôtre. Voilà, mon bien-aimé, ce qui me tourmente et m'afflige. Je donnerais toutes les richesses de cette terre pour vous; mais, avec la malédiction de mes parents, je ne pourrais jamais être heureuse, même auprès de vous.

— Anitta, ne vous laissez pas intimider par des menaces qu'on ne mettra jamais à exécution, répondit Zésim tout ému; nous ne vivons plus à l'époque de ces Starostes tout puissants qui enfermaient entre quatre murs leurs femmes infidèles et emprisonnaient dans un couvent leurs filles désobéissantes. Aujourd'hui, ces choses-là ne se voient plus qu'au théâtre. On ne maudit pas sa fille unique parce qu'elle suit le penchant de son cœur.

— Vous ne connaissez pas mes parents; ils sont bien plus de l'ancien temps que vous ne croyez.

— Je vois qu'on vous a découragée.

— Non, mon bien-aimé, certainement non. Que dois-je faire?

Conseillez-moi. Je suis prête à tout ce qui ne sera pas contre mon honneur. »

Zésim la regarda longuement.

— Alors ?
— Il n'y a qu'un moyen.
— Lequel ?
— C'est un moyen très décisif.
— Dites-le donc. Suis-je une enfant ?
— Fuyez avec moi.
— C'est impossible, Zésim, à quoi pensez-vous ?
— Je ne vois pas d'autres moyens de salut que la fuite et un mariage secret.
— Oh! Zésim! A quoi me servira la bénédiction du prêtre, si la malédiction de mes parents pèse sur moi ?
— Ce ne sont que des mots, Anitta ; on connaît votre caractère d'enfant et l'on cherche à vous effrayer.
— Non, Zésim, non, je ne puis pas, ne me condamnez pas. Je vous aime plus que tout ; mais après vous, j'aime et je respecte mes parents. Je ne peux pas les affliger, non, je ne le peux pas.
— Vous manquez de courage ; tout ce qui est contre l'usage vous fait peur, répliqua Zésim. Pour l'amour de Dieu, fermez donc les yeux et abandonnez-vous à ma conduite.
— Non, je ne peux pas être si égoïste !
— Oh! justement, l'amour désintéressé et dévoué consiste à s'arracher à tout ce qui vous est cher pour suivre le bien-aimé !
— Non, Zésim, c'est de l'égoïsme de ne songer qu'à son propre bonheur et de sacrifier celui des autres.
— Anitta, vous ne voulez pas partir parce que vous ne m'aimez pas.
— Zésim !
— Ce n'est qu'un caprice pour vous, un beau rêve, comme disait votre mère ; au premier obstacle sérieux, vous avez peur et vous reculez.
— Si vous m'aimez réellement, répondit Anitta presque suppliante, prenez patience.
— Je vous aime, s'écria Zésim en se levant, et je vous prouverai avec quelle ardeur je vous aime. Si vous pouvez supporter d'être séparée de moi, moi je ne puis survivre à votre perte et je n'y survivrai pas. Il vaut mieux en finir et se fermer volontairement les yeux que d'être condamné à voir comment les flammes s'éteignent et comment les roses se flétrissent.

— Non ! À quoi pensez-vous ? murmura Anitta. Voulez-vous me punir de mon amour ? Sera-ce la récompense de ma fidélité ?

« Je n'ai plus d'espoir, dit Zésim en soupirant ; à quoi bon vivre ?

— Est-ce que je ne vous appartiens plus ?

— Non, vous appartenez à vos préjugés, Anitta, aux idées de nourrice et aux opinions de gouvernante qu'on vous a inoculées.

— Quelles affreuses paroles me dites-vous là ?

— Dans ce monde barbare on ne marche pas sur des fleurs, répondit Zésim ; nous sommes brutalement attaqués ; il faut nous mettre en défense sans avoir d'égards pour rien ni pour personne : autrement nous périrons.

— Mieux vaut périr, dit Anitta tristement, que de faire mal.

— Bien, alors, mourez avec moi. »

Zésim attira la pauvre jeune fille sur son cœur palpitant et la regarda en face avec des yeux ardents de fièvre.

« Pourquoi ne mourrais-je pas avec vous ? répondit-elle d'une voix sérieuse et douce, si toute espérance était perdue ? Mais tout peut encore tourner à bien.

— Le courage vous manque même pour cela ! »

Zésim riait amèrement.

« Je ne sais pas, murmura Anitta, vous êtes si étrange aujourd'hui. Je ne vous reconnais plus du tout.

— Je suis étrange parce que j'ai pris au sérieux ce qui n'était qu'un jeu, n'est-ce pas ?

— Je ne me suis pas jouée de vous.

— Certes non, répondit-il, vous croyez m'aimer, et en ce moment vous êtes encore décidée à me rester fidèle. Mais demain peut-être aurez-vous d'autres sentiments, et après-demain vous serez perdue pour moi. Puis-je demeurer calme quand on foule au pied mon idéal, quand on me ravit pour toujours la foi, l'espérance ? Puis-je continuer à vivre sans amour, sans confiance, sans dieux ? Non, j'ai horreur des nuages et des ténèbres, j'ai besoin d'un ciel pur et serein, et si on me l'obscurcit, j'aime mieux mourir. Une balle me donnera la liberté. Je ne suis pas fait pour être esclave. Une existence dans laquelle je traînerai éternellement les chaînes du doute me paraît sans valeur aucune.

— Zésim.., vous n'avez pas le droit de vous tuer !... s'écria Anitta en l'étreignant avec angoisse ; si je suis si peu de chose pour vous, souvenez-vous au moins de votre mère. C'est le délire qui parle par votre bouche.

— Je suis très calme, vous le voyez bien.

— Donnez-moi votre parole d'honneur que vous ne vous tuerez pas, dit Anitta suppliante.

— Vous venez là comme un souverain qui me fait grâce de la peine de mort et qui m'accorde la faveur des travaux forcés à perpétuité. Est-ce de la pitié ?

— Non, ce n'est pas de la pitié, dit Anitta ; je vous aime et je veux sauver votre vie pour moi, car elle m'appartient. — Elle le serra dans ses bras et lui donna un baiser. — Ah ! je voudrais seulement gagner du temps ! Mon cœur me dit qu'un amour fidèle doit triompher. Nous serons encore heureux, Zésim, si vous voulez avoir confiance en moi. »

Zésim secoua la tête.

« Avant tout, votre parole d'honneur !

— Voici ma main.

— Vous ne vous tuerez pas !

— Non ! »

Il sourit amèrement.

« Et vous croirez en moi ?

— Oui, en vous ; mais je me défie du temps. C'est une puissance redoutable qui détruit tout. Vous ne la connaissez pas encore. Elle tue d'une manière lente mais irrésistible les sentiments, les désirs, les projets, les passions, les souvenirs en les pétrifiant. Voir devenir indifférent un être que l'on aime est bien plus douloureux que d'être trahi par lui dans l'enivrement du bonheur. Je n'espère plus rien ; aussi je vous rends votre liberté.

— Vous ne m'aimez plus, dit Anitta en se levant brusquement, voilà la vérité !

— Je vous aime d'un amour indicible, répondit Zésim, mais je ne peux pas, je ne veux pas voir comment, par de petits et misérables moyens, on détournera peu à peu votre cœur de moi, sans que vous vous en aperceviez et le sachiez. Et le jour viendra où vous-même vous trouverez de bon ton de sourire de cette folie de jeunesse.

— Oh ! combien vous me connaissez peu !

— Prouvez-moi que je me trompe, continua Zésim ; moi, je vous aimerai toujours. Montrez-vous forte ; conservez-moi votre amour et votre fidélité. Qui vous en empêche, même sans vous enchaîner par des serments ? Ce que je ne veux pas, c'est que vous me trahissiez; aussi ne doit-il y avoir entre nous aucun lien, ni promesse, ni foi jurée. Vous êtes libre, et je le suis. Nous n'avons plus aucune obligation l'un envers l'autre, et tout engagement cesse entre nous. Puis nous verrons ce que l'avenir apportera.

— Ah! Zésim, vous êtes dur pour moi; je ne l'ai pas mérité. »

Elle retomba sur le banc, et couvrit son visage de ses mains. Des larmes brûlantes coulaient sur ses joues.

« Je ne puis m'empêcher de penser ainsi; condamnez-moi, mais je ne puis m'en empêcher! » s'écria Zésim.

Il lui serra la main et se leva avec effort pour partir.

« Vous m'abandonnez? Vous pouvez m'abandonner?

— Fuyez avec moi, Anitta.

— Non, je ne le peux pas.

— Alors, adieu! »

Il s'éloigna rapidement, et elle resta dans l'église sombre, seule avec ses larmes et la souffrance de son jeune cœur.

XIX

DANS LE FILET

> Je place maintenant ma destinée entre
> tes mains.
>
> POUSCHKINE.

Dragomira fut instruite par Sessawine de la catastrophe qui avait anéanti l'amour de Zésim dans son printemps. Il lui raconta l'histoire comme une nouveauté piquante dont parlait toute la ville et ne s'aperçut pas le moins du monde de l'effet que ses paroles produisaient sur la mystérieuse jeune fille.

Cette belle créature, qui paraissait si froide et qui savait si bien se dominer, perdit, pour quelques instants, tout empire sur elle-même. Elle poussa d'abord un léger cri, qu'il prit pour l'expression de son étonnement, tandis que dans ce cri vibraient toute la douleur et toute la révolte désespérée d'une âme à la torture; puis elle devint toute blanche; ses lèvres mêmes pâlirent, et la seconde d'après, cette pâleur de mort disparut sous une rougeur enflammée. Elle se leva brusquement et se mit à aller et venir, en proie à une vive émotion.

« Racontez-moi donc, murmura-t-elle, racontez-moi tout ce que vous savez. Les parents l'ont éconduit, et elle... elle aussi?.. et elle se marie avec le comte Soltyk? Avez-vous bien compris?

— Oui, certainement, » répondit Sessawine sans s'étonner le moins du monde des façons de Dragomira.

Il y a des hommes qui ont des yeux pour ne point voir.

« Elle a joué et badiné avec lui, voilà tout, et le pauvre lieutenant a cru que c'était sérieux.

— Et elle prend le comte?

— Pourquoi ne le prendrait-elle pas? »

Dragomira s'était remise; elle avait reconquis son visage calme de tous les jours, ses couleurs délicates et son regard froid.

« Qu'ai-je donc? se demanda-t-elle à elle-même en allant se rasseoir dans le coin du divan, pendant que Sessawine continuait son récit. C'est comme si j'avais la fièvre; mon cœur se serre convulsivement. Pourquoi tout cela? Parce que je sais Zésim malheureux? Non. Parce qu'il a pu se passer si vite de moi, parce qu'il a donné son cœur à une autre? Serais-je jalouse? Je l'aime donc? »

Un frisson lui courut partout le corps à cette pensée. Cependant, lorsque Sessawine l'eût quittée, elle se mit à son secrétaire, jeta quelques lignes sur le papier et les envoya à Zésim.

Il arriva sur le champ. Chose curieuse, lorsqu'elle entendit le cliquetis de son épée, elle courut à son miroir et arrangea vite ses cheveux.

On frappa; il entra le cœur serré et l'esprit troublé; elle vint au devant de lui et lui tendit les deux mains avec une gaieté et une cordialité qu'elle n'avait jamais eues jusqu'à présent.

« Savez-vous qu'il y a bien longtemps que vous n'êtes venu? dit-elle.

— En effet, je me sens coupable à votre égard.

— Je voulais être fâchée contre vous, mais quand je vous ai vu entrer, tout a été pardonné et oublié.

— Je vous remercie bien. »

Elle s'assit de nouveau sur le divan, et il prit un fauteuil près d'elle. Tous les deux se taisaient. Ils regardaient tristement et fixement dans le vide, et elle étudiait avec un intérêt douloureux son visage pâli et ridé par le chagrin.

« Qu'avez-vous? dit-elle enfin, en lui posant une main sur l'épaule. Vous n'êtes plus joyeux de vivre comme vous l'étiez. »

Zésim la regarda sérieusement.

« Vous avez raison, répondit-il d'une voix qui tremblait, la vie est vraiment une laide chose, et ce qu'il y a de mieux, c'est de mettre fin aussi vite que possible à cette triste bouffonnerie.

— On vous a affligé?

— Non, pas du tout.

— On vous a affligé, offensé, trahi; je sais tout. »

Zésim haussa les épaules en souriant amèrement.

« Aimez-vous réellement cette jeune fille? continua Dragomira, je ne sais pas, mais elle me semble bornée, enfant et assez peu spirituelle, bref, insignifiante.

— Pardonnez-moi si je ne vous réponds pas là-dessus.

— Vous avez raison, et cela vous fait honneur de ne vouloir rien dire de défavorable au sujet d'une dame pour laquelle vous avez un sentiment; mais sa conduite à votre égard, sa conduite seule suffit pour me la faire condamner. »

Zésim garda le silence.

Dragomira le regarda et lui tendit la main.

« Je vous comprends, Zésim, et je vous promets de ne plus vous dire un mot de cette affaire; mais ne vous abandonnez pas ainsi, arrachez courageusement le trait de votre blessure, et elle guérira, elle guérira plus vite que vous ne le pensez et ne l'espérez. Je veux essayer de vous consoler. Il y eut un temps où vous restiez volontiers près de moi.

— Vous me confondez. »

Zésim saisit les mains de Dragomira et les baisa.

« Nous recommencerons à être bons amis comme autrefois.

— Que vous me rendez heureux, Dragomira! Vous ne vous doutez pas combien tous ces jours-ci j'ai aspiré après vous!

— En vérité? »

Elle se pencha vers lui, les joues rougissantes et les yeux brillants.

« Sans cela, serais-je venu si vite?

— Je vous crois, Zésim; aussi je veux vous voir maintenant plus souvent chez moi; je veux vous voir tous les jours, chaque soir. Viendrez-vous?

— Si je puis, certainement. Vous me faites beaucoup de bien, Dragomira, avec votre regard affectueux, avec vos bonnes paroles. Il me semble que je suis un esclave dont on brise les fers.

— Oui, je veux vous rendre libre, s'écria la belle jeune fille, tout à fait libre. »

Zésim la considéra avec un certain étonnement.

« Si vous le voulez, dit-il au bout d'un instant, vous réussirez; car je crois que vous pouvez tout ce que vous voulez sérieusement. »

Après le départ de Zésim, Dragomira resta ballottée par une tempête de pensées et de sentiments. Elle était étendue sur son divan, comme une Madeleine repentante, la tête dans ses mains, et elle méditait profondément. Elle était assez courageuse pour ne pas se mentir à elle-même. Ce secret dont elle ne s'était peut-être pas doutée jusqu'à ce jour, se dressait maintenant en pleine lumière devant son âme; et elle se l'avouait à elle-même tranquillement, et avec une amère et douloureuse abnégation.

Elle aimait Zésim.

Elle ne pouvait plus en douter; elle l'aimait, et cet amour n'était pas une passion ardente, un jeu riant et radieux, un enthousiasme de l'imagination; cet amour l'avait envahie silencieusement et irrésistiblement; il ne faisait plus qu'un avec elle; il était dans chaque goutte de son sang, dans chaque frémissement de ses nerfs, dans chacun des sombres et mystérieux replis de son âme; cet amour, dans cette étrange jeune fille, n'était ni une aspiration, ni un désir, mais une fatalité plus forte qu'elle-même, plus forte que sa volonté de fer qui pourtant ne fléchissait devant rien. Elle l'aimait; pourquoi se défendait-elle contre cet amour? Pourquoi avait-elle autrefois tenu Zésim loin d'elle, lorsque son propre cœur à elle, débordant de tendresse, palpitait de joie et d'espérance? Pourquoi? Pourquoi maintenant se sentait-elle frissonner à la pensée de l'aimer et d'être aimée de lui?

Parce que cet amour pouvait être aussi pour lui une fatalité; parce que, comme ces fiancées mises au tombeau avant le jour du mariage, qui viennent à minuit danser des rondes fantastiques, elle devait donner la mort dans un baiser.

Elle se sentait de la pitié pour lui. En avait-elle le droit? Non, certes non. Ou elle croyait à l'enseignement de ses prêtres, ou elle n'y croyait pas. Si elle y croyait, c'était son devoir de sauver l'âme de Zésim, même quand il lui eût été indifférent, à plus forte raison, puisqu'elle l'aimait. Était-ce de l'amour que de laisser son âme se perdre, que de mettre en danger son bonheur éternel pour quelques vaines et folles joies terrestres? Mais pouvait-elle l'aimer?

Oui, elle le pouvait. Il ne lui était pas défendu de donner à un homme son cœur et sa main. La vie en elle-même est un péché qui ne peut s'expier que dans les tourments. Que cette vie s'écoule dans un désert ou dans un harem, elle n'en est pas moins un malheur et l'expiation reste la même. Elle l'aimerait et se réjouirait d'être aimée; elle irait avec lui devant l'autel; elle deviendrait sa femme et puis... elle apaiserait Dieu avec lui par un sacrifice aussi sanglant et aussi saint que ceux d'Abraham et de Jephté.

Le lendemain matin, Zésim envoya à Dragomira un bouquet de camélias blanc et de violettes. Elle fut heureuse de ce présent, comme un enfant, porta le bouquet à ses lèvres à plusieurs reprises et le plaça elle-même dans un vase.

Zésim était dans un état d'esprit qui le surprenait lui-même et l'effrayait. Il aimait Anitta, il était désolé de la perdre, et en même temps il sentait que Dragomira l'enveloppait d'un filet magique et l'attirait à elle avec une force irrésistible.

Nous ne sommes jamais plus disposés à tomber dans un piège enchanté que quand nous aimons, et que nous sommes séparés de l'objet de notre amour. Tel se trouvait Zésim au milieu du vertige du monde, seul avec ses sentiments, ses rêves, ses ardents désirs, ses brûlantes aspirations. L'être charmant à qui il aurait voulu confier les plus secrètes et les meilleures émotions de son âme lui semblait disparu pour toujours; personne n'était là pour entendre ses serments, ses paroles passionnées; personne, pour partager sa douleur; personne, pour dissiper ses doutes.

C'est en ce moment que du nuage qui l'enveloppait il voyait sortir de nouveau la belle et sévère figure de sa compagne d'adolescence, et il se laissait aller, presque sans en avoir conscience, avec une nouvelle ardeur, un nouvel enthousiasme, à cette séduisante et trompeuse impression.

Il n'y a donc pas lieu de s'étonner s'il vint le soir beaucoup plus tôt qu'on ne l'attendait, ce qui l'obligea de se contenter pendant quelques moments de la société de Cirilla, qui jouait avec beaucoup d'habileté son rôle de bonne et brave tante. Dragomira était encore à sa toilette, elle qui d'habitude dédaignait toute espèce de parure et affectait une mise d'une simplicité et d'une humilité monastiques. Lorsqu'enfin elle entra un froid et fier sourire sur les lèvres, Zésim se demanda ce qui était arrivé. Il lui semblait qu'il n'avait jamais encore vu Dragomira et qu'il l'apercevait pour la première fois, tellement elle lui apparaissait changée. La religieuse, la pénitente était devenue une dame du monde, richement et coquettement habillée comme si elle partait pour faire des conquêtes. D'un seul coup d'œil il lui découvrit cent nouveaux attraits. Elle lui paraissait plus grande, d'une taille plus pleine et plus majestueuse avec la longue robe de soie traînante et la kazabaïka de velours rouge garnie de zibeline, qui, pour la première fois, faisait ressortir aux yeux émerveillés du jeune homme ce beau cou et ces épaules de marbre. Combien était joli ce petit pied chaussé de pantoufles turques brodées d'or ! Combien était splendide dans son abondance superbe cette chevelure blonde, retenue et non serrée par un ruban rouge, et pourtant un camélia blanc au milieu de ses flots d'or.

Elle tendit la main à Zésim et le fit asseoir près de la cheminée. Cirilla allait et venait pour préparer le thé et laissait continuellement les deux jeunes gens seuls ensemble, sans avoir l'air d'y mettre aucune intention. Dragomira employait chacun de ces moments-là à envelopper Zésim de nouveaux lacs enchantés. Elle voyait l'effet qu'elle produisait sur lui et elle l'augmentait encore par ses paroles et ses regards. Elle voulait plaire, ravir, conquérir, et elle y réussissait complètement. C'était comme si elle avait été emportée avec Zésim vers l'Océan, sur une petite barque sans voile ni rame; mais aucun des deux ne demandait où ils étaient entraînés.

On prit le thé; on se raconta gaiement et sans y attacher, du reste, aucune importance, les nouvelles de la ville; puis Cirilla sortit de la chambre.

La tête de Zésim était remplie des idées les plus contradictoires et son cœur était agité par les sentiments les plus étranges. Il se mit à marcher à grands pas dans la chambre. La pâleur et la rougeur se succédaient sur ses joues, que les émotions et les chagrins des dernières semaines avaient profondément creusées.

Enfin Dragomira se leva lentement. Elle vint se mettre devant lui, et, le regardant fixement de ses yeux bleus, lui posa ses mains sur les épaules.

« Pauvre ami ! » dit-elle doucement.

Il baissa la tête et garda le silence.

« Vous êtes malheureux, continua Dragomira, vous vous consumez dans le chagrin. Ah ! si je pouvais faire quelque chose pour adoucir votre peine !

— Vous pouvez tout faire, reprit-il les yeux toujours baissés, tout.

— Faut-il parler à Anitta ?

— Non, pour l'amour de Dieu ! non ! »

Il leva vers le froid et beau visage de la jeune fille ses yeux désespérés et humides de larmes.

« Que puis-je donc faire, alors ? »

Il baissa de nouveau la tête; alors, Dragomira posa sa petite main sur son épaule et lui effleura le front de ses lèvres. Ce ne fut qu'un léger souffle qui alla d'elle à lui, mais il suffit pour déchaîner toute la passion que son cœur ne pouvait plus maîtriser.

« Dragomira ! » murmura-t-il. Et il l'attira à lui. Mais elle se dégagea rapidement de ses bras et recula d'un pas.

— Non ! s'écria-t-elle ; non ! non ! »

Mais bientôt, avec une décision soudaine, infernale, elle l'entoura elle-même de ses bras et lui donna un baiser.

« Maintenant, partez ! ordonna-t-elle en s'écartant de lui avec un mouvement de pudeur et de confusion virginales ; partez ! n'entendez-vous pas ? Je le veux. »

Zésim demeura un moment immobile et étonné ; puis il obéit, sortit rapidement de la chambre et descendit l'escalier. Quand il fut dans la rue, le bruit d'une fenêtre qui s'ouvrait se fit entendre, et Dragomira apparut, se penchant vers lui.

« Bonne nuit ! lui cria-t-il.

— Au revoir ! » répondit-elle, en lui jetant le camélia blanc qu'elle avait rapidement enlevé de ses cheveux.

XX

PASTORALE

> Le livre le plus merveilleux des livres
> est le livre de l'amour.
>
> GŒTHE.

Depuis des semaines, le comte Soltyk se trouvait dans un état absolument nouveau pour lui et qui surexcitait au plus haut point tous les instincts de sa nature. Un jour lui paraissait d'ailleurs s'enfuir comme une seconde, et les évènements d'une année se renfermer dans les vingt-quatre heures d'une journée. Il lui semblait faire un de ces rêves où l'on s'égare dans une contrée qu'on n'a jamais vue, dans un édifice inconnu et mystérieux dont on sent la voûte peser sur sa tête ; on cherche avec une indicible angoisse à sortir par des ouvertures qui deviennent de plus en plus étroites ; on monte un escalier dont les marches sont de plus en plus hautes et raides, et une fois parvenu en haut, on se précipite dans les airs pour fendre l'espace sans ailes.

Jamais, jusqu'à ce jour, il ne lui était arrivé de voir une femme le dédaigner ou lui résister : toutes semblaient attendre un signe de lui, avec un doux sourire, comme des odalisques ; et, peut-être était-ce pour cela qu'aucune n'avait réussi à le conquérir ou à l'enchaîner. Et, maintenant, il avait rencontré une jeune fille qui ne s'occupait nullement de lui, dont la pensée le tourmentait et le bouleversait. Il allait et venait comme si les Furies l'eussent poursuivi ; tel qu'une bête fauve traquée par les chiens, il sortait précipitamment de son palais pour se rendre au club, du club il allait au café, du café sur la promenade et de la promenade chez quelque brillante dame à la mode ; enfin épuisé et mécontent, il finissait toujours par revenir à l'endroit qu'il ne pouvait fuir malgré tous ses efforts, c'est-à-dire à la porte du petit palais Oginski.

Il était toujours occupé d'Anitta et rien que d'elle, tout en ne la voulant pas, tout en raillant et maudissant sa faiblesse. Plus d'une fois il jeta à terre le bouquet que le jardinier apportait pour elle et le foula aux pieds. Et c'est justement à cause de cela qu'Anitta recevait tous les jours les fleurs les plus magnifiques avec sa carte; à cause de cela que tous les jours elle le voyait passer en voiture ou à cheval devant ses fenêtres; à cause de cela qu'elle le rencontrait toujours sur son chemin. Dès qu'elle mettait le pied dans la rue, il était déjà là devant elle, apparaissant à l'improviste et semblant sortir de terre comme un être surnaturel. Faisait-elle une emplette? Il restait comme un laquais devant la porte du magasin, pour lui porter ses paquets. Allait-elle sur la promenade? Il était à son côté. Montait-elle en traîneau? Il galopait à côté d'elle. Au théâtre, il l'attendait au bas de l'escalier, la conduisait à sa loge, lui ôtait son manteau, et se contentait ensuite de la contempler de loin, jusqu'à ce que la représentation fût terminée. Alors, il apparaissait de nouveau pour l'aider à s'envelopper et à monter en voiture. Ces hommages se renouvelaient dans les concerts et les soirées. Ce qui n'empêchait pas le comte de faire chaque après-midi sa visite au palais Oginski.

Tout le monde parlait de son choix, de sa passion et, en général, on enviait à Anitta cette brillante conquête. Elle seule ne se montrait nullement ravie; au contraire, quand elle était dans la compagnie de Soltyk, elle tenait sa tête baissée, et s'il lui arrivait de lever ses beaux yeux si expressifs, ce n'était certainement pas pour répondre aux regards enflammés du comte. Elle restait toujours polie, cérémonieuse, sérieuse et laconique.

Toutes les représentations de ses parents, tous les discours les plus persuasifs de ses amies échouaient contre cette volonté silencieuse et simple, mais inébranlable. Les jours succédaient aux jours, les semaines aux semaines, et Soltyk n'avait pas avancé d'un pas.

Le jésuite voyait cela avec inquiétude et déplaisir. Il connaissait Anitta depuis le berceau; il l'avait toujours traitée avec une sorte d'amour paternel; il croyait être sûr de ses inclinations, et, grâce à son caractère sacré, il se figurait posséder sur elle une autorité plus haute et plus efficace que ses parents eux-mêmes. Il résolut de faire valoir cette autorité au bon moment, et l'occasion s'en présenta plus tôt qu'il n'eût osé l'espérer.

Le P. Glinski vint vers midi chez Oginski, et ne trouva à la maison qu'Anitta. Elle accourut à sa rencontre, le salua affectueusement, lui baisa la main; puis elle se remit à son métier, et reprit sa broderie interrompue. Le jésuite s'était placé derrière elle et regardait par-dessus son épaule la broderie à moitié faite.

« Un travail symbolique, dit-il avec un fin sourire.
— Comment cela? demanda Anitta sans changer de position.
— Est-ce que ce ne sera pas une pantoufle?
— Sans doute.
— Eh bien! tu te familiarises déjà en imagination avec l'attribut à venir de ta puissance, mon enfant. Que mon cher comte sera heureux sous ce joug charmant!
— Votre cher comte?... » murmura Anitta.

Et elle se tourna vers le jésuite d'un air résolu:
« ... Je ne pense nullement à lui imposer mon joug.
— Ah! oui, je connais ce jeu mêlé de réserve virginale et de coquetterie féminine; je le connais mieux que tu ne crois. C'est amusant... pour un temps... puis cela devient ennuyeux et insupportable.
— Si je pouvais arriver à devenir insupportable au comte, répliqua Anitta avec un léger sourire, je me traînerais sur les genoux à Ezenstochau[1].
— Ne plaisante pas.
— C'est très sérieux.
— As-tu toujours ce lieutenant dans la tête?
— Dans le cœur, Père Glinski, certainement.
— Folie!
— C'est possible; mais voilà pourquoi je ne serai jamais la comtesse Soltyk. »

Le jésuite se rapprocha encore d'Anitta, lui prit les mains et la regarda affectueusement dans les yeux. Pour lui aussi c'était sérieux. Ce n'était pas un intrigant; il voulait le bonheur du comte et de la jeune fille; il les considérait et les aimait tous les deux comme ses enfants.

« Anitta, dit-il, la vie n'est pas un amusement, mais une lutte terrible dans laquelle nous avons des devoirs sacrés à ac-

---

1. Pèlerinage célèbre en Pologne.

complir. Nous ne devons pas obéir à nos goûts et à nos désirs passagers, mais nous devons toujours agir selon notre raison et notre conscience.

— Eh bien! justement, ma raison et ma conscience m'ordonnent de choisir un mari que j'aime, car ce n'est qu'à ce mari-là que je pourrai faire les sacrifices que le mariage impose à une femme; ce n'est qu'avec lui que je pourrai remplir les devoirs que j'ai envers Dieu et envers les hommes. »

Le P. Glinski se trouva désarmé pour un instant, mais pour un instant seulement.

« Soit, mon enfant, dit-il, mais est-ce que le comte Soltyk n'est pas digne de ton amour? Y a-t-il une jeune fille qui le regarde avec des yeux indifférents? Certes, c'est un conquérant; tous les cœurs battent plus fort quand il apparaît, et cet homme, que toutes voudraient enchaîner, est à tes pieds, et tu serais la première, la seule qui ne pourrait pas l'aimer? Non, je ne te crois pas, personne ne te croira. Ce sont là des imaginations d'enfant, c'est un caprice blâmable; blâmable parce qu'il chagrine tes parents, aussi bien que moi, ton second père, et doublement blâmable parce que tu sacrifies ton propre bonheur à une fantaisie. »

Le jésuite continua à parler sur ce ton. Elle semblait se soumettre sans combat. Penchée sur son métier, elle ne répondait pas une syllabe, ne faisait pas un mouvement; rien ne protestait ni dans son air, ni dans son regard. Mais lorsqu'à la fin le père lui chuchota à l'oreille : « N'est-ce pas? tu y vois clair maintenant, et tu ne vas pas résister plus longtemps et refuser de dire oui au comte? » Anitta lui lança un regard rapide et malicieux et se contenta de secouer la tête.

Le jésuite partit en soupirant, avec moins d'espoir qu'il n'en avait lorsqu'il était venu. Il se garda bien de parler au comte de sa tentative manquée auprès de la petite mutine; seulement lorsqu'il le vit dans l'après-midi faire soigneusement sa toilette pour sa visite habituelle chez les Oginski, il haussa les épaules avec compassion comme s'il voulait dire : Puisque je n'ai pas réussi, tu ne réussiras pas mieux, malgré ta jolie moustache noire.

Et cependant le hasard sembla favoriser le comte.

Quand il arriva chez Oginski, il trouva Anitta tout en larmes.

« Qu'avez-vous? demanda-t-il avec un empressement et une émotion dont la sincérité ne pouvait être mise en doute, au nom du ciel, calmez-vous, mademoiselle!

— Anitta pleure la perte de son favori, monsieur le comte, répondit Mme Oginska, elle a trouvé son serin mort dans la cage, subitement, sans qu'il ait été malade. »

Anitta tenait le petit cadavre allongé dans sa main rose, et elle le montra au comte, sans pouvoir dire un mot, à cause de son chagrin.

« Pauvre petite bête ! dit-il ; mais il n'est pas impossible de le remplacer. »

Anitta secoua la tête.

« Nous trouverons bien quelque chose qui vous console, continua Soltyk, même quand il faudrait dépouiller tous les pays pour vous arracher un sourire, mademoiselle. Ah ! Je vous en prie, ne pleurez pas. Je mettrais le monde entier ou ma tête à vos pieds, pour vous rendre la gaité. »

Il prit congé en toute hâte et Anitta resta seule avec son petit favori mort et son chagrin.

Lorsque le comte revint et s'approcha d'Anitta, un sourire heureux, presque enfantin, se jouait sur ses lèvres orgueilleuses, et ses yeux sombres brillaient d'un éclat triomphant. Il présenta le bras à la jeune fille, qui avait encore des larmes à ses longs cils soyeux, et, sans dire un mot, la conduisit dans la serre. Là se trouvaient une demi-douzaine des serviteurs du comte; chacun d'eux tenait un sac, et, quand le comte, comme un sultan, frappa dans ses mains, tous les sacs furent grands ouverts. De tous côtés, avec des gazouillements sonores, des serins d'un jaune éclatant s'échappèrent, se mirent à voltiger autour des deux jeunes gens, et allèrent se percher sur les feuilles et les branches flexibles des palmiers, des orchidées, des lianes, des orangers et des citronniers, remplissant l'air de leurs sifflements joyeux et de leurs chants.

Anitta resta toute surprise un moment; puis un doux sourire apparut sur son visage; elle essuya ses yeux et tendit la main au comte pour le remercier. Les serviteurs, sur un signe du maître, s'étaient promptement éloignés.

« Je vous ai apporté, dit le comte en riant, tous les serins que j'ai pu découvrir dans Kiew. Peut-être, dans la quantité, en trouverez-vous un qui soit digne de devenir votre favori. »

Anitta ouvrit sa bouche vermeille ; elle voulut parler, mais la parole expira sur ses lèvres devant le regard enflammé du comte, et elle se détourna, intimidée et confuse, pour aller sous la voûte verdoyante et sombre des plantes exotiques à travers lesquelles voltigeaient, en folâtrant, les petits oiseaux jaunes comme de l'or. Un d'entre eux, qui avait une huppe noire et les ailes nuancées de noir, voleta autour de la tête d'Anitta et se posa sur son épaule. Elle lui présenta le doigt; l'oiseau s'y percha avec confiance, et, comme elle l'approchait tendrement de ses lèvres, il se mit à chanter.

« Il est tout triomphant de la faveur qu'il a obtenue, dit Soltyk. O combien j'envie à cette petite bête son heureux sort! »

Anitta n'osait pas regarder le comte. Elle éprouvait une sorte d'anxiété; elle se sentait déjà à moitié en son pouvoir, et se défendait contre le charme qui s'emparait d'elle.

« Vous êtes bonne, continua le comte en saisissant les mains d'Anitta, vous avez un cœur pour tous, excepté pour moi. Pourquoi faut-il que je reste comme l'ange déchu à la porte du paradis? Pourquoi n'avez-vous pour moi aucune aimable parole, aucun regard affectueux.

— J'ai de l'affection pour vous, reprit Anitta, en baissant sa jolie tête, mais ne me demandez pas de l'amour, je ne peux pas vous en donner.

— Étrange jeune fille!

— Pourquoi ne voulez-vous pas être mon ami?

— Je serai tout ce que vous voudrez, chère Anitta, dit Soltyk, il n'est rien en ce monde qui ne puisse s'obtenir par une volonté énergique; rien qui ne se laisse gagner par un dévouement fidèle; pourquoi n'en serait-il pas de même de l'amour, de votre amour, Anitta?

— Je ne sais pas, répondit-elle doucement, quoique avec une grande fermeté, mais je ne crois pas que l'amour puisse être gagné ni par des qualités supérieures, ni par des actions ou des sacrifices. L'amour nous est donné ou refusé, sans plus de motif dans un cas que dans l'autre. Il y a des puissances supérieures auxquelles nous sommes soumis sans pouvoir les approfondir.

— Alors vous ne me donnez aucune espérance? »

Anitta resta muette. Le comte lui fit un profond salut et la quitta lentement; arrivé à la porte, il la regarda encore une fois. Elle lui tournait le dos et baisait son petit favori. Soltyk partit en poussant un soupir. Il s'était enfin déclaré, et elle l'avait repoussé. En pareil cas il eût haï une autre femme; elle, il l'aimait encore plus; mais toute sa fierté, tout son orgueil farouche se cabrait à la pensée qu'un autre pourrait la posséder. Il était résolu à tuer quiconque se risquerait à lever le regard sur elle, et il était homme à exécuter cette résolution.

XXI

EFFET A DISTANCE

> De même que la tête de Méduse, cela
> le tient immobile, d'une façon toute
> puissante.
>
> MICKIEWICZ.

Il y avait soirée de jeu au palais Oginski, et comme d'habitude quelques amis intimes seulement étaient invités. Tous étaient réunis dans le petit salon blanc et or, dont les rideaux d'un rouge mat et les meubles en style du premier Empire avaient quelque chose de pompeux et de guindé.

Le milieu de la salle, agréablement chauffée, était occupé par un billard autour duquel les jeunes dames et les jeunes messieurs causaient et riaient, tout en déployant leur adresse et leur grâce. Dans un coin, près de la cheminée, était une table de jeu; le whist habituel était installé; les joueurs étaient M. et Mme Oginski, le jésuite et un vieux conseiller d'État semblable à une momie de roi égyptien introduite dans un frac. Dans un autre coin silencieux, deux messieurs jouaient aux échecs, deux personnages assez décrépits, anciens cavaliers du temps du czar Nicolas.

Le comte Soltyk paraissait rêver; seulement l'objet de son rêve était vivant devant lui. Il ne voyait ni n'entendait rien de ce qui se passait autour de lui; ses yeux ne quittaient pas Anitta, ses oreilles buvaient toute parole, tout son qui venait de ses lèvres. Elle ne pouvait ni prendre une attitude, ni faire un mouvement qu'il n'observât, soit que, la queue légèrement appuyée à l'épaule et la main droit sur la hanche, elle suivît des yeux les billes qui couraient; soit que, sa blanche main posée sur le tapis vert, elle se penchât sur la bande pour essayer un nouveau coup; soit que, passant un bras autour de la taille d'Henryka, elle appuyât sa jolie tête sur l'épaule de son amie. La moindre remarque qu'elle fit, sa respiration, le frou-frou de sa légère robe de soie suffisaient pour le mettre dans une sorte d'extase.

Enfin il sortit de son rêve. Une bille était sautée hors du billard. Anitta et Bellarew coururent tous les deux pour la rattraper. Il y eut un temps d'arrêt dans la partie. Henryka, par pur badinage et nullement par curiosité, se pencha vers Sessawine au-dessus du billard et le questionna d'un ton espiègle.

« Avec qui donc étiez-vous dernièrement à la promenade?

— Avec un monsieur? demanda Sessawine.

— Non, avec une dame.

— Avec ma tante?

— Oh! non! Avec une jeune et très jolie personne. Vous faites semblant de ne pas vous en souvenir, mais on vous a vu, vous avez beau nier, cela ne vous sert à rien.

— Oui, Henryka m'en a parlé, dit Anitta avec malice; il paraît que vous avez des connaissances très intéressantes que vous nous cachez, monsieur Sessawine.

— Ah! je vois qui vous voulez dire, dit Sessawine, qui avait été un peu embarrassé; cette jeune dame, c'était Mlle Dragomira Maloutine.

— Une actrice?

— Au contraire, une dame de la meilleure famille. Sa mère est veuve et vit sur son domaine. Mlle Maloutine est depuis peu à Kiew, chez une vieille tante malade, à qui elle se consacre exclusivement.

— Et est-elle réellement si belle? demanda Anitta, Henryka me la décrivait comme une figure de roman.

— Mlle Maloutine ne me fait pas penser à une héroïne de roman, reprit Sessawine qui s'animait peu à peu, mais à une héroïne de tragédie. Elle a une grandeur calme, simple, je pourrais dire classique.

— Ah! vous piquez ma curiosité, dit Anitta, connaissez-vous cette merveille, cher comte?

— Non.

— Vous connaissez pourtant toutes les jolies femmes. »

Le comte haussa les épaules en souriant.

« Dragomira est la créature la plus remarquable que j'aie

rencontrée jusqu'à présent, continua Sessawine, souvent elle me fait l'effet de s'être échappée d'un conte ou d'une ancienne chronique.

— Alors elle n'a pas grand'chose de moderne, dit Henryka.

— Je vous demande pardon; c'est tout à fait la fille de notre temps, qui pèse les étoiles au trébuchet, comme le juif les ducats.

— Quant à cela, je ne comprends pas du tout, dit Anitta.

— Vous devriez faire la connaissance de Dragomira, reprit Sessawine, elle m'a fait assister à une scène... Rien que d'y penser j'en ai encore le frisson.

— Quelle scène? demanda Henryka.

— Oh! racontez-nous-la! dit Anitta.

— De qui est-il question? demanda Mme Oginska, devenue attentive comme les autres.

— D'une intéressante jeune dame que Sessawine connaît depuis peu.

— Une étudiante, sans doute.

— Non, une demoiselle noble, qui vit ici très retirée chez sa tante, Mlle Maloutine.

— La fille du colonel Maloutine?

— Oui, je crois.

— C'est une très bonne famille. Et quel roman y a-t-il avec la jeune fille?

— Il n'y a pas eu de roman, noble dame, répondit Sessawine, mais une aventure comme on en voit dans les légendes des saints.

— Alors, dépêchez-vous donc de la raconter, dirent les jeunes dames du ton le plus pressant. »

Sessawine décrivit simplement, sans exagération ni embellissement, la scène de la cage des lions, telle qu'elle s'était gravée pour toujours dans sa mémoire. A plusieurs reprises, il fut interrompu par des cris d'étonnement, d'admiration; le comte Soltyk fut seul à ne donner aucun signe d'intérêt à ce récit. Assis à l'écart, les mains jointes, la tête penchée devant lui, le regard attaché au sol, il semblait à cent lieues de là, tandis qu'en réalité, il était très attentif, et écoutait à en perdre la respiration. Quant Sessawine eut fini il ne fit pas la moindre remarque, il ne dit pas un seul mot; mais de tous ceux qui avaient écouté avec un enthousiasme mêlé de frisson, aucun n'avait éprouvé une impression qui pût seulement approcher de la sienne.

« C'est tout bonnement de l'enthousiasme pour cette belle Dragomira, dit Henryka à Sessawine pour le taquiner.

— Je ne m'en défends pas, répondit-il, mais je n'ai aucun motif de rougir de mon enthousiasme. Il est impossible de rester indifférent en présence de Dragomira. Jadewski lui aussi est enthousiaste de cette jeune fille. »

Anitta tressaillit et se détourna, elle se sentait rougir.

« Il faudra que nous fassions la connaissance de ce phénomène, s'écria Henryka.

— Moi aussi, dit Anitta, je serais bien curieuse de la voir.

— Ce n'est pas difficile, dit Oginski se mêlant à la conversation, une jeune fille de bonne famille, irréprochable à tous égards..., on lui envoie simplement une invitation.

— Mlle Maloutine est très sauvage, répondit Sessawine, mais si vous le désirez, je la préviendrai.

— Pourquoi tant de cérémonies? dit Mme Oginska. J'irai lui faire une visite avec Anitta, et je suis bien sûre de conquérir cette princesse de contes de fées pour notre cercle.

— Sans aucun doute, dit Sessawine, si vous y allez vous-même, Mlle Maloutine se tiendra pour très honorée. »

Les jeunes dames et les messieurs retournèrent au billard, et la partie de whist fut reprise; mais la société ne retrouva plus sa tranquillité. On eût dit qu'il y avait là un hôte non invité, qu'on ne pouvait ni voir ni entendre, mais dont on sentait la présence, et qui vous observait et vous épiait. Une étrangère et hautaine figure se tenait près du billard, suivait à table les aimables jeunes couples et s'asseyait à côté d'eux comme une ombre menaçante.

Le comte Soltyk surtout subissait ce charme sinistre. Ce n'était pas la première fois qu'il faisait la curieuse expérience de l'effet que des créatures humaines peuvent produire à distance l'une sur l'autre; il avait déjà remarqué combien souvent on est touché et captivé par des personnes qu'on ne connaît que par ouï-dire, et dont on est séparé par le temps et par l'espace. Il connaissait ce magnétisme; il avait déjà maintes fois subi sa toute-puissance; même des personnes qui appartenaient à l'histoire, qui avaient vécu bien des siècles auparavant, avaient exercé sur lui ce pouvoir magique du fond de la tombe où elles n'étaient plus que poussière. Ainsi, une fois, il était devenu amoureux à en mourir de la reine Sémiramis. En ce moment, il était sous l'influence de Dragomira, qu'il n'avait jamais vue et qui n'avait peut-être jamais entendu parler de lui.

Ou bien s'occupait-elle de lui, sans qu'il s'en doutât, et le forçait-elle à enfermer ses pensées dans le cercle qu'elle traçait autour de lui.

Oui, elle le dominait; oui, elle l'entourait d'un filet magique, et, dans le lointain, sa figure semblait sortir d'un nuage d'argent, encore indécise et confuse, mais d'autant plus attrayante dans ce vague mystérieux.

Le rire sonore d'Anitta l'arracha de son rêve. Il la regarda tout surpris et se mit à sourire.

« Ce n'est, en vérité, qu'une délicieuse enfant, et rien de plus, pensa-t-il; ce qui convient autour d'elle, ce ne sont pas des lions, mais des serins. »

Deux jours après, Sessawine arrivait précipitamment chez Dragomira.

« Les dames Oginski veulent absolument faire votre connaissance, s'écria-t-il, elles me suivent.

— Qu'est-ce que cela veut dire? demanda Dragomira, sans être surprise le moins du monde.

— J'ai parlé de vous avec enthousiasme, et ce que j'ai dit a piqué leur curiosité. »

Dragomira le menaça du doigt.

« Je vous en supplie, ne faites pas voir que leur visite ne vous surprend pas, dit Sessawine, et puis faites-vous bien prier, n'acceptez pas trop sans façons leur invitation. Ce n'est qu'à cette condition que vous jouerez dans cette maison-là le rôle qui vous appartient.

— Je suivrai votre conseil.

— Ah! encore une chose...

— Je dois me faire belle, pour ne pas être trop au-dessous de votre dithyrambe, n'est-ce pas ?

— Vous avez deviné... c'est pourtant bien inutile, car vous êtes toujours belle.

— Alors adieu. »

Il lui baisa la main et partit en toute hâte.

Dragomira resta un moment immobile au milieu de la chambre. Le premier pas vers le but était fait; elle avait une occasion merveilleuse de pénétrer dans ce monde que le comte Soltyk fréquentait, de le rencontrer, de lui passer le lacet autour du cou. Tout le reste dépendait d'elle, et elle ne manquerait pas à sa tâche.

Elle fit rapidement sa toilette, arrangea ses cheveux et se regarda ensuite dans la glace, sans coquetterie et sans orgueil, sérieuse comme un artiste qui contemple son œuvre, ou comme le soldat qui examine son arme avant la bataille.

L'instant d'après, Barichar annonçait Mme Oginska et sa fille. Dragomira vint au devant d'elles avec un air de satisfaction modeste.

« Je suis très agréablement surprise de votre visite, dit-elle, je ne puis comprendre ce qui me vaut cet honneur. »

Elle invita les dames à prendre place sur le sopha et s'assit elle-même à côté d'Anitta.

— Nous avons appris sur vous, ma chère demoiselle, tant de belles choses, si extraordinaires, dit Mme Oginska, que nous n'avons pu résister plus longtemps au désir de faire votre connaissance. Et je le vois bien, cette fois, la renommée n'a rien exagéré. Que vous êtes belle, mon enfant! C'est une vraie joie de vous regarder; et quelle intelligence, quel courage intrépide dans votre regard! Je n'ai pas de peine à croire que les lions vous obéissent; vous êtes vous-même une lionne. Oh! que votre mère doit être heureuse et fière!»

Pendant que sa mère parlait, Anitta dévorait des yeux Dragomira. Celle-ci, au contraire, n'eut pas besoin de regarder longtemps Anitta. D'un seul coup d'œil elle avait saisi la grandeur et la puissance inconscientes de cette jeune fille si simple; d'un seul coup d'œil elle avait mesuré le danger qu'elle pourrait faire courir à ses plans. Elle savait en ce moment qu'il lui serait facile d'arracher le comte Soltyk à cette enfant, mais elle se disait en même temps que la lutte pour conquérir Zésim serait une lutte à mort, et elle n'était pas sans inquiétude sur l'issue du combat.

Ce ne fut qu'au moment du départ, lorsqu'elles se tendirent la main, qu'elles se regardèrent toutes les deux bien en face, d'un œil ferme et interrogateur, comme si elles eussent voulu se sonder l'une l'autre. Puis elles sourirent et s'embrassèrent.

Quand le comte vint le soir chez Oginski, sa première question fut :

« Eh bien! comment est-elle ?

— Étrange et intéressante au-delà de toute expression, répondit Mme Oginska.

— Elle est surtout réellement belle, » dit Anitta.

Soltyk sourit ironiquement.

« Oh! vous n'avez pas besoin de vous moquer, continua Anitta, j'ai pensé à vous tout le temps que je regardais Dragomira. Quel couple magnifique vous feriez! »

Mme Oginska lança à sa fille un regard de reproche, pendant que Soltyk continuait à sourire.

« Je ne sais pas, continua Anitta avec son sans-gêne d'enfant, mais j'ai idée que Dragomira est faite pour vous, et que vous aurez un roman avec elle.

— Vous avez entendu qu'elle n'est propre qu'à être une héroïne de tragédie.

— Eh bien ! soit, une tragédie. »

XXII

LE REGARD DU TIGRE

> Il est un désert sans bornes, désolé, nu,
> sans source, sans rose; seule, la Pyra-
> mide s'y dresse comme un dieu, mais
> il est solitaire, morne, gris et sans
> vie.
>
> ANASTASIUS GRÜN.

Le comte Soltyk revenait du théâtre. Anitta avait assisté à l'Opéra avec sa mère, dans la loge qui était en face de lui. Il avait rendu visite à ces dames pendant l'entr'acte et les avait aidées à monter en voiture après la représentation. Puis il avait renvoyé son cocher et marchait à pied au milieu de la foule qui sortait du théâtre et se répandait dans différentes directions. Il était agité, inquiet; il éprouvait le besoin de se fatiguer et de s'exposer au froid pour se calmer. Quand il fut arrivé près de son palais, il rebroussa chemin et prit une rue de côté par où il descendit dans le quartier sombre et resserré situé le long du fleuve.

Il se trouva bientôt dans un fouillis de maisons étroites où il lui devint impossible de s'orienter, et il erra à tout hasard dans ce dédale de ruelles obscures éclairées seulement par quelques misérables lanternes. Il pressentait qu'il allait lui arriver une aventure; peut-être la cherchait-il; en tout cas, cet homme aux muscles et aux nerfs d'acier n'avait pas la moindre peur. Du reste, l'aventure ne se fit pas attendre longtemps.

Le silence de la nuit fut tout à coup interrompu par des jurons étouffés et de grossiers éclats de rire que dominait une sonore et fière voix de femme. Le comte se dirigea rapidement du côté du bruit. A la lueur tremblante d'une lanterne brisée, il vit dans un angle de la rue une femme de haute taille, entourée d'une bande de jeunes gens contre qui elle se défendait courageusement par ses paroles et par son attitude.

Au moment où Soltyk précipitait ses pas pour porter secours à la femme attaquée, celle-ci, d'un coup violent, étendit par terre un de ses agresseurs ; et, pendant que les autres reculaient effrayés, elle dirigea sur eux un revolver.

« Celui qui approche, je le tue comme un chien, » cria-t-elle d'une voix qui ne laissait rien à désirer en fait d'énergie.

Soltyk continua néanmoins à s'avancer vers elle et ôta son chapeau.

« Permettez-moi, mademoiselle, de vous offrir mes services. Vous avez besoin de secours à ce qu'il semble.

— J'ai appris à me défendre moi-même, répondit-elle, pendant que ses grands yeux qui brillaient à travers son voile s'attachaient sur le comte avec un intérêt particulier. Toutefois j'accepte volontiers votre assistance. Donnez-moi le bras. »

Cependant l'homme qui avait été renversé s'était relevé, et ses camarades revenaient à la charge contre la jeune femme et le comte.

« Voilà pourquoi elle faisait la bégueule, cria l'un de la bande, il paraît que notre cœur est déjà donné !

— Ou que le chevalier que nous avons trouvé tout à coup nous plait mieux ! ajouta un autre.

— Au moins nous aurons là quelqu'un qui pourra nous rendre des comptes, s'écria un troisième.

— Vous rendre des comptes ? s'écria Soltyk, vous êtes bien heureux qu'on ne vous en demande pas. Au large, ou gare à mon poing !

— Allons-y ! »

Le comte n'attendit pas un deuxième défi ; il brandit sa canne, et après une mêlée de quelques instants, la route fut dégagée. Un des assaillants se blottissait dans la neige ; un autre, dont le front saignait, s'appuyait à la maison. Les autres s'étaient enfuis épouvantés.

Soltyk offrit son bras à l'inconnue, et l'accompagna dans la direction qu'elle lui indiqua. Cette personne de haute taille, qui marchait à côté de lui avec une majesté pleine d'aisance, lui faisait une impression particulière, qui le surprenait et le charmait à la fois. Jamais, jusqu'à présent, il n'avait vu une femme réunir tant de véritable dignité, tant d'indépendance, tant d'assurance. De temps en temps il jetait un furtif et rapide regard sur son profil élégant et sur la riche chevelure blonde qui, de son petit bonnet d'astrakan, tombait jusque sur ses épaules.

A un moment, le regard calme de la jeune femme rencontra le sien ; il éprouva une sensation tout à fait nouvelle pour lui ; pour la première fois, une femme ne faisait naître en lui ni idée de passion, ni idée de plaisir ; il lui semblait que c'était une compagne qu'il avait tout à coup rencontrée dans la tempête de la vie et dont il ne voulait plus se séparer.

A un coin de rue, l'étrangère s'arrêta, quitta le bras du comte, et lui tendit la main en le remerciant.

« N'avez-vous pas besoin de moi ? demanda le comte d'un ton discret, pendant que ses yeux priaient avec éloquence.

— Je demeure tout près d'ici ; je n'ai plus que quelques pas à faire ; je puis m'en aller seule.

— Du moment que vous l'ordonnez, je n'ai qu'à me séparer de vous, répondit Soltyk ; je vous avoue pourtant que je suis consterné à l'idée de ne plus vous revoir.

— Vous me reverrez.

— Puis-je vous demander ?...

— Non, non, dit l'étrangère d'une voix nette et décidée, pour aujourd'hui contentez-vous de savoir que je suis une jeune fille d'honnête famille, qui, revenant de visiter une amie malade, a été attaquée par une bande de rôdeurs de nuit, et qui n'est pas indigne de votre protection, comte Soltyk.

— Vous me connaissez ?

— Oui, que cela vous suffise. Vous entendrez bientôt parler de moi. Au revoir. »

Soltyk ôta son chapeau, et elle disparut après lui avoir adressé un salut d'une distinction suprême. Il regarda du côté où elle était partie et se frappa le front.

« Étais-je donc aveugle ? murmura-t-il, c'est elle, ce ne peut être qu'elle, l'étrange et audacieuse jeune fille dont Sessawine nous a parlé. Des femmes de ce genre ne sont pas nombreuses ; c'est la première que j'aie rencontrée. Est-ce pour mon bonheur ou pour mon malheur ? »

Il revint lentement chez lui et resta longtemps assis dans sa chambre à coucher, auprès de son feu qui s'éteignait peu à peu, et plongé dans d'étranges rêveries.

Le lendemain matin, il s'éveilla avec la pensée qu'il allait la revoir, et cette pensée l'accompagna au manège, au club, au dîner, et dans l'après-midi chez Oginski.

Quand il entra dans le salon, Dragomira y était.

La maîtresse de la maison les présenta l'un à l'autre, mais c'était précisément à ce moment du jour que les Polonais appellent l'heure grise, et où l'on aime à se trouver réunis et à causer sans lumière. Dans le petit salon régnait un crépuscule argenté; les lourds et sombres rideaux augmentaient encore l'obscurité. Le comte s'efforçait, mais en vain, de pénétrer avec ses yeux d'aigle le voile qui enveloppait Dragomira tout en laissant deviner de charmantes choses. Dragomira, d'ailleurs, était assise à côté d'Anitta, à une certaine distance de lui. Il ne parvint à distinguer que les contours de sa personne; mais en revanche, il entendait, de temps en temps, sa belle voix fière et musicale, et il l'écoutait comme dans un rêve. Il lui semblait retrouver le vague souvenir d'un ancien conte du temps de son enfance. Avait-il déjà entendu cette voix ou était-il le jouet d'un illusion?

Il respira quand le vieux valet de chambre entra doucement et posa la grande lampe sur la table. Le comte voyait maintenant parfaitement la belle jeune fille.

Dragomira avait une robe de velours noir sans ornement et garnie de dentelles blanches au bout des manches et autour du cou. Sa chevelure d'or, aux souples ondulations, simplement partagée par devant, était rassemblée par derrière en un gros nœud. La distinction paisible et la noble simplicité de cette toilette rendaient encore plus attrayante la tête déjà si remarquable de cette étrange jeune fille. Elle causait avec Anitta, et on la voyait presque de dos. Une seule fois, elle tourna lentement la tête vers le comte et le regarda de ses grands yeux bleus interrogateurs.

Le jésuite observait avec une inquiétude croissante l'effet que l'étrangère produisait sur Soltyk, et il vit avec contrariété le comte saisir la première occasion de s'approcher d'elle.

« Vous avez tenu parole, dit-il à voix basse.

— Je profite de votre présence, monsieur le comte, pour vous remercier de nouveau, répondit Dragomira, et elle lui tendit la main.

— Oh! combien je suis heureux de vous revoir! » murmura Soltyk.

Le P. Glinski s'approcha.

« Écoutez, cher comte, dit-il, une épouvantable histoire qui est vraie et que je viens d'apprendre. Cet atroce événement s'est passé dans le pays de Kamieniec Podolski. On a trouvé là, dans un bois, une jeune femme à moitié carbonisée sur les restes d'un bûcher.

— Oh! c'est affreux! Et qui est-ce qui a commis cette horreur? s'écria-t-on de tous côtés.

— On soupçonne ces gens qu'on appelle les « dispensateurs du ciel » ou « paradisiaques » d'y avoir mis la main.

— Cette abominable secte? murmura Sessawine.

— Que savez-vous des doctrines et du culte de ces modernes assassins? demanda Mme Oginska.

— Peu de choses, mais un peu plus peut-être qu'on n'en sait d'habitude, dit le jésuite.

— Oh! racontez-le donc, dit Anitta.

— Racontez tout ce que vous savez, tout! s'écria Henryka.

— Ce n'est pas beaucoup, comme je vous l'ai dit. Cette secte, mieux que toute autre, s'entend à envelopper des ténèbres du mystère les horreurs qu'elle commet au nom d'un Dieu qui n'a aucun rapport ni avec elle ni avec les misérables qui la composent. Jamais jusqu'à présent la police, malgré sa vigilance, n'est parvenue à livrer aux tribunaux un seul membre de cette association sanguinaire.

— Peut-être tout cela n'est-il qu'un conte, dit Soltyk.

— Non, on ne peut pas douter de l'existence de ces malfaiteurs; tous les jours on en a des preuves, reprit le P. Glinski; leurs articles de foi et leurs actes font penser aux étrangleurs de l'Inde. Comme ceux-ci, ils voient dans l'existence une expiation, un supplice qui nous est infligé pour nos péchés antérieurs, et ils croient que ceux-là seuls vont à Dieu et obtiennent la félicité éternelle qui terminent cette existence par une mort accompagnée de souffrances. Ceux qui subissent volontairement des pénitences cruelles et qui dans leur exaltation se soumettent aux tortures sans nom du martyre s'acquièrent des mérites particuliers. Cependant les âmes sauvées de cette façon ne suffisent pas aux dispensateurs du ciel. Il est une œuvre particulièrement méritoire à leurs yeux: c'est de s'emparer soit par ruse, soit par force, de ceux qui ne se laissent pas convertir à leur exécrable doctrine, et de les livrer au couteau de leurs prêtres; sinon, ils leur donnent la mort là où ils en trouvent l'occasion. Aussi les dispensateurs du ciel font-ils une chasse perpétuelle aux âmes, pour avoir de nouvelles victimes. Dès qu'ils en ont pris une, ils l'entraînent dans une de leurs tanières cachées, et là, ils lui infligent une pénitence et des souffrances variées selon la mesure de ses péchés. Enfin arrive le jour où la victime est immolée solennellement par le prêtre, devant l'autel, en présence du crucifix.

— Tout cela semble incroyable, dit Sessawine.

— Soyez sûr que je m'en tiens à la stricte vérité, répondit le jésuite, et ce n'est pas tout, j'ai bien plus étrange que cela à vous raconter. De même que dans la plupart des sectes russes, la femme, chez les dispensateurs du ciel, est considérée comme un être plus pur, plus haut, meilleur que l'homme, et elle joue le principal rôle. Il y a trois types de femmes dans cette secte, la Pénitente, qui cherche à regagner le ciel par le renoncement et les souffrances volontaires ; la Pêcheuse d'âmes, qui attire les victimes dans le filet, et la Sacrificatrice, qui se consacre au culte sanglant et qui immole au nom de Dieu ceux qui ont été voués à la mort. De ces trois espèces de femmes, la Pêcheuse d'âmes est la plus intéressante et la plus dangereuse ; car elle vit au milieu de nous sans que nous nous doutions de sa mission, attendu que son ténébreux fanatisme se cache sous le masque d'une élégante dame du monde. »

A ces dernières paroles, Anitta, cédant à un mouvement instinctif de peur, regarda involontairement Dragomira. Celle-ci, qui jusqu'alors était restée calme et n'avait nullement paru s'intéresser à ce qui se disait, leva lentement ses grands yeux bleus et dirigea sur le P. Glinski un regard qui fit frissonner Anitta. C'était le regard froid et sanguinaire d'un tigre.

Personne ne l'avait remarqué, personne excepté Anitta. Dragomira reprit alors son visage indifférent, impassible, où l'on cherchait en vain à lire ; mais Anitta ne pouvait plus oublier cet unique regard, et, sans être en état de se rendre compte de son impression, elle pensa à Zésim avec une angoisse profonde et un douloureux pressentiment.

XXIII

OU ALLONS-NOUS ?

> O femme, comment te comprendre ?
> PAN THADDŒUS.

« Enfin ! » s'écria Zésim, en entrant un soir chez Dragomira, qu'il trouva chez elle. Il jeta son bonnet sur un meuble, s'agenouilla devant elle, tel qu'il était, en manteau et l'épée au côté, et couvrit ses froides mains de baisers brûlants. « Ah ! qu'il y a longtemps que je ne t'ai vue ! Peux-tu bien avoir le courage de me faire tant souffrir ? Où étais-tu ? Quels nouveaux amis as-tu trouvés qui te soient plus chers que moi ? »

Dragomira sourit :

« Je crois qu'il y a bien un jour que nous ne nous sommes vus.

— Trois jours, Dragomira !

— Tu exagères.

— Trois jours, qui m'ont paru trois années, une éternité !

— J'avais une malade à soigner, répondit-elle, et de plus j'avais à rendre la visite que m'avaient faite Mme Oginska et sa fille.

— Tu les connais donc ? Tu vas chez elles ? Qu'est-ce que cela signifie ? Qu'est-ce qu'elles te veulent ?

— Rien, mon ami, et je ne suis pas non plus femme à me prêter à n'importe quoi. Doutes-tu de mon indépendance, de l'énergie de ma volonté ?

— Pas le moins du monde, répondit Zésim, mais je me sens inquiet, je ne sais pas pourquoi. Tu as dû rencontrer Soltyk, là-bas ?

— Sans doute.

— Et quelle impression t'a-t-il produite ?

— A moi? pas la moindre; mais relève-toi; ma tante ou toute autre personne peut venir; il ne faut pas qu'on te voie ainsi. »

Zésim se releva, ôta son manteau, déboucla son épée et s'assit en face de Dragomira.

« Comme tu es belle ! » murmurait-il.

En effet, un charme indescriptible émanait de toute la personne de Dragomira comme d'un paysage de printemps, où tout vit et va fleurir. Et elle avait bien aussi le printemps en elle; elle aimait pour la première fois, elle éprouvait ce sentiment tout nouveau pour elle, cette angoisse mystérieuse, ce vague désir qui rend si douloureusement heureux et prépare de si chères souffrances.

Le parfum lourd et engourdissant dont la chambre était remplie, la lumière indécise qui l'éclairait doucement contribuaient encore à troubler Zésim. La lueur verte de la lampe posée sur la table se mêlait aux reflets rouges du feu de la cheminée et colorait de nuances magiques et charmantes les riches coussins du divan, les rideaux et les tapis dont les fleurs fantastiques semblaient se dresser. Dragomira avait une longue robe blanche et une ceinture bleue; un ruban de même couleur retenait sur ses épaules ses cheveux blonds, à moitié dénoués.

A la pointe de ses pantoufles turques de velours bleu brillait un croissant qui avait été brodé par quelque esclave du harem.

« M'aimes-tu encore? demanda Zésim, après l'avoir longtemps contemplée en silence.

— Oui, répondit-elle d'une voix qui venait du fond de l'âme et qui bannissait tout doute, je t'aime, je n'aime que toi, tu es le premier homme que j'aime, et tu seras le dernier.

— Oh! merci! murmura Zésim en lui baisant les mains; je puis donc espérer qu'un jour tu m'appartiendras, que tu me donneras ta main.

— Oui... un jour... mais pas si tôt, reprit-elle.

— A quoi songes-tu?

— Nous nous aimons, c'est un bonheur, mais c'est aussi un danger, dit Dragomira; pour se marier il faut plus que de l'amour, il faut être sûr que l'on sera d'accord, que l'on pourra vivre ensemble.

— Tu as raison.

— Nous ne pouvons pas nous laisser entraîner les yeux

fermés par nos sentiments, nos désirs, sans nous demander : où arriverons-nous à la fin ?

— Où ? Oui, cette question, la vie ne cesse de nous la poser sans jamais y répondre, dit Zésim ; l'existence tout entière se résume en dernier lieu à se demander avec anxiété : « Où allons-nous ? » Et la réponse définitive qui nous est faite quand nos yeux se sont fermés et que nous ne pouvons plus entendre la voix qui nous délivrerait de nos incertitudes, c'est… la tombe. Faut-il attendre si longtemps, Dragomira ?

— Non, non, certes non. »

Elle avait peur. Elle frissonnait encore lorsque Zésim l'entoura de son bras et l'attira à lui.

« Ne me touche pas, murmura-t-elle avec un nouvel effroi, je t'en prie. »

Il la quitta et la considéra avec une surprise presque enfantine ; il cherchait à lire dans ses yeux, mais en vain ; il y avait comme un voile épais devant l'âme de Dragomira ; il ne la comprenait pas ; il se mettait l'esprit à la torture pour la deviner et n'y réussissait pas le moins du monde.

« J'ai un projet pour demain, dit-elle au bout de quelques moments de silence, veux-tu m'accompagner ?

— Oui, certes, et où vas-tu ?

— A Myschkow, à cheval.

— Par ce froid ?

— Pourquoi pas ?

— Comme tu voudras. »

Cirilla entra et prépara le thé. On parla de choses indifférentes, du théâtre, de la politique, de la ménagerie et des étudiants de l'Université. Lorsque Zésim prit congé de Dragomira et qu'elle le reconduisit jusqu'à l'escalier, deux yeux se dirigèrent sur lui à travers l'obscurité, sans qu'il le remarquât, deux yeux qui épiaient et brillaient comme ceux d'un loup. Quand il se fut éloigné, la juive sortit de l'ombre où elle était cachée et suivit Dragomira dans sa chambre.

« Tu l'as vu ? » demanda Dragomira.

Bassi fit signe que oui.

« Le reconnaîtrais-tu ?

— Je le pense ; un homme tel que lui ne s'oublie pas si facilement.

— Écoute donc ce que je vais te dire, continua Dragomira. Je veux être instruite de tous les pas de cet homme, de tous, tu comprends bien ! Tu l'observeras et tu le feras surveiller par tes gens.

— A tes ordres.

— Du reste, rien de nouveau?

— Si; dans le cas où vous verriez l'apôtre à Myschkow, dites-lui que le commissaire de police Bedrosseff est venu dans le cabaret et m'a fait subir un interrogatoire.

— A propos de quoi?

— Pour savoir si Pikturno venait chez moi, et s'il ne s'y était pas rencontré avec une dame étrangère.

— Et qu'as-tu dit?

— Que j'avais très bien connu Pikturno et qu'il était devenu amoureux de moi à en perdre la tête; que, quant aux dames, il n'en venait pas généralement chez moi.

— Bien, mais c'est un avis d'être encore plus prudent à l'avenir.

— Je n'y manquerai pas, répondit Bassi, ma tête est en jeu aussi bien que la tienne. Bonne nuit.

— Bonne nuit. »

Le lendemain, dans la matinée, à l'heure convenue, Zésim arrivait à cheval avec son domestique devant la maison de Dragomira. Une fenêtre s'ouvrit, un joli visage de jeune fille se pencha en souriant et disparut aussitôt. Quelques minutes après, Dragomira apparaissait en amazone de drap bleu. Elle avait sur sa robe une jaquette courte de même étoffe, garnie de fourrure noire. Elle était coiffée d'un bonnet rond en fourrure, d'où tombait un voile; elle avait des gants à revers et tenait une cravache. Elle regarda gaiement Zézim et lui tendit la main.

« Quelle belle journée !

— Oui, mais froide.

— Nous nous échaufferons à cheval. »

Barichar amena le cheval de Dragomira. Zésim descendit pour aider la jeune fille à se mettre en selle. Elle posa légèrement le pied dans sa main, et s'élança avec un mouvement de reine sur le dos du fier et ardent animal. Zésim l'imita et ils se mirent en route par les rues populeuses de la ville. Les deux jeunes gens n'échangeaient que de rares paroles. Dragomira regardait curieusement autour d'elle; tout semblait lui faire plaisir, les brillants magasins, les gens en toilette, les paysans ivres et les juifs, à qui leurs noirs caftans donnaient l'air de corneilles sautillant dans la neige.

Quand ils furent en pleine campagne, Dragomira leva fièrement la tête et montra à Zésim avec une sorte de joie sauvage la vaste plaine de neige qui s'étendait devant leurs yeux et dont l'éclat éblouissant semblait formé du scintillement de millions de petites étoiles. Ils commencèrent alors à trotter, traversant les villages et les petits bois, longeant les grandes forêts au feuillage sombre, ainsi que le fleuve qui, semblable à un immense serpent aux écailles étincelantes, promenaient ses replis entre les saules rabougris, les tertres disséminés çà et là et les moulins solitaires.

Au loin, une brume grise se massait, et l'on voyait flotter des nuages blancs frangés par le soleil d'un or éblouissant.

Des corneilles fendaient les airs en bandes silencieuses ou se perchaient sur les arbres dépouillés de la route, guettant quelque proie.

Derrière les nuages brillait un disque rouge comme celui de la pleine lune, quand elle commence à apparaître au bord de l'horizon.

Dragomira et Zésim rencontrèrent un traîneau où se trouvait une paysanne. C'était un pauvre équipage, avec ses trois chevaux maigres et le jeune garçon qui les conduisait; mais la paysanne étendue sur la paille, avec sa tête brune de Romaine et sa peau de mouton aux broderies de couleurs variées, avait quelque chose d'une souveraine.

« C'est remarquable combien les femmes russes ont grand air, dit Zésim.

— Je dirais plutôt qu'elles ont une grande énergie, répondit Dragomira; la femme russe, au premier coup d'œil, fait l'effet d'une odalisque; dans le fond, c'est toujours l'amazone scythe, qui ne connaît ni la crainte, ni la fatigue, non plus que la pitié, s'il le faut. »

Quand ils arrivèrent à Myschkow ils remirent leurs chevaux au pas.

« Je reste ici jusqu'à ce soir, dit Dragomira; veux-tu m'attendre à l'auberge, jusqu'à ce que j'aie besoin de toi?

— A tes ordres. »

Ils approchaient de l'ancien manoir. Dragomira arrêta tout à coup son cheval.

« Retourne maintenant sur tes pas, murmura-t-elle, laisse-moi seule. »

Zésim aperçut dans la cour un homme vêtu d'une longue pelisse sombre, qui ressemblait à un rabbin. Il connaissait cet homme, c'était le même qui, une fois déjà, dans le jardin de Dragomira, lui avait produit une impression étrange, presque sinistre.

« Quel est cet homme qui t'attend ? demanda-t-il.

— C'est un prêtre, répondit Dragomira, ne m'en demande pas plus; attends-moi à l'auberge. Adieu. »

Pendant que Zésim se rendait à l'auberge, Dragomira descendait de cheval devant la porte de l'ancien manoir. Un vieillard vêtu comme un paysan l'attendait et prit son cheval. Elle entra dans la cour et s'approcha de l'apôtre.

« Tu as commandé, dit-elle, me voici.

— Je t'ai appelée pour que tu me fasses ton rapport, répondit le prêtre, entrons dans la maison, viens. »

Il passa le premier, et elle le suivit avec une soumission silencieuse.

La chambre où ils se trouvaient maintenant était vaste et confortable. Les meubles étaient restés à la place qu'ils avaient du temps de l'ancien propriétaire. Une lampe avec un abat-jour rouge, posée sur une table entre les deux fenêtres, n'éclairait que les objets les plus rapprochés, mais d'une lumière vive et nette. Dans le reste de la salle régnait une demi-obscurité mystérieuse.

L'apôtre s'était assis dans un fauteuil placé près d'une grande cheminée hollandaise. Son beau visage, légèrement coloré, se détachait avec une sorte de clarté sur le fond sombre des tentures; la pelisse noire qui dessinait mollement sa taille majestueuse ajoutait encore à cet effet. Ses pieds reposaient sur une peau d'ours. A sa main brillait un anneau où était enchâssée une pierre rouge comme une goutte de sang.

Dragomira se tint debout devant lui et fit son rapport. Il écoutait avec calme et attention, et quand elle eut fini, il témoigna sa satisfaction par un signe de tête.

« Je ne comptais pas sur un si prompt résultat, dit-il ; aussi devons-nous prendre les plus grandes précautions. N'as-tu pas encore une demande à me faire ?

— Tu le devines, répondit Dragomira. Qu'est-ce qui pourrait échapper à ton regard? Tu vois jusqu'au fond de toute âme humaine.

— Tu veux te confesser à moi? »

Dragomira ne répondit rien, mais elle tomba à genoux et se mit à pleurer silencieusement.

XXIV

LA CONFESSION

> Une puissance suprême a été accordée
> à la beauté; captivé par elle, l'homme
> abandonne la terre.
>
> **SPENZER.**

« Parle, qu'as-tu sur le cœur? demanda le prêtre avec indulgence, en posant sa main sur la tête de Dragomira.

— Je suis une grande pécheresse.

— Peut-être te trompes-tu. Nous ne pouvons rien contre la volonté de Dieu. Qu'est-ce qui t'afflige? Qu'est-ce qui te tourmente, jeune fille? Dis-le.

— J'aime! »

Cet aveu sortit comme un souffle des lèvres de Dragomira. La tête inclinée, les mains croisées sur la poitrine, elle était là, prosternée comme une criminelle qui attend sa condamnation à mort.

« Je le savais, répondit l'apôtre avec douceur, à un moment où tu ne t'en doutais pas toi-même.

— Ma faute est grande, murmura Dragomira; j'en ai pleinement conscience; juge-moi, châtie-moi; je le mérite, et j'expierai mon péché de ma vie si tu l'ordonnes.

— Comment juger, quand il n'y a rien qui réclame le juge? répondit l'apôtre. Comment punir, quand il n'y a pas de mauvaise action? La volonté de Dieu arrive toujours et partout, et nous devons nous y soumettre. Il serait téméraire de vouloir pénétrer ses desseins. Tu n'as pas cherché cet amour comme une joie, un plaisir; il est venu sur toi, malgré toi, comme une fatalité. Tu as lutté contre lui, et il te prépare maintenant de la douleur et de l'angoisse. Un pareil amour peut-il être coupable? C'est Dieu qui te l'a donné; nous sommes incapables de connaître quelles voies veut suivre sa sagesse. Notre affaire, c'est d'obéir à ses décrets. Tu n'a pas péché, Dragomira, je t'absous.

— Je puis donc l'aimer? demanda Dragomira.

— Oui.

— Mais cela ne lui suffit pas, continua-t-elle; il veut que je lui donne ma main. Il me presse, il me tourmente; jusqu'à présent je l'ai tenu éloigné de moi par toutes sortes de motifs. Que dois-je faire s'il me demande une réponse définitive?

— Il n'y a aucune loi de notre sainte croyance qui t'interdise de devenir sa femme.

— Ne parle pas ainsi, réponds-moi, dit Dragomira d'un ton suppliant, décide. Dois-je céder à sa prière, oui ou non? Je ne ferai jamais rien sans ton approbation.

— Fais ce que ton cœur te pousse à faire; deviens sa femme, mais sauve son âme et la tienne, quand il en sera temps.

— C'est ma volonté.

— Et remplis tes devoirs comme auparavant.

— Jamais je ne serai infidèle à notre doctrine, répondit Dragomira; jamais je ne manquerai à tes commandements, jamais à la mission qui m'est échue.

— Mais comment entends-tu concilier tes devoirs avec ceux que tu auras envers ton époux?

— En étant loyale envers lui.

— Veux-tu le convertir à notre croyance?

— J'espère y réussir.

— En attendant garde ton secret fidèlement, comme tu l'as fait jusqu'ici.

— Je l'ai juré, dit Dragomira, et je tiendrai mon serment. S'il m'aime, il doit se fier à moi sans réserve; il doit se laisser conduire par moi comme un aveugle. S'il ne veut pas m'accorder sa confiance pleine et entière, alors qu'il me quitte pendant qu'il en est encore temps; il vaut mieux que nos routes se séparent pour toujours.

— Oui, dit l'apôtre, je le vois, tu es animée de l'esprit de vérité et tu ne t'égareras pas. Dieu t'a bénie et t'a choisie pour une grande tâche. Tu obtiendras par là les joies éternelles du paradis et la communion des saints. Relève-toi. »

Dragomira se releva.

« Il y a longtemps que je n'ai assisté au service divin, dit-elle au bout de quelques instants; quand pourrai-je de nouveau prier et faire pénitence avec nos frères et nos sœurs?

— J'y ai pensé, répondit l'apôtre, et je t'ai appelée un jour où nous implorons le pardon de nos péchés et où nous chantons les louanges de Dieu. Apprête-toi. On t'appellera quand le moment sera venu. »

Dragomira quitta la salle et trouva dans le vestibule une vieille femme affable qui la conduisit dans une petite chambre et l'engagea à se mettre à son aise. Quelques instants après elle reparut, apportant de quoi manger et boire, ainsi que le vêtement avec lequel Dragomira devait venir devant l'autel.

Quand le jour commença à tomber, on entendit des claquements de fouet et des bruits de grelots. De sombres figures traversaient rapidement la cour; on marchait sans bruit dans les corridors de la maison. Enfin la vieille femme revint annoncer que tout était prêt.

Dragomira la suivit et entra dans une petite salle où se trouvaient une trentaine d'hommes et de femmes réunis, à genoux et en prière. Le milieu de la paroi principale était occupé par un autel tout simple, au-dessus duquel se dressait le crucifix.

Dragomira resta près de l'entrée, prosternée dans l'attitude du plus profond recueillement, jusqu'à ce que l'apôtre, accompagné de deux beaux jeunes garçons, apparût et montât les marches de l'autel.

Il se tourna alors vers la petite communauté et, dans un langage austère et majestueux, exhorta les fidèles à se repentir, à s'affliger et à faire pénitence. Tous les assistants avaient de longues robes grises serrées par des ceintures de corde. Le prêtre se retourna vers l'autel et commença à chanter un des psaumes de la pénitence; tous l'accompagnèrent à haute voix. Quelques-uns se frappaient la poitrine avec le poing, d'autres touchaient le plancher avec leur front. Enfin un vieillard d'une vigoureuse structure se leva pour aller s'étendre en forme de croix devant l'autel.

« Vous, mes frères et mes sœurs, s'écria-t-il, et toi, prêtre du Seigneur, aidez-moi à expier mes péchés, sauvez mon âme de Satan, sauvez mon âme de la perdition éternelle ! »

Tous les autres se levèrent aussitôt pendant que l'apôtre descendait les marches de l'autel. Les deux jeunes garçons dépouillèrent les épaules du pénitent; le prêtre lui mit le pied sur le cou et marcha trois fois sur lui en disant:

« Que le Seigneur me pardonne ainsi qu'à toi et bénisse ton humilité ! »

Puis l'un des jeunes garçons présenta une discipline à l'apôtre qui en frappa trois fois le pénitent étendu à ses pieds, en lui disant trois fois :

« Accepte ces coups que ton Sauveur Jésus-Christ, le fils unique de Dieu, a reçus pour toi. Qu'il daigne, lui qui a pris sur lui les péchés du monde, prendre aussi sur lui tes péchés ! »

Les autres l'imitèrent chacun à son tour.

Quand le pénitent se releva, un autre vint le remplacer et se prosterner devant l'autel. C'était un jeune homme au visage pâle et mystique, aux yeux égarés et brillants du feu de la fièvre.

« Couronnez-moi d'épines ! s'écria-t-il, comme autrefois fut couronné mon Rédempteur ! Frappez-moi au visage ! Insultez-moi ! Faites-moi souffrir tous les tourments que mon Sauveur a soufferts pour moi ! »

Déjà deux hommes dénouaient leurs ceintures de corde pour lui lier les mains derrière le dos. Cela fait, une des jeunes filles approcha une couronne d'épines et la lui posa sur la tête en appuyant. Aussitôt une douzaine de mains continuèrent à l'enfoncer jusqu'à ce que le sang ruisselât sur le front du malheureux. Un troisième se fit attacher sur une croix de bois, et on lui donna un coup de lance dans le côté. Une vieille femme, sans pousser la moindre plainte, se fit tracer le signe du Christ aux pieds et aux mains avec un fer chaud. Peu à peu le pieux délire se calma ; tous s'étaient silencieusement remis à genoux et priaient. L'apôtre retourna à l'autel, étendit les bras et dit : « Maintenant que chacun s'est repenti et a fait pénitence, réjouissons-nous de la grâce de Dieu et louons tous le Seigneur. »

Il dépouilla rapidement sa robe de prêtre et apparut avec une longue tunique blanche comme celle des Chérubins. Tous se relevèrent en même temps, laissèrent tomber leur robe grise de pénitent et restèrent debout, vêtus de blanc comme le prêtre. Les jeunes filles se mirent des couronnes de fleurs et distribuèrent des branches, d'arbres verts qui devaient servir de palmes.

Tous entonnèrent ensemble un cantique de louanges. Les jeunes filles jouaient des cymbales et du tambourin, et exécutèrent une espèce de danse devant l'autel.

Il faisait nuit quand Dragomira arrêta son cheval devant l'auberge. Elle frappa à la fenêtre avec sa cravache ; Zésim se hâta de sortir et la salua, pendant que son domestique sellait leurs chevaux.

« Es-tu satisfaite du résultat de ta visite ? demanda le jeune officier.

— Oui, et j'espère que toi aussi tu seras satisfait.

— Que dois-je entendre par là ?

— Patiente un peu de temps encore et tu sauras tout. »

Quand Zésim fut en selle, ils repartirent d'un bon trot pour la ville. Le domestique suivait à une certaine distance. A moitié chemin, Dragomira mit son cheval au pas, et Zésim fit comme elle.

« J'ai beaucoup de choses à te dire, commença-t-elle.

— Bonnes ou mauvaises ?

— Cela dépend de toi, Zésim.

— Toujours de nouvelles énigmes.

— Non, cette fois je veux te parler ouvertement, comme jamais encore je ne l'ai fait. M'aimes-tu, Zésim ?

— Tu le demandes encore ?

— Et tu me veux pour femme ?

— Oui.

— Alors prends-moi, je suis à toi.

— A moi, Dragomira ? Parles-tu sérieusement ? s'écria-t-il. Quel bonheur ! Je puis à peine y croire !

— Je consens à te suivre à l'autel, mais sous des conditions que tu es libre d'accepter ou de refuser.

— J'accepte toutes les conditions.

— Écoute seulement. Te souviens-tu de ces esprits qui apparaissent souvent dans les vieux contes et les antiques ballades, dont on ne sait s'ils sont démons ou anges, et qui, en échange de certains services, vous promettent aide et protection ? Si j'étais un être de cette espèce, t'abandonnerais-tu à ma conduite ?

— Oui, car tu es mon bon ange.

— Je t'aime, Zésim, continua Dragomira ; aussi je ne veux pas seulement te rendre heureux sur la terre, autant que je le pourrai, mais je veux encore sauver ton âme et t'aider à obtenir le ciel.

— Mais alors tu appartiens à une secte, comme je m'en étais déjà douté.

— Si tu veux m'avoir pour femme, reprit Dragomira sans s'arrêter à son observation, il faut que tu suives la route que je te montrerai. Elle te conduira au bonheur, et, quand l'heure sonnera, à la rédemption, à la félicité éternelle.

— Je veux tout ce que tu veux, Dragomira. »

Elle attacha sur lui un regard mystérieux, plein d'amour et de pitié, et resta silencieuse.

« Tu as encore quelque chose sur le cœur, dit Zésim au bout de quelques moments.

— Oui. Tu ne me tourmenteras pas avec des réflexions mesquines ?

— Jamais, je te le jure !

— Tu ne... — Dragomira souriait — tu ne seras pas jaloux non plus ?

— Jaloux ? De qui ?

— Du comte Soltyk, par exemple.

— Encore une énigme, mon beau sphinx.

— Ne m'interroge pas, dit Dragomira avec une majesté tranquille, je ne réclame ni ton amour, ni ta confiance ; je suis capable de renoncer à tout. Si tu te défies de moi le moins du monde, va-t'en, il en est temps encore, je ne te retiens pas. Si tu m'aimes, si tu veux m'obtenir et me posséder, il faut que tu aies en moi une confiance aveugle. Tu peux encore choisir ; ensuite, il sera trop tard, car alors j'exigerai ce qui dépend aujourd'hui de ta libre volonté. Pense bien à tout cela et ne te décide que quand tu y auras bien pensé.

— C'est tout décidé, répondit Zésim, rien au monde ne peut nous séparer. »

Cette fois elle ne lui répondit pas, et ils continuèrent leur route en silence sous la voûte majestueuse du ciel étincelant d'étoiles.

XXV

LA VÉNUS DE GLACE

> Je veux triompher de cet homme, ou je consens à n'avoir jamais eu d'intelligence.
>
> MORETO.

Le comte Soltyk avait invité la belle société de Kiew à une fête masquée qu'il donnait dans son palais. Tous les jeunes cœurs battaient joyeusement, mais les messieurs et les dames d'un âge plus avancé attendaient aussi la soirée avec impatience, car on savait qu'avec Soltyk on pouvait espérer non seulement une réception brillante et somptueuse, mais encore des inventions originales et même bizarres, et une série de surprises charmantes.

Il était à peu près huit heures du soir. Les premiers équipages arrivaient, et le comte Soltyk, en toilette parisienne irréprochable, avait donné les derniers ordres. Bientôt apparurent toutes les zones de la terre et toutes les saisons de l'année qui semblaient s'être réunies pour transformer les vastes et splendides salons du palais en un monde féerique.

Le comte, en haut du large escalier de marbre, recevait ses hôtes et laissait à un de ses parents, M. de Tarajewitsch, au P. Glinski et à son majordome, le soin de les conduire dans l'intérieur du palais. Les arrivants étaient littéralement éblouis, et l'admiration, le ravissement augmentaient à chaque pas.

Aussitôt qu'un des cosaques postés à l'entrée eut donné un signal convenu avec un sifflet d'argent, Soltyk descendit rapidement l'escalier pour recevoir la famille Oginska dans le vestibule, et l'introduire lui-même dans son monde enchanté. Dragomira était venue avec les Oginski ; le comte la remercia avec quelques mots aimables et offrit ensuite le bras à madame Oginska. M. Oginski conduisit Dragomira; Anitta suivait avec Sessawine.

L'escalier était décoré de plantes magnifiques. On marchait sur de moelieux tapis de Perse, où des mains de fées semblaient avoir semé des fleurs; l'air, doucement chauffé, était rempli de lumière et de parfums.

Mme Oginska, en robe de velours noir et chargée de ses précieux bijoux de famille, était enveloppée d'une longue pelisse de zibeline. Anitta avait une splendide toilette parisienne, robe de crêpe bouton d'or, toute papillotante de fils d'or; queue de velours de la même couleur, doublée de satin jaune paille, relevée derrière par des épingles d'or; écharpe de moire jaune d'or garnie de franges d'or. Une nuée de petits colibris, au cou étincelant, semblaient voltiger sur la queue de la robe. Dans ses cheveux, Anitta avait de ces mêmes petits oiseaux avec une épingle de diamants. Une sortie de bal en peluche rouge rubis, garnie de renard bleu et de plumes de colibris qui brillaient comme des pierres précieuses, complétait cet ensemble ravissant.

Dragomira avait une robe de crêpe rose garnie de petites touffes de marabout rose. La queue de velours rose, doublée de satin de la même couleur, était toute couverte de bouquets de roses. Elle portait au cou un collier de sept rangs de perles magnifiques. Sa taille de déesse était enveloppée d'un manteau princier de satin rose richement doublé et garni d'hermine.

Quand les dames eurent ôté leurs manteaux, le comte Soltyk les conduisit par un vestibule orné de peintures et de sculptures dans une grande salle qui avait été transformée en un rêve de printemps. Les murs étaient tapissés de fraîche verdure et de fleurs, les colonnes métamorphosées en arbres fleuris. Au milieu de haies artificielles murmuraient de petites fontaines; des poissons aux écailles d'or et d'argent se jouaient gaiement dans les bassins, et, derrière les murailles de fleurs, le gazouillement d'une armée de petits oiseaux chanteurs se faisait entendre sans interruption. Un orchestre invisible jouait une polonaise de Chopin. A ces doux et mélancoliques accents, les dames et les messieurs, en élégante toilette, et les masques richement costumés, se promenaient, bavardaient et s'intriguaient.

La grande salle de bal était entourée de cinq salons plus

petits, qui, par une disposition ingénieuse, figuraient les cinq parties du monde. Ceux qui voulaient fuir la foule et se retirer à l'écart y trouvaient de fort agréables abris. On traversait ensuite la salle à manger, garnie de tableaux de fruits et d'animaux, de bois de cerfs, de têtes de bêtes, d'armes et de tout l'attirail de la chasse. Un buffet gigantesque offrait les rafraichissements et les friandises de tous les pays de la terre. On arrivait dans l'antichambre, où plusieurs domestiques attendaient avec les manteaux. Soltyk enveloppa soigneusement les dames de leurs molles et chaudes fourrures et les conduisit sur la terrasse. A leurs pieds s'étendait le vaste jardin où, par un contraste ravissant avec la grande salle de danse, se déployait une nouvelle merveille, une féerie d'hiver. Des deux côtés de la terrasse, deux ours blancs, empaillés et debout, étaient en faction et tenaient des torches dans leurs puissantes pattes.

Quand le comte et ses invités eurent descendu les marches recouvertes de fourrures d'ours, ils entrèrent dans une large allée d'arbres verts transformés en autant d'arbres de Noël. Sur chaque branche étaient plantées de petites bougies en porcelaine d'où jaillissaient des flammes de gaz. On s'avançait comme dans un bois féerique, à travers un océan de lumière, sur de molles peaux de rennes qui recouvraient la terre glacée. L'air, embaumé de senteurs résineuses, était rempli de légers nuages roses.

Au bout de l'allée s'étendait un étang considérable, dont les bords étaient également garnis de peaux. Sur sa brillante surface, solidement gelée, s'élevait un petit temple bâti en blocs de glace, comme le célèbre palais construit sur la Néwa du temps de la czarine Anne. Dans ce temple, sur un autel élevé, se dressait une Vénus de glace, couronnée de fleurs. Tout autour du temple allaient et venaient joyeusement les patineurs et deux traîneaux attelés, l'un de rennes, l'autre de grands chiens. Le premier était dirigé par un Esquimau, le second par un Kamtschadale. Un chœur de chanteurs, composé d'ours blancs installés dans une tribune de bois toute revêtue de branches de sapin, accompagnait de ses airs les plus agréables les ébats des masques sur la glace, pendant qu'un cordon de dauphins de glace, qui encadraient l'étang et vomissaient sans relâche du pétrole enflammé, éclairait ce tableau d'une lumière magique et faisait de temps en temps briller le petit temple comme un édifice de diamants aux mille feux.

Pendant que la musique et les voix aux joyeux éclats produisaient un aimable chaos, de petites huttes de Kamtschadales, construites en peaux, disséminées dans les fourrés voisins et agréablement chauffées, invitaient les couples amoureux à de paisibles et charmants rendez-vous.

Entouré, entraîné par les masques folâtres, le comte avait été séparé des Oginski. Il découvrit tout à coup Dragomira qui seule se trouvait aussi sur la rive de l'étang et promenait ses regards au loin sur la foule, comme si elle cherchait quelqu'un.

« Vous avez perdu votre cavalier, dit Soltyk en s'approchant d'elle, puis-je vous offrir mes services ? »

Dragomira prit sans façon le bras du comte qui lui montra le temple en souriant.

« Votre image, dit-il à voix basse.

— En quoi ?

— Vous aussi, vous êtes une Vénus de glace.

— Ah ! cher comte, ne savez-vous pas combien la glace fond rapidement quand vient le printemps ?

— Oui, certes, répondit Soltyk ; mais ce printemps, dont la chaude haleine doit vous vaincre, où est-il ?

— Je ne le connais que par ouï-dire, ce grand enchanteur auquel tout cœur doit céder, dit Dragomira avec un fin sourire.

— Et cet enchanteur, c'est l'amour ?

— Oui.

— Mais vous n'êtes pas capable d'aimer.

— Je le crois presque moi-même.

— Vous n'avez pas de cœur.

— Si... mais un cœur de glace !

— Oh ! si je pouvais l'échauffer ? murmura Soltyk avec un regard d'où semblaient jaillir des flammes.

— Vous ? »

Dragomira le regarda bien en face.

« Vous ne savez que vous jouer des femmes, et je ne suis pas un jouet. »

Le comte se mordit les lèvres ; au même moment Anitta approchait et la conversation prit fin. Dragomira prit le bras d'Anitta ; puis toutes les deux retournèrent dans l'antichambre pour ôter leurs fourrures et se perdirent ensuite dans le tourbillon des danseurs.

« Il sera à moi, se disait Dragomira, dès que je le voudrai ; il ne me semble pas bien difficile à conquérir ; mais il s'agit ici de quelque chose de plus; aussi la ruse et la prudence doivent donner la main à la coquetterie. La résistance paraît le séduire et lui troubler la tête plus que tout le reste. Pauvre comte! J'ai bien facilement l'avantage sur lui, puisque je n'éprouve rien pour lui. »

Au milieu de ses réflexions, elle aperçut Zésim, qui était là, appuyé à une colonne. Il lui vint aussitôt une idée badine, et elle profita du moment où un danseur emmenait Anitta, pour se glisser, comme un serpent, vite et sans faire aucun bruit, hors de la salle.

Dans le corridor, près des vestiaires, se trouvaient aussi quelques petits cabinets, disposés pour ceux qui voudraient se masquer pendant la fête. Dragomira fit signe à Barichar qui était avec les autres domestiques et gardait un grand panier. Mais au moment où elle allait entrer dans un de ces cabinets, deux bras souples l'enlacèrent presque tendrement et les yeux bleus d'Henryka la regardèrent avec un sourire malicieux.

« Enfin! Je vous tiens, s'écria l'aimable jeune fille, et maintenant vous ne m'échapperez pas.

— Si, répondit Dragomira en souriant, car j'ai une petite intrigue en tête, et vous ne voudriez certainement pas me gâter cet innocent plaisir.

— Vous vous masquez?

— Oui.

— Oh! je ne vous trahirai pas, continua Henryka, permettez-moi de vous accompagner et de vous aider. »

Toutes les deux entrèrent dans le cabinet. Quand Barichar fut parti après avoir déposé son panier dans un coin, Henryka ferma la porte. Dragomira s'était assise devant la table de toilette et commença à ôter sa parure pendant qu'Henryka enlevait le contenu du panier avec des cris d'admiration enfantine. Quand ce fut fini, elle s'approcha de Dragomira, et, debout devant elle, se mit à la considérer avec un intérêt extraordinaire.

« Je ne sais pas ce qu'ont les gens, dit-elle, ils vous trouvent tous énigmatique; et Anitta pense même que vous avez quelque chose d'inquiétant. Moi, au contraire, je me sens une grande sympathie pour vous.

— Prenez garde, répondit Dragomira, vous découvrirez peut-être à la fin sous cette robe un corps de serpent ou une queue de poisson.

— Vous n'êtes pas non plus une créature ordinaire, continua

Henryka; je sens qu'une puissance mystérieuse vous entoure, mais ce sentiment ne fait qu'augmenter encore l'attrait magique qui m'entraîne vers vous. Faites de moi votre alliée; je vous aimerai comme une sœur et je vous écouterai comme une écolière docile.

— Réellement? »

Dragomira tourna lentement la tête vers elle et la regarda d'un œil interrogateur.

« Conduisez-moi, je vous suivrai comme une aveugle, sans peur et sans aucune réflexion, répondit Henryka.

— Nous verrons.

— Aujourd'hui, permettez-moi de vous aider.

— Pourquoi non? répondit tranquillement Dragomira, le premier pas dans la voie de la lumière éternelle que vous voyez devant vous par un pieux pressentiment, c'est l'humilité; servez-moi donc. »

Henryka s'agenouilla devant Dragomira et lui baisa les mains; puis elle lui ôta ses chaussures et lui mit les pantoufles turques brodées d'or qu'elle avait tirées du panier. Dragomira se laissa faire avec la majestueuse indifférence d'une souveraine.

XXVI

SOUS LE MASQUE

> On peut déraisonner sur un point et être sage pour tout le reste.
> WIELAND

Quelques instants après, une sultane, habillée avec toute la magnificence de l'Orient, entrait dans la salle.

Grande et d'une taille élancée, elle s'avançait avec dignité. Elle était chaussée de babouches de velours rouge brodées d'or, et avait un large pantalon et une jupe courte de satin jaune sur laquelle tombait un long caftan de soie bleu-clair, brodé d'argent et garni d'hermine. Ce caftan laissait voir une veste ouverte de velours rouge; la poitrine couverte de colliers de corail, de perles et de sequins apparaissait à travers une gaze d'argent. La tête fière de la sultane était couronnée d'un petit turban tout garni de pierreries. Au lieu de masque elle avait un voile épais de harem, au travers duquel on ne pouvait distinguer que de grands yeux bleus et froids, au regard dominateur.

Une troupe de messieurs s'était attachée aux pas de la nouvelle arrivée. Plus d'un se risqua à lui chuchoter à l'oreille quelque compliment; mais elle semblait insensible à toutes les tentatives que l'on faisait pour attirer son attention.

Elle promena longtemps ses regards pénétrants par toute la salle, jusqu'à ce qu'elle eût découvert celui qu'elle cherchait. Il venait d'aller au buffet, sans intention, comme un automate inconscient que fait marcher un mouvement d'horlogerie. Les domestiques lui offraient divers rafraîchissements; il secouait la tête et était sur le point de s'en aller, lorsque la sultane entra et lui posa sa petite main sur l'épaule.

« Je te salue, Zésim Jadewski, dit-elle, pourquoi donc baisses-tu ainsi la tête, aujourd'hui?

— Je n'ai guère de motifs d'être joyeux.

— Il y a bien des moyens de chasser les soucis, en voici justement un des meilleurs. »

La belle sultane prit un verre de vin sur le buffet, y trempa ses lèvres et le présenta à Zésim.

« Que me donnes-tu? Un doux poison, un philtre?

— J'arriverais trop tard.

— A ta santé! »

Zésim vida le verre.

« Maintenant, un deuxième moyen.

— Lequel?

— Fais-moi la cour.

— Je n'en aurais pas le talent.

— Parce que tu aimes?

— Peut-être.

— Il y a ici deux dames à qui tu as donné ton cœur. A laquelle appartient-il maintenant?

— Tu me questionnes comme un inquisiteur. »

La sultane se mit à rire, tout doucement, mais ce rire argentin suffit à la trahir.

« Maintenant je te connais. »

Elle rit de nouveau.

« Tu es Dragomira. »

Une petite main saisit rapidement la sienne et un souffle doux et tiède effleura sa joue.

« Ne me trahis pas; on nous observe; le comte Soltyk est là; je veux lui parler et lui faire peur. »

En effet, le comte se tenait à l'entrée, et ses yeux sombres, pleins d'une flamme diabolique, étaient arrêtés sur la belle personne, qui murmurait coquettement à l'oreille de Zésim. L'envie et la jalousie bouleversaient le cœur de Soltyk et faisaient bouillonner son sang indomptable. En même temps, d'autres yeux se dirigeaient sur le couple occupé à chuchoter, mais ceux-là étaient timides, tristes et pleins d'angoisse. C'était Anitta qui avait aussi reconnu Dragomira et qui tremblait pour son bien-aimé.

La sultane avait déjà congédié Zésim et se préparait à aller trouver Soltyk, lorsque le jésuite la prévint et entraîna rapidement le comte avec lui.

« Qu'avez-vous? demanda Soltyk.

— Il faut que je vous avertisse, lui dit tout bas le P. Glinski; la sultane est Mlle Maloutine. Avez-vous vu comme elle échangeait avec ce jeune officier des poignées de main et des paroles tout à fait tendres?

— Après, après?

— Vous êtes au moment de tomber dans les filets d'une coquette.

— Cette fois votre connnaissance des hommes fait fausse route, reprit le comte d'un ton railleur, elle est au contraire froide comme glace.

— Mais je sais que Jadewski va chez elle.

— Sessawine aussi.

— Et elle se joue de tout le monde.

— Tant mieux.

— Il n'y a pas moyen de vous sauver, je le vois.

— Si les abîmes de l'enfer étaient aussi beaux que cette Dragomira, cher Père, le ciel resterait vide et vous-même finiriez par rendre votre âme au diable. »

Soltyk le quitta en riant et se mit aussitôt à la recherche de la sultane qui avait brusquement disparu dans le tourbillon des masques. Il la trouva à l'entrée de la petite salle qui figurait l'Asie. Elle semblait l'attendre.

« C'est ici ton empire, dit-il en s'inclinant devant elle; ton esclave peut-il entrer avec toi? »

Il releva la portière et la suivit dans le petit salon décoré avec toute la somptuosité de l'Orient.

Des tentures persanes d'une rare magnificence, brodées d'or et d'argent, tombaient en plis larges et lourds et figuraient les parois, le plafond, les fenêtres et les portes d'un pavillon dont le sommet était formé par un croissant d'or constellé de pierreries. Le sol de cette mystérieuse retraite était couvert d'un tissu de l'Inde, blanc et souple comme du duvet; le pied s'y enfonçait comme dans la neige nouvellement tombée. Une seule lampe, à globe rouge, était suspendue au plafond comme un rubis lumineux d'une grosseur fabuleuse. Çà et là étaient des coussins qui invitaient au repos, à la rêverie, à l'amour. Un parfum étrange et subtil embaumait l'air et troublait les sens comme une caresse.

Dragomira s'assit sur le divan placé au milieu du pavillon aux couleurs chatoyantes. Elle était sur une peau de panthère, et ses pieds reposaient sur la tête majestueuse d'un tigre.

Le comte restait debout devant elle, dans toute l'ardente extase de la passion.

« Vous m'avez attendu? dit-il enfin.

— Oui.

— Vous savez que j'ai quelque chose à vous dire?

— Oui.

— Et vous êtes disposée à m'entendre?

— Oui.

— Je vous remercie. Vous me rendez le courage qui commençait à me manquer.

— Il faut donc du courage pour causer avec une jeune fille?

— Avec vous, oui, Dragomira.

— Dragomira? moi? vous vous trompez.

— Comment! me tromper? interrompit le comte Soltyk; qui pourrait jamais vous avoir vue et ne pas vous reconnaître entre mille? Qui pourrait avoir vu le regard de vos yeux et l'oublier Qui pourrait ne pas le découvrir, même sous le masque? Oui, c'est vous, Dragomira, vous, avec toute votre puissance, votre froideur, votre cruauté!

— Moi, cruelle? parce que je ne vous crois pas? Je ne suis pas cruelle; je suis un peu prudente, voilà tout.

— Qu'avez-vous contre moi?

— Rien.

— En ce moment, vous ne dites pas la vérité.

— Si; je ne puis pas dire que quoi que soit me déplaise en vous.

— Oui, mais vous vous défiez de moi? »

Un léger sourire fut la réponse de Dragomira.

« Et pourquoi vous défiez-vous de moi?

— Ah! l'innocent! Avez-vous oublié ce que vous avez fait? La liste des péchés de Don Juan à côté de la vôtre est la confession d'un écolier. »

Soltyk sourit.

« Je connais ma réputation, dit-il, mais je vous donne ma parole d'honneur que la renommée a bien exagéré.

— Bien; mais en ôtant ce qu'il y a de trop, dit Dragomira, je crois qu'il en reste encore assez pour rendre votre canonisation invraisemblable.

— Je ne suis pas un saint; je n'ai jamais prétendu à cette gloire.

— Mais faut-il être le contraire?

— Que suis-je donc?

— Un scélérat, répondit Dragomira. Vous aimez Anitta et vous me faites la cour.

— On veut me marier avec Mlle Oginska, voilà tout.

— Tactique de jésuite. On veut unir deux familles puissantes et faire de vous un instrument politique.

— Vous pouvez bien avoir raison, murmura Soltyk, surpris au plus haut point de cette remarque, mais je ne suis pas bon à faire un instrument.

— Alors vous n'aimez pas Anitta?

— Non. »

Le comte était encore debout devant Dragomira; il s'assit alors sur un divan, auprès d'elle, de façon à avoir un genou en terre, et il lui saisit les mains en lui disant :

« Je vous aime! »

Dragomira rit de nouveau.

« Vous pouvez rire, je vous aime pourtant, et je vous jure que vous êtes la première que j'aime. Jusqu'à présent je n'ai connu que des fantaisies passagères, parfois un court enivrement, mais mon cœur était libre, et surtout ma tête. Ce que j'éprouve en face de vous, je le ressens pour la première fois. Je ne suis pas exalté, je ne suis pas amoureux, je ne suis pas du tout ivre de votre beauté. J'ai le sentiment que vous avez été créée pour moi, que votre âme est de la même essence que la mienne, que la vie sans vous n'a aucune valeur, et que la vie à côté de vous serait le paradis. Si ce n'est pas là de l'amour qu'est-ce donc ? »

Pendant qu'il parlait, les yeux de Dragomira s'attachaient sur son beau et mâle visage.

« Pauvre comte! dit-elle en relevant lentement la manche de son caftan, mais, en vérité, je commence à croire que vous m'aimez.

— Et vous me plaignez, s'écria Soltyk avec animation, parce que vous ne pouvez pas répondre à cet amour.

— Je ne vous aime pas...

— Parce qu'un autre possède votre cœur.

— Quelle impatience! ne m'interrompez donc pas.

— Alors, je vous demande en grâce...

— Je ne vous aime pas, mais mon cœur est encore libre; essayez de le conquérir. De tous ceux qui y prétendent vous êtes le seul qui ne me déplaise pas. »

Elle avait détaché une petite chaîne d'or qui entourait son beau bras et elle jouait avec.

« Vous me permettez donc d'espérer ?
— Oui.
— Oh ! que je suis heureux ! »

Le comte avait saisi ses mains et les couvrait de baisers. Elle le laissa faire pendant quelque temps, puis elle retira une de ses mains et lui passa la petite chaîne autour du bras.

« Que faites-vous ? Voulez-vous faire de moi votre chevalier ?
— Non, mon esclave. Vous voyez bien que je vous mets à la chaîne. »

Cependant un domino rose s'était approché de Zésim.

« Quoi ! seul ! lui dit-il ; où est l'enchanteresse qui t'a mis dans ses fers ?
— De qui parles-tu ? Je suis encore libre, répliqua Zésim.
— N'essaye pas de me tromper, tu n'y réussirais pas, continua le domino ; il n'y a déjà pas si longtemps, tu as juré à une autre que tu l'aimais. L'aurais-tu si vite oubliée, si un nouvel astre ne s'était pas levé sur ta vie ?
— Qui es-tu ?... Zésim parcourut du regard cette taille élancée, saisit les mains de l'inconnue, qui tressaillit, et les retint fortement en cherchant à lire dans ses yeux sombres.
— Non, ce n'est pas possible, murmura-t-il enfin ; je me suis trompé.
— Lâche-moi, dit le domino en suppliant.
— Pas encore ; j'ai une autre question à t'adresser.
— Eh bien ?
— Qui t'a envoyée ?
— Personne.
— Alors, dans quelle intention viens-tu ?
— Pour t'avertir. Un danger te menace.
— Un danger ?.. De la part de qui ?
— De la part de celle que tu aimes.
— Si tu veux que je te croie, dit Zésim ému, dis m'en davantage, dis-moi tout ce que tu sais. »

Les yeux sombres se reposèrent un instant sur lui avec une expression presque douloureuse.

« Soit, mais ce n'est pas ici le lieu. Tu entendras bientôt parler de moi. »

Les mains tremblantes se dégagèrent d'un mouvement énergique, et le domino à la taille élancée comme celle d'une jeune fille disparut rapidement au milieu du tourbillon de la fête.

DEUXIÈME PARTIE

I

CIEL ET ENFER

> ..... Belle comme la première femme, la pécheresse, séduite par le mauvais serpent, qui depuis n'a cessé de tromper, en étant trompée elle-même.
>
> LORD BYRON.

Deux jours après la fête du comte Soltyk, qui occupa longtemps encore toutes les sociétés de la ville, Zésim reçut une lettre sans signature. On lui donnait rendez-vous dans la même église où il avait eu son dernier entretien avec Anitta.

Il pensa immédiatement à elle. Sans aucun doute c'était elle qui voulait l'avertir; mais sa conversation avec le domino lui avait inspiré de la défiance, et il lui vint encore à l'esprit une autre pensée. Si Dragomira avait des vues sérieuses sur le comte, et cherchait à l'intimider, lui Zésim, au moyen d'une personne de confiance, uniquement parce qu'il était devenu tout à coup gênant?

Ce qu'il y avait d'énigmatique dans l'existence et les relations de Dragomira était pour lui une source d'inquiétudes toujours nouvelles; il ne pouvait parvenir à avoir en elle confiance pleine et entière. Il la croyait, quand il la voyait; il doutait d'elle, dès qu'elle était loin.

Quand le jour commença à baisser, Zésim se rendit à l'église indiquée. Devant la porte, il lui vint une nouvelle idée. Si Dragomira voulait seulement l'éprouver; si elle l'attendait elle-même?

Il hésita une minute, puis entra rapidement, bien décidé à mettre une fin à tous ses doutes.

L'église paraissait vide. Mais quand il s'approcha du maître-autel, il vit une dame agenouillée qui se releva au bruit de ses pas et vint à sa rencontre.

« Je vous remercie d'être venu, dit-elle en lui tendant la main.

— Est-ce possible? C'est vous, Anitta? murmura Zésim.

— C'est moi », répondit-elle avec tristesse, et elle écarta son voile.

Zésim regarda avec émotion son visage sérieux et pâli.

« J'ai peur pour vous, Zésim, dit-elle. Je ne sais pas ce que c'est, et je suis incapable de vous dire quelque chose de précis, mais, je le sens, un grand danger vous menace. Dragomira a quelque mystérieuse mission à accomplir; c'est une voix intérieure, un sombre pressentiment qui me le dit. Est-elle affiliée à une conspiration? appartient-elle à une secte de fanatiques? Je ne peux pas le découvrir; mais je sais qu'elle a jeté ses filets de votre côté et que vous deviendrez sa victime, si je ne réussis pas à vous sauver.

— Vous voyez les choses beaucoup trop en noir; je connais la famille, la mère de Dragomira…

— Qu'est-ce que cela peut prouver? Il y a des sociétés secrètes, des sectes religieuses fanatiques qui cherchent précisément des adhérents et des instruments dans le monde le plus distingué; et, croyez-moi, Dragomira est un de ces instruments.

— C'est possible; mais qu'importe que je périsse, puisque vous ne m'aimez pas, Anitta?

— Ne blasphémez pas, Zésim.

— Dragomira ne peut pas me trahir plus que vous.

— Elle vous poussera à la mort, s'écria Anitta. O Zésim! Ayez pitié de moi! Ayez pitié de votre mère! Au nom de cet amour qui remplit mon cœur, tout mon être… »

Elle s'arrêta; les larmes étouffaient sa voix; elle ne pouvait plus que lever vers lui les yeux et les mains avec une expression suppliante.

« Comment dois-je vous comprendre? dit Zésim amèrement. Quelle valeur ma vie peut-elle encore avoir pour la future comtesse Soltyk?

— Jamais je ne donnerai ma main au comte.
— Vous lui êtes pourtant fiancée.
— Qui vous l'a dit? Il m'a demandée et je l'ai refusé.
— Anitta! Est-ce vrai? mon Dieu! pourquoi ne me dites-vous cela qu'aujourd'hui?
— Je vous ai juré de vous rester fidèle.
— Vous avez raison; le coupable c'est moi, continua Zésim, je ne vous ai pas cru tant de fermeté. Une vanité puérile m'a poussé à renoncer à un trésor dont la possession ne me paraissait pas assurée; je ne voulais pas être trahi par vous et alors c'est moi qui vous ai trahie.
— Je ne vous en veux pas, murmura Anitta en lui prenant la main, je vous ai pardonné. Dites-moi seulement de quelle façon je pourrai vous sauver. Ce n'est pas votre amour que je veux; il ne s'agit que de votre vie.
— Ce sont des imaginations.
— Non, non. Je vous en supplie, brisez vos liens.
— Je ne peux pas; il est trop tard.
— Dites donc plutôt que vous ne voulez pas, que Dragomira vous a complètement aveuglé, que votre passion pour cette créature sinistre est plus forte que vous.
— Vous vivez dans un monde romanesque, dit Zésim en souriant; les dangers que vous voyez, vous les avez tout bonnement vus en rêve. Je vous assure que la réalité est loin d'avoir un aspect si terrible. Dragomira est sincère et loyale envers moi.
— Vous le croyez.
— Si cela peut vous tranquilliser, je vous promets d'être prudent.
— Oui, la prudence d'un somnambule! s'écria Anitta; je le vois, vous êtes tout à fait aveugle, et ce serait inutile de persister à vous avertir. J'y renonce, mais je vous protégerai, Zésim, malgré vous-même. J'accepte la lutte avec Dragomira et Dieu ne me refusera pas son assistance.
— Je ne vous comprends pas, Anitta; comment en êtes-vous arrivée à ces idées fantastiques?
— Il n'y a là rien de fantastique, dit-elle d'un ton sérieux et résolu, je suis une jeune fille toute simple, qui vous aime, et c'est tout. Adieu et soyez sur vos gardes.
— Vous reverrai-je, Anitta?
— A quoi bon? Maintenant, non. Plus tard peut-être... quand vous aurez brisé vos chaînes.

— Adieu. »

Zésim lui baisa la main et elle partit en hâte. Il resta immobile quelques instants, abîmé dans ses pensées, sous ces voûtes sombres.

Qu'était-ce donc que ce mystère dans lequel une volonté étrangère emprisonnait Dragomira? se demandait-il. Elle en était convenue elle-même et Anitta l'avait pénétrée. Qui étaient ces autres qui la menaient et l'employaient comme un instrument? Appartenait-elle à une secte et à laquelle? Pourquoi se défiait-il d'elle, et pourquoi ne pouvait-il la quitter, s'il doutait d'elle? L'aimait-il véritablement autant que cela? Et Anitta? Est-il possible d'aimer deux femmes en même temps? « Tu es le lien des deux natures qui se sont unies dans l'espace et dans le temps », chante Derschavine dans son ode à Dieu. Ces deux natures si souvent en désaccord se combattaient aussi en lui. L'une l'élevait vers la lumière, vers Anitta, l'autre l'entraînait dans cet obscurité sinistre où Dragomira vivait et régnait. Pensées contradictoires, émotions, projets, tout se croisait dans sa tête, dans son cœur, et il n'aboutissait à aucune résolution, à aucun acte. En ce moment encore, il ne savait à quoi s'en tenir. Les flots le poussaient en avant et il se demandait de nouveau où il allait.

Une heure après le départ d'Anitta, Bassi Rachelles se glissait déjà dans la chambre de Dragomira pour l'informer du rendez-vous des deux jeunes gens.

« Tu es sûre que c'était lui? demanda Dragomira.
— Le lieutenant Jadewski, aussi vrai que je suis ici.
— Et de quoi ont-ils parlé?
— De vous, noble maîtresse.
— De moi?
— Elle l'a averti de se tenir sur ses gardes, mais il n'a pas ajouté foi à ses paroles.
— Et n'ont-ils pas parlé d'amour?
— Non. Seulement, quand elle est partie; il lui a demandé s'il la reverrait, et elle a répondu : « A quoi bon? Maintenant, non. »
— Bien, tu peux t'en aller. »

Immédiatement après le départ de la Juive, Dragomira écrivit deux lettres, l'une au comte, signée des initiales de son nom; l'autre à Zésim, sans signature, avec une écriture contrefaite. Elle leur donnait rendez-vous à tous les deux à l'Opéra. Barichar se chargea personnellement de la lettre adressée à Soltyk, et confia à un facteur juif celle qui était destinée à Zésim.

Le comte était au théâtre avant le commencement de la représentation, et attendait avec impatience au pied de l'escalier qui conduisait aux loges. Son regard effleurait à peine les amis et les dames élégantes qui arrivaient. Mais lorsqu'il aperçut Dragomira à l'entrée du vestibule, son cœur se mit à battre avec impétuosité, et ses yeux restèrent fixés comme par l'effet d'un charme sur cette taille souple et élancée, sur cette tête entourée et illuminée de cheveux blonds.

Celle que Soltyk attendait avec une si ardente impatience était venue accompagnée de Cirilla qui s'était habillée avec un luxe à l'ancienne mode et représentait fort bien une dame de la noblesse de campagne. Soltyk se contenta d'ôter son chapeau, de saluer profondément et de dévorer des yeux Dragomira. Celle-ci de son côté lui fit un petit signe de tête avec une amabilité pleine d'aisance et passa devant lui comme devant une simple connaissance.

Zésim, qui était assis au parquet, vit Dragomira entrer dans sa loge et ôter son manteau de théâtre, tout brodé d'or scintillant. Elle resta debout un instant contre le rebord, et tous les regards se dirigèrent sur elle. En même temps le comte la contemplait avec une admiration muette.

« Où a-t-elle appris, pensait-il, à s'habiller ainsi ? Je sais pourtant qu'elle n'a pas été à Paris. »

Et, en effet, Dragomira était ravissante dans sa robe de soie brochée couleur héliotrope, richement garnie de dentelles jaune-pâle. La parure, merveilleusement simple, consistait en un petit bouquet de violettes naturelles, placé dans ses cheveux d'or et un autre attaché à son corsage.

Après le premier acte Zésim voulut lui rendre visite, mais le comte le prévint. Avec une fureur concentrée le jeune et bouillant officier le vit entrer dans la loge et porter à ses lèvres la main que Dragomira lui tendait en souriant. La conversation animée qui s'établit ensuite entre Dragomira et Soltyk augmenta de minute en minute le supplice de Zésim.

« Que se passe-t-il donc en moi ? se demandait-il ; je crois que je suis jaloux. »

Tous les doutes qu'Anitta avait remués en lui, toutes les sombres pensées que d'ordinaire un regard de Dragomira domptait et endormait, se réveillèrent et reprirent leur puissance.

Il crut qu'il allait étouffer, il sortit de l'atmosphère chaude et suffocante de la salle pour aller respirer l'air frais; puis il rentra, mais il ne reprit pas sa première place. Il se mit derrière une colonne du parterre; de là, il pouvait mieux observer Dragomira. Il espérait que le comte la quitterait au commencement de l'acte suivant, mais il avait eu tort d'espérer. Soltyk resta, et la conversation devint de plus en plus animée, de plus en plus intime. Ce ne fut qu'au moment où le rideau se levait pour la troisième fois que le comte la salua, et partit. Zésim monta l'escalier en courant et entra dans la loge de Dragomira, les joues rouges et les yeux enflammés.

Elle n'eut pas l'air de remarquer son agitation. Elle lui tendit gaiement les deux mains avec un mouvement d'une grâce exquise.

« Pourquoi si tard? lui demanda-t-elle; tu n'as donc pas reçu mon billet?

— Tu m'as écrit?

— Sans doute.»

Il sortit le billet doux anonyme... « Cette lettre...

— Est de moi; un badinage... Je voulais te surprendre, me faire bien belle et te tourner un peu la tête.

— Je suis ici depuis le commencement.

— Est-ce possible? dit Dragomira d'un air innocent. Je ne t'ai pas remarqué. »

Zésim lui adressa un regard moitié fâché, moitié reconnaissant, et porta sa main froide à ses lèvres brûlantes. Cependant, elle célébra son triomphe avec un sourire silencieux. Le bien-aimé lui appartenait de nouveau, et n'appartenait qu'à elle.

II

LA ROUTE DU PARADIS

> Même quand je marcherais par la vallée de l'ombre de la mort, je ne craindrais aucun mal ; car tu es avec moi Seigneur.
> PSAUM. XXIII, 4.

Une visite inattendue. Dragomira, la calme, la froide, la courageuse, ne put réprimer un tressaillement lorsque Barichar lui présenta la carte du P. Glinski. Elle se remit pourtant aussitôt et cria : « Entrez ! »

Barichar ouvrit la porte, et le jésuite s'approcha avec sa plus élégante révérence et son plus gracieux sourire.

« J'ai peur de vous importuner, dit-il, pendant que Dragomira s'asseyait sur un divan, et, d'un geste vraiment royal de sa main, l'invitait à prendre place près d'elle, mais l'intérêt qui m'amène est si sérieux, si important, pour ne pas dire si sacré, que j'ose compter sur votre pardon. Il s'agit du bonheur de mon cher comte, de celui que j'ai élevé, de celui que je considère comme mon enfant. »

Le P. Glinski fit une pause ; il attendait une question, une objection qui lui eût facilité le moyen d'arriver au véritable but de sa visite. Mais Dragomira ne vint nullement à son aide ; elle le regardait, au contraire, avec une certaine indifférence distraite qui semblait dire : « En quoi votre comte peut-il m'intéresser ? »

Le P. Glinski se passa la main droite sur la main gauche, puis la main gauche sur la main droite.

« Vous devinez bien, noble demoiselle, dit-il, de quoi il s'agit ?

— Non, je n'en ai aucune idée, répondit Dragomira avec une candeur qui déconcerta un instant Glinski, le fin diplomate de l'ordre de Jésus.

— Je voulais... oui... Avant tout, il faut que je vous fasse mon compliment, quoique j'arrive un peu tard. L'autre jour vous étiez superbe en sultane. »

Dragomira sourit.

« Je vous suis bien obligée, dit-elle, mais vous n'êtes pas venu chez moi, mon révérend père, pour me faire cette communication?

— Non, certainement, non, murmura le jésuite. J'ai seulement voulu faire la remarque que mon cher comte, lui aussi, semblait ravi de vous.

— C'est vrai, il m'a beaucoup fait la cour, dit Dragomira très naturellement.

— Alors, je ne me suis pas trompé, continua le P. Glinski; certes, on comprend très bien que le comte vous adresse ses hommages et que cet innocent triomphe vous soit agréable; mais ce qui vous fait plaisir à tous les deux prépare à d'autres des chagrins, de l'inquiétude, à moi particulièrement, à moi qui aime le comte comme un fils et qui ne veux que son bonheur.

— Maintenant, je ne vous comprends pas, mais pas du tout, c'est comme si vous me parliez une langue étrangère.

— Vous savez, pourtant, ma noble demoiselle, que le comte est fiancé.

— Oui, sans doute.

— Que cette alliance entre deux familles si honorables est désirée par tout le pays.

— Oui, je le sais aussi.

— Alors, pourquoi vous mettez-vous si cruellement en travers de nos beaux projets?

— Moi! Dragomira leva la tête et se mit à rire. Je n'y pense pas.

— Vous souffrez toutefois que le comte vous adresse ses hommages.

— Puis-je le lui défendre? Je serais tout simplement ridicule. Tant qu'il ne fait rien qui, d'après l'opinion du monde, soit blâmable ou inconvenant, je suis désarmée en face de lui.

— Vous détournez la question, répliqua Glinski; je suis sûr que vous encouragez le comte.

— Pas le moins du monde.

— Je vous en prie, mademoiselle, restons dans le sujet. Je n'ai pas à engager une dispute de mots. Ce serait un malheur pour nous tous si le mariage du comte et de Mlle Oginski n'avait pas lieu; et en ce moment vous êtes un obstacle à ce mariage. Je ne m'y trompe pas; voilà où en sont les choses; aussi, je vous supplie de renoncer au comte.

— Comment puis-je renoncer à ce qui n'est pas à moi? Le comte, jusqu'à présent, ne m'a adressé aucune parole d'amour; et soyez bien convaincu que s'il le faisait, je ne l'écouterais pas.

— Ce sont encore de pures défaites, mademoiselle; vous ne voulez pas du tout me répondre directement. J'y vois mieux que vous ne le croyez, et je suis bien sûr maintenant que vous avez des desseins arrêtés sur le comte.

— Faites-moi grâce, je vous en prie, de vos imaginations, dit Dragomira d'un ton froid et sérieux; je n'aime pas le comte; cela suffit, ce me semble.

— Pardonnez-moi, noble demoiselle, vous me comprenez mal. Je ne crois pas que vous ayez de projets sur son cœur.

— Encore moins sur sa main, dit-elle fièrement.

— Non plus que sur sa main, reprit le P. Glinski; vous avez d'autres desseins.

— Quels desseins?

— Je veux être de bonne foi, dit le jésuite.

— Ce sera difficile avec cette robe, répliqua-t-elle en raillant.

— Je vous le dis sincèrement, continua Glinski, je ne vois pas clair dans les desseins dont vous poursuivez la réalisations; mais ce dont je suis sûr, c'est que vous avez un but devant les yeux; et j'ai le pressentiment que ce que vous réservez au comte n'est rien de bon.

— Si j'ai vraiment des projets, dit Dragomira avec un calme glacial, ne vous donnez pas tant de peine; il est clair que je ne les abandonnerai pas si facilement.

— Voilà tout ce que je voulais savoir, reprit le jésuite; vous avouez donc que vous un plan arrêté à l'égard du comte.

— De grâce... Vous me mettez dans la bouche vos propres pensées. Je n'ai rien dit.

— Encore des mots, je ne joue pas sur les mots. Je suis forcé de voir désormais en vous le mauvais ange du comte, et j'ai le devoir de mettre tout en œuvre pour l'arracher à votre puissance. Je veux son bonheur, tandis que vous...

« — Qui vous dit, interrompit Dragomira, que je ne le veux pas, moi aussi? Chacun croit connaître la route du paradis; quelle est la vraie? Vous suivez la vôtre; moi, la mienne; et tous les deux nous espérons sincèrement arriver à la lumière éternelle. »

Le P. Glinski regarda Dragomira avec surprise.

« Vous voulez me barrer le passage, continua-t-elle, j'accepte le combat; je ne crains rien en ce monde, car Dieu est avec moi. »

Le jésuite resta muet. Si jusqu'à présent il avait cru pénétrer Dragomira, pour le moment il se trouvait tout à coup en face d'une énigme. Il eut de la peine à dissimuler son trouble. Il respira quand Henryka Monkony entra et mit fin à l'entretien. Pendant qu'elle embrassait Dragomira avec tous les transports d'une tendresse exaltée, il se leva et prit son chapeau.

« Vous partez déjà? dit Dragomira en souriant.

— Je pense que nous n'avons plus rien à nous dire, répondit Glinski en l'observant du coin de l'œil.

— Alors, c'est la guerre?

— Comme vous voudrez. »

Le jésuite s'inclina en jetant un regard de compassion sur Henryka qui, un bras passé autour de Dragomira, restait tout étonnée.

« Que voulait-il donc? demanda-t-elle, quand le jésuite fut parti.

— Il s'imagine que je veux enlever le comte à Anitta.

— Vous? »

Henryka éclata de rire.

« Comme si vous pouviez empêcher que tous les hommes perdent la tête dès qu'ils s'approchent de vous! Je crois sans peine que Soltyk brûle pour vous; mais cela vous est parfaitement indifférent, n'est-ce pas?

— Bien sûr.

— Vous êtes née pour être aimée, continua Henryka, mais vous êtes bien au-dessus de toute faiblesse terrestre; je le sens, et c'est justement ce qui m'entraîne vers vous avec une force surnaturelle. »

Dragomira s'était assise dans un fauteuil, près de la cheminée. Henryka se mit à genoux devant elle, et, levant ses yeux bleus enthousiastes, la regarda comme en extase.

« Oui, je vous adore comme un être supérieur, comme une sainte, continua-t-elle; auprès de vous toutes les autres me paraissent communes, vulgaires, même Anitta, que j'aimais auparavant comme une sœur.

— Ce n'est pas juste.

— Je ne peux pas faire autrement. Ne me repoussez pas, et, si je ne suis pas digne d'être appelée votre amie, laissez-moi du moins être votre servante.

— Quelle fantaisie, petite folle! lui répondit Dragomira, en la frappant légèrement sur la joue.

— Voulez-vous me rendre heureuse? Oui, n'est-ce pas?

— Certainement, si c'est en mon pouvoir.

— Alors, tutoyez-moi.

— Si vous le désirez, de tout mon cœur. »

Henryka l'enlaça dans ses bras et lui donna un baiser.

« M'aimes-tu aussi un peu? demanda-t-elle à voix basse.

— Oui.

— Alors je peux toujours rester auprès de toi?

— Que diraient tes parents? répondit Dragomira. Et puis... tu es une enfant, Henryka, ignorante, sans expérience; moi, au contraire, je suis initiée à des choses qui glaceraient plus d'un cœur d'homme. Tu ne connais pas la vie; le monde t'apparaît encore avec tout l'éclat et les parfums du printemps; moi, j'ai plongé mon regard dans l'abîme de l'existence; d'épouvantables mystères m'ont été révélés. Ah! crois moi, c'est un plus grand malheur de naître que de mourir. Tu ne sais pas combien est horrible la destinée de l'homme ici-bas; tu ne t'en doutes même pas; mais moi, je... je n'en sais que trop touchant cette misère.

— Et pourtant tu n'es pas découragée.

— Je ne crains rien en ce monde, car Dieu est avec moi! »

La voix de Dragomira, en prononçant ces paroles, vibrait comme une corde d'airain, et dans ses yeux brillait la flamme d'un fanatisme exalté et entraînant.

« Oui, tu n'es pas de la même espèce que nous, murmura Henryka toujours à genoux devant elle et la contemplant avec une sorte de crainte sacrée, tu m'apparais à la fois comme une prophétesse et comme un juge de l'Ancien-Testament, inspirée, pleine de Dieu et en même temps sévère et toute-puissante. Tu suis d'autres voies que nous. C'est une voix intérieure qui me le dit. Prends-moi comme compagne de ton pèlerinage; je te suivrai partout où tu voudras. Je vois devant moi le paradis perdu, et je ne puis en trouver la route; tu la connais, prends-moi avec toi. »

Dragomira la considéra longtemps avec des yeux sérieux et tristes; puis elle caressa légèrement de la main ses tresses brunes souples comme de la soie.

« Pauvre enfant, murmurait-elle, sais-tu seulement ce que tu désires? La route que je suis est pénible et semée d'épines, riche en douleurs, riche en larmes. Éloigne-toi de moi; je te le conseille.

— Non, non, dit Henryka d'une voix suppliante, je veux vivre et mourir à tes côtés.

— Toi, avec ce cœur si tendre?

— Je veux être ta servante, ton écolière, ton alliée!

— Penses-y bien.

— Je le veux, Dragomira, je le veux.

— Soit, je te mettrai à l'épreuve.

— Mets-moi à l'épreuve.

— Écoute-moi donc. »

Henryka se redressa un peu, et, les bras appuyés sur les genoux de Dragomira, les yeux fixés sur ce visage froid et rayonnant, attendit avec émotion ce qu'elle allait dire.

« La première chose que tu dois apprendre, continua Dragomira, c'est l'humilité; car l'orgueilleux ne peut pas comprendre Dieu et participer à son amour. Ce n'est que du plus profond abaissement que tu peux t'élever à la vraie croyance; voilà pourquoi le Christ a choisi autrefois ses disciples parmi les pauvres et les petits. Ta vanité supportera-t-elle de rejeter ces riches vêtements, de renoncer aux ornements de ta chevelure? Ton orgueil ne regimbera-t-il pas quand il te faudra servir chacun de tes frères et n'être servie par aucun; quand il te faudra n'offenser personne et subir avec calme les offenses de tous pour l'amour de ton Sauveur?

— Oui.

— Seras-tu obéissante, même quand les ordres qu'on te donnera te causeront de la honte et de la douleur?

— Oui.

— Pourras-tu renoncer aux joies de ce monde?

— Je suis prête à partir avec toi pour le désert.

— Si c'est là ta vraie et sérieuse résolution, Henryka, dit Dragomira avec la majesté d'une prêtresse, je consens à te nommer ma sœur au nom de Dieu, et tu devras me servir et m'obéir, jusqu'à ce que vienne le jour où tu auras assez fait pour Dieu et où il te recevra dans sa Nouvelle-Alliance. Et maintenant, je fais de toi ma servante. »

Elle se releva et lui donna un coup sur la joue :

« Tiens, baise la main qui t'a châtiée. »

Henryka obéit de bon cœur, et, toute transportée, elle se précipita aux pieds de Dragomira pour les couvrir de baisers.

« Je veux être ton esclave, murmura-t-elle ; il est si facile et si doux de t'obéir.

— Crois-tu ! répondit Dragomira ; pour le commencement je suis contente de toi. Tu entres sans hésiter dans ta nouvelle destinée. Mais il faut d'abord que tu me connaisses. Que Dieu te soit en aide, si tu t'appuies sur moi ! Désormais, tu n'as plus à penser, je pense pour toi ; tu n'as plus d'autre volonté que la mienne. Tu n'es rien et je suis tout. »

Elle releva la tête comme une souveraine et posa lentement le pied sur le cou d'Henryka, pendant que celle-ci, saisie d'une mystérieuse angoisse, pleurait doucement et en secret.

III

CARTES VIVANTES

> L'araignée tissa une toile pour prendre le cœur des hommes.
>
> SHAKESPEARE,
> *le Marchand de Venise.*

« Tu comprends bien, dit un matin Mme Oginska à son mari, pendant qu'ils prenaient leur café, que nous devons donner la revanche à Soltyk. »

Du moment que sa femme le désirait, Oginski éprouva aussitôt le même sentiment qu'elle.

« Tu penses, ma chère, que nous aussi nous devons donner une fête ?

— Oui certainement.

— Mais comment pourrons-nous jamais rivaliser de magnificence avec Soltyk ?

— C'est sans doute fort difficile, répondit Mme Oginska ; voilà pourquoi il faut imaginer quelque chose de tout-à-fait original. C'est ton affaire.

— Quelque chose d'original, oui ; mais comment trouver ce quelque chose d'original ? Je n'ai pas la tête inventive qu'il faudrait en cette occasion.

— Consulte les livres de ta bibliothèque ; ce sera une occasion de les épousseter. »

Oginski soupira, alluma sa pipe et se rendit dans sa bibliothèque.

Dans les ouvrages qu'il feuilleta, il ne trouva rien, il est vrai ; mais il lui vint une bonne idée, là, au milieu de ces hautes armoires. Il se souvint d'un vieil ami de collège qui avait eu la malheureuse fantaisie de devenir poète, et qui, à moitié mourant de faim, demeurait dans un galetas de la vieille ville, en compagnie d'un grand corbeau et de deux chats. Le vieux monsieur apparut triomphant devant sa femme et sa fille et s'écria :

« J'ai mon affaire !

— Quoi donc ? Fais-nous en part, que nous l'examinions.

— Non, non ; ce n'est qu'une idée qui n'est pas encore mûre. Je vais sortir et ruminer la chose. »

Il s'habilla et alla dans la ville. Il prit d'abord la précaution d'entrer chez un restaurateur français, à qui il commanda de porter au poète un grand pâté et une demi-douzaine de bouteilles de bon bordeaux. Puis il arriva lui-même, embrassa affectueusement son ancien compagnon d'études et lui présenta sa requête. Le poète avait déjà entamé le pâté et débouché une bouteille dont il avait bu la moitié ; aussi était-il de bonne humeur. Semblable à la prêtresse, à qui l'on allait demander des oracles, il s'enveloppa d'un nuage de fumée, qu'il tira de son chibouk et se posa un doigt sur le nez.

Il réfléchit à peine quelques minutes, et ce fut une vraie pluie de fantaisies de toute espèce, abondantes comme les fleurs au printemps, grandioses, baroques et sentimentales.

Oginski avait de la peine à aller assez vite pour tout noter sur son calepin. Après une nouvelle embrassade et deux baisers retentissants sur les deux joues, Oginski pleinement satisfait quitta la petite chambre. Un quart d'heure plus tard il entrait tout fier chez sa femme.

« Eh bien ! c'est fait ?

— Non, pas encore.

— Tu disais pourtant que tu avais une idée.

— Ah ! bien, oui, une idée ! J'ai vingt idées, toutes superbes ; écoute seulement. »

Il tira son calepin et se mit à lire. Sa femme le regarda, d'abord avec étonnement, ensuite — et pour la première fois — avec un certain respect.

« Joli ! très joli ! disait-elle de temps en temps, délicieux ! J'aurai de la peine à choisir. »

Enfin, on finit par s'entendre ; et après deux autres visites d'Oginski à son vieil ami, il se chargea lui-même de l'exécution du plan arrêté. Il choisit parmi les jeunes gens les personnes dont on avait besoin, indiqua les costumes, s'entendit avec les tailleurs, et quand tout fut en règle, organisa les répétitions nécessaires.

Le jour de la fête arriva. Anitta n'était pas du tout dans la disposition d'esprit d'une jeune fille heureuse de vivre, qu s'apprête à consacrer une nuit au plaisir. Elle n'en était pas moins occupée, avec l'aide de sa femme de chambre, à mettre la dernière main à sa toilette, quand sa mère entra et l'inspecta avec calme et par mesure de prudence, comme on examine une arme une dernière fois avant le duel ou la bataille.

« Tu es bien, mon enfant, dit-elle enfin, mais il faut mettre un peu de rouge; tu es pâle. »

Anitta haussa dédaigneusement les épaules.

« Qu'as-tu ? Il te manque quelque chose ?
— Tu le vois pour la première fois ?
— Ah! toujours la même fantaisie, murmura Mme Oginska, il te manque Jadewski? Nous ne pouvions pourtant pas l'inviter. Et c'est bien ce qu'il y a de mieux : tu n'en seras que plus à ton aise pour t'occuper du comte. Ne vois-tu pas que Dragomira veut te l'enlever? Ne le permets pas. »

Anitta eut un sourire ironique.

« Je lui cède Soltyk de tout mon cœur.
— Folle ! »

Les premières voitures arrivaient. Oginski était déjà en haut de l'escalier et introduisait en gémissant ses vastes mains dans des gants blancs trop justes. Les dames entraient. Le premier qui apparut fut le comte Soltyk.

« Quelle ponctualité, cher comte? dit Mme Oginska de sa voix la plus douce, avec son plus gracieux sourire.

— Quand on vient là où on est heureux de venir, on ne perd pas une minute.

— Je suis heureuse de voir que vous vous plaisez chez nous. »

Anitta ne disait pas un mot. Elle se tenait près de sa mère, immobile comme une morte; ses yeux sombres regardaient dans le vide, fixes comme des yeux sans vie.

Il s'écoula un assez long temps avant que la société fût complète. Pendant la polonaise que Soltyk conduisit avec la maîtresse de la maison, il arriva encore quelques invités en retard. Dragomira s'arrêta en outre dans la garde robe, où Henryka l'attendait. Elle entra dans la grande salle après la fin de la première valse. Elle était tout en blanc : robe de soie blanche garnie de dentelles blanches, et parure de grosses perles. A peine Soltyk l'eut-il aperçue qu'il reconduisit la danseuse à sa place et se dirigea vers Dragomira.

« Toilette symbolique, dit-il avec un amer sourire. Glace et neige !

— Et larmes, ajouta-t-elle, en faisant glisser entre ses doigts les perles qui entouraient son beau bras.

— Puis-je vous demander la faveur d'un tour?

— Je vous remercie, je ne danse pas.

— Pas même une française?

— Une seulement... en costume. Je ne pouvais pas m'en dispenser; mais pour celle-là, je suis engagée d'avance.

— Alors vous êtes dans la surprise qui nous attend.

— Oui.

— Je n'en suis que plus curieux.

— De pareilles choses ont donc encore quelque intérêt pour vous?

— Pourquoi pas ? repartit le comte, j'aime la magnificence, l'éclat, la lumière, la couleur, tout ce qui nous offre un éclat inaccoutumé, et nous fait oublier, pendant quelques instants, la monotone et terne réalité qui menace de nous étouffer.

— Je comprends, nous vous servons d'opium.

— Pourquoi pas? Un beau rêve n'est pas à dédaigner. La vie aussi n'est qu'un rêve, mais il est laid.

— Vous trouvez? Dragomira lui lança un regard pénétrant.

— Oui.

— Et est-ce là une pensée sérieuse de votre part, ou une de vos sauvages et capricieuses idées de sultan?

— C'est tout à fait sérieux, trop tristement sérieux.

— Alors donnez-moi votre main, mon frère en douleur. »

Soltyk saisit rapidement la main que lui tendait le beau sphinx et une légère pression fit passer de l'un à l'autre comme une décharge électrique.

Quand la valse fut terminée, Oginski traversa la salle, et, par un léger signe à la manière des francs-maçons, appela dans la garde-robe tous ceux qui participaient à la mise en scène de son idée. Il y eut une petite pause, puis on vit entrer douze couples en costume national polonais, qui se mirent à danser une mazurka. Les couleurs différaient par deux couples; aussi les mouvements rapides des figures, les allées et venues des Kontuschi et des Konfédératki rouges, bleus, verts, jaunes, blancs et lilas qui s'entrecroisaient et se mêlaient, produisaient un charmant tableau et faisaient prendre patience aux spectateurs ravis, pendant le temps dont les absents avaient besoin pour se costumer. Il y eut une nouvelle pause. Puis, les portes s'ouvrirent à deux battants et un splendide cortége fit son entrée dans la salle. En tête marchait Oginski, vêtu du magnifique costume des maréchaux du palais de l'ancienne Pologne, le bâton à la main, comme un hérault de fête; ensuite venait une troupe de musiciens avec le costume turc du siècle dernier; enfin s'avançait un jeu de cartes françaises vivantes, qui représentaient les quatre nations les plus considérables ayant pris part à la guerre de Sept Ans.

D'abord la France figurée par le Cœur. L'as était un page portant le drapeau du royaume. Venait ensuite le roi Louis XV, conduisant par la main Anitta, en marquise de Pompadour. Derrière eux, le duc de Soubise faisait le valet. Il était immédiatement suivi de neuf gardes françaises figurant les neuf autres cartes. Chaque personnage portait sur la poitrine la carte dont il jouait le rôle.

Pique suivait, représenté par la Prusse. Un jeune courtisan avec le drapeau prussien faisait l'as, le grand Frédéric faisait le roi, Henryka la reine, Ziethen le valet, des grenadiers prussiens les autres cartes de deux à dix.

Carreau était figuré par l'Autriche. La grande et blonde Livia, aux formes opulentes, représentait Marie-Thérèse d'une façon splendide. Elle s'avançait fièrement, sa main posée sur celle de son époux François Ier; derrière, l'étendard autrichien. Le maréchal Daun suivait comme valet, à la tête des pandours en manteau rouge.

Enfin venait le Trèfle figuré par la Russie. Un soldat de la garde de Préobraschenski portait le drapeau. Dragomira représentait la czarine Élisabeth, dont le favori, Alexis Rasumowski, tenait la place du roi. Le général comte Apraxin et des cosaques fermaient la marche.

L'effet produit fut immense. Sur les visages des spectateurs se peignaient l'étonnement, le plaisir, l'admiration. De temps en temps un murmure flatteur se faisait entendre. Quand le cortége eut défilé trois fois autour du grand salon, les cartes vivantes se groupèrent le long de la paroi principale et formèrent des tableaux éblouissants de couleurs; les rois et les reines se tenaient au premier rang.

Ce fut alors une véritable tempête d'applaudissements; on battait des mains et l'on criait bravo comme au théâtre.

Les gardes françaises et les grenadiers prussiens représentèrent une espèce de pas d'armes; puis les Russes et les Autrichiens réunis dansèrent la sauvage et pittoresque Cosaque;

enfin les quatre couples royaux exécutèrent un menuet. Après quoi tous ces personnages se séparèrent, et les messieurs se pressèrent autour des quatre reines pour leur présenter leurs hommages.

Dragomira fut la première qui se déroba à ce feu d'artifice de galanteries. Son regard cherchait Soltyk, qui se tenait à l'écart et se contentait de la contempler avec une muette admiration. Elle lui fit signe avec son éventail, et il arriva immédiatement auprès d'elle.

L'orchestre fit alors retentir de nouveau ses airs entraînants à travers les vastes salons, magnifiquement décorés; de nouveau recommencèrent les légères déclarations, les fugitives promesses, les volages refus, les tendres regards des yeux jaseurs, les charmants bavardages des lèvres épanouies, le tourbillon de la danse échevelée. Mais il y avait deux créatures humaines qui s'étaient éloignées de cet ardent tumulte et qui ne semblaient respirer que l'une pour l'autre, comme si elles s'étaient trouvées dans une île déserte. Le comte et Dragomira s'étaient réfugiés dans un petit cabinet où le bruit de la musique, des voix joyeuses, des robes frémissantes ne parvenaient plus qu'adouci comme le lointain murmure de la mer. Elle était assise sur un petit sofa, dans un coin, et lui, sur un tabouret, en face d'elle. De temps en temps ils échangeaient deux ou trois mots, pas plus, mais ils se regardaient et chacun lisait dans les yeux de l'autre. Il se penchait vers elle; son éventail seul les séparait; mais elle n'avait pas besoin de protection; elle ne savait pas ce que c'est qu'une faiblesse. Mais à travers cette glace dont elle était enveloppée s'échappait une douce chaleur qui encourageait le comte. Il sentait qu'elle ne le regardait pas comme tous les autres et il commençait à espérer.

Il lui prit la main à l'improviste. Elle ne la retira pas et laissa même tomber l'autre avec l'éventail; mais ses yeux froids le tenaient immobile comme par l'effet d'un charme.

« Dragomira... murmura-t-il?

— Que voulez-vous? demanda-t-elle avec calme.

— Que vous m'écoutiez.

— A quoi bon? Je sais ce que vous me direz. Et vous devez connaître aussi ma réponse.

— Quand vous me l'aurez faite.

— Je n'ai qu'une réponse à vous faire : Souvenez-vous de vos devoirs,

— Vous ne croyez pourtant pas que je sois homme à supporter des chaînes qui me pèsent?

— Non, je ne le crois pas! dit Dragomira après l'avoir regardé un instant d'un œil interrogateur; mais, pour cette fois, cela suffit. Laissez-moi, maintenant. »

Le comte obéit sans même risquer un regard de protestation, et Dragomira resta seule mais pas longtemps. La portière s'écarta brusquement et Anitta entra.

« Je vous demande pardon, dit-elle, je croyais trouver le comte ici.

— Étrange idée! répliqua Dragomira avec un mauvais sourire.

— Avec vous, c'est justement ce qu'il y a de plus étrange qui est le plus ordinaire.

— Comment dois-je vous entendre?

— Ne croyez toujours pas que je vous dispute Soltyk. »

Dragomira se leva, saisit la main d'Anitta et attacha son froid regard menaçant sur la pauvre jeune fille tremblante.

« Ne vous trouvez pas sur mon chemin, murmura-t-elle, je vous en avertis, j'ai encore pitié de vous, mais ne me défiez pas. »

Elle sortit lentement pendant qu'Anitta, muette d'effroi, la suivait des yeux.

IV

DANS LE LABYRINTHE DE L'AMOUR

> « Il nourrit les serpents qui lui rongent le cœur. »
> (SHELLEY, *la Reine Mab*.)

Après M. Oginski, ce fut au tour de M. Monkony, père d'Henryka, de donner une fête. On devait se rendre en traîneau à sa propriété de Romschin, située au delà de Myschkow, à quatre lieues de Kiew, au bord de la grand'route.

Vers midi, les traîneaux se rassemblèrent devant la maison de Monkony à Kiew. Les arrivants montaient l'escalier et faisaient, debout, un vrai déjeuner à la polonaise dans la salle à manger où régnait une agréable chaleur. On y faisait surtout honneur aux différentes variétés de masurki (tartes polonaises) et aux liqueurs. Chaque traîneau devait contenir une dame et son cavalier. Les costumes rappelant le temps de Stanislas-Auguste unissaient le style rococo à l'ancienne somptuosité polonaise.

Zésim Jadewski fut au nombre des invités. Dragomira l'avait exigé, et Henryka s'était empressée de mettre son nom sur la liste. Il trouva Dragomira sur le palier du premier étage. Il ne la reconnut que quand ses yeux froids lui sourirent tendrement et que sa petite main sortit, pour le saluer, de la large manche de la jaquette de velours vert à passementeries d'or, garnie de zibeline. Elle était, en effet, d'une beauté vraiment étrange sous la poudre blanche qui couvrait, comme une neige éblouissante, ses cheveux étagés en hautes frisures. Zésim hésita à prendre sa main.

« Il paraît que tu ne me connais plus, dit la belle jeune fille avec un ton d'aimable badinage.

— C'est vrai, répondit Zésim. Comment dois-je comprendre ce qu'on me raconte de toi ? Qu'est devenue la nonne de Bojary ?

— Eh bien, qu'est-elle donc devenue ?

— Une dame du monde.

— C'est toi qui le voulais.

— Une coquette triomphante.

— Naturellement.

— L'idole du comte Soltyk.

— C'est vrai aussi. Qu'est-ce qu'il y a encore ?

— Dragomira, veux-tu me faire souffrir, ou bien ne m'aimes-tu plus ?

— Tu es tout bonnement fou, dit-elle avec une grâce inimitable ; donne-moi le bras. »

Zésim obéit.

« Et si je veux ensorceler Soltyk, continua-t-elle, j'ai un but bien déterminé. Il n'est pas question d'amour dans tout cela.

— Prouve-le-moi en me prenant aujourd'hui pour ton cavalier.

— Volontiers. Cependant cela ne dépend pas de moi, mais du P. Glinski. »

Une fois entré, Zésim prit le jésuite à part et lui présenta sa requête. Celui-ci sourit finement.

« Je ne puis rien faire, répondit-il ; c'est le sort qui doit en décider.

— Si vous le voulez bien, mon révérent père, le sort me sera favorable. »

Glinski sourit de nouveau et serra furtivement la main de Zésim.

Deux vases qui contenaient les billets du tirage furent apportés par des cosaques. Anitta et Dragomira furent chargées de tirer les billets qui devaient aller ensemble.

Le P. Glinski les lisait et les jetait dans un troisième vase, si bien que tout contrôle était impossible. Il arriva donc que Soltyk fut le cavalier d'Anitta et Zésim celui de Dragomira.

Quand les derniers billets eurent été ouverts, on se hâta de s'envelopper ; puis toute la brillante société descendit précipitamment l'escalier et monta dans les traineaux. Il fallut quelque temps pour se mettre en route. En tête chevauchait un hérault vêtu de l'ancien costume polonais aux armes de Monkony. Venaient ensuite six trompettes et deux timbaliers, vingt cosaques, un grand traineau avec un orchestre de musiciens habillés à la turque, un deuxième traîneau rempli de masques grotesques de toute espèce, ours, juifs polonais, moines mendiants, coqs gigantesques et personnages de la pantomime italienne. Puis venaient les traîneaux avec les messieurs et les dames : Oginski et madame Monkony, Monkony et madame Oginska, Soltyk et Anitta, Henryka et Bellarew, Zésim et Dragomira. Les traîneaux étaient escortés de jeunes cavaliers en costume polonais. La marche était fermée par des Cracoviens coiffés du bonnet rouge carré, orné de plumes de paon, et montés sur de petits chevaux dont les crinières étaient décorées de rubans de diverses couleurs.

A peine était-on sorti de la ville que chevaux et traîneaux se mirent à courir, comme s'ils volaient, sur la magnifique couche de neige qui recouvrait la route. Villages, hameaux, bois, collines disparaissaient rapidement derrière le cortège qui semblait entraîné par quelque bonne fée et qui arriva en un clin d'œil à Romschin, où les paysans l'attendaient en habits des dimanches et l'accueillirent par de joyeuses acclamations.

Au bas de l'escalier se tenait le maréchal du palais, vêtu à l'ancienne mode polonaise, avec son bâton. Il était entouré de domestiques portant le costume du siècle dernier. Derrière le château, les petits canons de fer, nobles joujoux du temps des menuets et de la queue, tiraient des salves de bienvenue.

On monta deux à deux. Quand on se fut débarrassé des vêtements d'hiver et que les dames eurent rajusté leurs toilettes devant le miroir, on passa à table. La vieille et massive argenterie de la famille s'étalait dans toute sa splendeur et les babi (gâteaux) s'élevaient en forme de tour de Babel à une hauteur incroyable.

Pendant le dîner le ciel s'obscurcit et peu de temps avant le dessert la neige se mit subitement à tomber, non pas en flocons, mais en masses énormes. C'était comme si le ciel blanc de l'hiver se fût précipité tout d'un coup sur la terre. En même temps il s'élevait une violente tempête qui ne tarda pas à souffler avec rage à travers les fenêtres et les portes; les murs en étaient ébranlés, et dans les cheminées retentissait un bruit comparable à celui des trompettes du jugement dernier.

Le maréchal annonça avec une mine toute déconfite qu'un ouragan de neige, ce simoun d'hiver des plaines sarmates, était en marche. Dans le premier moment tous se regardèrent avec perplexité, car plus d'une fois (et les exemples ne manquaient pas), cet hôte sauvage des steppes avait littéralement enseveli pour bien des jours de vastes étendues de pays sous son lourd et éblouissant linceul; si bien que les habitants avaient été emprisonnés dans leurs maisons par des murailles de glace et de neige. Mais Monkony prit immédiatement la chose par le côté amusant.

« Que pourrais-je souhaiter de mieux, comme maître de maison, s'écria-t-il, que de vous voir tous, mes chers hôtes, devenus mes prisonniers pour une semaine? Nous ne risquons de mourir ni de faim ni de soif; la musique ne nous manquera pas non plus. Le seul malheur, je vous en préviens tout de suite, c'est que les jeunes gens seront forcés de coucher tous ensemble dans la salle de bal, sur la paille. »

Les rires et les applaudissements éclatèrent. Personne ne songea plus à s'attrister. Chacun s'abandonna sans souci au plaisir et laissa la tempête continuer à faire rage.

On sortit de table, par conséquent, beaucoup plus tard qu'on n'y avait compté. Un rideau blanc séparait le château du reste du monde, et la nuit vint, naturellement, plus tôt que d'habitude. On alluma les bougies des candélabres et des appliques dorées, et comme on trouva qu'il était trop tôt pour danser, la jeunesse organisa différents amusements, pendant que les personnes plus âgées se faisaient dresser des tables de jeu.

Quand Zésim, Soltyk et Sessawine eurent épuisé toute leur verve, le P. Glinski proposa de représenter des tableaux vivants. Cette proposition fut très favorablement accueillie, et l'on se mit tout de suite à l'exécution.

On improvisa une scène dans la chambre d'à côté; les battants de la porte furent enlevés et remplacés par des portières; les chaises furent disposées en rang pour les spectateurs.

Le premier tableau représenta Judith et Holopherne. Soltyk faisait le général assyrien. Il était étendu et dormait sur un divan turc. Devant lui, debout, se tenait Dragomira, drapée dans un tapis de table brodé d'or. Ses cheveux dénoués tombaient autour d'elle en flots d'or; elle avait une riche parure de perles; le bras levé et tenant un kandgiar, elle semblait prête à lui trancher la tête.

Quand le rideau fut fermé, Dragomira s'assit rapidement à côté du comte.

« Avez-vous compris ? lui murmura-t-elle en souriant, on vous avertit de vous défier de moi ; prenez bien garde à votre tête.

— L'avertissement vient trop tard.

— Vous dites cela d'un air bien tragique.

— C'est que j'éprouve aussi quelque chose de bien étrange. Je suis comme si un corsaire turc m'avait enchaîné sur sa galère. Je sens que je me perds auprès de vous, et pourtant je ne puis m'affranchir de vous. »

Le jésuite commençait à s'occuper du second tableau. Dragomira se retira dans un coin, où se trouvait un vieux fauteuil, et Soltyk la suivit.

« Vous me faites des reproches, dit-elle ; en avez-vous bien le droit ?

— Certainement ; vous m'appelez votre frère en douleur ; j'ose espérer qu'il existe entre nous un lien mystérieux qui nous sépare des autres hommes, et il me faut découvrir que vous avez pour un jeune officier insignifiant un sourire incomparablement plus aimable et des regards beaucoup plus ardents que pour moi.

— Ah ! vous êtes jaloux ?

— Oui certainement, je le suis.

— C'est tout à fait charmant ; cela m'amuse beaucoup. »

La sonnette annonça le deuxième tableau. C'étaient les Quatre Saisons. Anitta représentait le Printemps, Henryka l'Eté, Kathinka l'Automne et Livia l'Hiver.

Le P. Glinski appela Soltyk pour le troisième tableau.

« Laissez-moi en repos, dit tout bas le comte.

— Oh ! pas pour le moment, répondit le jésuite de la même façon ; ne voyez-vous donc pas que votre conduite est faite pour surprendre et blesser ? »

Soltyk le suivit à contre-cœur.

« Vous avez peut-être en tête quelque nouvelle allégorie ? demanda-t-il ironiquement.

— Alors vous m'avez compris, répondit le P. Glinski ; vous avez besoin d'un ange gardien, et c'est moi qui suis le vôtre. Je ne sais pas encore ce que projette cette jeune fille ; mais je soupçonne, je pressens qu'un danger vous menace de sa part.

— Un danger ? Et pourquoi pas ? dit Soltyk d'un ton de souverain orgueil ; mais ce qui m'attire, c'est ce danger, et par conséquent aussi cette tigresse. »

Le troisième tableau représentait une scène du poème de *Grazyna*, d'Adam Mickiewicz. Livia, en Grazyna, vêtue d'une peau d'ours et armée, meurt victorieuse et est retrouvée sur le champ de bataille par ses fidèles, qui la pleurent.

Une vraie tempête d'applaudissements accueillit ce tableau, qui dut être montré une seconde fois. On vit encore Kathinka en conductrice d'ours, et Bellarew en ours supérieurement dressé. Puis les musiciens accordèrent leurs instruments, et la danse commença par une polonaise que Monkony conduisit avec Mme Oginska. Le cortège, aux brillants costumes, se pliant et se dépliant comme un serpent gigantesque, suivait de salle en salle, de palier en palier, d'étage en étage.

Soltyk conduisait Anitta, pour sauver les apparences. Mais à peine la polonaise était-elle finie, qu'il alla rejoindre Dragomira, assise à moitié dans l'ombre, derrière une colonne.

« Quoi ! seule ?
— Je vous ai attendu, dit-elle.
— Qu'êtes-vous donc réellement, Dragomira ? un ange, un démon, une tigresse, une coquette ?
— Peut-être tout cela ensemble.
— Et que voulez-vous de moi ?
— Vous ne le savez pas encore ? »

Elle attacha sur lui un regard noble et calme, un regard de ces yeux mystérieux auquel nul cœur ne résistait.

« Non, je ne le sais pas.
— Je ne vous aimerai jamais, car je ne peux pas aimer, dit-elle, mais je veux que vous m'aimiez.
— Et si je vous aime, qu'arrivera-t-il ensuite ?
— Ensuite ?... Vous le saurez toujours à temps. »

On dansa toute la nuit jusqu'au matin. Cependant la tempête s'était calmée, et des milliers de paysans commencèrent immédiatement à creuser des tranchées dans la neige et à déblayer la route. Le soleil rougissait déjà les cimes couvertes de neige des peupliers qui entouraient le château de Romschin, lorsqu'on alla se reposer au milieu d'une nuit artificielle obtenue à l'aide de sombres rideaux et d'épaisses tapisseries. Quant aux jeunes gens, comme le leur avait annoncé Monkony, ils couchèrent dans la salle à manger, sur la paille.

V

LE PURGATOIRE

> « Disciplines, veilles, jeûnes, voilà mes
> armes contre l'enfer. »
> EICHENDORFF.

On s'éveilla à midi, par un beau soleil. Quand le maréchal du palais, suivi de nombreux domestiques armés de grands balais, eut expulsé les jeunes gens de la salle à manger, la paille fut balayée et la table rapidement mise. Peu à peu, toute la société en belle humeur se trouva réunie pour le déjeuner. Dragomira seule manquait. Elle ne se sentait pas à son aise, comme l'annonça Henryka, et désirait se reposer encore. Pour ne déranger personne, Henryka offrit de rester auprès de Dragomira, ce à quoi ses parents consentirent. Après le déjeuner, le cortège des traîneaux revint à Kiew dans l'ordre de la veille.

Henryka et Dragomira restèrent seules à Romchin, comme elles l'avaient prémédité.

Quand Henryka s'approcha du lit de Dragomira pour lui annoncer le départ des autres, Dragomira se mit à sourire.

« Ils se sont donc réellement laissé tromper, dit-elle.

— Ils n'ont été que trop bien trompés, répondit Henryka ; Soltyk en était pâle et m'a demandé secrètement si tu étais sérieusement souffrante. »

Dragomira s'assit dans son lit.

« Maintenant je veux me lever ; viens, esclave, sers-moi.

— Ne veux-tu pas d'abord déjeuner ?

— Si, je le veux, mais promptement. »

Elle donna à Henryka un léger coup avec la main.

« Mais toi, tu dois jeûner rigoureusement, entends-tu ? »

Henryka fit signe que oui de la tête, et quitta la chambre pour revenir bientôt avec un plateau sur lequel elle apportait le café de Dragomira. Elle se mit à genoux devant le lit et tint le plateau pendant que Dragomira prenait lentement son café.

« Puis-je avoir un bain? demanda Dragomira quand elle eût fini.

— Certainement.

— Alors, occupe-t-en; dépêche-toi. »

Henryka sortit en toute hâte de la chambre. Quand elle revint annoncer que le bain était prêt, Dragomira s'assit au bord du lit et Henryka à genoux, lui mit ses pantoufles. Puis elle l'aida à passer sa pelisse et la conduisit dans la salle de bain, dont le sol était recouvert de tapis, et dont les fenêtres étaient fermées par des rideaux d'un rouge sombre. Dragomira agit absolument comme une sultane : elle se laissa déshabiller par Henryka, qui l'aida à entrer dans le bain, et, quand elle en sortit, Henryka l'essuya avec de grandes serviettes turques, douces et souples. Puis, enveloppée d'une molle fourrure, elle s'assit dans un fauteuil, auprès du poêle, pendant qu'Henryka, comme une servante du sérail, à genoux sur le tapis, lui essuyait les pieds et lui remettait ses pantoufles. De retour dans sa chambre, elle ordonna à Henryka de la coiffer. Celle-ci avait déjà peur d'elle, et dans son agitation n'était pas tout à fait maîtresse des mouvements de ses mains tremblantes. Dragomira lui adressa d'abord une sévère remontrance, et ensuite la frappa violemment à la joue. Henryka devint rouge comme la pourpre et ses beaux yeux se remplirent de larmes. Dragomira lui donna aussitôt un second coup. Henryka se prosterna à ses pieds et baisa la main qui venait de la frapper.

« Punis-moi, murmurait-elle, je le mérite, j'ai agi comme un enfant. »

Dragomira la regarda.

« Va-t-en, si tu ne veux pas obéir ni servir.

— Si, je le veux! dit Henryka en levant des mains suppliantes.

— Tu es encore beaucoup trop orgueilleuse; il faut devenir bien plus humble que tu ne l'es. Mais je veux te fouler aux pieds. Prends patience, ma tourterelle. »

Quand Dragomira, avec l'aide d'Henryka, eut terminé sa coiffure et sa toilette, elle demanda à manger.

Henryka dressa immédiatement la table dans la chambre d'à

côté et servit Dragomira. Puis leur traîneau s'avança devant la porte du château, et les deux jeunes filles partirent pour Myschkow.

Le soleil était couché; des brouillards gris, aux formes de spectres, montaient et se massaient autour du manoir. Elles entrèrent comme par la porte sombre et fumeuse de l'enfer.

Il n'y avait personne quand elles descendirent du traîneau.

La maison semblait dévastée par la mort. Le cocher appela; il vint une vieille femme qui ouvrit la porte.

Pendant que le traîneau, sur l'ordre d'Henryka, continuait sa route vers Kiew et que le son de ses clochettes s'évanouissait dans le lointain, Dragomira faisait passer la novice à travers plusieurs chambres vaguement éclairées, et l'introduisait dans une petite salle dont les murs était nus et dont les fenêtres étaient fermées par des volets de bois. La vieille posa une lampe sur la table qui était dans un coin et disparut. Henryka remarqua alors une trappe ménagée dans le plancher, et un léger frisson lui parcourut le corps.

« Tu as peur, dit Dragomira tranquillement, si tu manques de courage, tu es encore à temps pour retourner sur tes pas. Je ne te force en rien.

— Non, je n'ai pas peur; je te suivrai partout où tu m'ordonneras d'aller. »

Dragomira ordonna alors à sa victime d'ôter les riches vêtements et les bijoux qu'elle portait et de mettre une grossière robe grise de pénitente qui était toute prête sur une chaise. Puis elle leva la trappe et ordonna à Henryka de passer devant elle. Après avoir descendu une série de marches, elles se trouvèrent dans un caveau souterrain qui n'était que faiblement éclairé par une lampe. Dans un coin était une botte de paille, et près de cette botte un anneau de fer attaché au mur. Dragomira mit de lourdes chaînes aux mains et aux pieds d'Henryka qui tremblait, et l'attacha ensuite à l'anneau de la muraille.

« Prie et fais pénitence, dit-elle avec une sévérité impitoyable dans le regard et dans la voix. Je reviendrai quand il sera temps. »

Elle remonta rapidement l'escalier et ferma la trappe. Puis elle tira la corde d'une cloche et l'apôtre apparut.

« As-tu amené une nouvelle disciple? demanda-t-il.

— Oui, elle est en bas; elle vient de commencer sa pénitence.

— A-t-elle du courage?

— Oui, mais elle est fière. Il faut d'abord briser son orgueil.

— Qui pourrait y réussir, sinon toi? reprit l'apôtre. Maintenant elle est dans ta main; ne la ménage pas. Les créatures humaines doivent être dressées comme les chiens, si l'on veut qu'elles vaillent quelque chose. En tout homme se cache le diable. Chasse-le de la pénitente, foule-le aux pieds; le serpent que tu auras écrasé se changera bientôt en ange. Montre-toi forte et Dieu sera avec toi. »

Quand Henryka eut passé quelques heures à pleurer et à prier dans la plus profonde solitude, Dragomira apparut de nouveau, lui ôta ses chaînes et la ramena en haut dans la petite salle.

« Es-tu prête pour le second degré de la pénitence? demanda-t-elle en l'observant avec soin.

— Je suis prête, lui répondit Henryka, tout à fait soumise, en tombant à genoux devant elle. Dragomira lui enleva sa robe de pénitente de dessus les épaules et saisit une discipline. Mais, lorsqu'elle vit Henryka frissonner, elle ôta elle-même ses riches vêtements.

« Je vais te donner du courage, dit-elle avec un sourire dédaigneux, prends la discipline, et frappe-moi. Je suis aussi coupable que toi. Frappe! » Pendant qu'Henryka se levait et saisissait machinalement la discipline, Dragomira, le visage tourné vers le ciel avec une expression d'extase, s'agenouillait devant elle et murmurait un des psaumes de la pénitence.

« Châtie-moi donc! es-tu lâche! »

Henryka leva la discipline et frappa, une fois, deux fois, puis elle laissa retomber son bras.

« Je ne peux pas, murmura-t-elle, donne-moi une autre victime; mais toi, je ne peux pas te maltraiter.

— Folle! »

Dragomira se releva et s'enveloppa lentement de sa pelisse.

« Lâche pour faire faire pénitence aux autres! Je le vois bien; pour la première fois il faut t'attacher.

— Enchaîne-moi. »

Henryka tendit ses mains; Dragomira les lui lia derrière le dos en un instant, puis saisit la discipline.

« Prie, repens-toi de tes péchés, implore la miséricorde de Dieu! »

Henryka commença à murmurer un psaume que Dragomira lui avait appris, et Dragomira leva la discipline. Henryka frémissait de douleur. Pendant longtemps on n'entendit rien que les coups qui tombaient et les gémissements de la pénitente. « Pour l'amour de Dieu, pitié! pitié! s'écria-t-elle tout à coup, en se prosternant le visage contre terre devant Dragomira.

— J'ai pitié de toi, quand je t'aide à expier tes péchés, » répondit Dragomira.

En même temps, elle mettait son pied sur la nuque de sa victime, pour qui commença seulement alors le véritable purgatoire. C'est en vain qu'Henryka se tordait devant elle dans la poussière; Dragomira n'avait ni cœur ni nerfs; elle était possédée par une seule pensée, celle de servir son Dieu, un Dieu aussi horrible que le Moloch des Phéniciens.

Enfin elle s'arrêta. Henryka était étendue devant elle, dans la poussière, complètement anéantie, dans l'état où elle la désirait. Un signe d'elle suffisait; la pauvre créature obéissait avec autant de peur que d'humilité.

« Baise la main qui t'a fait du bien, » ordonna Dragomira.

Et Henryka baisa cette main cruelle.

« Baise le pied qui t'a humiliée. »

Henryka baisa le pied.

Dragomira lui délia les mains. Henryka n'osait pas encore se relever.

« Habille-toi ! »

Henryka recouvrit ses épaules qui saignaient.

« Le troisième degré de la pénitence, continua Dragomira, montrera si tu es capable de crucifier ton cœur, de vaincre ta compassion, et si tu as le courage d'exécuter les commandements de notre croyance. Prends ta pelisse, et suis-moi. »

Dragomira descendit pour la seconde fois avec la novice dans les souterrains de cette maison mystérieuse.

Elles arrivèrent d'abord dans le caveau où Henryka avait commencé sa pénitence. Dragomira ouvrit une porte de fer et elles suivirent un étroit corridor jusqu'à une deuxième porte, à laquelle Dragomira frappa trois fois. On ouvrit, et les deux jeunes filles entrèrent dans une vaste salle voûtée, faiblement éclairée par une lampe rouge. Un homme d'un âge mûr, la barbe et les cheveux en désordre, était étendu sur de la paille et retenu par une chaîne. Devant lui, l'apôtre était assis dans un fauteuil; deux hommes portant le costume de paysans se tenaient à l'écart et attendaient ses ordres.

« La voici, dit Dragomira, pendant qu'Henryka s'approchait de l'apôtre et s'agenouillait devant lui.

« — As-tu du courage ? demanda-t-il en la considérant avec attention.

— Oui. »

L'apôtre lui ordonna de se relever et se tourna vers le prisonnier :

« Pour la dernière fois, veux-tu te confesser et faire pénitence ?

— Non ; vous m'avez amené ici par ruse et par force, misérables ! Coquins hypocrites ! s'écria le prisonnier en tirant sur ses chaînes, assassinez-moi, mais ne me demandez pas de m'humilier devant vous.

— Ce n'est pas devant nous, c'est devant Dieu.

— Votre Dieu, c'est Satan ! Vous reniez Jésus-Christ, car sa doctrine, c'est l'amour.

— Tu es possédé du démon, reprit l'apôtre en se levant, sauvez son âme, jeunes filles ! »

Il était là, dans sa longue pelisse sombre, comme l'ange de la vengeance. Sur son ordre les deux hommes saisirent le malheureux, le détachèrent et l'enchaînèrent de nouveau, mais debout, contre le mur. Sur un âtre, dans un ardent brasier, rougissaient des fers longs et pointus. Dragomira fit signe à Henryka d'approcher.

« Que faut-il que je fasse ? demanda celle-ci.

— Tu dois avec ce fer chasser Satan de cet homme.

— Comment ? » demanda Henryka avec une sorte d'emportement.

Dans ses yeux ordinairement si doux s'alluma soudain une flamme homicide.

« Torture-le sans pitié, dit l'apôtre, tu fais une œuvre pieuse et agréable à Dieu.

— Enfonce-lui les fers dans la poitrine et dans les bras » dit Dragomira.

Henryka saisit un des instruments de supplice qui étaient tout rouges, et, furieuse comme une bacchante en délire, s'approcha de la victime.

« Veux-tu te confesser ? demanda encore le prêtre.

— Non. »

Le fer entra dans la chair en sifflant et le malheureux laissa échapper un profond gémissement.

« Bien, ma fille ! » dit le prêtre à Henryka pour l'encourager.

Et celle-ci, avec une ardeur nerveuse et une joie sinistre, continua son horrible tâche. Le prisonnier se tordait à ses pieds en gémissant; enfin, il se mit à pousser des cris épouvantables. Le fer siffla encore deux fois, et le malheureux, épuisé, vaincu, ayant à peine la force de demander grâce, se laissa tomber dans la poussière, devant le prêtre. On pouvait maintenant lui faire tout ce qu'on voudrait.

Quand l'apôtre eut béni Henryka, les deux jeunes filles et les hommes quittèrent le souterrain, et le malheureux resta seul avec son prêtre, son bourreau.

VI

LE VOILE SE SOULÈVE UN PEU.

> Je te suivrai fidèlement, même à travers les flammes de l'enfer !
>
> MOORE.

Il était environ midi lorsque le jésuite entra dans le cabinet du comte. Ce dernier venait de se lever. Assis dans un fauteuil, il était enfoncé dans sa robe de chambre de Perse brodée d'or et doublée d'une molle fourrure de zibeline. Il tenait à la main un billet écrit sur du papier à la dernière mode.

« Une nouvelle aventure ? dit le P. Glinski en badinant.

— Vous vous trompez ; ce sont deux lignes de Dragomira, froides comme un matin de février, par lesquelles elle m'annonce qu'elle est tout à fait remise.

— Alors, vous avez fait demander de ses nouvelles ?

— Oui.

— Tant mieux.

— C'est vous qui parlez ainsi, mon révérend père ?

— Sans doute. Elle ne doit pas se douter que nous sommes sur sa trace et que nous commençons enfin à percer les ténèbres dont s'enveloppe sa mystérieuse personnalité.

— Comment cela ?

— Je suis tout à fait sûr maintenant que Dragomira a un plan à votre égard, continua le père, et qu'elle en poursuit l'exécution avec une volonté énergique et inflexible. Défiez-vous de cette jeune fille. Avec elle, il n'y a pas de galants lauriers à cueillir.

— Je n'y pense pas.

— Dragomira est plus dangereuse que vous ne croyez. »

Soltyk se mit à rire.

« Toujours les mêmes imaginations!

— Des imaginations ? Jamais! répondit le jésuite, des pressentiments, oui ; mais en ce moment c'est une certitude que j'ai.

— Vous piquez ma curiosité.

— Dragomira n'est pas une coquette, dit le P. Glinski, et elle n'a en vue ni votre main ni votre cœur.

— Quoi donc alors ?

— Dragomira a je ne sais quelle mission importante à remplir ici, à Kiew. Peut-être est-ce une mission politique ; mais je n'en suis pas encore absolument sûr. Ce qui est toutefois hors de doute, c'est qu'elle a des fréquentations secrètes, qu'elle a à sa disposition des instrument dociles et qu'elle disparaît de temps en temps pour aller sans aucun doute rendre des comptes à un supérieur à qui elle obéit. Mon ordre a toujours eu la meilleure police et dans le cas présent il est encore mieux informé que n'importe qui. L'entrée de Dragomira dans la société de cette ville a un rapport intime avec sa mission. Personnellement, elle n'a ni intérêts ni sympathies. Elle sert exclusivement une idée. Pendant que son propre cœur reste libre, elle réussit mieux que n'importe quelle femme désireuse de conquêtes à conquérir les cœurs des autres. Elle entoure de ses filets non pas un homme, mais plusieurs hommes ; à tous elle donne les mêmes espérances, et elle les fait tous servir à ses desseins. Zésim Jadewski, lui aussi, est une de ses victimes. Mais elle ne se donne pas moins de peine pour faire des conquêtes parmi les personnes de son sexe. Henryka Monkony est aujourd'hui tout simplement son esclave ; elle la fait obéir d'un clignement d'œil.

— Quel magnifique tableau de fantaisie! dit Soltyk ironiquement.

— Je le répète, dit le jésuite, je suis sûr de ce que je vous dis et de bien d'autres choses encore ; et si vous le désirez, je vous donnerai immédiatement la preuve qu'en dehors de la Dragomira que vous connaissez, il y a une seconde Dragomira qui la nuit...

— Il suffit! » s'écria Soltyk.

Le souvenir de sa première rencontre avec Dragomira lui traversa le cerveau comme un éclair.

« En cela, vous pourriez bien avoir raison ; il m'est arrivé à moi-même, avec cette jeune fille, une aventure passablement extraordinaire.

— Racontez-la-moi. Que savez-vous de ses pérégrinations nocturnes ?

— Plus tard. Donnez-moi d'abord la preuve que vous ne m'avez pas régalé de quelque fantaisie.

— Volontiers, aujourd'hui même, dès que vous voudrez bien pour une heure vous confier à ma conduite.

— A quel moment ?

— Cette nuit ; mais je ne peux pas encore fixer l'heure bien exactement.

— Je serai à la maison dès qu'il fera nuit, dit Soltyk pour clore l'entretien, et je vous attendrai. »

Le jésuite s'inclina en signe d'assentiment et disparut.

Il était dix heures du soir quand le P. Glinski et le comte sortirent du château. Tous les deux s'étaient habillés en paysans petits-russiens ; et, dans ces deux hommes vêtus de gros drap velu et de longues pelisses en peau de mouton, personne n'aurait soupçonné le plus riche magnat de la ville, le favori des femmes, et un membre de la fine et intelligente Société de Jésus. Glinski conduisit le comte, en faisant des détours, par des ruelles étroites et solitaires, dans la rue où se trouvait la maison du marchand Sergitsch. Il y avait en face de cette maison un petit débit d'eau-de-vie. Les deux hommes y entrèrent et s'assirent sur un banc de bois vermoulu, dans un nuage de fumée de tabac, au milieu de cochers et d'ouvriers à moitié ivres. Ils restèrent là jusqu'au moment où un petit juif maigre, vêtu d'un caftan noir, entra et fit un signe au jésuite. Celui-ci se leva aussitôt et sortit avec Soltyk. Ils se postèrent alors sur le trottoir, tout contre le mur de la maison, debout dans l'ombre et l'œil fixé sur la porte du marchand devant laquelle brûlait une lampe.

Une dame ne tarda pas à arriver. Elle marchait d'un pas rapide. Une longue pelisse dissimulait sa haute taille élancée et un voile épais couvrait son visage. Pourtant le comte ne douta pas un seul moment que ce fût Dragomira. Elle seule avait ce port de tête fier et triomphant ; elle seule avait cette démarche exquise, à la fois majestueuse et élastique. Quand elle eut disparu dans la maison du marchand, le P. Glinski se tourna vers Soltyk en l'interrogeant du regard.

« C'est elle, sans aucun doute, murmura le comte, mais cela ne me suffit pas ; je veux en être absolument sûr. Venez. »

Les deux hommes traversèrent la rue et s'arrêtèrent juste

devant la maison de Sergitsch. Pour ne pas éveiller de soupçons, le P. Glinski tira de sa poche une petite pipe, la bourra avec du tabac et tint tout prêts son briquet et son amadou. Au bout de quelque temps la porte s'ouvrit ; alors il tourna le dos, battit le briquet et posa l'amadou allumé sur sa pipe, pendant que le comte, les cheveux rabattus sur le front, regardait Dragomira en plein visage. C'était bien elle qui sortait habillée en homme. A la vue des deux hommes, elle resta un instant interdite, puis elle partit à grands pas dans la rue.

« Que signifie ce travestissement ? murmura Soltyk, quelque aventure d'amour ?

— Non, répliqua Glinski à voix basse, cette jeune fille est de pierre, et la pierre ne prend pas feu si facilement. Il s'agit ici de tout autre chose.

— Je veux la suivre, dit Soltyk.

— Gardez-vous en bien, dit le jésuite, vous gâteriez peut-être tout ce que je suis parvenu à faire à force de sagacité et de peine.

— Je serai très prudent, répondit le comte, mais je veux une certitude. »

Il quitta le jésuite et suivit Dragomira en toute hâte. Malgré l'avance qu'elle avait, il l'eut bientôt rejointe. Elle ne le remarqua que lorsqu'ils furent arrivés près du cabaret Rouge. Elle s'arrêta subitement pour le laisser passer et le regarda bien en face. Soltyk eut l'heureuse idée de faire l'ivrogne. Il se mit à tituber et à chanter d'une voix contrefaite et rauque une chanson de Cosaque. Dragomira s'y laissa tromper. Elle entra dans le cabaret et ne conçut pas plus de soupçon lorsque le comte entra derrière elle, et, frappant du poing sur la table, demanda de l'eau-de-vie.

Il n'y avait avec eux dans le cabaret que Bassi Rachelles, qui disparut aussitôt qu'elle eut échangé quelques paroles avec Dragomira, et immédiatement le dompteur Karow entra dans la salle.

A la vue de ce bel athlète, Soltyk eut un mouvement de rage ; mais il se contint, vida son verre d'eau-de-vie, laissa tomber sa tête sur ses bras croisés sur la table et fit semblant de dormir.

Karow s'était assis près de Dragomira et causait avec elle à voix basse.

« Depuis quelque temps, on observe chacun de vos pas, dit-il, je ne suis venu que pour vous en avertir.

— Qui est-ce qui m'observe? demanda Dragomira, la police?

— Non. On a vu à plusieurs reprises dans le voisinage de votre maison et devant celle de Sergitsch un juif qui nous est connu comme agent des jésuites.

— Le P. Glinski est là-dessous.

— Très probablement. Je ne puis que vous conseiller de rester quelque temps sans venir dans ce cabaret et sans recevoir la juive chez vous.

— Vous avez raison. Je vous remercie. »

Quand Dragomira fut sortie du cabaret pour retourner chez Sergitsch, elle entendit tout à coup des pas lourds derrière elle. Elle s'arrêta, et, lorsqu'elle eut reconnu le paysan ivre, voulut continuer son chemin. Mais une main se posa brusquement sur son bras, et deux yeux sombres et interrogateurs la regardèrent en plein visage.

« Dragomira! » dit une voix connue.

La courageuse et fière jeune fille reprit immédiatement possession d'elle-même.

« C'est vous? dit-elle avec calme; dans quelle intention me poursuivez-vous sous cet accoutrement?

— Vous le demandez? reprit le comte; vous ne savez donc pas encore ce que je ressens pour vous?

— Alors vous êtes jaloux?

— Oui. »

Dragomira se mit à rire.

« Quel est cet homme, continua Soltyk, avec qui vous aviez un rendez-vous? On m'a dit que vous aimiez Jadewski, mais maintenant je vois que votre cœur appartient à un tout autre homme. Nommez-le-moi; un de nous deux doit mourir. »

Dragomira rit de nouveau.

« Voici ma main. Cet homme n'est ni mon adorateur ni mon ami.

— Si ce que vous dites est vrai, je comprends pourquoi on m'engage à me défier de vous. Qu'est-ce que toutes ces relations mystérieuses? Quel est ce secret que vous mettez tant de soin à cacher, au monde et à moi?

— Cela m'a tout l'air d'un interrogatoire. Mais qui vous dit que je sois disposée à vous répondre? On vous avertit de vous défier de moi? Vous ai-je jamais demandé de vous fier à moi? Ai-je pris la peine de vous lier à moi? Vous êtes libre; allez-vous-en, je ne vous retiens pas.

— Dragomira, s'écria le comte en lui saisissant les mains, est-ce que je mérite ces reproches, ce langage? Vous savez, vous devez savoir que rien au monde ne pourrait me déterminer à vous fuir. Je ne suis pas un de ces fats qui se contentent de voltiger çà et là comme des mouches dans les salons. J'espère que vous me regardez comme un homme et que vous me reconnaissez le courage de vous aimer, même quand vous seriez une conspiratrice.

— Je ne conspire pas.

— Que faites-vous alors, Dragomira? Laissez donc enfin tomber le masque; est-ce que je ne mérite pas votre confiance? Ne voulez-vous pas de moi pour votre allié? Et si vous ne me trouvez pas digne de ce rôle, ne voulez-vous pas me prendre pour instrument? Je suis capable d'obéir; oui, je vous suivrais partout où vous voudriez me conduire, dans tous les dangers, à la mort, s'il le fallait. »

Dragomira le regarda longtemps, puis elle lui tendit la main.

« Je vous remercie, dit-elle, mais pour le moment, contentez-vous de savoir que je crois en vous et que je ne me défie pas de vous. Je sais que vous ne me trahirez pas, mais le secret que je tiens caché, même pour vous, ne m'appartient pas. Patientez encore trois jours, puis je vous répondrai. Etes-vous satisfait?

— Oui. »

Soltyk accompagna Dragomira pendant quelque temps, et la quitta sur son ordre formel.

Le lendemain matin, elle partait de chez elle avec Karow. Ils portaient des costumes de paysans. Un chariot rustique les attendait dans le voisinage; ils y montèrent et se mirent en route à travers la brume blanche et scintillante de l'hiver, pour aller trouver l'apôtre à Myschkow.

VII

NOUVEAU PAS VERS LE BUT

> « Tout visage est comme un livre où se trouvent d'étranges choses. »
> SHAKESPEARE (*Macbeth.*)

Pendant trois longs jours, qui lui parurent une éternité, le comte attendit un message de Dragomira. Le soir du troisième jour, Barichar, sous la livrée d'un domestique de grande maison, apparut au noble club où jouait Soltyk et lui remit une lettre. Le comte la parcourut.

« J'y vais, » dit-il. Il glissa une pièce de monnaie dans la main de Barichar, descendit promptement l'escalier, sauta dans sa voiture, rentra chez lui et fit sa toilette avec un soin méticuleux.

Une heure plus tard, sa voiture s'arrêtait devant la maison de Dragomira. Il la renvoya et monta l'escalier conduit par Barichar. Celui-ci ouvrit la porte et Soltyk se trouva dans une chambre de réception. Au moment où il ôtait sa pelisse, Dragomira vint à lui et lui tendit la main.

« Etes-vous seule ? demanda-t-il en portant la main de la jeune fille à ses lèvres.

— Oui. »

Dragomira retira doucement sa main et s'assit devant la cheminée. Le comte, les deux mains posées sur le dossier du fauteuil qu'elle lui avait indiqué, cherchait à lire sur son visage. Mais ce visage était froid et fermé comme d'habitude, et les beaux yeux bleus avaient pareillement leur éclat glacial.

Malgré son émotion, Soltyk remarqua que Dragomira s'était faite belle pour lui. C'était la première fois qu'il la voyait à la maison en négligé, dans cette mise que les jolies femmes soignent avec un art raffiné. On eût dit qu'elle avait été surprise et dérangée par lui au milieu de son repos, et que, pour le recevoir, elle avait passé à la hâte le premier vêtement venu. Et cependant l'harmonie la plus exquise régnait dans sa toilette, dont toutes les parties allaient ensemble comme les accords de la plus séduisante mélodie. Sous le velours rouge de sang et la zibeline brun-doré de sa jaquette aux larges manches qu'elle avait laissée ouverte, la soie bleue de son peignoir et les dentelles blanches qui le garnissaient apparaissaient légères et vaporeuses comme un duvet de fleur ou comme une neige délicate. Rien de plus délicieux que l'arrangement de sa riche chevelure blonde qui descendait jusque sur ses épaules dans le plus opulent désordre. Ce n'était pas par hasard qu'elle avait choisi de petites pantoufles de satin noir brodées de perles; ce n'était pas par hasard que son bras avait pour tout ornement un large bracelet d'or tout uni; ce n'était pas par hasard non plus qu'elle n'avait rien dans les cheveux qu'un camélia rouge.

Elle aussi découvrit immédiatement qu'il avait dû faire une station devant son miroir, si vite qu'il voulût venir chez elle. Mais si la pensée qu'elle avait eu l'intention de lui paraître belle fit concevoir des espérances au comte, Dragomira fut bien près de rire en voyant sa chevelure frisée et sa cravate bizarre et en sentant le parfum que ses vêtements exhalaient avec surabondance. A ce moment, pour la première fois, il lui parut faible, et aussitôt elle se sentit assez forte pour se jouer de lui.

« M'expliquerez-vous enfin l'énigme qui me tourmente depuis des semaines ? dit Soltyk.

— Oui, répondit-elle avec calme.

— Vous êtes la plus belle femme que j'aie jamais vue, et en même temps la plus étrange. Vous êtes aussi mystérieuse que le Sphinx, peut-être aussi cruelle que lui.

— C'est vrai ; je n'ai pas de cœur. »

Elle promena ses doigts dans la fourrure sombre de sa jaquette, pendant qu'elle arrêtait sur lui son regard pénétrant.

« Vous ne me ferez pourtant jamais croire, dit-il, que vous êtes un démon.

— Je ne suis ni bonne ni mauvaise.

— Qu'êtes-vous donc?

— Je sers une idée, sans haine et sans amour.

— Et cette idée...?

— Je me fie à vous, comte Soltyk, quoique j'aie découvert en vous aujourd'hui une mauvaise qualité, doublement mauvaise en ce qu'elle dénote de la mesquinerie et de la faiblesse.

— Quelle est cette qualité?

— Vous êtes vaniteux, mon cher comte, vous vous donnez la peine de me plaire; cela m'inspire de la gaieté. »

Un sourire fugitif passa sur son visage de marbre.

Soltyk était devenu rouge.

« Ah! vous êtes cruelle, murmura-t-il, cruelle comme une belle tigresse, qui joue avec la victime dont elle est sûre.

— Oui, vous êtes vaniteux, continua Dragomira, et malgré cela, au milieu des poupées du monde, vous êtes un homme; au milieu des masques, vous êtes une figure humaine. Aussi, je crois en vous et je me fie à vous.

— Vous le pouvez. Je n'ai pas besoin de vous dire quel pouvoir incompréhensible, surnaturel, vous avez sur moi. Vous n'êtes pas la jeune fille à qui l'on fait des aveux. Vous devinez la pensée, vous lisez les émotions sur les visages. Vous savez depuis longtemps que je vous aime.

— Oui, je le sais.

— Et savez-vous aussi combien je vous aime?

— Oui, je le sais aussi.

— Savez-vous, Dragomira, qu'il n'y a pas un mouvement de mon âme qui ne vous appartienne, que je ne m'occupe que de vous, que je rêve de vous, que votre pensée me fait délirer? Savez-vous que je suis prêt à tout abandonner, tout sacrifier pour vous? »

Elle fit un léger signe de tête pour dire qu'elle le savait.

« Et savez-vous que votre froideur, votre ironie me rendent fou?

— Mon ironie? interrompit-elle, comment pourrais-je me moquer de votre passion, quand je veux que vous m'aimiez ardemment, follement, comme à cette heure? Non, je ne ris pas de vous; je me réjouis de cette flamme que j'ai allumée.

— Dans quelle intention?

— Vous l'apprendrez.

— Pour faire de moi votre instrument? s'écria Soltyk, soit! Je veux vous servir; je veux servir vos plans; mais à une seule condition, c'est que vous serez à moi. Vous ne m'aimez pas. Vous n'avez pas de cœur. C'est bien; je ne vous demande pas d'éprouver quoi que ce soit à mon égard; mais dites-moi que vous consentez à devenir ma femme.

— Jamais.

— Vous êtes donc absolument insensible ? »

Le comte se jeta à ses pieds et la serra passionnément dans ses bras, cachant son visage en feu dans les flots de soie, de dentelle, de fourrure et de velours qui enveloppaient cette froide créature. Dragomira irritée se dégagea brusquement de son étreinte.

« Comte, murmura-t-elle, si vous vous approchez de moi encore une fois, une seule fois, tout est fini entre nous.

— Pardon ! dit-il d'une voix suppliante et toujours à genoux devant elle, je ne voulais pas vous offenser. Vous êtes injuste envers moi, si vous m'attribuez quelque intention qui pût blesser votre orgueil. Je le jure devant Dieu, je n'ai rien dans l'esprit qui puisse vous offenser.

— Vous n'avez pas besoin de le dire.

— Je n'ai qu'une pensée, faire de vous la maîtresse de tout ce qui m'appartient, faire de vous ma femme.

— Je le sais, dit Dragomira, et c'est là précisément l'erreur fatale qui est entre nous comme un abîme. Vous voyez en moi une femme ordinaire. Je ne suis pas cette femme-là. Jamais, je ne donnerai à un homme mon cœur, et encore moins ma main.

— Quelle fantaisie ?

— C'est absolument sérieux.

— Et vous êtes réellement inflexible ?

— Vous le voyez. Relevez-vous donc, cher comte, vous attendririez une vieille statue de saint avant de m'attendrir. Relevez-vous. »

Soltyk se releva.

« Et maintenant, asseyez-vous près de moi et écoutez-moi. »

Soltyk obéit.

« Oubliez ce milieu dans lequel vous me voyez, continua Dragomira, oubliez ces meubles modernes, ce poêle russe, supprimez par la pensée cette toilette, ces vêtements sarmates, ces dentelles, ces pantoufles qui rappellent le sérail ; imaginez-vous que je porte une longue robe blanche, un voile, des sandales aux pieds, et vous comprendrez ce que je suis.

— Une vestale ?

— Une prêtresse.

— Vous avez raison. Il ne vous manque que le couteau du sacrifice ; la victime est prête. »

Qu'y eut-il dans les paroles du comte qui fit tressaillir ce

marbre virginal et passer un éclair dans ces yeux fiers et froids?
Ce fut un regard que Soltyk ne comprit pas. Tel devait être
le regard de la lionne au milieu de l'arène brûlante, quand le
martyr chrétien désarmé allait au devant d'elle.

« Qu'avez-vous donc? demanda Soltyk.

— Rien, rien. »

Elle se pencha en arrière, et ferma les yeux à demi.

« Vous appartenez donc à une secte religieuse? dit le comte,
au bout de quelques instants.

— J'appartiens à une petite communauté, répondit Dragomira en ouvrant lentement les yeux, et cette communauté a
une grande et sainte mission à remplir.

Représentez-vous le monde d'aujourd'hui, reprit Dragomira,
l'état général des esprits. D'un côté vous avez la foi religieuse
aveugle, morte, qui s'attache à des formes dénuées de sens,
qui murmure des prières que personne n'entend et qui confie
les âmes à des prêtres dont toute la vocation consiste à songer
à leur bien-être corporel. De l'autre côté vous voyez l'incrédulité, pour laquelle il n'y a plus rien de sacré; l'incrédulité qui
applique son compas aux étoiles comme aux crânes des animaux et des hommes, qui pèse tout, calcule tout, analyse tout;
qui suit de l'œil la croissance des plantes; qui connaît les
pierres, les planètes et qui ne sait rien de Dieu parce qu'elle
ne l'a pas découvert au bout de son télescope. Eh bien, au
milieu de cette hypocrisie et de cette adoration qui s'adresse
à la lettre et non à l'esprit; en présence de cet avilissement
de l'homme, ravalé au niveau de la bête, et de cet amoindrissement de la nature dépouillée de Dieu, à la vue du dégoût,
du vide, du désespoir d'ici-bas, ne comprenez-vous pas qu'il y
ait des âmes qui aspirent à Dieu, qui le cherchent au delà des
étoiles, au delà de la cellule et du mucus primitifs, et qui s'efforcent d'entrer en relation avec le monde des esprits dont elles
ont le pressentiment?

— Vous croyez qu'il y a un Dieu?

— Oui, je le crois.

— Et qu'il y a un monde supérieur au-dessus de ce monde
terrestre?

— Oui.

— Et qu'il est possible de pénétrer dans ce monde-là?

— Non seulement je le crois, mais je le sais, j'en suis convaincue.

— Alors vous êtes spirite?

— Non, on ne joue pas avec de pareilles choses. Malheur à celui qui étend une main téméraire vers le voile qui nous sépare de l'autre monde ! La foi seule peut nous montrer le chemin qui conduit à la lumière éternelle.

— Et vous avez cette foi?

— Oui, je l'ai.

— Vous croyez que Dieu vous a choisie ?

— Oui.

— Qu'il vous révèle à vous des choses qui demeurent cachées pour les autres yeux mortels ?

— Oui.

— Maintenant je commence à vous comprendre, dit Soltyk que la surprise rendait pâle, pendant que ses yeux apparaissaient plus grands et plus brillants. Et vous voulez que je vous aime uniquement pour que je me confie à vous, pour que je suive avec vous la route qui seule, d'après vous, conduit au salut ?

— Oui.

— Prouvez-moi donc qu'il y a un Dieu.

— Je ne le puis pas.

— Qu'il y a un monde en dehors de celui où nous respirons ; des esprits qui obéissent à l'Éternel et avec qui nous pouvons entrer en relation, grâce à votre foi.

— Je le puis.

— Je vous en conjure, Dragomira, ne me trompez pas. Ce serait affreux de badiner avec de pareilles choses.

— Je ne badine pas, répondit-elle avec calme, vous me demandez des preuves ; je vous les donnerai.

— Quand ?

— Bientôt ; peut-être dès demain.

— Votre parole ?

— Ma parole ! Je la tiendrai, et...?

— Alors je vous appartiendrai, Dragomira. »

VIII

DE L'AUTRE MONDE

> Le monde des esprits n'est pas fermé.
> GŒTHE, *Faust*.

Le lendemain matin, le comte Soltyk reçut un billet de Dragomira :

« Je suis chez Monkony ce soir. Venez-y sans faute. Nous pourrons causer emsemble sans être dérangés. »

On préparait chez Monkony une représentation théâtrale. La répétition avait lieu ce soir-là. En dehors des acteurs il n'y avait que Dragomira; Soltyk pouvait donc facilement s'approcher d'elle. Pendant qu'on jouait un proverbe de Musset, ils se retirèrent dans un coin peu éclairé de la salle où se trouvait un petit divan.

« Qu'avez-vous à me dire? demanda le comte tout ému.

— Je suis prête à vous conduire dans le monde des esprits, dit Dragomira à voix basse, mais il faut quelque préparation de votre côté. Retirez-vous pour quelque temps du brillant tourbillon de ce monde où vous vivez et tournez votre âme de toutes vos forces vers le ciel.

— Comment? Que faut-il faire?

— Allez vous enfermer pendant trois jours dans n'importe quel couvent, et là, loin du monde, des hommes, du luxe et des plaisirs, appliquez-vous à de sérieuses méditations et à la prière; jeûnez, faites pénitence, et le troisième jour confessez-vous et communiez.

— Quoi! J'irai trouver un prêtre catholique?

— Pourquoi non? La forme n'est rien, le fond est tout. Il faut vous humilier devant Dieu. Il faut éveiller la douleur en votre âme. Ce qui est important et nécessaire, c'est que vous vous repentiez. Où ? peu importe. »

Soltyk, qui était déjà complétement sous l'influence de la belle prêtresse, obéit à ses instructions et se retira pendant trois jours dans le couvent des Carmélites, où il se livra à de sévères exercices de pénitence. Quand il revint chez lui, le quatrième jour, il reçut un billet de Dragomira qui lui donnait rendez-vous, chez elle, à onze heures du soir.

Il arriva à l'heure dite. Barichar se tenait auprès de la porte ouverte et monta devant lui au premier étage. Dragomira était prête. Elle prit son bras, quitta la maison avec lui et le conduisit par plusieurs rues à une petite place assez solitaire où une voiture les attendait. Une fois montés, la voiture les emmena rapidement à travers la ville dans un faubourg éloigné.

Ils s'arrêtèrent devant un vieux bâtiment isolé et entouré d'un mur élevé. Le cocher descendit et frappa trois fois. Un vieillard en costume de paysan vint ouvrir. Dragomira entra avec Soltyk et renvoya la voiture. Le vieillard fit traverser un jardin inculte pour entrer dans la maison, qui avait l'air complétement inhabitée. On ne voyait aucune lumière; les fenêtres étaient fermées avec des volets de bois ; on n'entendait rien, pas même un chien. A la lueur douteuse d'une lanterne que le vieux portait à la main, le comte vit des murs blanchis à la chaux, crevassés et couverts de mousse, et un escalier vermoulu et à demi ruiné. Quand ils l'eurent monté, il distingua dans le corridor le portrait d'une dame en toilette rococo. Le tableau accroché au mur n'avait pas de cadre.

Le vieillard poussa la porte d'une petite salle dont le plafond offrait des restes d'ornements en stuc, alluma les bougies d'un candélabre en cuivre placé sur une commode du temps de nos grands-pères, jeta deux énormes bûches dans une grande cheminée hollandaise où flambait un bon feu, et resta ensuite près de la porte, attendant des ordres.

« Tu peux t'en aller, Apollon, dit Dragomira, si j'ai besoin de toi, je sonnerai. »

Le vieillard partit, et Dragomira s'assit sur une chaise, près de la cheminée, telle qu'elle était, avec sa pelisse sombre et son bachelick de soie noire brodé d'or, car l'air de la salle était froid et humide et avait une odeur de moisi. La salle elle-même était presque entièrement vide. Avec la commode qui portait le candélabre et la chaise de Dragomira il y avait en tout une autre chaise et une table. Sur la cheminée se trouvait une pendule qui marquait onze heures et demie. La salle avait trois fenêtres devant lesquelles pendaient d'épais rideaux, et deux portes dont l'une donnait évidemment dans une chambre voisine.

A la muraille étaient suspendues deux images : une Mère de Dieu byzantine toute noircie et sainte Olga. Entre les deux se trouvait un crucifix.

Un rideau blanc séparait une partie de la salle de celle où étaient Dragomira et le comte.

Soltyk demanda à sa compagne ce que signifiait ce rideau.

« Il sépare le sanctuaire du monde profane, répondit Dragomira. Dès qu'il est minuit, et que les choses qui ne sont perceptibles ni pour les yeux ni pour les oreilles se font voir et entendre, cet espace qui est là devient leur asile et personne ne doit oser y mettre le pied. En ce moment, vous pouvez encore l'examiner. »

Soltyk ouvrit le rideau et vit un espace entièrement vide, des murs nus, sans fenêtre ni porte ; rien qui pût paraître surprenant ou provoquer le soupçon.

« Vous n'avez pourtant pas pleine confiance en moi, dit Dragomira lorsqu'il revint auprès d'elle.

— J'ai la sérieuse intention, l'ardent désir de me laisser convaincre par vous, répondit le comte, et voilà justement ce qui me détermine à m'enlever à moi-même tout terrain où le doute pourrait plus tard pousser des racines. »

La pendule marquait le quart avant minuit.

Dragomira laissa glisser sa pelisse et ôta son bachelick. Et maintenant, debout, dans sa longue robe de velours noir, elle avait quelque chose de surhumain, de surnaturel. Toute couleur avait disparu de son beau visage sévère ; seuls, ses grands yeux bleus brillaient d'une lueur étrange. Elle se prosterna devant l'image du Christ en croix et pria longtemps avec ferveur ; puis elle se releva subitement, saisit Soltyk par la main et l'entraîna avec elle devant la cheminée. Là, elle s'assit de nouveau ; quant à lui, il resta debout en proie à une émotion indicible.

Les aiguilles étaient sur minuit. Presque au même instant, le bruit lointain de douze coups sonnant à quelque horloge de la ville se fit entendre. Les bougies du candélabre s'éteignirent soudain d'elles-mêmes. Une profonde obscurité et un silence sinistre régnèrent dans la salle.

Quelque chose d'incompréhensible se mit alors à flotter lentement dans la salle et à la remplir. C'était à la fois une scintillation douce et tremblante, un murmure à peine perceptible et un parfum léger et subtil qui caressait les sens. Une brume diaphane montait du sol et se massait peu à peu. Enfin une forme à grands contours indécis se dressa, s'approcha, s'éleva en l'air et s'évanouit.

« Qu'est-ce que cela? demanda Soltyk à voix basse.

— Je ne sais pas.

— Peut-on forcer les morts qui nous étaient chers à apparaître devant nous?

— Oui.

— De quelle manière?

— Concentrez toutes vos pensées, tous vos sentiments, toute votre volonté sur cette personne que vous voulez voir. »

Il y eut un moment de silence, puis le rideau s'ouvrit et l'on distingua une haute forme d'homme.

« Mon père, murmura Soltyk.

— Parlez-lui.

— Puis-je m'approcher de lui?

— Vous pouvez tout ce que vous voulez. »

Soltyk sortit un revolver de sa poche.

« Me permettez-vous de tirer sur l'apparition? demanda-t-il.

— Pourquoi non? répondit Dragomira. Tirez! »

Un éclair, une détonation, un peu de fumée. La forme était toujours là debout.

« Incrédule! » s'écria une voix sourde qui semblait venir de la tombe.

Soltyk s'avança d'un pas résolu vers l'apparition et chercha à saisir la blanche et ondoyante draperie; mais elle fuyait comme un brouillard entre ses doigts, et la figure disparut à ses regards.

« J'ai offensé l'esprit, dit-il.

— Il semble. »

Soltyk revint près de Dragomira.

« C'est en vain que je me mets en défense contre ce que je vois et entends ici, murmurait-il, il faut que j'y croie, malgré moi. Si je ne deviens pas fou auparavant, vous réussirez sans aucun doute à me convertir. »

Alors apparut une deuxième figure, celle d'une femme dont les yeux étaient attachés sur le comte avec l'expression d'un amour céleste.

« Oh! ma mère! » s'écria-t-il.

— M'entends-tu, mon enfant ?
— Oui.
— Pourquoi t'es-tu détourné de Dieu ? Retourne à lui, pendant qu'il en est encore temps. Je prie pour toi auprès du Tout-Puissant. Il aura pitié de toi.
— D'où viens-tu ? demanda Soltyk d'une voix tremblante.
— De bien loin.
— Et où vas-tu ?
— Dans les sphères supérieures. Je suis emportée loin des lourdes vapeurs de la terre vers les espaces sacrés des étoiles. Adieu, mon enfant, adieu !
— Adieu ! »

L'apparition s'évanouit et avec elle la lueur mystérieuse et le parfum. De nouveau régnèrent l'obscurité et le silence.

« A quoi pensez-vous maintenant ? demanda Dragomira.
— A ma sœur. »

Soudain la lueur apparut de nouveau, et l'on eût dit qu'un jardin en fleurs exhalait tous ses parfums dans la salle. Un petit nuage était étendu sur le sol, devant le rideau. Il s'entr'ouvrit doucement et un enfant en sortit, une petite fille d'environ dix ans, vêtue d'une robe blanche garnie de rubans bleus. Elle levait d'un air joyeux sa jolie tête entourée de boucles noires flottantes, et attachait sur Soltyk ses grands yeux sombres. Elle lui tendit ses bras nus, et, avec un charmant sourire, lui cria d'une voix fraîche et mélodieuse :

« Boguslaw, tu es là ! Il y a si longtemps que tu n'as joué avec moi ! Viens, viens donc ! Il faut que je parte bientôt. »

L'effet fut tout puissant. Le comte fit deux pas en avant, tomba à genoux, se cacha le visage dans les mains et se mit à pleurer. Il sentit deux bras qui l'entouraient légèrement, comme dans un rêve où les corps n'existent pas, et deux petites mains qui le touchaient, parfumées et froides comme des feuilles de roses couvertes du givre du printemps. Un frisson lui parcourut le corps ; ce n'était pas un frisson d'épouvante, mais un doux frémissement de joie et d'espérance.

« Reste près de moi, dit-il en suppliant.
— Je ne peux pas, répondit l'apparition, mais tu as là celle qui ne t'abandonnera pas.
— Dragomira ?
— Oui. Elle te montrera la route du bonheur terrestre et celle du salut éternel. Adieu. Ne m'oublie pas. Je pense souvent à toi. »

L'apparition s'éleva lentement, comme un nuage qui plane. C'est en vain que Soltyk cherchait à l'atteindre et à la serrer dans ses bras. Elle riait doucement et lui échappait comme un insaisissable papillon. Sa robe flottait toujours; ses boucles ondulaient encore vaguement. Puis tout se retrouva soudain plongé dans les ténèbres, La mélodie mystérieuse qui vibrait doucement dans la salle s'arrêta, le parfum des fleurs s'évanouit.

« C'est assez, dit le comte, en revenant lentement et pas à pas vers Dragomira. Je suis dans un état qui touche à la folie.

— Cela ne dépend pas de moi.

— Faites apporter de la lumière. »

Dragomira sonna. Le vieillard arriva aussitôt avec sa lanterne et ralluma les bougies du candélabre qui donnèrent de nouveau une lumière tranquille et claire.

— Ecarte le rideau, ordonna le comte.

Le vieillard échangea un regard imperceptible avec Dragomira et fit ce qu'on lui avait commandé.

— Va-t-en maintenant.

A peine le vieillard s'était-il éloigné qu'une musique douce et plaintive recommençait à vibrer dans la salle. Une blanche figure s'éleva du sol à la lueur brillante des bougies.

— Doutes-tu encore ? demanda une belle voix, pleine et majestueuse comme les notes d'un orgue.

— Non ! non ! » répondit Soltyk d'une voix étouffée.

L'apparition s'était au même instant dissipée comme une vapeur.

« Croyez-vous en moi, maintenant ? » demanda Dragomira.

Au lieu de répondre, le comte tomba à genoux devant elle et cacha son visage tout pâle dans le sein de la jeune fille. Dragomira le regarda paisiblement, sans raillerie, mais aussi sans pitié.

IX

A BAS LE MASQUE

> « Oh ! tu es cruelle ! tu fais mourir
> tout ce qui t'aime. »
> **LOPE DE VEGA.**

M. Oginski remarquait avec chagrin que les joues de sa fille pâlissaient de jour en jour. Elle, qui autrefois badinait, riait, chantait du matin au soir, restait maintenant toujours silencieuse et sérieuse. Il tint conseil avec sa femme qui chercha à le consoler ; mais ils furent aussi heureux l'un que l'autre, lorsque Anitta leur demanda la permission de prendre des leçons de peinture. Ils virent avec plaisir qu'elle cherchait à se distraire. Elle passa ainsi bien des matinées chez son maître, espèce de vieil original polonais. Il ne leur vint pas non plus le moindre soupçon à l'occasion des fréquentes sorties qu'elle fit le soir sous prétexte d'aller visiter le vieux peintre. N'était-ce pas Tarass, le vieux, le fidèle, le sûr Tarass qui l'accompagnait chaque fois ?

Personne ne se doutait que ces leçons n'étaient pour Anitta qu'un moyen d'être plus libre, et que le temps qu'elle passait hors de chez ses parents, elle l'employait surtout à observer Dragomira, de concert avec son fidèle Cosaque, et à la surveiller dans ses allées et venues.

Un soir, ils l'avaient suivie jusqu'au cabaret Rouge. Dragomira, qui se croyait espionnée par des agents du jésuite, s'arrêta subitement et vint droit à eux.

« Qu'y a-t-il pour votre service ? dit-elle en regardant Anitta bien en face. Depuis quelque temps vous êtes toujours sur mes talons. Que désirez-vous... ? »

Elle s'interrompit tout à coup.

« Serait-ce possible? s'écria-t-elle. Anitta? vous ici?

— Oui, moi! répondit Anitta, encore tremblante de surprise, mais elle se remit promptement.

— Et vous désirez?...

— Je veux vous dire, reprit Anitta, de plus en plus décidée et calme, que l'on voit dans votre jeu. Je vous tiens pour une coquette; je sais maintemant que vous poursuivez des plans qui craignent la lumière, que vous...

— Qu'en savez-vous? murmura Dragomira en saisissant brusquement Anitta par le poignet.

— Lâchez-moi, dit Anitta avec énergie, vous ne me ferez pas peur. »

Elle repoussa Dragomira et recula d'un pas.

« Que savez-vous de mes plans, demanda de nouveau Dragomira.

— Peu de chose, mais assez pour comprendre que par votre fait Zésim Jadewski court un danger sérieux. Vous avez aussi tendu vos filets autour du comte Soltyk. C'est bien, celui-là je vous l'abandonne; mais cessez de vouloir faire votre victime de Zésim.

— En vérité? dit Dragomira d'un ton railleur. Vous me faites cadeau de Soltyk, comme s'il était votre esclave; et je dois vous donner Zésim en échange. Malheureusement, je ne peux pas plus disposer de lui que vous du comte.

— Ne déplacez pas la question, dit Anitta avec vivacité, us ne me comprenez que trop bien. Je veux que vous renonciez à Zésim, non pas pour m'être agréable, à moi, mais parce que vous ne pouvez que causer sa perte comme celle de bien d'autres. Il y a quelque chose en jeu, que je ne comprends pas encore; mais je sens que Zésim est en danger tant qu'il respire le même air que vous.

— Tu prends une peine inutile, répondit Dragomira avec une froide majesté, tu ne comprends pas, pauvre jeune fille, mais il est une chose que tu comprendras peut-être, c'est que je l'aime et qu'alors je veux le sauver, car c'est toi qui perds son âme, et non pas moi.

— Tu l'aimes? s'écria Anitta. Toi!... toi, autour de qui flotte une odeur de sang!

— Tais-toi!

— Non, je ne me tairai pas. C'est toi qui a tué Pikturno. Quiconque t'aime, tu le tues. Tu immoleras aussi Zésim. Dans quelle intention? je ne le sais; mais tu désires son sang. C'est

15

mon cœur qui me le dit; aussi je briserai le filet dans lequel tu le tiens prisonnier. Il est encore temps. Délivre-le.

— Jamais.

— Alors prends garde!

— Folle! C'est à toi à prendre garde.

— A bas le masque! s'écria Anitta, laisse le monde voir ce visage avec lequel tu te glisses la nuit comme une louve à travers les rues. Avoue donc tes actes! »

Dragomira se demanda un moment si elle n'étendrait pas à l'instant même Anitta à ses pieds, si elle ne fermerait pas d'un coup du froid acier la bouche qui l'accusait avec tant de violence. Mais elle se dit qu'Anitta ne savait rien et ne pouvait rien savoir, que rien n'était encore perdu, que cette jeune fille ne faisait qu'obéir à un vague pressentiment, tandis qu'un coup de poignard, trop prompt, donné en pleine rue, perdrait tout et pourrait bien la livrer elle-même au couteau de l'exécuteur.

« Quels actes? répondit-elle d'un ton redevenu tout à coup froid et tranquille. Quelles folles idées te tourmentent? Si j'appartenais par hasard à une société secrète qui veuille le bien de notre peuple, serait-il généreux de me trahir? Qui peut affirmer que c'est moi qui ai entraîné Pikturno à la mort? S'il m'avait aimée; si, désespéré de ma froideur, il avait mis fin à sa vie, en serais-je responsable? Il peut tout aussi bien avoir été un traître que ses compagnons ont jugé.

— C'est possible, dit Anitta, je veux bien le croire et respecter ton secret; mais rends la liberté à Zésim.

— Je ne le peux pas.

— Alors je le sauverai, malgré toi.

— Essaye.

— Tu veux la guerre? continua Anitta, soit! Tu ne me connais pas; je ne crains rien, pas même la mort. Une de nous périra, moi ou toi.

— Dieu est avec moi! s'écria Dragomira.

— Ne blasphème pas! »

Anitta se retournait pour s'en aller.

« Encore un mot! »

Dragomira la suivit et la prit par la main.

« Ne dis rien; j'ai pitié de toi; ce serait une douleur pour moi si tu devenais la victime de ton amour.

— Tu ne m'intimideras pas, dit Anitta; j'ai autant à perdre que toi, pas plus, pas moins. »

Elle s'éloigna avec Tarass. Dragomira la suivit longtemps du regard ; puis, au lieu d'entrer dans le cabaret Rouge comme elle en avait eu le dessein, elle revint chez Sergitsch, en faisant un détour. Là elle redevint la brillante et coquette femme du monde aux pieds de laquelle se prosternait toute la jeunesse de Kiew. Anitta rentra chez elle, quelque peu émue et animée, mais satisfaite d'elle-même. Elle sentait tout d'un coup toute sa force. La courageuse et pure enfant n'eut pas peur un seul instant à l'idée de la lutte qu'elle avait engagée. Mais elle était prudente ; elle examina toutes les chances, pour ou contre, et songea à ses alliés. Avant tout, il y avait le P. Glinski. Elle lui écrivit immédiatement un billet qu'elle confia à Tarass, et le lendemain, pendant que ses parents étaient en soirée, elle attendit son vieil ami dans son petit boudoir.

« Eh bien, qu'y a-t-il de nouveau ? demanda le jésuite en souriant, t'es-tu enfin convertie ? Puis-je féliciter mon cher comte ?

— Féliciter le comte ?... Mais il ne pense plus à moi.

— A qui donc ?

— Ne plaisantez pas, reprit Anitta, j'ai à vous parler sérieusement. Il faut nous donner la main, agir d'un commun accord.

— Dans quelle intention ?

— Contre une ennemie commune, contre Dragomira Maloutine. »

Glinski resta muet de surprise un moment.

« Que sais-tu sur son compte ?

— Elle a tendu ses filets autour de Soltyk et de Zésim en même temps. Il s'agit pour vous de sauver le comte, pour moi de sauver Zésim à qui appartiennent mon cœur et ma vie. Si Dragomira était tout simplement une coquette, je serais trop fière pour le lui disputer. Mais elle appartient à une société secrète, qui poursuit l'exécution de plans politiques considérables et dangereux. Elle ensorcelle les hommes qui l'approchent, uniquement pour les faire servir aux desseins de sa société. Pikturno est devenu la victime de cette association mystérieuse ; et Dragomira n'hésitera pas davantage à faire périr le comte et Zésim, si elle le juge nécessaire à ses projets.

— D'où sais-tu que Pikturno est mort de la main de Dragomira ?

— Je ne dis pas cela ; mais elle est pour quelque chose dans sa fin sanglante.

— Ce sont des idées que tu te fais.

— Non, j'en suis convaincue. Un hasard m'a mise sur la voie, et Dragomira me l'a pour ainsi dire avoué elle-même.

— C'est bon à retenir.

— J'ai encore plus que cela à vous dire, mais je désire que vous ne fassiez rien sans moi ; et, avant tout, il faut que vous me promettiez de ne plus me tourmenter avec Soltyk.

— Je t'en donne ma parole. »

Le jésuite tendit sa main à Anitta, et elle la lui baisa dans un transport de joie enfantine.

Le P. Glinski, attentif à en perdre la respiration, écouta le récit qu'elle lui fit de son étrange aventure, et quand elle eut terminé, il se félicita d'avoir trouvé une alliée si avisée et si énergique.

De retour à la maison, le P. Glinski, résolut de faire une dernière tentative auprès du comte.

« Permettez-moi, lui dit-il, d'appeler votre attention sur le danger où vous êtes.

— Vieilles histoires.

— Je vous ai déjà dit que Dragomira avait des plans bien arrêtés par rapport à votre personne.

— Pouvez-vous me dire quelque chose de plus sur ces plans ? dit Soltyk d'un ton moqueur.

— Oui.

— Eh bien, éclairez-moi.

— Dragomira appartient à une société secrète. »

Soltyk fronça le sourcil.

« Il faut que je vous rende avertissement pour avertissement, cher père Glinski, dit-il d'un air sérieux ; il n'est pas bon de parler de ces choses-là, et il est encore plus dangereux de chercher à pénétrer dans les secrets d'autrui. Si Dragomira, ce que je ne crois pas, est réellement mêlée à une entreprise de ce genre, cela prouve qu'elle n'est pas une jeune fille ordinaire, et nous n'avons aucune raison de la trahir et de provoquer la vengeance de ses associés.

— Comme Pikturno.

— Eh bien, Pikturno ?...

— On l'a tué, parce qu'il ne savait pas se taire. Peut-être son sang a-t-il souillé cette petite main blanche que vous aimez tant à baiser.

— Quelle absurdité !

— Je ne suis pas seul à connaître ces ténébreux manèges.

On en chuchote déjà çà et là. Ce serait effrayant si vous tombiez dans ces pièges.

— Eh bien, que dit-on ?
— On parle d'une conspiration ? »

Soltyk regarda le jésuite et se mit à rire.

« Pourquoi riez-vous ?
— Je ris de vous voir si bien informé.
— Ce n'est donc pas une conspiration.
— Vous me tenez pour initié, à ce que je vois, dit le comte : je ne le suis pas, mais je puis vous dire que Dragomira n'est engagée dans aucune affaire qui puisse la mettre en conflit avec les lois existantes. En voilà assez sur ce sujet. »

Le comte le congédia fièrement d'un signe de la main, et le jésuite se retira.

« Donc, pas de conspiration, se disait-il à lui-même. Alors, qu'est-ce ? Oui, qu'est-ce ? »

Glinski s'assit près de sa cheminée et se mit à réfléchir. Tout à coup, il lui vint une pensée dont il eut lui-même peur. Il appuya sa main sur son front. Et pourquoi pas ? Dans ce pays, où l'on voit les plus incroyables contrastes, les plus singulières aberrations, où la nature semble un sphinx qui propose tous les jours aux hommes de nouvelles énigmes, tout est possible.

Mais une jeune fille d'ancienne et bonne famille, une jeune fille distinguée, riche, belle, bien douée, faite pour être heureuse et rendre heureux, était-ce possible qu'elle eût adopté ces doctrines extravagantes, confinant à la folie, qu'elle se fût engagée dans cette route ténébreuse et souillée de sang ? Non, ce n'était pas possible. Et pourtant ? N'avait-on pas vu, au milieu de ce siècle, une noble dame, une demoiselle d'honneur de l'impératrice, devenir la Mère de Dieu des Adamites de Hlistow, cette secte de fous frénétiques ? Dragomira pouvait suivre la même voie. Mais n'était-il pas dangereux de soulever une si effroyable accusation avant d'avoir des preuves précises ? Et pour le moment ces preuves manquaient.

Le P. Glinski pesa tout ; il ne laissa de côté aucune circonstance, si petite qu'elle fût. Il en arriva finalement à cette conclusion que rien n'était perdu, et il s'arrêta à l'opinion d'Anitta.

Une conspiration ? N'était-ce pas suffisant pour exciter la vigilance de la police et pour faire entourer Dragomira et ses associés d'un réseau d'espions prêts, quand viendrait le moment décisif, à les livrer tous aux tribunaux ?

Le but pouvait de cette façon être atteint sûrement et promptement. Il ne fallait donc pas avoir recours à d'autres moyens qui seraient peut-être illusoires et dangereux.

Il était désormais bien décidé. Il écrivit à la hâte l'indispensable sur une feuille de papier et l'envoya immédiatement par un homme sûr au commissaire de police Bedrosseff.

X

NOUVELLES MINES

> Maintenant, à l'aide, formules magiques
> et amulettes !
> SHAKESPEARE, *Henri IV*.

C'était un petit cabinet intime que celui où Bedrosseff reçut le jésuite. Il lui tendit la main et lui offrit un cigare que Glinski prit et alluma ; puis ils s'assirent l'un près de l'autre sur un petit sopha de cuir et causèrent.

« Je viens vous parler d'une affaire très délicate, dit le jésuite doucement, et je compte sur votre discrétion.

— J'espère que vous la connaissez. S'agit-il de quelque nouveau tour de votre comte ? Faut-il arriver comme un ange sauveur ?

— Ma foi, il s'agit bien de quelque chose comme cela. Le comte Soltyk est possédé depuis quelque temps par une passion insensée pour une jeune dame, qui est certainement de bonne famille et qui pourrait à la rigueur lui faire une femme convenable. Mais elle est dangereuse pour lui à un autre point de vue.

— Quelle est cette dame ?

— Une demoiselle Maloutine.

— Dragomira ?

— Vous la connaissez ?

— Si je la connais ? Je connais ses parents ; elle, je la connais dès l'enfance, et je suis même en relation avec elle, ici, à Kiew.

— Ainsi, vous la connaissez bien ?

— Oui. »

Glinski regarda le commissaire de police bien en face.

« La croyez-vous capable d'un assassinat ? »

Bedrosseff éclata de rire.

« Comment une idée aussi folle vous est-elle venue ?

— Vous la regardez donc comme incapable d'accomplir ou de provoquer un pareil acte, même sous l'empire de motifs qui peuvent égarer une âme exaltée et l'entraîner au fanatisme ?

— Mais, mon révérend père, Dragomira n'est ni fanatique ni égarée. Elle est au contraire très froide, très prudente et très raisonnable.

— Vous êtes convaincu qu'elle est incapable d'exaltation ?

— Tout à fait incapable.

— D'exaltation politique aussi ?

— De toute espèce d'exaltation.

— Mais il est démontré qu'elle a des fréquentations secrètes.

— Avec qui ?

— Avec le marchand Sergitsch.

— Je le connais ; c'est un ami de sa mère, un brave homme, tranquille, inoffensif.

— Elle s'habille en homme chez lui et fait des visites nocturnes au cabaret Rouge.

— C'est bien possible.

— N'est-ce pas un lieu suspect ?

— Oui, mais cela ne prouve rien. Le lieutenant Jadewski adore Dragomira. Elle lui laisse espérer sa main ; mais elle essaye d'abord adroitement de voir si elle ne pourrait pas devenir comtesse Soltyk. Elle favorise le comte ouvertement devant le monde ; elle lui cache ses relations avec Zésim, et par conséquent ne peut voir l'officier qu'en cachette. D'où ses promenades nocturnes. Vous voyez que tout cela est aussi innocent que possible. Dragomira est irréprochable à tous égards. Ce n'est pas même une coquette dans le sens ordinaire du mot. Elle est tout bonnement assez avisée pour vouloir conquérir la main d'un magnat riche et considérable. Ce n'est pas un crime.

— Mais on ne la croit pas étrangère à la mort de Pikturno.

— Je connais aussi cette histoire-là. Il est probable que Dragomira a été l'occasion d'un duel à l'américaine entre Soltyk et Pikturno, et que le dernier a eu la boule noire.

— Malgré tout ce que vous me dites, je crains des machinations politiques dans lesquelles on pourrait bien entraîner le comte.

— Je vous répète qu'il s'agit d'affaires d'amour, répliqua

Bedrosseff en souriant, néanmoins je ferai tout mon possible pour tirer la chose au clair, et je prends bonne note de votre avertissement.

— Vous ferez surveiller Dragomira?

— Oui.

— Ne feriez-vous pas bien aussi de demander quelques explications à la jeune fille elle-même, comme ami de sa mère? Votre regard perçant démêlerait peut-être bien des choses qui nous échappent à nous autres.

— Je ne demande pas mieux. De votre côté essayez tout de suite de détourner autant que possible le comte de Dragomira; occupez-le, donnez-lui des distractions.

— Je n'y manquerai pas, et dès que je saurai du nouveau, je vous en préviendrai immédiatement. »

Les deux hommes se séparèrent en se donnant une chaude poignée de main, avec un sourire qui, chez le commissaire de police, voulait dire: Tu es quelque peu naïf, mon ami, pour un jésuite; et chez le Père: Tu n'as pas la vue bien longue, mon ami, pour un commissaire de police. Cependant Bedrosseff fit appeler sur-le-champ le plus adroit et le plus expérimenté de ses agents, pour bien s'entendre avec lui et lui donner les instructions nécessaires.

A la même heure, le jésuite expédiait un courrier à Tarajewitsch, un parent du comte. Soltyk le voyait autrefois avec plaisir et avait passé avec lui mainte nuit joyeuse. Tarajewitsch arriva aussitôt et trouva à l'hôtel de l'Europe, où il descendait, le jésuite qui l'attendait déjà. Les deux hommes s'entendirent promptement et conclurent sur-le-champ une alliance intime; car Tarajewitsch était toujours à la disposition de quiconque avait de l'argent à lui donner et de belles promesses à lui faire; et le jésuite ne regardait pas à appuyer son éloquence de quelques banknotes de roubles à l'effigie de Catherine II.

Une heure plus tard, l'honnête Tarajewitsch se précipitait avec tout l'empressement d'un parent affectueux dans le cabinet du comte.

« Cher Boguslaw, s'écria-t-il en le serrant dans ses bras et en lui donnant deux baisers retentissants, nous voilà donc encore ensemble à Kiew! Je voulais te faire un grand plaisir et voilà pourquoi je suis venu à l'improviste. Naturellement, je demeure chez toi, et nous allons fièrement nous amuser pendant quelques jours. »

Quand Soltyk fut sûr que Tarajewitsch ne voulait rester que

quelques jours, il respira. Son cher parent donna immédiatement sans plus de façons l'ordre d'aller chercher sa malle à l'hôtel.

« Maintenant, par quoi commençons-nous? dit-il une fois installé; avant tout il faut un programme.

— Fais à ton idée.

— Voici pour aujourd'hui. D'abord dîner au club. Puis une petite partie. Ensuite théâtre. Que joue-t-on?

— La *Traviata*.

— Parfait! s'écria Tarajewitsch; après l'opéra, nous allons aux Tziganes. Il paraît qu'il y a avec eux une femme magnifique, Zémira. Est-ce que tu ne la connais pas?

— J'en ai entendu parler.

— Belle! sauvage! Une panthère humaine, la bayadère pur sang! »

Soltyk commençait à se réconcilier avec le programme de son cousin. Une belle femme valait toujours la peine qu'on se dérangeât pour aller la voir. Ils dînèrent au club, puis commencèrent une partie de makao. Tarejewitsch eut un jeu si extravagant que Soltyk sentit la mauvaise humeur lui venir; et cédant au mécontentement et à l'ennui, il finit par donner le signal du départ. Tarajewitsch s'attacha à son bras, mis en belle humeur par le vin, et les poches pleines d'argent.

Ils s'habillèrent et se rendirent au théâtre.

Tarajewitsch se conduisit comme un fou. Il lança sur la scène un cornet de bonbons à la prima donna, et cria bis après chaque morceau.

Soltyk se sentit littéralement soulagé quand ils furent de nouveau en voiture et qu'ils partirent pour les Tziganes.

« Écoute un peu, dit-il à Tarajewitsch, prends bien garde à ne pas faire l'extravagant avec les jeunes Tziganes. Elles sont coquettes, à ce qu'on dit, et ne demandent pas mieux que de recevoir des compliments; mais leur vertu est hors de doute. La moindre bévue qui t'échappera fera scandale, si le poignard de leurs noirs chevaliers ne s'en mêle pas.

— Je sais, je sais, » marmotta Tarajewitsch.

Le café où ils arrivèrent était un grand kiosque oriental, décoré comme un palais des Mille et une Nuits. La partie centrale de la rotonde figurait une espèce de salle de danse, où un orchestre de Tziganes jouait des airs d'une mélancolie sauvage. Le long des murs, sous des palmiers et autres plantes des pays chauds, régnait une longue rangée de divans bas et mous. Sur ces divans étaient assises ou étendues, dans des poses pittoresques, les brunes filles de l'Inde aux yeux de gazelle, vêtues de blanc et chargées de bijoux magnifiques. Elles riaient et causaient avec les élégants messieurs et les officiers qui leur faisaient la cour.

De temps en temps, une demi-douzaine de ces jeunes beautés s'élançait dans la salle et exécutait une danse fantastique en s'accompagnant de tambours de basque.

Tarajewitsch laissa le comte appuyé contre une colonne et entama une conférence secrète avec une vieille bohémienne que Glinski lui avait indiquée et recommandée.

La plus belle des houris de ce féerique paradis de Mahomet s'avança bientôt vers le comte et lui tendit la main. Elle était élancée, bien proportionnée, et pouvait rivaliser avec n'importe quelle statue de Vénus. Son visage, légèrement bruni, aux lignes distinguées, était éclairé par deux grands yeux noirs où brillait une flamme étrange. Ses cheveux, entrelacés de perles et de corail, tombaient en boucles opulentes sur ses épaules. Elle avait des pantoufles brodées d'or, un pantalon turc bouffant, une jupe courte bigarrée, un corsage parsemé de pierreries. Tout son costume était en soie rouge épaisse. Chacun de ses bras nus était orné de plusieurs anneaux d'or.

« Bonsoir, comte, dit-elle en souriant.

— Tu me connais?

— Et toi, ne me connais-tu pas? Je suis Zémira; on m'appelle l'étoile de Kiew. Est-ce que je te plais?

— Demande cela à ton amoureux.

— Je n'en ai pas, Dieu le sait!

— Si tu veux attraper quelqu'un, adresse-toi à qui croit encore aux serments des bohémiennes.

— Oh! tu es fin; mais cette fois tu te trompes. Toi qui fais battre le cœur de toutes les femmes, ne serais-tu pas capable de séduire celui d'une pauvre petite bohémienne? Viens, dis-moi que tu me trouves belle.

— C'est vrai, tu es belle.

— Et on aime ce qui est beau, n'est-ce pas? Alors aime-moi. »

Soltyk se mit à rire.

« Ne ris pas, s'écria Zémira en frappant du pied, je veux que tu m'aimes. Tiens, prends et bois, et tu brûleras d'amour pour moi. »

Elle tira un petit flacon et lui le donna.

« Non, tu ne m'ensorcelleras pas, reprit Soltyk, ni avec tes yeux ni avec ton philtre. »

Zémira le regarda dans les yeux, recula de trois pas, allongea les bras vers lui et les ramena lentement à elle comme si elle voulait attirer l'âme du comte par un pouvoir magique, et murmura quelques paroles inintelligibles.

« Une incantation ! dit Soltyk ironiquement, cela n'a d'effet que quand on y croit.

— Es-tu donc de pierre ? demanda la jeune fille avec surprise ; laisse-moi un peu lire dans ta main. »

Elle s'empara de la main du comte, y jeta un coup d'œil rapide, puis regarda Soltyk et secoua la tête d'un air effrayé. Cette fois, ce n'était pas une comédie que jouait la brune beauté.

« Que lis-tu de mauvais dans ma main ? demanda Soltyk.

— Il vaut mieux ne pas savoir tout ce qui est écrit dans le livre du destin.

— Je veux pourtant que tu parles.

— La ligne de ta vie est coupée, murmura Zémira, ici, brusquement. Ta mort est plus proche que tu ne crois. Ce sera une mort violente, horrible. »

Soltyk haussa les épaules et donna une pièce d'or à la bohémienne, puis il fit signe à Tarajewitsch.

« Tu veux déjà partir ? demanda ce dernier.

— Non, mais buvons, répondit Soltyk, le vin chasse les mauvais esprits. Je trouve tout sinistre ici, ce jardin enchanté, ces fleurs absurdes avec leur parfum narcotique, ces violons qui murmurent, gémissent et pleurent comme des anges déchus, et surtout ces belles femmes brunes avec leurs yeux de pécheresses. Je me figure qu'elles vont se transformer en serpents ou en n'importe quels autres reptiles. »

Pendant que le comte et Tarajewitsch vidaient bouteille sur bouteille, l'agent de police faisait au commissaire Bedrosseff le rapport suivant :

« Il est certain que Dragomira va au cabaret Rouge habillée en homme, et que Pikturno y allait tous les jours. Il est également hors de doute qu'il a fait la cour à la juive Bassi Rachelles. Enfin, il a été bien établi qu'au moment où Pikturno disparaissait, Dragomira était absente de Kiew et que la juive n'était pas non plus à Kiew dans la nuit où Pikturno a été vu pour la dernière fois. »

XI

CHASSE A L'HOMME

> « Te voilà dans ton propre piège. »
> ŒHLENSCHLAGER.

Après avoir fait plusieurs tentatives pour rencontrer Dragomira, Zésim lui envoya une lettre de reproches. Elle lui répondit dans un style passablement ironique, en l'invitant à venir dans l'après-midi. Il arriva au moment où le jour baissait. Elle vint à sa rencontre avec un rire sonore, plus belle et plus séduisante que jamais.

« Encore une fois jaloux, mon ami? lui dit-elle d'un ton badin et comme une femme sûre d'avoir raison.

— Tu sembles éprouver du plaisir à me voir souffrir, répondit Zésim.

— Non, certes non, dit-elle. En somme, tu n'as pas le droit de m'accuser. Je t'ai dit loyalement ce que tu as et ce que tu n'as pas à attendre de moi. Lorsque nous revenions de Myschkow, je t'ai sincèrement donné ma main, pour toujours, mais à des conditions bien déterminées, que tu n'observes pas, parce que tu n'as pas pleine et entière confiance en moi.

— Cependant, Dragomira... s'écria Zésim, en l'entourant de ses bras et la serrant contre sa poitrine, mais je t'aime tant ! Aussi...

— L'amour a confiance, répondit-elle, et tu te tourmentes, et tu me tourmentes moi aussi, avec tes imaginations.

— Tes relations avec le comte...

— C'est nécessaire. J'ai une tâche sérieuse à remplir envers lui.

— Toujours les mêmes motifs, les mêmes prétextes.

— C'est la preuve que je suis conséquente avec moi-même.

— Ne vois-tu donc pas combien je souffre ?

— Est-ce ma faute ? T'ai-je fait des promesses que je ne tienne pas ? Ne t'ai-je pas tout dit d'avance ?

— Tu as raison, dit Zésim, je suis fou, pardonne-moi. »

Il se mit à genoux devant elle et lui baisa les mains.

Elle souriait, et il était heureux encore une fois. Mais ce bonheur ne dura pas longtemps. Bedrosseff entra, et avec son rire sec le fit tomber de son ciel.

« Je vous dérange ? demanda-t-il en clignant de l'œil à Dragomira, cela m'en a tout l'air ; j'en suis fâché ; mais j'ai à vous parler d'une affaire importante, mademoiselle ; deux mots seulement...

— Laisse-moi seule avec lui, dit tout bas Dragomira à Zésim, c'est un vieil ami de ma famille, il a sans doute quelque commission pour moi. »

Zésim sortit, mais bien à contre-cœur et avec une imprécation sur les lèvres à l'adresse du commissaire de police.

Dragomira s'assit dans un coin du sopha, et Bedrosseff prit un fauteuil en face d'elle. Elle avait eu la précaution de se placer dans l'ombre, tandis que la lumière tombait en plein sur le commissaire. Elle voulait l'observer, et, autant que possible, se soustraire à son regard pénétrant.

« Vous avez connu Pikturno ? dit-il d'un ton indifférent. Il me semble que vous m'en avez parlé.

— Oui, je l'ai vu une ou deux fois.

— Vous m'avez dit aussi qu'il avait été la victime d'un duel à l'américaine.

— Je le crois.

— Son adversaire était le comte Soltyk ?

— C'était une conjecture.

— Je puis vous dire aujourd'hui de la façon la plus certaine que vous vous trompiez, répliqua Bedrosseff, brusquement, dans l'intention de troubler Dragomira, Pikturno a été assassiné.

— Ah ! c'est vraiment curieux. Et les assassins, les a-t-on découverts ?

— Je suis sur leurs traces.

— On ne pouvait moins attendre de votre pénétration et de votre habileté. Et quels mobiles donne-t-on de ce meurtre ? A-t-on volé Pikturno ?

— Quant à cela, je dois encore me taire.

— Pourquoi ? Je ne trahis jamais un secret. »

Dragomira se pencha et prit les mains de Bedrosseff.

« Ce n'est pas gentil de piquer ma curiosité et de me laisser ensuite derrière la porte fermée.

— Nous avons à Kiew, dit alors le commissaire de police, un lieu mal famé, où vont toutes sortes de canailles. On l'appelle le cabaret Rouge. »

Dragomira se mit à rire.

« Qu'avez-vous ? Qu'est-ce qui vous rend si gaie !

— Je me figurais... dans cet endroit-là... que c'est bien plutôt des couples d'amoureux qui s'y rencontrent, des jeunes filles qui ont donné leur cœur contre la volonté de leurs parents, des femmes...

— Je sais aussi cela, continua Bedrosseff ; mais l'aubergiste, une juive rouée, et ses associés sont soupçonnés de faire quelque commerce interlope, et d'être en rapport avec des voleurs. Cette bande est bien capable de dévaliser quelqu'un et de le tuer.

— Vraiment ? Je suis bien aise de le savoir.

— Pourquoi ? demanda le commissaire de police intrigué. Vous n'avez jamais, que je sache, mis le pied sur le seuil de ce cabaret ? »

Dragomira recommença à rire.

« Mais alors ?...

— Oui, mais que cela ne sorte jamais de nous deux, répondit Dragomira ; j'y suis allée plusieurs fois. Ma tante a peur de tout et me garde très sévèrement. Vous comprenez ?...

— Parfaitement. Vous y avez rencontré Zésim ?

— Je ne dis pas cela.

— Oh ! j'en sais plus que vous ne pensez.

— Quoi, par exemple ?

— Que vous vous promenez parfois la nuit dans les rues et que vous vous déguisez de façon à être méconnaissable. »

Nouveau rire sonore de Dragomira.

« Alors je comprends, s'écria-t-elle, que les voleurs et les assassins ne soient pas découverts, puisque la police ne sait rien faire de mieux que de s'occuper des jeunes filles amoureuses. C'est on ne peut plus charmant. »

Son rire éclatant recommença et durait encore lorsque Henryka entra et lui sauta au cou.

« C'est encore moi qui ai raison, pensa le commissaire de police, l'affaire est aussi innocente que possible, et le jésuite qui a la prétention d'être plus fin que moi, voit tout bonnement des fantômes en plein midi.

— Qu'as-tu? demanda Henryka, tu sembles singulièrement gaie.

— M. Bedrosseff vient de me raconter une histoire des plus comiques, reprit Dragomïra. Mais revenons à notre sujet.

— Pardon, ma communication était absolument confidentielle.

— Cette petite-là, reprit Dragomira, en caressant les cheveux d'Henryka, n'a pas besoin non plus de savoir de quoi il s'agit; mais moi, la chose m'intéresse au plus haut point. Le métier d'agent de police me semble la forme la plus amusante, l'expression suprême de la chasse : n'est-ce pas la chasse à l'homme? Comme je suis une chasseresse déterminée, vous comprenez l'intérêt que j'y prends. Je ne connais pas de plus grand plaisir que de chevaucher à travers le steppe, et de poursuivre les lièvres et les renards avec une meute de lévriers. Mais combien ce doit être plus beau, plus passionnant de suivre des hommes à la piste, de les relancer, de les pousser dans le filet! Faites-moi participer à ce plaisir diabolique dont vous jouissez.

— Vous vous trompez, dit Bedrosseff, c'est souvent un pénible, un triste devoir.

— Pour vous, peut-être, répliqua Dragomira ; pour moi, ce serait une jouissance mêlée de peur; et voilà pourquoi je vous prie très sérieusement de me prendre comme agent de police. Croyez-moi; vous y aurez double profit. Pour moi, je ne serais pas fâchée de voir un homme qui aurait plus de sang-froid, de résolution, de finesse que moi.

— Un agent de police doué par la nature d'autant d'attraits serait véritablement impayable, dit Bedrosseff en riant.

— Alors, c'est une affaire décidée, dit Dragomira en lui tendant la main.

— C'est décidé, répondit le commissaire de police en lui touchant dans la main: voilà une bien bonne plaisanterie, en vérité...

— C'est très sérieux pour moi.

— Prenez-moi aussi à votre service, dit Henryka, je me figure que ce doit être extraordinairement intéressant.

— Comment? vous aussi? dit Bedrosseff en riant, alors je vais enrôler toutes les belles dames de Kiew, puisque je commence si glorieusement. »

« Quelle folie, se disait-il à lui-même en descendant l'escalier, quelle folie d'aller soupçonner une jeune fille si inoffensive! Pikturno était peut-être bien son adorateur et elle a été la cause innocente de sa mort. Toute autre supposition serait une absurdité. »

Cependant Dragomira se tenait debout et muette près de la fenêtre et écoutait en tenant serrée la main d'Henryka. Quand la porte se fut refermée et qu'elle se sentit en sûreté, son beau visage prit tout à coup une sombre expression de fanatisme, et ses yeux brillèrent d'un feu sinistre et cruel.

« Il est sur nos traces, dit-elle tout bas à Henryka.

— Comment? qu'a-t-il découvert? demanda Henryka dont les lèvres mêmes devinrent pâles.

— Il sait que Pikturno a été tué, et ses soupçons tombent sur nos gens du cabaret Rouge. Il sait aussi que je suis allée dans ce cabaret. Pour l'instant, le voilà tranquillisé, mais qui peut nous garantir, que, dans un jour, dans une heure, nous ne serons pas surpris et livrés au bourreau? »

Dragomira allait et venait à grands pas.

« Que veux-tu faire? demanda Henryka, après un silence.

— Avant que tout soit découvert, il faut frapper un coup prompt et décisif.

— Tu veux le tuer?

— Oui.

— N'est-ce pas un ami de tes parents, ton ami à toi?

— A partir de maintenant, ce n'est plus pour moi que l'ennemi de notre sainte communauté, l'ennemi de Dieu. Je ne peux pas l'épargner, ce serait un crime que d'avoir pitié de lui, ce serait nous perdre tous.

— Tu as raison.

— Sa mort est décidée, continua Dragomira, sa sentence prononcée, c'est moi-même qui l'exécuterai; c'est toi qui l'attireras dans le filet.

— Tu peux compter sur moi, dit Henryka. Qu'ai-je à faire?

— Tu le sauras quand il en sera temps. Le chasseur d'hommes va devenir gibier à son tour. Il ne m'échappera pas. Dès qu'il sera entre mes mains, je l'immolerai sans pitié à la grande cause que nous servons tous. »

XII

DANS LE FILET

> Le crime poursuit sa marche rapide :
> à chaque pas sa course redouble de vitesse.
>
> KRUMMACHER.

Le lendemain, une dame voilée vint le soir au bureau de police et demanda à parler à Bedrosseff. Comme elle avait l'air distingué, elle fut immédiatement annoncée et introduite. Au moment où elle entrait dans son cabinet, Bedrosseff se leva galamment pour lui offrir une chaise. Elle ferma rapidement la porte derrière elle et poussa le verrou.

« Personne ne peut nous entendre ? » demanda une voix connue. Bedrosseff dut lui assurer qu'il n'y avait personne qui pût écouter, avant qu'elle écartât son voile, et il aperçut le visage pâle et ému d'Henryka.

« Vous, mademoiselle ? dit Bedrosseff ; mais qu'avez-vous ? vous êtes hors de vous. »

Il la conduisit à la chaise qu'il avait approchée de la sienne.

« Je suis venue pour vous faire part d'une importante découverte, dit Henryka, mais promettez-moi que personne ne saura que je vous ai renseigné. Il ne faut pas que Dragomira se doute en rien de la visite que je vous fais. Je veux avoir seule le mérite de vous mettre sur la piste.

— Quelle piste ?

— J'ai découvert les assassins de Pikturno.

— Ah ! vous voulez parler des gens du cabaret Rouge.

— Non ! Ce ne sont pas eux.

— Qui alors ?

— Ne m'interrogez pas. Venez avec moi, et sur-le-champ. Mais il faut vous habiller en paysan.

— Bon. Permettez-moi seulement de prendre quelques dispositions et d'emmener avec moi un de mes agents.

— Sans doute. Il faut qu'il s'habille comme vous.

— Rien de plus facile.

— Je vous attends dans le voisinage de notre maison et le plus tôt possible.

— Dans une demi-heure. »

Henryka fit un signe d'assentiment. Elle tendit la main à Bedrosseff et partit pour changer de vêtements chez Sergitsch.

La demi-heure n'était pas encore écoulée que Bedrosseff arrivait près de la maison de M. Monkony en compagnie de Mirow, un de ses agents. A une cinquantaine de pas de la maison était arrêté un simple traîneau de campagne attelé de trois petits chevaux maigres. Dans le traîneau une femme à la taille élancée se leva et fit signe au commissaire de police qui approcha rapidement. C'était Henryka, avec les bottes, la jupe courte de percale, la pelisse en peau de mouton et le mouchoir de tête bariolé d'une paysanne petite-russienne. Elle l'accueillit en lui serrant la main. Bedrosseff et son compagnon montèrent dans le traîneau. Ils étaient habillés tous les deux en paysans petits-russiens, avec de grandes bottes, des pantalons bouffants et de longues redingotes en drap brun, grossier et velu, coiffés de bonnets en peau d'agneau et armés de poignards et de revolvers.

Henryka donna un signal au paysan Doliva qui conduisait et l'attelage se mit en mouvement.

Quand ils eurent laissé Kiew derrière eux, Bedrosseff commença à interroger Henryka avec son ton léger et enjoué. Celle-ci était préparée et elle répondit avec tant de finesse et de précision à toutes ses demandes, qu'il lui était impossible de concevoir le plus petit soupçon.

« Qu'est-ce qui vous a déterminée, ma chère et noble demoiselle, dit Bedrosseff, à me rendre un service si important?

— Votre dernière conversation avec Dragomira, dit-elle en souriant, l'envie de voir quelque chose de nouveau, d'extraordinaire, l'attrait qu'il y a à chercher le danger.

— Pour une jeune dame, ce n'est pas un motif absolument extraordinaire.

— Oh! c'est que j'ai du courage!

— Et comment avez-vous trouvé la piste des meurtriers?

— Par un hasard.

— Le hasard a été de tout temps le meilleur allié de la police.

— Une jeune fille de notre village, continua Henryka, allait un soir retrouver d'autres jeunes filles et des garçons qui se réunissaient pour filer, raconter des histoires et chanter. Elle vit, sans être aperçue, un jeune homme d'apparence distinguée qu'on emportait garrotté et bâillonné hors du cabaret situé près de Myschkow, sur la route de Kiew. Le jeune homme fut attaché sur un cheval et emmené du côté de la colline qu'on rencontre la première quand on va dans la forêt. Puis, on entendit plusieurs coups de feu. Un peu plus tard, les bandits revinrent sans le jeune homme. Ils avaient le visage noirci. De retour au cabaret, ils se mirent à boire tant et plus. Un d'eux donna un anneau d'or à la cabaretière.

— Cette femme était donc d'intelligence avec eux?

— Elle semblait connaître ces gens-là.

— Quel est son nom?

— Palachna Wotrubeschko.

— Et la jeune fille... de votre village?

— Elle vous confirmera tout ce que je viens de vous dire, si vous lui demandez adroitement des explications.

— Croyez-vous que Pikturno soit enterré là-bas dans la forêt?

— Sans doute, puisque les assassins sont revenus sans lui et ont ensuite pris le large dans la nuit et le brouillard.

— Et vous croyez que c'étaient des voleurs?

— Non.

— Des conspirateurs?

— Peut-être que oui, peut-être que non.

— Alors quel pouvait bien être leur dessein?

— N'avez-vous jamais entendu parler des Dispensateurs du ciel?

— Oh! si, répondit Bedrosseff surpris; depuis des années, je poursuis cette secte cruelle et extravagante sans avoir jamais réussi à découvrir un de ses adeptes et à le faire châtier comme ils le méritent tous. Ces monstres-là sont sanguinaires comme des tigres et rusés comme des serpents.

— Maintenant, si vous prenez bien toutes vos précautions, et si vous procédez exactement comme je vous le dirai, vous réussirez à saisir les fils de cette horrible association.

— Vous êtes donc bien convaincue que Pikturno a été une des victimes de cette secte?

— Oui, pour ma part j'en suis convaincue.

— Mais la jeune paysanne parlait de brigands.

— Pourquoi le coup n'aurait-il pas été fait par quelques scélérats payés pour cela? répondit Henryka; les instigateurs du meurtre peuvent bien ne pas être forcément les meurtriers.

— C'est juste, dit Bedrosseff, je vous remercie et je me mets entièrement sous votre direction.

— Et vous ne direz jamais que c'est moi qui vous ai révélé?...

— Jamais, pour aucun motif. »

Cependant le traîneau continuait sa route. Ce n'était, à perte de vue, que champs couverts de neige, saules rabougris, misérables chaumières, ruisseaux et étangs glacés.

Enfin on approcha de la forêt et du cabaret suspect.

« Nous ferons mieux de ne pas nous arrêter devant la maison, dit Henryka. Nous pourrions éveiller des soupçons; sans compter qu'il ne serait pas impossible que l'on me reconnût, malgré mon déguisement. Voici quel serait mon plan : quitter la route ici et faire halte dans la forêt. Moi, je reste à garder les chevaux. Pendant ce temps-là, vous, votre agent et mon cocher, qui est bien connu dans l'endroit, vous vous rendrez à pied au cabaret. Du moment que vous serez avec lui, on vous prendra tous les deux pour des paysans des environs. Mais m'oubliez pas d'allumer vos pipes auparavant. Dans cette saison, un paysan qui n'a pas sa pipe allumée n'est pas un paysan.

— J'admire votre prudence, qui pense à tout, dit galamment Bedrosseff. Il est facile d'obéir à une conductrice si intelligente et si habile. »

Tout se passa exactement comme le voulait Henryka. Le traîneau quitta la route et tourna dans le bois. On ne pouvait plus avancer qu'au pas, car la nuit était venue et les étoiles et la neige ne donnaient qu'une faible clarté. Doliva arrêta les chevaux au milieu d'un fourré; Henryka prit les rênes et les trois hommes descendirent du traîneau.

« Je voudrais pourtant prendre d'autres dispositions, dit le commissaire de police; il n'est pas possible de vous laisser seule en cet endroit. Un malheur pourrait si facilement vous arriver !

— Je n'ai pas peur, répondit Henryka.

— Cela ne fait rien; je veux vous laisser mon agent, dit Bedrosseff, il suffit que votre cocher m'accompagne.

— A votre idée, » répondit Henryka.

Elle avait aussi prévu cette modification à son plan.

L'agent lui prit les rênes. Bedrosseff tira son briquet et alluma sa pipe.

« Si je le trouve nécessaire, je donnerai un signal, dit-il; dès que vous entendrez un coup de feu, arrivez vite à mon aide. »

L'agent fit signe que c'était entendu. Bedrosseff tendit encore une fois la main à Henryka et se dirigea avec Doliva vers le cabaret. Il n'y avait rien de suspect à remarquer dans le voisinage. Un grand chien à chasser le loup qui gardait la maison accueillit les arrivants par des aboiements sonores. La salle de débit s'éclaira. Ce fut tout. Aucune créature humaine; rien même qui en annonçât la présence. Bedrosseff s'approcha d'une fenêtre entrebâillée et regarda dans la salle éclairée. C'était un cabaret comme tous ceux où vont les juifs et les paysans. Une lampe à pétrole, fumeuse, donnait une lumière triste et verdâtre. A une des tables de bois brut était assis un paysan. Il appuyait sur ses deux bras sa tête ébouriffée et dormait devant son verre d'eau-de-vie vide. La cabaretière, assise derrière son comptoir, comptait de l'argent. Sur le grand poêle dormait un chat tigré.

Bedrosseff fit signe à Doliva et entra avec lui.

Pendant que le commissaire prenait place à une table dans un coin peu éclairé, Doliva demandait de l'eau-de-vie d'une voix retentissante et s'asseyait en face de Bedrosseff, le dos tourné au comptoir. La cabaretière se leva, posa deux verres pleins de kontuschuwka devant les nouveaux arrivés et resta debout, près de la table, les mains sur les hanches. Elle causait familièrement avec Doliva à qui elle donnait de temps en temps un bon coup sur l'épaule. De cette manière, Bedrosseff avait le temps de l'examiner à son aise. C'était une forte femme d'environ trente ans, d'une taille un peu au-dessus de la moyenne, avec des formes pleines et arrondies. Elle avait des pantoufles, une jupe de couleur, une courte jaquette de peau d'agneau, un collier de corail, et sur la tête un mouchoir blanc, d'où s'échappait une abondante chevelure noire. Le nez camus surmontant une lèvre un peu courte donnait à la figure un caractère de dureté hautaine.

« Comment s'appelle donc ton camarade? dit-elle enfin, en

regardant Bedrosseff dans les yeux; il me semble que je l'ai vu, mais je ne sais vraiment pas quel est son nom.

— Iwan Klutschanko.

— Est-il de Romschin?

— Oui, de Romschin.

— Vous venez sans doute de la ville?

— Justement. »

Bedrosseff commença alors à questionner la cabaretière.

« On nous a assignés devant le juge, dit-il; voilà ce que c'est : Un jeune homme riche a été tué ici dans ce cabaret, et ces messieurs de la justice qui sont curieux et fourrent leur nez partout, nous ont demandé si nous n'avions pas eu vent de l'affaire.

— Comment sauriez-vous quelque chose? dit la cabaretière, si quelqu'un pouvait déposer, ce serait moi.

— L'affaire est donc vraie?

— Mais oui. Une nuit, un jeune gentilhomme est venu ici, de Kiew, et il est arrivé en même temps que lui une dame comme il faut, avec un voile épais sur la figure. Puis des étrangers sont entrés brusquement. Ils m'ont attachée; ils m'ont bandé les yeux et ils sont tombés sur le jeune homme. Je l'entendais appeler au secours; puis je n'entendis plus rien; ils étaient tous partis à cheval. Quand ils revinrent, ils me délièrent. Ils avaient la figure noircie. Il y en eut un qui me donna une bague pour payer la dépense. »

Pendant que Bedrosseff interrogeait la cabaretière, Henryka et l'agent Mirow attendaient dans la forêt. Ils restèrent assez longtemps sans échanger une parole. Henryka avait les mains jointes et demandait à Dieu force et courage. Et, en effet, elle avait besoin de beaucoup de courage et de résolution, car, dans ce drame, c'est à elle qu'était peut-être réservé le rôle le plus dangereux.

« Il paraît que tout va bien dans le cabaret, dit enfin l'agent de police.

— Je l'espère. Pourvu que Bedrosseff ne se presse pas trop ou ne laisse pas échapper quelque mot ou quelque geste imprudent !

— Vous êtes liée avec Mlle Dragomira Maloutine? demanda l'agent en se tournant vers Henryka.

— Oui, je la connais assez bien.

— La croyez-vous capable de prendre part à des choses comme celle qui nous occupe en ce moment? »

Henryka garda le silence.

« Vous êtes étonnée que je me permette d'exprimer un pareil soupçon ? continua l'agent de police, mais je surveille Mlle Maloutine depuis pas mal de temps, et j'ai toutes sortes de motifs de supposer qu'elle est au courant de la mort de Pikturno et peut-être qu'elle y a pris part.

— Ce n'est pas impossible.

— Alors vous êtes d'avis qu'elle pourrait bien avoir des rapports avec cette secte et participer à ces actes sanguinaires ?

— Oui.

— Avez-vous remarqué quelque chose en ce sens ?

— Non, mais Dragomira est une exaltée, et je ne crois pas que l'idée de verser le sang lui ferait peur. »

En ce moment une forme de femme à cheval sortit dans le lointain de derrière les arbres et fit un signe à Henryka avec le mouchoir blanc qu'elle tenait à la main. L'agent de police n'aperçut point ce signe, parce qu'il était tourné du côté d'Henryka et l'observait avec la plus grande attention.

« Qu'est-ce que c'est ? murmura Henryka, il y a là-bas quelqu'un qui se dirige vers nous. »

L'agent de police tourna la tête. Au même instant Henryka sortit un revolver et fit feu sur lui. Le coup retentit presque solennellement dans le silence de la nuit. L'agent de police se retourna comme par un mouvement machinal vers Henryka et tomba du traîneau, la figure en avant, dans la neige.

Henryka sauta à bas du traîneau et le releva. Il ne pouvait pas parler, car des flots de sang lui sortaient de la bouche ; mais il vivait encore et la regardait fixement avec des yeux tout grands ouverts.

« Réconcilie-toi avec Dieu, lui dit Henryka, tu es entre mes mains et je vais t'immoler en expiation de tes péchés. »

L'agent de police leva les deux poings, puis retomba en arrière. Henryka lui appliqua sur le front la gueule de son revolver et tira. Le premier acte de ce drame sanglant était terminé.

En entendant le premier coup, Bedrosseff s'était levé et, son revolver à la main :

« Viens vite ! » avait-il crié à Doliva.

Puis il s'était précipité hors du cabaret pour s'élancer dans la direction de la forêt. A moitié chemin, Karow à cheval arrivait à sa rencontre.

« Halte ! cria Bedrosseff en s'arrêtant, le revolver braqué sur lui, halte ! ou je fais feu ! »

Karow s'arrêta, mais au même moment, Dragomira arrivait au galop. Vêtue en paysanne, avec des bottes de maroquin rouge, un longue pelisse blanche en peau de mouton, à broderies de couleur, des colliers de corail autour du cou et sur la poitrine, un mouchoir rouge sur la tête, elle était à cheval comme un homme, semblable à la véritable amazone scythe, et, de même qu'elle, tenant un lacet qu'elle lança à Bedrosseff avec la rapidité de l'éclair. A peine celui-ci l'avait-il autour du cou qu'elle repartit au galop, traînant le malheureux derrière elle. Il voulut appeler au secours, mais la voix lui mourut dans la gorge. Au bout de quelques pas, il était précipité par terre et râlait. Cependant, à travers la neige et la glace, se continuait la course de la chasse sauvage, de l'effroyable chasse à l'homme; et la chasseresse n'éprouvait aucun sentiment de pitié.

XIII

TISSU DE MENSONGES

> Le mal s'apprend facilement, le bien difficilement.
>
> *Proverbe chinois.*

Le lendemain matin, de bonne heure, M. Monkony vint avec sa fille au bureau de police. Henryka, pâle et les yeux enflammés, s'était laissée tomber sur une chaise. Elle déclara que la veille au soir elle était allée à Myschkow avec Bedrosseff et Mirow; qu'ils avaient été attaqués par des inconnus masqués, et que ceux-ci s'étaient emparés de Bedrosseff et de l'agent.

On lui adressa différentes questions auxquelles elle répondit avec calme et netteté.

A l'occasion d'une visite que Bedrosseff avait faite à Dragomira, dit-elle, les deux amies s'étaient offertes à lui par badinage en qualité d'agents. Ils étaient donc partis tous, habillés en paysans, pour Myschkow, dans le traîneau de Doliva. A peu de distance du cabaret, ils avaient été attaqués par une troupe de cavaliers qui portaient des masques sur la figure; ils avaient forcé Bedrosseff et l'agent à descendre du traîneau, les avaient garrottés tous les deux et les avaient emmenés, en ordonnant au cocher de retourner à Kiew.

On avait interrogé le paysan Doliva qui avait fait exactement la même déclaration.

Le chef de la police se mit en route avec plusieurs employés, Doliva et un piquet de cosaques. Ils trouvèrent la porte du cabaret fermée et firent sauter la serrure pour entrer. Il n'y avait personne. Evidemment, la cabaretière avait gagné le large. Sur la table était un billet écrit. Le chef de la police le prit et lut ce qui suit :

« Peine perdue. Vous ne découvrirez jamais les juges sévères et équitables. Pikturno était un traître et il a reçu le châtiment qu'il méritait. »

Le chef de la police fit fouiller le bois par ses hommes. On trouva le commissaire de police Bedrosseff et l'agent Mirow pendus tous deux aux branches solides d'un grand chêne. Sur le tronc énorme de l'arbre on avait collé une affiche avec cette inscription :

« Arrêt de mort, Bedrosseff, commissaire de police à Kiew, Mirow, agent de police dans la même ville, condamnés à mort par le tribunal de la révolution, ont été exécutés ici. Le comité secret pour le gouvernement de Kiew. »

Le chef de la police fit détacher les corps. On les plaça sur un traîneau de paysan réquisitionné dans le village et on les rapporta à la ville. Il y revint également avec tout son monde, convaincu que c'était là qu'on pourrait trouver quelque chose touchant les conjurés.

Le P. Glinski, lui-même, fut stupéfait de ces événements. Il vint annoncer à Soltyk qu'on était sur les traces d'une conspiration. Il ajouta qu'on réussirait sans aucun doute à prouver la participation de Dragomira à toutes ces manœuvres criminelles; par conséquent, il ferait bien de rompre avec elle le plus tôt possible.

Soltyk accueillit ces paroles avec indignation.

« Dragomira, dit-il, n'est pour rien dans de pareils actes. Je le sais mieux que n'importe qui. Cessez donc de l'accuser et de la soupçonner. »

Depuis plusieurs jours il ne l'avait pas vue. Il était décidé maintenant, à ne reprendre sa liberté à aucun prix et il songeait à aller la trouver en toute hâte.

« Il est absolument nécessaire que j'aille avertir Dragomira, dit-il à Tarajewitsch; dans une heure je serai de retour.

— Non, non, je ne te lâche pas, dit l'allié du jésuite; si tu veux sortir tout de suite, je t'accompagnerai.

— C'est trop fort ! Je te dis qu'il faut que je lui parle seul.

— Des histoires !

— Bref, tu as la prétention de me tenir en tutelle. C'est bon pour deux ou trois jours ; mais il ne faut pas que cela dure.

— Si tu crois, s'écria Tarajewitsch, que je te laisserai tranquillement aller à ta perte, tu ne me connais pas. Au besoin je convoquerai un conseil de famille, ou je réclamerai le secours des tribunaux.

— Je crois que tu es fou.

— Je connais mon devoir.

— Fais ce que tu veux, je n'en irai pas moins chez elle. »

Soltyk commença à s'habiller. Tarajewitsch réfléchissait.

« Tu m'as pourtant promis, dit-il, de me conduire dans un de tes domaines pour y chasser le loup.

— Oui.

— Alors, c'est bien. Va chez cette sirène. Je ne m'y oppose pas. Mais demain nous partons pour Chomtschin et nous chasserons pendant deux ou trois jours.

— Convenu, » dit Soltyk.

Un quart d'heure plus tard, il était auprès de Dragomira.

« Il y a une véritable conspiration contre nous, dit-il; Tarajewitsch est devenu l'allié de Glinski. Je suis gardé comme un malfaiteur, et l'on me tient en tutelle comme un enfant. Demain on veut m'emmener à Chomtschin où j'ai un château. Nous y chasserons. Cela me fournit un excellent motif pour vous inviter. J'inviterai aussi Monkony. Venez avec lui ou avec votre tante. Si vous acceptez seulement mon hospitalité à Chomtschin, nous trouverons bien le moyen de nous entendre.

— J'ai horreur de toute espèce d'intrigues, répondit Dragomira; pourquoi ne renvoyez-vous pas tout bonnement Tarajewitsch?

— Je ne le peux pas. C'est un homme à me mettre sur le dos tous mes parents et même la justice. »

Dragomira réfléchissait.

« Cela veut dire qu'il faut tout simplement le mettre hors d'état de nuire, et le plus tôt possible.

— Avez-vous un plan?

— On en trouvera un, une fois que nous serons à Chomtschin. Si vous avez autant de courage et d'énergie que moi, nous n'avons rien à craindre.

— Vous pouvez compter sur moi.

— Alors, à demain.

— Je vous remercie. »

Soltyk baisa sa belle main, qui était froide comme du marbre, et laissa Dragomira pour aller prendre les dispositions nécessaires.

Dragomira jeta à la hâte quelques lignes sur un papier, et les envoya à Henryka par Barichar.

Un quart d'heure après, un messager à cheval partait avec une lettre de Dragomira pour Mme Maloutine.

En l'état des choses, Dragomira avait besoin de sa mère. Elle ne pouvait pas aller seule à Chomtschin ; et si elle y allait avec Monkony, elle était obligée de revenir aussi avec lui et sa femme. Mais n'y avait-il pas telles circonstances qui devaient absolument la forcer de rester à Chomtschin? Elle attendit avec une impatience fébrile la réponse de sa mère, et passa une nuit très agitée.

Le lendemain matin, Soltyk partit avec Tarajewitsch pour son vieux château qui n'était qu'à deux lieues de Kiew. Il y avait tout autour de grandes et magnifiques forêts. Soltyk eut immédiatement une consultation avec son forestier et donna les ordres nécessaires pour qu'on pût chasser le lendemain. Les deux messieurs passèrent le reste de la journée à visiter le domaine qui était très étendu, et à jouer aux cartes. Tarajewitsch était un joueur passionné, au point d'en perdre la raison. Soltyk restait toujours froid et calme; mais cette fois il était distrait, ce qui fit gagner Tarajewistsch sans interruption et le mit en belle humeur.

Cependant Dragomira avait un entretien avec Zésim. Elle lui déclara qu'elle devait aller à Chomtschin ; quant à lui, dans le cas où il serait invité, il n'avait pas à profiter de cette invitation. Zésim lui fit de vifs reproches, mais finit par se laisser calmer. Quand elle l'eut seulement entouré de ses beaux bras comme d'un lacet magique, il fut complètement dompté et fit tout ce qu'elle voulut. Le messager revint, annonçant que Mme Maloutine le suivait de près. En effet, elle arriva au bout d'une heure et elle eut encore le temps de s'entendre avec sa fille sur les points essentiels. Dans l'après-midi, Monkony et Mme Maloutine, Sessawine et Mme Monkony, Dragomira et Henryka partirent pour Chomtschin dans trois traîneaux. Il faisait noir quand ils arrivèrent. Le comte Soltyk les reçut au bas du perron. Après avoir salué les dames et serré la main aux hommes, il offrit le bras à Mme Maloutine pour monter l'escalier. Les autres suivaient. Tarajewitsch devint pâle quand il aperçut Dragomira. Un mauvais pressentiment lui vint et ne le quitta plus.

Une fois la première installation terminée, les nouveaux hôtes se rassemblèrent tous dans le salon pour prendre le thé et causer. Soltyk se tenait loin de Dragomira. Deux mots qu'elle lui avait dits tout bas, au moment de son arrivée, lui avaient indiqué la conduite à tenir. Personne ne fut étonné, en revanche, de le voir s'approcher d'Henryka et avoir avec elle une conversation animée. On ne remarqua pas non plus qu'Henryka lui glissait un petit billet dans la main.

Pendant le souper, Soltyk trouva un prétexte pour sortir de la salle à manger. Il alla s'enfermer dans sa chambre à coucher et lut ce que Dragomira lui avait fait remettre.

« Il faut que je vous parle aujourd'hui et en secret. Comment faire ? »

Soltyk réfléchit un moment, puis il fit venir le régisseur du château et lui ordonna de changer, sans qu'on s'en aperçût, les chambres de Mme Maloutine et de sa fille. Quand ce fut réglé, il écrivit un mot pour Dragomira, retourna à table, et glissa avec précaution sous la nappe le billet à Henryka, qui était assise à côté de lui.

On repassa au salon. Henryka alla pour un instant à la fenêtre avec Dragomira et lui glissa à son tour le billet dans la main.

Mme Maloutine, en considération de la chasse du lendemain, proposa d'aller se coucher de bonne heure. Tous furent de son avis et l'on se sépara en se souhaitant une excellente nuit.

Une fois dans leur appartement, Mme Maloutine et Dragomira se concertèrent en quelques mots. La première resta dans sa chambre, pendant que Dragomira s'enfermait dans la sienne. Les deux chambres étaient séparées par un petit salon dont Dragomira ferma également la porte à clef.

On frappa doucement.

« Qui est là ? demanda Dragomira.

— Moi, Henryka, ta servante. »

Dragomira ouvrit. Henryka entra et donna un tour de clef.

« Je viens pour te déshabiller.

— Je ne me couche pas encore, j'attends Soltyk.

— Faut-il m'en aller ?

— Je veux me mettre à mon aise, dit Dragomira, tu peux m'aider et te tenir ensuite dans la chambre à côté. »

Henryka aida Dragomira à ôter sa robe de velours. Elle lui présenta ensuite un peignoir de soie à queue, une jaquette de fourrure et s'agenouilla pour lui mettre ses pantoufles. Pendant ce temps-là, les lumières s'éteignaient et le silence se faisait dans le château. On frappa de nouveau très doucement, cette fois derrière la boiserie de la chambre. Dragomira mit un doigt sur sa bouche et Henryka sortit sans faire aucun bruit.

Dragomira pressa alors un bouton caché que Soltyk lui avait indiqué dans son billet; une porte secrète s'ouvrit et le comte se trouva devant elle.

« Puis-je entrer ?

— Certainement. »

Il entra et ferma la porte derrière lui.

« Qu'avez-vous à me dire ? » demanda-t-il.

Dragomira s'assit auprès de la cheminée et lui en face d'elle.

« Vous m'aimez, dit-elle, et vous voulez m'obtenir à tout prix ?

— Oui.

— Voici ma main. Je vous permets d'espérer ce que vous souhaitez, tout ce que vous souhaitez, dès que vous m'aurez prouvé que vous êtes un homme comme je suis une femme, et que vous ne reculez devant rien quand il s'agit d'atteindre un but élevé et saint.

— Je vous donnerai toutes les preuves que vous exigez de moi, dit Soltyk; et alors cette main sera à moi ?

— Oui.

— Que désirez-vous donc de moi ?

— J'ai appris et je sais positivement que Tarajewitsch manœuvre par l'ordre de votre famille et dans l'intérêt des jésuites. On fera tout ce qu'il est possible de faire pour vous séparer de moi et vous marier avec Anitta. Si cela ne réussit pas, on aura recours aux pires moyens. On vous dénoncera d'abord comme dissipateur, et l'on vous interdira la libre disposition de vos biens.

— Ce n'est pas possible !

— Si, c'est même certain, croyez-moi, et si alors vous ne renoncez pas à moi, on vous déclarera fou et on vous enfermera dans une maison de santé. »

Soltyk bondit tout indigné.

« Mais, c'est un plan diabolique ! s'écria-t-il.

— Il nous faut prendre les devants, continua Dragomira; vous avez en moi une alliée fidèle et courageuse. Nous devons agir sans tarder et anéantir vos ennemis.

— Oh ! vous êtes mon bon ange ! » murmura Soltyk en tombant à genoux devant Dragomira dont il couvrit les mains de baisers.

XIV

TRAITÉ D'ALLIANCE

> Le voir prisonnier, tel est mon désir.
> CALDERON, *Sémiramis*.

C'était une magnifique journée d'hiver, froide, mais claire et brillante de soleil. Seulement, dans le lointain, autour de la forêt et sur le fleuve, s'étendait une légère brume blanche, pareille à un voile de fée brodé d'or. Le ciel était serein, d'un bleu doux; le soleil avait un éclat joyeux; sa chaude lumière ruisselait en millions de gouttes étincelantes sur la neige qui couvrait la terre, les arbres et les toits des chaumières, sur les glaçons suspendus aux gouttières et aux branches. Les rabatteurs, paysans des villages du comte, étaient partis dès l'aube, dirigés par les gardes. Ils cernaient la forêt et avaient allumé de grands feux pour effrayer et repousser les loups et les empêcher de s'échapper.

Dans la cour, les veneurs étaient rassemblés sous la conduite du forestier; et les grands dogues couplés, étendus çà et là, poussaient de temps en temps un aboiement de joie et d'impatience.

Dans la salle à manger, décorée de bois de cerfs, de têtes d'ours et de loups, de grands hiboux empaillés, d'armes et de tableaux de chasse, la société s'était réunie pour le déjeuner. Mme Maloutine déclara qu'elle aimait mieux rester à la maison. Mme Monkony, jolie femme de trente-six ans au plus et d'une beauté opulente, devait prendre part à la chasse avec sa fille et Dragomira.

On avait décidé d'adjoindre un cavalier à chaque dame et de tirer au sort pour former les couples. Mais Dragomira réclama:

« Laissez-nous choisir nous-mêmes ! s'écria-t-elle, et que le sort décide seulement dans quel ordre nous choisirons. »

Mme Monkony et sa fille appuyèrent vivement la proposition. Les messieurs n'avaient plus qu'à s'incliner. Henryka écrivit les noms des trois dames sur des billets, les jeta dans son bonnet et dit à Tarajewitsch de tirer.

Ce fut le nom de Dragomira qui sortit le premier. Elle choisit Soltyk. Mme Monkony fit à Tarajewitsch l'honneur de le désigner comme son protecteur, et Henryka prit Sessawine pour chevalier.

On but encore un petit verre de kontuschuwka, puis les traîneaux s'avancèrent au milieu des joyeux aboiements des chiens, des claquements des fouets et des hourras des veneurs, et toute la société se mit en route.

Mme Monkony avait un costume de velours vert et une jaquette de même étoffe, bordée et doublée de zibeline. La jupe courte laissait voir ses bottes molles, en cuir noir. Un élégant bonnet de zibeline, à la Catherine II, un fusil et un yatagan complétaient l'équipement de la séduisante amazone. Les deux autres jeunes dames étaient costumées de la même façon ; seulement Henryka avait mis avec intention sur ses cheveux noirs un bonnet de velours rouge foncé garni de renard bleu, tandis que la blonde Dragomira était coiffée d'un bonnet de velours bleu avec du skung. Chacun des trois couples prit un traîneau pour lui. Monkony et les messieurs du voisinage qui prenaient part à la chasse suivaient dans un quatrième, attelé de six chevaux et dont les dimensions faisaient penser à l'arche de Noé.

Le traîneau de Soltyk et de Dragomira représentait un dragon.

« Est-ce un hasard ? demanda Dragomira avec un fin sourire en montrant la terrible bête fabuleuse.

— Non, répondit le comte, c'est un symbole. Il convient à l'enchanteresse qui commande aux éléments et aux forces secrètes de la nature et qui fait des hommes ses esclaves.

— Le comte Soltyk ne sera jamais l'esclave d'une femme.

— Ne raillez pas ; il porte déjà votre joug et ne connaît de volonté que la vôtre.

— C'est ce que l'on verra.

— Faites-en l'épreuve.

— Pas plus tard qu'aujourd'hui, vous pouvez y compter. »

Les traîneaux, rapides comme l'oiseau qui vole, traversaient les plaines couvertes de neige. On arriva bientôt à la lisière de la forêt. On descendit et on prit les places que le forestier indiqua. Dragomira et Soltyk s'enfoncèrent dans le bois et se postèrent devant un grand chêne. Ils avaient devant eux une petite clairière, derrière eux et des deux côtés du tout jeune bois qui permettait à la vue de s'étendre au loin. Soltyk chargea d'abord le fusil à deux coups de Dragomira, ensuite le sien. A une dizaine de pas derrière eux se tenaient un veneur avec une carabine à baïonnette et un paysan avec une pique. On avait à prévoir le cas où un ours pourrait bien être rabattu, et toutes les précautions que la poltronnerie du loup rendaient inutiles, il fallait les prendre contre ce brun personnage, héros velu des solitudes.

Pendant quelque temps le silence le plus complet régna dans la forêt et sous les branches dépouillées du vieux chêne. Personne ne bougeait, personne ne soufflait mot. Dans le lointain brillait un des feux allumés par les paysans. Un grand corbeau planait dans les airs en silence, ses ailes noires étendues sur le ciel, d'un bleu éblouissant. Il disparut entre les cimes des chênes et des hêtres.

Enfin le signal fut donné : c'était une sonnerie de trompette. Alors commença le vacarme des rabatteurs ; leurs cris retentissaient à travers la forêt, accompagnés du claquement des fouets, du bruit des grelots et du tapage des coups de bâton contre les arbres. On lâcha alors les chiens. Deux d'entre eux arrivèrent en faisant des bonds magnifiques de souplesse et disparurent dans l'épaisseur du bois. Il y eut de nouveau un court silence, puis une tête fauve se montra au milieu des feuilles sèches. Un grand renard approchait lentement en se glissant à travers les branchages et les broussailles.

Dragomira se préparait à tirer, mais le comte l'arrêta.

« Il est défendu de tirer sur les renards, lui dit-il tout bas.

— Et pourquoi ? demanda-t-elle toute frémissante.

— Parce que les loups seraient avertis par des coups de feu prématurés ; et alors, au lieu de venir dans notre direction, ils pourraient s'échapper d'un autre côté ou à travers les rabatteurs. »

Le renard avait l'air de savoir qu'il était en sûreté, car il passa lentement, sans s'occuper beaucoup des chasseurs. Quelques instants après un grand animal gris et velu, à poils sauvages et hérissés, avec des yeux étincelants, arrivait par bonds précipités.

« Est-ce un loup ? » demanda Dragomira.

Soltyk fit signe que oui.

La belle jeune fille se prépara. L'animal féroce fit encore deux ou trois bonds ; on vit un éclair, on entendit une détonation, et le loup roula dans son sang. Il se releva presque immédiatement sur ses pattes de devant et poussa un hurlement épouvantable.

Soltyk s'avança vers lui.

« Que voulez-vous faire ? demanda Dragomira.

— Je veux l'achever d'un second coup.

— Non, laissez-moi ! » dit Dragomira.

Et, suivie de Soltyk, elle s'approcha rapidement du loup qui mourait. D'un mouvement presque sauvage elle tira du fourreau le yatagan qu'elle portait au côté et l'enfonça dans le corps de la vilaine bête, qui montrait des dents menaçantes. Presque aussitôt le loup tombait à ses pieds et exhalait son dernier souffle.

Le comte Soltyk contemplait le beau visage de Dragomira avec un ravissement indescriptible auquel se mêlait un vague effroi. Les joues de la jeune fille étaient brillantes ; dans ses yeux étincelait une joie homicide d'une expression étrange.

« La chasse semble vous faire plaisir, dit le comte.

— Oh ! oui ! répondit-elle en mettant une nouvelle cartouche dans son fusil. Je crois qu'au fond de tout homme il y a quelque chose de divin et quelque chose de diabolique. Voilà pourquoi nous éprouvons un tout aussi grand plaisir à tuer, à anéantir, qu'à créer.

— Quels grands, quels extraordinaires sentiments vous avez !

— Découvrez-vous aujourd'hui pour la première fois que je ne suis pas une jeune fille comme on en voit tous les jours ?

— Non, certes non.

— Je ne rougis pas non plus de vous avouer, continua Dragomira, que cette manière de tuer une bête me fait moins de plaisir que la chasse à courre. Avant tout, c'est trop vite fini. Un coup de fusil, un coup de couteau tout au plus, et voilà la bête à bas ; tandis qu'autrement on jouit du plaisir de dépister d'abord l'animal, puis de le poursuivre et enfin de le réduire aux abois.

— Vous êtes cruelle.

— Non. Souffrir des supplices me paraît au moins aussi beau que d'ordonner le supplice des autres. Je serais capable de descendre sur le sable brûlant de l'arène et de braver les bêtes féroces du désert, l'enthousiasme au cœur et l'hymne du triomphe sur les lèvres, comme jadis les martyrs chrétiens. La mort n'est effrayante qu'autant que nous la craignons. Je ris de son horreur et de ses menaces. »

A ce moment on entendit un coup de feu, puis un second. Une bande de loups arrivait, emportée par une course furibonde. Les chiens les poursuivaient et les forçaient à passer devant la ligne des chasseurs. Le comte et Dragomira leur barrèrent le chemin et firent feu sur eux; le veneur du comte suivit leur exemple lorsque ces animaux, traqués de tous côtés, cherchèrent à s'échapper du bois. Le plus grand nombre réussit à se sauver. Trois grands loups teignirent la neige de leur sang. Les autres, poursuivis par les chiens, disparurent bientôt dans le lointain.

La chasse était terminée.

Soltyk donna un signal. Son traîneau apparut. Le comte aida rapidement Dragomira à monter, et l'attelage partit au galop pour le château. Ils étaient arrivés, que les autres, le fusil sur le bras, attendaient encore le signal qui devait annoncer la fin de l'expédition. Et quand le forestier le donna, le comte et Dragomira s'étaient déjà mis à leur aise et étaient assis en face l'un de l'autre, près de la cheminée, savourant du thé bien chaud. Ils offraient l'aspect d'un jeune couple princier des pays orientaux, tous deux beaux, tous deux fiers et dominateurs, les pieds posés sur une grande peau d'ours blanc. Enveloppé d'une longue robe de chambre fourrée, en étoffe de Perse, brodée d'or et garnie d'hermine, il avait un fez sur ses cheveux noirs et bouclés. Elle avait une kazabaïka de velours rouge ornée de zibeline dorée; ses cheveux blonds étaient ceints d'un mouchoir de soie rouge enroulé en façon de turban.

« Nous sommes donc d'accord? » dit-il doucement. Elle fit un léger signe de la tête.

« Ce côté de votre caractère que j'ai découvert aujourd'hui nous a rapprochés.

— Je vous répète, dit Dragomira, qu'il n'y a rien de diabolique en moi. Je ne suis pas cruelle.

— Si, vous l'êtes. Combien ce devrait être merveilleux de vous voir, si vous aviez en votre puissance un ennemi que vous haïriez!

— Fournissez-moi cette occasion.

— Vous songez à... Tarajewitsch?

— Oui... à lui, votre ennemi et le mien. J'aimerais à l'avoir entre mes mains.

— Ce sera facile, Dragomira; vous n'aurez qu'à vouloir.

— Non, je ne veux rien entreprendre contre lui; on pourrait avoir des soupçons. Mais vous... c'est vous qui me le livrerez.

— Volontiers, répondit le comte avec un regard presque sinistre, mais comment?

— C'est votre affaire. »

Il réfléchissait.

« Notre alliance, dit Dragomira au bout d'un instant, est donc conclue contre Tarajewitsch...

— Contre l'univers entier, dit Soltyk en saisissant la main qu'elle étendait. Comptez en tout sur moi.

— Il faut que Tarajewitsch soit mis aujourd'hui même hors d'état de nuire.

— J'ai une idée, dit Soltyk; on peut en tirer un plan pour l'exécution de nos projets. Reposez-vous-en sur moi.

— Je veux bien.

— Et si je vous livre Tarajewitsch, qu'en ferez-vous? »

En adressant cette question à Dragomira, il était comme aux aguets. Sa nature de Néron s'éveillait tout à coup dans son infernale grandeur.

« Je ne sais pas encore, répondit-elle.

— Dragomira sait toujours ce qu'elle veut.

— Alors, c'est que je ne veux peut-être pas le dire. »

On entendit le bruit des grelots et le claquement des fouets. Les chasseurs revenaient.

« Je vous demande bien pardon, mesdames, dit Soltyk, en baisant la main de Mme Monkony et en s'inclinant devant Henryka, nous étions absolument gelés et nous nous sommes enveloppés aussi chaudement que possible. Je ne me croirai justifié que si vous vous mettez à votre aise exactement de la même façon.

— C'est entendu! » dit la belle Mme Monkony.

Et tous se retirèrent pour changer de costume.

Quand toute la société s'assit ensuite autour de la table richement servie, personne ne se serait douté que de ténébreuses et infernales puissances tissaient les fils invisibles et menaçants de la fatalité, au milieu de ces plaisirs brillants et de cette gaieté si naturelle.

On badinait, on riait, on causait sans souci; et le soir arrivait, et la nuit arriva à son tour.

Les messieurs du voisinage étaient partis depuis longtemps ; les dames étaient réunies dans le salon. Les hommes étaient encore assis autour de la table et buvaient.

Tout à coup, Tarajewitsch, passablement échauffé par le vin, se leva et s'écria :

« Jouons ! »

Soltyk le regarda.

« Pourquoi pas ? dit-il. Jouons ! »

XV

PERDU

> La Fortune ne connaît pas la fidélité.
> ULRICH DE HUTTEN.

Après le départ de Mme Maloutine et de Mme Monkony, Dragomira et Henryka restèrent dans le petit salon turc attenant à la chambre à coucher. Dragomira s'étendit à moitié sur le divan et Henryka, assise à ses pieds sur une peau de panthère, appuya sa tête sur les genoux de son amie.

« Eh bien, où en es-tu avec lui? demanda-t-elle.

— A présent, il est à moi.

— Comment l'as-tu gagné?

— C'est une pure imagination qui l'amène à mes pieds, dit Dragomira. Je me suis souvent demandé comment il se fait que les êtres sans pitié sont presque toujours divinisés, dès qu'ils ont une certaine grandeur. Cela se voit dans l'histoire comme dans la vie de tous les jours. Un personnage tel qu'Iwan le Terrible sera toujours plus populaire qu'un Titus, et une femme comme Sémiramis plus séduisante que la mère des Gracques. Pour le comte, je suis cruelle, et c'est ce qui l'enivre.

— Tu l'es bien aussi.

— Moi? non, répondit Dragomira tranquillement; je n'ai aucune espèce de plaisir à martyriser ou à tuer des hommes; au contraire, j'ai toujours peur que la compassion ne me joue un mauvais tour. Toi... oui... toi, tu ressens une joie fébrile quand on te livre une victime humaine. Je l'ai bien remarqué. Aussi, n'es-tu pas non plus libre et pure comme doit l'être une prêtresse. Il faut te vaincre toi-même. Tandis que j'accomplis un pénible, mais saint devoir, toi tu éprouves une joie de bourreau.

— Que puis-je faire à cela ? dit Henryka. Pourquoi Dieu m'a-t-il créée telle que je suis ? Oui, c'est un plaisir pour moi de voir un corps humain palpiter sous mon couteau. Le sang m'enivre.

— Ce que tu es, dit Dragomira, il l'est aussi. Je ne suis pas cruelle, tandis qu'il l'est. C'est un despote qui ne connaît pas la pitié. Son bonheur, ce serait de pouvoir faire tomber, d'un signe, des têtes tous les jours ; ce serait de fouler aux pieds des fronts jusqu'alors hauts et fiers ; ce serait de prendre pour jouets toutes les femmes. Au temps de la puissance polonaise, c'eût été un second Pan Kanioski. Je suis sûre qu'il n'hésiterait pas une minute à faire mourir sous le fouet un homme qui ne lui aurait rien fait, s'il croyait ainsi pouvoir se procurer un léger chatouillement. Les hommes de cette espèce sont à moitié fous ; l'excès de force vitale produit sur eux le désir ardent de tuer et de torturer.

— Et moi aussi, je ?...

— Et toi aussi, tu es malade. »

Henryka baissa la tête et garda le silence.

Cependant les messieurs jouaient dans le petit salon de jeu et vidaient les bouteilles que le valet de chambre apportait fréquemment. Seul, Soltyk ne buvait pas. Tarajewitsch, au contraire, se trouvait déjà dans un état d'excitation qui ne promettait rien de bon. Un sentiment de malaise s'emparait peu à peu des autres. Monkony partit le premier pour aller se coucher. Puis Sessawine se retira doucement et sans qu'on s'en aperçût. Enfin Soltyk se trouvait seul avec Tarajewitsch. Il jeta les cartes sur la table, se leva, ouvrit un instant la fenêtre et la referma. Puis il alla jusqu'au seuil de la porte et fit un signe à Dragomira.

« Est-ce que tu ne veux plus jouer ? » lui cria Tarajewitsch qui n'avait cessé de gagner.

Un monceau d'or était devant lui.

« Il faut pourtant que je te donne ta revanche.

— Merci ! » dit Soltyk en revenant à la table de jeu.

Il remplit le verre vide de Tarajewitsch.

« Ce jeu de rien m'ennuie. Du reste, les dames sont là et nous avons l'agréable devoir de leur faire passer le temps de notre mieux.

— Continuez à jouer, dit Dragomira, nous vous regarderons avec plaisir. »

Elle vint s'asseoir auprès de la table et cacha ses mains dans les larges manches de sa jaquette de zibeline.

« Du moment que vous l'ordonnez, nous allons jouer, » répondit Soltyk, et il se mit à battre les cartes.

Il se fit immédiatement un profond silence. Soltyk et Tarajewitsch étaient en face l'un de l'autre. Henryka se tenait à côté du second, le bras appuyé sur la table, le haut du corps penché en avant, les yeux grands ouverts et les lèvres toutes tremblantes d'un frémissement nerveux. Dragomira était immobile, et ses yeux froids considéraient avec indifférence les cartes qui tombaient. Ils jouaient au « Onze et demi ». La chance qui, jusqu'alors, n'avait cessé de favoriser Tarajewitsch changea dès la première carte. Il se mit à sourire, perdit encore, continua à sourire et perdit sans arrêter. Enfin, il cessa de sourire, et prit alors la mine d'un homme à qui le gain ou la perte sont tout à fait indifférents. L'or, qui précédemment avait afflué du côté de Tarajewitsch, retourna bientôt à Soltyk. Maintenant Tarajewitsch semblait inquiet. Il ne tarda pas à devenir agité, et le devint de plus en plus, d'autant mieux qu'Henryka, à chaque fois qu'il vidait son verre, le lui remplissait rapidement et sans qu'il s'en aperçût d'un généreux vin de Hongrie. Enfin Tarajewitsch en arriva à ne plus savoir ce qu'il faisait ; ses mises étaient toujours plus fortes, plus audacieuses, plus extravagantes. Il eut bientôt perdu tout ce qu'il avait gagné. Il joua encore un coup, puis encore un, et son propre argent passa en la possession de Soltyk. Tarajewitsch, le visage rouge, enflammé et l'œil vitreux, se renversa sur le dossier de sa chaise et enfonça ses mains dans ses poches.

« Tu ne veux plus continuer à jouer ? demanda Soltyk froidement.

— Quelle question ? Je n'ai plus rien. Tu m'as complètement dévalisé.

— Tu peux naturellement jouer sur parole avec moi.

— Je l'espère, dit Tarajewitsch. Alors je joue mon attelage de quatre chevaux. Au plus bas prix, il vaut bien cinq cents ducats. L'acceptes-tu pour cette somme ?

— Je le prends pour mille ducats, répondit Soltyk, et il donna les cartes.

— Les dames sont témoins, » dit Tarajewitsch.

Il y eut un moment d'attente où l'on ne respirait plus. Le coup fut joué. Tarajewitsch perdit encore.

« Maintenant que le diable emporte aussi le reste ! s'écria-t-il ; je mets sur cette carte ma forêt de Zborki. Elle est libre de toute hypothèque, comme tu le sais, et vaut quatre mille roubles.

— Accepté. »

Soltyk donna les cartes. Tarajewitsch en demanda encore une. Il la prit, regarda son jeu lentement et comme avec hésitation ; puis l'abattit sur la table.

« Eh bien ! dit Soltyk, tu en as assez ?

— Absolument. J'ai encore perdu. Cette fois, je mets sur une carte tout ce qui me reste, mon domaine, mon troupeau de moutons et ma part du puits de pétrole de Skol. Quel est l'enjeu ?

— Tout ce qui est là sur la table et dix mille roubles en plus.

— C'est entendu ! murmura Tarajewitsch. Mesdames, vous êtes témoins. »

Les cartes tombèrent. Tarajewitsch poussa un profond soupir ; il avait tout perdu. Il resta muet un moment ; puis, frappant du poing la table de façon à faire résonner les verres, il s'écria :

« Que suis-je à présent ? Un mendiant ! Et c'est toi qui m'as fait ce que je suis. C'est vraiment quelque chose de noble que de m'attirer ici avec l'intention bien arrêtée de me dépouiller !

— Ne mens pas. Qui est-ce qui s'est attaché à moi ? C'est toi, répondit froidement Soltyk. J'ai tout essayé pour me débarrasser de toi.

— Tu n'as joué avec moi que pour me ruiner.

— J'ai interrompu le jeu lorsque tu avais gagné. C'est toi qui m'as forcé à continuer. »

Tarajewitsch se leva. Il était pâle, chancelant, et regardait fixement son adversaire.

« Certainement, parce que je croyais que le jeu serait loyal. Mais tu t'entends à merveille à « corriger la fortune ».

C'en était trop. Soltyk bondit, saisit l'insolent à la poitrine, le jeta par terre et mit le pied sur lui comme sur un ennemi vaincu.

« T'en faut-t-il davantage ? lui demanda-t-il ironiquement. Je pourrais te châtier comme un chien ; mais je veux être généreux et te lâcher. »

Soltyk retira son pied, et Tarajewitsch se releva. Tout son corps tremblait.

« Tu te vantes de ta générosité, dit-il en bégayant, eh bien! montre-la; rends-moi ce que tu m'as volé.

— C'est bien. Un dernier coup. »

Et Soltyk s'assit à la table, comme s'il ne s'était rien passé.

« Avec quoi donc puis-je jouer? dit Tarajewitsch d'une voix désespérée, je n'ai plus rien. La seule ressource qui me reste c'est de me loger une balle dans la tête.

— Si tu en es là, répondit Soltyk en l'observant, je vais te faire une proposition, c'est une espèce de duel à l'américaine... J'ai fait de toi un mendiant, comme tu dis, et tu m'as outragé. Je joue tout ce que je t'ai gagné et dix mille roubles en plus; ton enjeu sera ta vie. Si tu perds, je pourrai disposer de toi à ma fantaisie. »

Tarajewitsch regarda Soltyk quelque temps les yeux fixes, puis il fit un signe de la main.

« Après tout, je n'avais plus qu'à me brûler la cervelle, murmura-t-il; cela doit donc m'être bien égal.

— Ainsi, c'est accepté?

— Accepté.

— Mesdames, vous êtes témoins, dit Soltyk.

— Mais ce n'est pas toi qui donneras les cartes, ni moi, dit Tarajewitsch; nous jouons trop gros jeu. Je prie une de ces dames de vouloir bien s'en charger. »

Dragomira prit les cartes et les battit.

Tous étaient pâles d'émotion et en même temps muets et immobiles, malgré la fièvre de l'attente. Soltyk, sentant tout à coup un léger frisson qui lui parcourait le corps, serra sa robe de chambre et croisa les bras sur sa poitrine, pendant que Tarajewitsch ne pouvait détacher des mains de Dragomira ses yeux pleins d'une flamme sinistre. Elle donna les cartes. Soltyk déclara qu'il ne demandait rien. Tarajewitsch demanda encore une carte. C'était le moment décisif. Les cœurs battaient à se rompre.

Soudain, Tarajewitsch tomba en arrière sur le dossier de sa chaise, sa tête se pencha sur sa poitrine, les cartes lui glissèrent des mains. Il avait perdu.

« Mesdames, vous êtes témoins, dit le comte en se levant lentement. Tarajewitsch, dans une partie loyale jouée avec moi, a perdu sa vie. Je puis maintenant disposer de lui à mon gré. »

Dragomira considérait avec une curiosité froide le visage terreux de l'infortuné, qui restait toujours cloué sur sa chaise, comme anéanti.

Tout à coup, il se leva d'un bond, et se frappant le front des deux poings :

« Oh! imbécile! fou que j'étais d'aller me jeter ainsi dans les mains de mes ennemis! s'écria-t-il; riez maintenant, mademoiselle, triomphez! Personne ne vous empêchera plus de devenir la comtesse Soltyk!

— Tais-toi! dit le comte d'un ton impérieux.

— C'est bon, je me tais, répondit Tarajewitsch, mais si l'on veut me tuer, qu'on se dépêche! Donnez-moi un pistolet, finissons-en tout de suite, tout de suite!

— Je ne songe pas à te tuer, dit Soltyk avec un sourire plus effrayant qu'une menace; tu es en mon pouvoir, cela me suffit.

— Alors tu me fais grâce de la vie?

— Je ne te fais pas non plus grâce de la vie, répondit le comte; je peux disposer de toi à ma fantaisie, n'est-ce pas, mesdames? Tu resteras ici et tu attendras ce que je déciderai. »

Tarajewitsch éclata de rire.

« Oh! je vois maintenant que tout cela n'était qu'un badinage. Comment allais-je croire aussi qu'on a envie de verser mon sang? Mais pourquoi me faire une telle peur? Certes, c'était ma punition. Ma foi, je l'ai bien méritée; je ne me mêlerai plus jamais d'intrigues... une mauvaise plaisanterie... Versez-moi à boire, charmante Hébé; oublions cette vilaine histoire. »

Pendant qu'Henryka lui remplissait son verre, le comte et Dragomira échangeaient un regard. Tarajewitsch but et se mit à chanceler. Le verre tomba à terre, et Tarajewitsch glissa lui-même sur sa chaise, ensuite sur le plancher. Le vin de Tokai l'avait complètement maîtrisé.

Le comte sonna et ordonna d'emporter le malheureux qui n'avait plus conscience de rien. Puis il entra avec les deux jeunes filles dans le petit salon turc et alluma tranquillement une cigarette.

« Cher comte, dit Henryka, puisque vous pouvez disposer de Tarajewitsch à votre gré, c'est qu'il vous appartient en toute propriété?

— Sans doute.

— Ce qui est votre propriété, vous pouvez le donner?

— Certainement.

— Alors donnez-le-moi, je vous en prie. »

Le comte lui dit en souriant :

« Qu'en feriez-vous ?

— Ne me questionnez pas; donnez-le-moi.

— Je regrette de ne pouvoir satisfaire votre désir.

— Pourquoi non? voulez-vous l'épargner?

— Au contraire. Et voilà pourquoi je disposerai de lui, moi-même.

— Oh! vous ne dites pas la vérité. Maintenant, je sais tout. Vous le livrerez à Dragomira, vous le lui avez promis. »

Soltyk se mit à sourire.

« C'est vrai, dit Dragomira, j'ai votre parole. Tarajewitsch m'appartient. »

Soltyk s'inclina.

« J'épargnerai sa précieuse existence aussi longtemps que possible, continua-t-elle; n'ayez donc pas de scrupules à cet égard.

— Moi? »

Soltyk se remit à sourire.

« Mettez-le sur un gril si bon vous semble, je ne m'y oppose pas du tout; mais j'aime mieux que vous le laissiez vivre.

— Et pourquoi?

— Moi, pour mon compte, j'aimerais mieux être mort que vivant entre vos mains, » répondit le comte.

Dragomira haussa les épaules.

« Je ne suis pas le personnage de fantaisie à qui vous donnez mon nom, dit-elle; si vous voulez faire votre idéal de Sémiramis, elle est là devant vous : c'est Henryka.

— Cette tourterelle? »

Henryka était devenue rouge; mais elle se remit et regarda Soltyk en plein visage.

« Vous ne me connaissez pas, murmura-t-elle; prenez garde que je ne vous surprenne un beau jour plus que vous ne le voudriez.

— Savez-vous que vous commencez à devenir dangereux pour moi, mon doux, mon joli démon? »

Henryka lança un rapide regard à Dragomira.

« Abandonne-le-moi, dit-elle avec un gracieux mouvement de tête, tu seras contente de moi. »

XVI

LA DÉESSE DE LA VENGEANCE

> Aucune des bêtes sauvages qui courent dans les bois, nuit et jour, après leur proie, n'est aussi cruelle que toi.
>
> PÉTRARQUE.

« Abandonne-le-moi, répéta Henryka, lorsque le lendemain matin elle se mit à genoux devant le lit de Dragomira, je le livrerai à l'Apôtre aussi bien que toi.

— Qu'y a-t-il donc ? demanda Dragomira, est-ce que tu l'aimes ?

— Non, je voudrais seulement le punir de me croire par trop naïve.

— Toujours des motifs égoïstes ! Henryka, répondit Dragomira ; tu es encore bien loin de comprendre notre sublime doctrine. Dans ce que nous faisons par foi en notre sainte croyance et par pitié, toi, tu vois une agréable émotion. Je comprends maintenant pourquoi ce sont justement les femmes qui aiment à assister aux exécutions. Maîtrise ce mauvais désir, cet amour du sang. Il te perdra.

— Je t'obéirai, car tu as raison ; alors, abandonne-moi Soltyk.

— Ce n'est pas une tâche pour toi ; tu n'es pas assez calme.

— Et toi ? Es-tu donc absolument sûre de lui ?

— Oui.

— Tu le convertiras, et il s'offrira volontairement au sacrifice ?

— Je l'espère.

— Ne vaudrait-il pas mieux en faire un de nos associés ? Il est beau, riche, courageux, plein d'intelligence. Il semble créé pour faire passer les autres sous le joug de fer de sa volonté.

— Oui, sans doute ; mais c'est un démon à figure humaine, dit Dragomira, et notre association n'a pas pour but de le mettre à même de satisfaire ses instincts qui sont les instincts d'un tigre. C'est avec la joie infernale d'un inquisiteur ou d'un pacha qu'il torturerait, qu'il ferait souffrir, qu'il tuerait ; et, pour le service de la religion, il amoncellerait péchés sur péchés.

— Il y a des moments où je ne te comprends pas. Peut-il y avoir péché à faire avec joie ce qui plaît à Dieu ?

— C'est avec enthousiasme et ferveur que nous devons servir Dieu, et non pas avec un plaisir cruel, et des convoitises dans le cœur.

— Es-tu donc humaine ?

— Oui, je le suis. Dieu voit dans mon cœur. J'accomplis ses commandements comme un pénible devoir. S'il y avait un autre moyen d'arracher à la damnation éternelle les malheureux que j'immole, jamais je ne toucherais une discipline, jamais je ne ferais couler une goutte de sang.

— Et Tarajewitsch ? Ne triomphes-tu pas de l'avoir entre tes mains ?

— Oui ; seulement ce n'est pas parce qu'il est mon ennemi, mais parce qu'il a osé se mettre en travers de nos projets sur Soltyk. Si je le haïssais, je serais indigne de le châtier et je supplierais l'Apôtre de me dégager de ce devoir. »

Henryka garda le silence. Elle s'efforçait vainement de comprendre Dragomira qui restait une énigme pour elle, comme pour tous les autres, comme pour elle-même peut-être.

Les invités s'éveillèrent lentement et se réunirent peu à peu pour le déjeuner. Tarajewitsch se demandait et se redemandait s'il avait rêvé. Quant Henryka entra, il la prit à part :

« Pardonnez-moi, mademoiselle, mais je vous prierai de me dire seulement une chose : Ai-je réellement hier perdu tout au jeu, mon argent, mes chevaux, mon domaine ? »

Henryka fit signe que oui.

« Et finalement ma vie aussi ?

— Cela, vous l'avez rêvé !

— Alors, bien ; c'est que je me le figurais aussi. »

Après le déjeuner, M. et Mme Monkony repartirent pour la ville. Sessawine se joignit à eux. Les autres leur firent la conduite jusqu'à la statue de pierre de la Mère de Dieu, à l'endroit où les routes se séparent, et prirent ensuite la direction de Myschkow. Henryka et Tarajewitsch étaient en tête. Dans le second traîneau, conduit par Soltyk, se trouvaient Mme Maloutine et Dragomira. A Myschkow, les traîneaux s'arrêtèrent devant le manoir. La vieille ouvrit la porte comme d'habitude; la maison avait comme toujours son air mort. Soltyk confia les rênes à la main solide de Mme Maloutine, aida Dragomira à descendre du traîneau et lui offrit le bras pour la conduire dans la maison. Tarajewitsch suivait avec Henryka. Ils entrèrent dans le petit salon où Mme Samaky recevait ordinairement ses hôtes. Dragomira s'assit sur une chaise, Soltyk s'appuya le dos à la porte, et Henryka garda la porte, un pistolet à la main.

« Tu te souviens bien de notre jeu d'hier ? dit le comte en attachant sur Tarajewitsch le regard ironique de ses yeux sombres.

— Oui, je sais, j'ai tout perdu.

— Et ta vie aussi.

— Ma vie ? Mais cela, je l'ai rêvé, vous me le disiez vous-même, mademoiselle Henryka.

— Pour vous tranquilliser, répondit-elle; nous sommes témoins, Dragomira et moi, que vous avez perdu votre vie en jouant avec le comte, et il peut désormais disposer de vous à son gré.

— En effet, je me souviens... Un badinage...

— Pas du tout, s'écria Soltyk, tu m'as outragé et tu es entre mes mains.

— Alors, tue-moi, je suis prêt.

— Je ne te tuerai point, reprit Soltyk, et comme d'ailleurs je ne saurais que faire d'une vie inutile comme la tienne, j'en fais cadeau à Mlle Maloutine.

— Voilà une nouvelle plaisanterie ! Je ne suis pourtant pas un esclave qu'on achète et qu'on vend selon son bon plaisir, répondit Tarajewitsch avec hauteur.

— Tu es libre, répondit Soltyk en souriant, seulement ta vie appartient à Dragomira, elle en disposera. Attends ses ordres. »

Il salua les dames et sortit de la maison. Tarajewitsch resta seul avec les deux jeunes filles.

« Alors, que décidez-vous ? dit-il en baissant déjà passablement le ton.

— Je vous laisse le choix, répondit Dragomira; voulez-vous désormais m'obéir aveuglément, sans réserve et sans protestation, ou préférez-vous mourir ? »

Elle tira un poignard et s'approcha de Tarajewitsch.

« J'obéirai, dit-il d'une voix mal assurée, considérez-moi absolument comme votre esclave.

— Alors, vous resterez ici, dit Dragomira, en cachant son poignard, je pars pour Kiew. Jusqu'à mon retour, c'est Henryka qui vous gardera. Vous lui obéirez exactement comme à moi. »

Tarajewitsch s'inclina.

« Vous êtes maintenant mon prisonnier, s'écria Henryka, gardez-vous bien de faire quoi que ce soit qui ressemble à de la désobéissance ou de la trahison. Je suis femme à vous brûler la cervelle sur-le-champ. »

Elle leva son pistolet et le braqua sur lui avec un geste de menace.

« Encore un mot, dit le malheureux d'un ton suppliant quand il vit Dragomira s'avancer vers la porte, que vous proposez-vous de faire de moi ?

— Vous l'apprendrez à mon retour.

— Vous voulez me tuer, murmura Tarajewitsch, parce que je suis votre adversaire ? Vengez-vous, mais laissez-moi la vie. »

Dragomira le regarda avec mépris et haussa les épaules.

« Grâce ! dit-il en l'implorant et en se jetant à ses pieds. Ayez pitié de moi !

— Vous êtes un allié des jésuites, lui répondit Dragomira d'un ton fier, je devrais être sans pitié pour vous ; mais il n'est pas impossible que je tire de vous quelque service. Aussi je consens à vous épargner provisoirement, mais ce n'est que provisoirement et par calcul, vous me comprenez bien, n'est-ce pas ?

— Je vous remercie.

— Ne me remerciez pas, je ne vous ai rien promis. »

Elle sortit du pas d'une souveraine, impassible, avec une froide majesté, le laissant en proie à un morne désespoir. Quelques instants après, le fouet du comte retentissait dehors et les deux traîneaux s'éloignaient.

« Vous êtes confié à ma garde, dit Henryka à Tarajewitsch, et je réponds de vous. Soyez bien convaincu que vous n'avez ici aucun secours à attendre et qu'on vous tuera si vous essayez de fuir. »

Tarajewitsch alla presque machinalement à la fenêtre et vit dans la cour deux hommes armés de fusils.

« Alors, voulez-vous m'obéir ? dit Henryka, le pistolet toujours à la main.

— Oui.

18

— Venez donc. »

Tarajewitsch ôta sa pelisse. Henryka le fit passer par plusieurs chambres et le conduisit dans la salle où se trouvait la trappe. Elle lui ordonna de l'ouvrir et lui fit descendre les marches de l'escalier qui aboutissait au caveau où elle avait elle-même tremblé, pleuré et prié. Elle frappa à la paroi. Celle-ci s'ouvrit et on aperçut un deuxième caveau plus étroit et plus sombre que le premier. Il s'y trouvait deux grandes jeunes filles à la taille élancée, en costume de paysannes, avec des bottes de maroquin rouge et de longues pelisses en peau de mouton ornées de broderies de couleur. Elles attendaient la nouvelle victime et l'examinèrent avec des yeux calmes et indifférents.

« Attachez-le, ordonna Henryka.

— Est-ce que vous voulez me tuer ? s'écria Tarajewitsch.

— N'essayez pas de vous défendre, » lui dit Henryka d'un ton impérieux en lui appuyant le pistolet sur la poitrine.

En même temps une des jeunes filles, avec l'agilité d'un chat, l'avait pris par le cou, tandis que la seconde, qui était derrière lui, lui jetait une corde autour des jambes et serrait le nœud coulant.

Il tomba comme un bloc de bois, le visage sur le sol, et une des jeunes filles posa un genou sur lui. Il se débattit un instant, mais fut promptement attaché par les mains et par les pieds à la chaîne qui était fixée à la muraille.

« Ne vous ai-je pas interdit de vous défendre ? » dit Henryka en posant sur lui son petit pied.

Tarajewitsch garda le silence.

« Châtiez-le, continua-t-elle, en se tournant vers les jeunes filles, et apprenez-lui en même temps à prier. Il a grièvement péché toute sa vie. »

Les deux jeunes filles lui arrachèrent son vêtement et prirent ensuite des disciplines qu'elles portaient à la ceinture, sous leurs pelisses, avec des chapelets.

Soltyk conduisit Dragomira à Kiew et revint avec Mme Maloutine à Chomtschin, où l'attendait le P. Glinski. Dragomira se rendit immédiatement auprès de Karow, avec qui elle eut un court entretien, puis elle écrivit à Zésim.

« Deux mots seulement, lui dit-elle lorsqu'il entra, nous avons fait aujourd'hui un grand pas vers notre bonheur. Encore quelques jours, et j'espère pouvoir te dire que je suis prête à te suivre à l'autel. »

Zésim eut bien vite oublié ses doutes et sa colère. Il tomba encore vaincu aux pieds de Dragomira et lui jura de nouveau amour et fidélité. Quand il fit noir, elle le renvoya, et il s'en alla cette fois sans lui adresser de reproches, le soleil et le printemps dans le cœur, une chanson sur les lèvres.

Quelques instants après, Dragomira partait en traîneau. Doliva l'attendait avec un cheval dans le voisinage de la maison où elle avait fait apparaître à Soltyk les ombres de ses chers morts. Elle sauta en selle et s'élança au galop à travers la nuit, le froid et la neige. Elle ne vit pas qu'elle était suivie de loin par une sombre figure, un cavalier qui avait quitté Kiew en même temps qu'elle.

A Myschkow, Henryka et Karow l'attendaient.

« S'est-il soumis? demanda Dragomira.

— Oui, répondit Henryka, mais seulement après que je l'ai fait fouetter.

— Tu y as encore trouvé un plaisir diabolique, Henryka.

— Non, je n'ai songé qu'à sa pauvre âme.

— Je te connais trop. »

Dragomira fit un signe à Karow et descendit avec lui et Henryka dans les souterrains du manoir, devenus le sanctuaire d'une épouvantable idole et le temple où d'extravagants fanatiques adoraient leur dieu. Quand ils entrèrent dans l'étroite salle voûtée où Tarajewitsch était étendu sur de la paille, les deux servantes du temple, vêtues en paysannes, entrèrent aussi. L'une fixa une torche allumée au crochet de fer planté dans la muraille. L'autre détacha les chaînes et délia le prisonnier. Tarajewitsch, à la fois surpris et épouvanté, contemplait Dragomira qui s'approcha, les bras croisés sur la poitrine, et qui attacha sur lui le regard sévère et menaçant de ses beaux yeux.

« Vous vouliez, dit-elle, faire sortir Soltyk de la voie du salut que je lui ai montrée, pour l'entraîner de nouveau dans les ténèbres du vice. Le ciel vous a puni. Vous vouliez me perdre, à présent vous êtes entre mes mains.

— Châtiez-moi, répondit Tarajewitsch, mais épargnez ma vie; vous me l'avez promis...

— Je n'ai rien promis, dit Dragomira en lui coupant la parole, n'attendez de moi aucune pitié, dès qu'il s'agit du service de Dieu.

— Ce que vous voulez, c'est vous venger, reprit-il.

— Je ne suis pas une femme ordinaire qui cherche l'amour

et remue ciel et terre dans son désir de vengeance, quand on s'oppose à ses vœux; je suis une prêtresse et je sers le Tout-Puissant. Pourquoi vous êtes-vous jeté dans ma toile et avez-vous brisé mes fils ? Maintenant vous êtes dans mon filet, et je vous immolerai, non pour me venger, mais uniquement pour vous arracher aux supplices éternels en vous punissant sur cette terre. Vous mourrez aujourd'hui même.

— Grâce ! grâce ! criait d'une voix suppliante et les mains tendues vers Dragomira Tarajewitsch à genoux.

— Relevez-vous, lui répondit-elle, suivez-nous. Faites au prêtre qui vous attend un aveu repentant de vos péchés et expiez-les par une immolation volontaire.

— Suis-je en proie au délire ? s'écria Tarajewitsch.

— Si vous voulez vous réconcilier avec Dieu, prenez la route que je vous montre, continua Dragomira. Si vous restez dans l'endurcissement et l'impénitence, alors j'essayerai de sauver votre âme en vous traînant de force à l'autel, et là je vous sacrifierai comme autrefois Abraham voulait sacrifier Isaac.

— Non, je ne veux pas mourir ! murmurait Tarajewitsch tremblant de tous ses membres. Je veux faire pénitence ! Mais je ne sacrifie pas ma vie; Dieu ne peut pas me la demander; c'est de la folie !

— Vous êtes encore libre, dit Dragomira, choisissez, la route vers la lumière éternelle est ouverte devant vous.

— Non, non, je ne veux pas mourir ! criait Tarajewitsch.

— Alors, en avant ! ordonna Dragomira, nous n'avons plus de temps à perdre. »

Karow, rapide comme l'éclair, s'élança sur le prisonnier. Il le jeta par terre avec sa force de géant et lui mit le genou sur la nuque. Les deux jeunes filles vêtues en paysannes purent facilement attacher la victime tremblante. Elles lièrent les mains et les pieds de Tarajewitsch et le traînèrent dans la vaste salle voûtée, éclairée par des torches, où le prêtre l'attendait. Les autres suivaient.

Lorsque le malheureux se trouva étendu aux pieds de l'apôtre et que celui-ci commença à l'exhorter, il espéra encore se sauver par l'humilité et la soumission. Il fit une confession complète et demanda lui-même une pénitence sévère et une rigoureuse punition.

« Tu seras satisfait, dit l'apôtre; prends-le, Dragomira.

— Non, non, pas elle ! Elle me tuera ! dit Tarajewitsch en gémissant.

— Personne ne portera la main sur toi, répondit l'apôtre, c'est Dieu lui-même qui décidera si tu es suffisamment préparé pour aller dans l'autre monde, ou si tu as besoin d'une plus longue pénitence sur cette terre. »

Dragomira fit un signe aux deux jeunes paysannes, qui saisirent aussitôt Tarajewitsch et le traînèrent par un corridor faiblement éclairé dans une autre vaste salle voûtée, dont une des parois était une massive grille en fer.

Pendant que les jeunes filles débarrassaient promptement Tarajewitsch de ses liens, Karow ouvrit une porte pratiquée dans la grille, et quatre bras vigoureux poussèrent la victime dans un réduit complètement obscur.

La porte se referma. Deux torches allumées furent fixées à la grille. La lueur rougeâtre de ces torches permit de voir les magnifiques tigres et panthères qui étaient couchés tout autour de la vaste cage.

Tarajewitsch était debout au milieu des bêtes féroces, comme un martyr chrétien dans l'arène au temps des empereurs romains. Les animaux se tinrent d'abord tranquilles, mais lorsque Tarajewitsch commença à invoquer Dieu à haute voix et à demander grâce, ils se relevèrent lentement, allongèrent leurs membres élastiques et dirigèrent sur lui le regard sinistre de leurs yeux ardents.

« Je veux entrer, » dit Dragomira à Karow.

C'est en vain qu'il essaya de la retenir. Elle fit ouvrir la porte de la cage, et s'avança au milieu des animaux, un revolver dans une main, une cravache en fils de métal dans l'autre.

« Éveillez-vous, dormeurs, en avant ! Faites votre devoir ! » s'écria-t-elle d'une voix retentissante et impérieuse.

En même temps elle frappait les bêtes de toutes ses forces. Celles-ci, d'abord effrayées, reculèrent ; puis elles se mirent à grincer des dents, à agiter leurs queues et enfin poussèrent un bref et rauque rugissement. Dragomira frappa de nouveau le grand tigre avec sa cravache. Au lieu de se précipiter sur elle, il se sauva comme un esclave poltron devant son regard dominateur jusqu'à la grille et se jeta sur Tarajewitsch au premier mouvement de terreur que fit le malheureux. On entendit un cri épouvantable, et les autres bêtes suivirent l'exemple du tigre. On ne vit plus alors qu'un monceau de corps qui roulaient sur le sol, dans une mare de sang fumant ; d'atroces cris de douleur sortis d'une poitrine humaine dominaient le grondement furieux des tigres et des panthères. Cependant Dragomira, dans sa pelisse de velours noir qui lui tombait jusqu'aux pieds, le pistolet à la main, se tenait là, debout, semblable à la déesse de la vengeance.

« Venez, cria Karow, avant qu'il ne soit trop tard. Venez ! »

Dragomira s'approcha lentement de la grille. Une panthère se trouvait sur son chemin, elle la repoussa du pied. Puis, le visage toujours tourné vers les bêtes qu'elle maîtrisait de son regard, elle sortit tranquillement de la cage où sa victime venait d'expirer.

XVII

CŒURS DE MARBRE

> Maintenant tu es dans mes serres.
> MICKIEWICZ.

Quand Dragomira revint à Chomtschin avec Henryka dans l'après-midi du lendemain, le comte Soltyk était à la chasse. Mme Maloutine jouait aux échecs avec le P. Glinski. Dragomira embrassa sa mère et salua le jésuite avec une froide politesse. D'un coup d'œil elle avait saisi tous les avantages de la situation; un second coup d'œil lui suffit pour s'entendre avec sa mère. Elle dit encore deux ou trois mots à Henryka; et un plan fût combiné, et les trois femmes se mirent à tisser un filet pour prendre le Père, qui ne se doutait de rien.

« Vous avez l'air gelé ! dit Mme Maloutine; je vais voir à vous procurer du thé bien chaud, mes pauvres colombes.

— Permettez-moi de..., dit galamment le jésuite.

— Non, non, reprit Mme Maloutine en l'interrompant, c'est mon affaire; il y a ici d'autres devoirs de chevalier à remplir, cher père, je vous les abandonne. »

Elle sortit de la chambre, et Glinski s'empressa de débarrasser les deux jeunes filles de leurs manteaux et de leurs bachelicks.

Dragomira remercia d'un léger signe de tête.

« Viens, dit-elle à Henryka, nous allons changer de vêtements. Je ne me sens pas à mon aise.

— Patiente un moment, dit Henryka, je vais t'apporter tout ce dont tu as besoin. »

Sans attendre de réponse, elle sortit d'un pas léger et rapide. Dragomira s'assit près de la cheminée et se chauffa.

« Il fait froid dehors, dit-elle, on est positivement glacé. »

Le P. Glinski alla prendre une peau de tigre et lui enveloppa les pieds.

« Je vous remercie, dit Dragomira en souriant, des ennemis si galants, on peut les accepter.

— Je ne suis pas votre ennemi, répondit Glinski, j'ai seulement en vue le bonheur de Soltyk, que j'aime comme mon fils.

— Croyez-vous que je veuille sa perte ? s'écria Dragomira en le regardant bien en face, je veux son bonheur tout comme vous, et la question est de savoir lequel atteindra plus tôt ce but, vous ou moi.

— Vous avez de l'avance.

— Soit, mais est-ce bien sage de s'attaquer quand on aspire au même but ? Il serait plus simple, ce me semble, de faire alliance. Vous devez pourtant finir par voir bien clairement que ce n'est pas avec Anitta que vous pourrez tenir votre comte en bride.

— Hélas !

— Cherchez donc avec moi ce qu'il y aurait à faire ?

— On peut causer là-dessus. »

Henryka revint, elle avait sur le bras la jaquette de fourrure de Dragomira et tenait ses pantoufles à la main.

« Puis-je t'aider ? demanda-t-elle.

— Non. Pourquoi y aurait-il alors de galants jésuites en ce monde ? répondit Dragomira avec le ton légèrement badin d'une dame du monde coquette. Va, va aussi changer de vêtements, ou tu te rendras malade. »

Henryka baisa la main de Dragomira et se hâta de sortir.

« Eh bien, non, dit Dragomira, je ne peux vraiment pas vous employer. Veuillez passer un instant dans la chambre à côté. »

Glinski obéit. Quand il revint au bout de deux minutes, Dragomira avait ôté son corsage et passé sa jaquette. Elle était de nouveau assise près de la cheminée. Les flammes rouges qui s'élevaient en languettes semblaient caresser sa nuque, son buste virginal d'amazone et ses beaux bras plongés dans la molle fourrure.

Dans la vaste salle, le crépuscule étendait ses ombres grises, au milieu desquelles resplendissaient les bras de la jeune fille, ainsi que son cou blanc et son épaisse chevelure d'or aux souples ondulations.

Le jésuite en était tout surpris ; il le fut bien davantage lorsque Dragomira tourna vers lui ses grands yeux enchanteurs et, avec un sourire ravissant, lui tendit la main. Il ne dit pas un mot, mais se pencha sur cette main froide comme le marbre et la baisa.

« Nous serons donc amis ?

— Cela dépend de vous, répondit Glinski, vous poursuivez des plans... des plans politiques... Soltyk pourrait être entraîné dans d'immenses dangers. Si vous voulez renoncer à vos fréquentations secrètes...

— Je n'en ai pas.

— Pardonnez-moi ; j'en sais là-dessus plus que qui que ce soit en dehors de vos conjurés.

— Alors vous nous avez livrés à la police ?

— Non... seulement j'ai... donné quelques avis... par précaution.

— Père Glinski, dit Dragomira tranquillement, en le menaçant du doigt, ne vous occupez pas de choses qui ne vous regardent pas, si vous tenez à votre tête. »

Glinski pâlit.

« Vous ne me livrerez pourtant pas au couteau, murmura-t-il, je sais que je puis me confier à vous.

— Vous pouvez être sans crainte, répondit Dragomira, mais renoncez à vos intrigues.

— Je vous le promets.

— Et je vous promets de me retirer de toutes machinations politiques.

— Alors, rien ne s'oppose plus à notre alliance.

— Vous renoncez à Anitta ?

— Oui.

— Et vous me choisissez comme votre alliée ; vous m'entendez bien, père Glinski, comme votre alliée et non pas comme votre instrument ?

— J'entends bien. »

Dragomira sentit un léger frisson.

« Je vous en prie, appelez quelqu'un, dit-elle subitement, il faut que je quitte ces vilaines bottes humides ; je me refroidirai si j'attends encore.

— Veuillez me permettre...

— Et pourquoi pas ? »

Elle lui tendit un pied, puis l'autre, et le P. Glinski, avec un empressement tout à fait galant, lui tira ses larges bottes de maroquin ; puis, comme un page amoureux, il plia un genou à terre devant elle et lui mit ses chaudes petites pantouffes de fourrure. Au moment où il venait de terminer son service d'esclave, un sonore éclat de rire retentit, et Henryka entra conduisant le comte, qui fit au jésuite une ironique révérence.

« Voilà, s'écria-t-il, vous prêchiez dans le désert. Si j'avais pu deviner que vous étiez un si bon appréciateur de la beauté et que vous saviez lui rendre de si chevaleresques hommages, j'aurais certainement écouté vos conseils avec de meilleures dispositions. »

Le jésuite, rouge et tremblant, s'était relevé, et d'un air anéanti regardait tantôt Dragomira, tantôt le comte.

La jeune fille eut l'habileté de venir à son aide quand il en était encore temps.

« Laissez donc le Père en repos, s'écria-t-elle; je l'aime bien mieux que vous; nous nous entendons maintenant parfaitement, n'est-ce pas? et rien ne pourra troubler notre amitié, ni vos railleries, cher comte, ni votre jalousie.

— Oui, pour vous faire enrager, dit Glinski, je veux me mettre à faire sérieusement la cour à Dragomira. »

Il lui prit la main, et y appuya deux fois ses lèvres avec passion.

Dragomira se leva, prit son bras, et le conduisit à la fenêtre.

« Laissez-nous, dit-elle à Soltyk, nous avons un petit secret entre nous.

— Vous ordonnez?... demanda doucement Glinski.

— Ce qui est convenu est convenu.

— Dans un mois, vous serez comtesse Soltyk. »

Dragomira serra la main de Glinski.

« Et, maintenant, lui murmura-t-elle à l'oreille, occupez ma mère et Henryka : jouez aux échecs avec ma mère; quant à Henryka, dites-lui de réciter son chapelet.

— Comptez sur moi. »

Glinski baisa encore cette charmante main qu'il pressait maintenant dans les siennes, et conduisit Henryka hors de la chambre.

Dragomira resta seule avec le comte.

Sans avoir l'air de le remarquer, elle alla lentement vers la cheminée, s'assit sur la chaise, posa ses pieds sur la peau de tigre et regarda fixement le feu.

« Dragomira, dit le comte qui s'était avancé doucement derrière elle.

— Vous êtes encore là?

— Quelle question ! Quand je suis resté si longtemps sans vous voir, quand vous me faites si cruellement languir...

— Des phrases ! murmura Dragomira en jetant sa tête de côté.

— Vous êtes de mauvaise humeur.

— Au contraire. »

Soltyk s'assit en face d'elle et prit ses mains dans les siennes.

« Tarajewitsch vous a peut-être échappé ?

— Oh ! on ne m'échappe pas si facilement !

— Qu'avez-vous donc fait de lui ? »

Dragomira garda le silence, seulement un sourire erra sur son beau et froid visage, un sourire qui donna le frisson à Soltyk.

« Vous l'avez tué ? »

Dragomira fit signe que oui.

« Pourquoi ne pouvais-je pas être là ?

— Parce que vous faites souffrir par cruauté, tandis que moi je châtie et je tue au nom de Dieu, sans pitié, mais sans haine.

— Je suis donc condamné pour toujours à rester à la porte du sanctuaire ?

— Avec quelle ardeur vous désirez qu'on vous livre une victime !

— Non, je voudrais seulement être là, quand vous remplissez votre office de prêtresse et de juge.

— Cela même est un désir inhumain, répondit Dragomira. Vous auriez dû naître au temps des invasions des Tartares ; vous eussiez été un de ces khans qui poussaient devant eux des nations comme des troupeaux, faisant des hommes leurs esclaves et enfermant les femmes dans leurs harems. Alors on faisait des tambours avec des peaux humaines et l'on élevait des pyramides de crânes.

— Je ne peux pas le nier ; je vous aime encore plus, depuis que je sais que vous avez du sang aux mains.

— C'est de la pure folie !

— Nommez cela comme vous voudrez, c'est pourtant ce qui fait que je vous aime, et j'aime en vous la Scythe et la tigresse plus encore que le pur et virginal ange de la mort.

— Mais moi, je ne vous aimerai jamais, dit Dragomira, tant que vous serez dominé par d'aussi abominables passions. On vous a dépeint à moi comme un démon ; vous êtes encore pire : vous avez un cœur de pierre.

— Comme vous !

— Comme moi?

— Oui, comme vous, Dragomira, continua le comte; ne jouons pas plus longtemps l'un pour l'autre cette ridicule comédie. Je vous connais maintenant aussi bien que vous me connaissez. Soyez sincère comme je le suis. Vous avez comme moi dans le fond de votre être les aspirations d'un Néron; comme moi vous êtes possédée par un désir titanique de dominer, d'assujettir les hommes, de les fouler sous vos pieds, et d'anéantir ceux qui résistent. Tous les deux nous avons des cœurs de marbre, et, à vous parler franchement, je suis aussi peu capable d'aimer que vous. Je ne vous fais pas une déclaration d'amour. Ce que j'éprouve pour vous, c'est plus que de l'amour. C'est l'admiration, c'est la voix du sang, c'est l'harmonie des âmes qui m'entraîne vers vous. La langue des hommes n'a pas de mots pour exprimer ce que je ressens pour vous. J'ai trouvé en vous une compagne de ma race; une créature capable comme moi de braver Dieu et l'univers et d'étendre la main vers les étoiles sans craindre d'être frappée par la foudre du vengeur éternel. »

Dragomira, pour la première fois de sa vie bouleversée jusqu'au fond de l'âme, restait frémissante et ravie sous le regard de cet homme. Et lorsque le comte se jeta à genoux devant elle et la serra dans ses bras avec une volonté sauvage, elle ne résista pas, elle ne le repoussa pas. Les sensations les plus contraires faisaient palpiter son cœur. Mais aucune parole, aucun son ne sortait de sa bouche, et lorsque le comte appliqua ses lèvres brûlantes de désirs sur celles de Dragomira, elle aussi l'entoura de ses bras et lui rendit baiser pour baiser. Elle oubliait et elle-même et l'univers.

« A moi? murmura Soltyk, revenant à lui.

— Oui.

— Pour toujours?

— Pour toujours.

— Vous voulez bien être ma femme?

— Oui.

— Vous me permettez de parler aujourd'hui même à votre mère?

— Je vous en prie.

— Ah! Dragomira, quel bonheur vous m'avez donné! »

Elle le regarda, prit sa belle tête de despote dans ses mains et lui donna encore un baiser. Elle était tout à coup métamorphosée.

Soltyk se releva vivement et sortit pour aller parler à Mme Maloutine.

Dragomira resta seule.

« Que s'est-il passé ? se demanda-t-elle. Est-ce que je l'aime ? Non, non. Qu'est-ce alors ? Qu'est-ce donc qui lui a donné cette puissance sur moi ? A-t-il vu dans la nuit de mon âme, là où jamais n'avait pénétré un rayon de lumière ? M'a-t-il révélé à moi-même ce dont je n'avais jamais eu conscience ? Était-ce cela ? Je ne sais pas ; je sais seulement que j'étais calme et sans crainte et qu'il m'a emportée avec lui dans un tourbillon, au-dessus d'abîmes qui me donnent le vertige. Où suis-je entraînée ? Mon Dieu ! mon Dieu ! ne m'abandonne pas ! »

XVIII

LA PÊCHEUSE D'AMES

> Pour tout homme vient le moment où
> le conducteur de son étoile lui remet
> à lui-même les rênes de sa destinée.
> **FR. HEBBEL.**

Mme Maloutine avait donné son consentement au mariage de sa fille avec Soltyk. Le comte touchait enfin au but; il allait posséder la belle adorée et jouir de la suprême félicité sur cette terre.

Le lendemain matin, Dragomira prit les dispositions nécessaires. Elle jouait déjà complètement son rôle de maîtresse et de souveraine, et tous lui obéissaient, comme s'il ne pouvait pas en être autrement.

Pendant le déjeuner, alors que le comte pouvait à peine détourner d'elle un moment ses regards enflammés et ravis, elle donna l'ordre d'atteler un traîneau et pria le jésuite de l'accompagner à Kiew. Glinski avait pour mission d'avertir la famille Oginski et de la calmer. Dragomira voulait s'entretenir avec Zésim.

« Vous, restez ici, dit-elle à Soltyk. Ma mère et Henryka vous tiendront compagnie. Je reviendrai ce soir, au plus tard demain matin. »

Le comte soupira, affirma qu'une séparation de quelques heures lui semblait déjà longue comme une éternité, demanda en suppliant la permission d'aller aussi à Kiew, et jura qu'il ne gênerait en rien Dragomira. Mais elle resta inébranlable, et il finit par se soumettre, quoique avec le cœur serré.

Le traîneau était avancé. Dragomira baisa la main de sa mère et descendit l'escalier au bras de Soltyk. Quand elle fut assise à côté de Glinski, au milieu des molles et précieuses fourrures qui garnissaient l'équipage, elle tendit au comte ses lèvres rouges et brûlantes; un baiser fut échangé; puis le fouet retentit, et l'attelage partit au galop.

Quand ils furent arrivés à Kiew, Dragomira congédia le jésuite et envoya Barichar à Zésim.

L'officier vint immédiatement,

« Qu'avez-vous à me dire? demanda-t-il, je suis surpris que vous vous souciiez encore de savoir si je suis ou non de ce monde.

— Toujours des reproches, répondit Dragomira en lui mettant lentement un bras autour du cou, que veux-tu, tu es pourtant à moi, je te tiens et je ne te lâcherai plus.

— Tu te trompes.

— Ah! si tu ne m'aimes plus?

— C'est moi que tu veux accuser? Moi? Et quand tu viens de passer une série de jours avec Soltyk, dans son château?

— Oui, en compagnie de ma mère.

— En tout cas, pour me trahir en sa faveur.

— Tu n'as pas le droit de me parler ainsi, répondit Dragomira avec calme; je ne t'ai jamais trompé; je t'ai toujours dit sincèrement que je poursuis un plan au sujet du comte; je t'ai encore déclaré il y a quelque temps que je suis près du but et que rien ne s'oppose plus à notre union. Aie confiance en moi, même maintenant que j'ai fait, parce qu'il fallait le faire, le pas le plus audacieux, le plus risqué en apparence.

— Qu'as-tu encore à m'avouer?

— Je me suis fiancée hier soir à Soltyk.

— Dragomira!

— Ne m'interromps pas; écoute-moi jusqu'à la fin. J'ai une grande, une sainte mission à remplir. Il fallait jouer cette comédie pour rassurer complètement le comte. A présent il est en mon pouvoir. Je te donne ma parole que jamais le mariage n'aura lieu. Dans quelques jours je pars avec ma mère et Soltyk pour Bojary. C'est là que tout se décidera. A mon retour je t'appartiendrai et je te suivrai à l'autel.

— Comment croire un pareil conte? s'écria Zésim en se levant brusquement. Tu veux me tromper, pour que je ne vienne pas gêner ton mariage. Une fois comtesse Soltyk, tu te moqueras du malheureux qui t'aimait, qui t'adorait.

— Si tu te défies de moi, dit Dragomira, alors tout est fini entre nous. »

Elle se leva et alla à la fenêtre :

« Va, je sais maintenant ce que j'ai à attendre de ton amour. Un amour sans confiance n'est qu'une ivresse ; il n'est pas digne d'un nom si noble, si saint.

— Il faudrait que j'eusse perdu le sens pour avoir plus longtemps confiance en toi ! » s'écria Zésim.

Dragomira n'était pas préparée à cette résistance, mais en une seconde elle conçut un nouveau plan. Il lui fallait s'emparer de Zésim à l'instant même, si elle ne voulait pas le perdre pour toujours ; il fallait le garder comme prisonnier pendant quelque temps, jusqu'à ce que les accusations dont Soltyk était la cause eussent perdu toute raison d'être.

Elle n'avait peur de rien, et tout moyen qui la conduisait à son but lui paraissait légitime et bon.

« Et si je te donne des preuves de mon amour ? dit-elle en se tournant tout à coup vers lui ; si je me mets complètement en ton pouvoir ? »

Zésim la regarda fixement, il ne comprenait pas encore.

« Je ne peux pas te recevoir ici, continua-t-elle, nous y sommes entourés d'espions. Mais j'ai une amie intime qui habite, à elle seule, une maison dans le faubourg. C'est là que je t'attendrai ce soir. Veux-tu ? »

Zésim se jeta à ses pieds et couvrit ses mains de baisers.

« Veux-tu venir ?

— Oui.

— Alors, à dix heures, ce soir, trouve-toi dans la rue. »

Elle lui nomma la rue et lui décrivit la maison.

« Une personne de confiance sera là et te conduira auprès de moi.

— Pardonne-moi, » dit Zésim d'une voix suppliante en se relevant pour serrer Dragomira sur sa poitrine. Elle souriait, au milieu de ses baisers, avec la charmante pudeur d'une fiancée.

Quand Zésim fut parti, elle envoya Barichar chez la juive. Bassi vint en prenant toutes les précautions nécessaires, et Dragomira s'enferma avec elle dans sa chambre.

« Cette nuit, dit Dragomira, il faut s'emparer de Jadewski, le jeune officier que tu connais, et le mettre pour quelque temps hors d'état de nous nuire.

— S'il n'y a pas de sang à verser, vous pouvez vous en remettre à moi, répondit la juive.

— Je l'attendrai. Tu seras dans la rue et tu me l'amèneras.

Il faut que tes gens soient à leur poste une heure avant et se cachent dans la maison même. Il ôtera son épée. Pendant qu'il m'embrassera, je lui jetterai le lacet autour du cou. On le portera dans le caveau souterrain, et on l'y retiendra prisonnier, jusqu'à ce que je vienne moi-même le délivrer. Mais dis bien à tous qu'on ne doit ni le blesser ni le maltraiter.

— Je comprends. »

Dragomira lui donna encore quelques instructions, et la juive partit.

Le P. Glinski ne vint pas aussi vite à bout de sa mission. Il combina une douzaine de plans qu'il rejeta; il composa différents discours qu'il se proposait de débiter, et en dernier lieu les trouva communs et insignifiants. Enfin, il trouva ce qu'il fallait. Il se décida à parler d'abord à Anitta, convaincu qu'elle accueillerait son message sans se fâcher, et même avec une certaine joie. Il ne se trompait pas.

Il vint dans l'après-midi chez Oginski. Après bien des circonlocutions et précautions oratoires, il arriva enfin à la grande nouvelle. A l'instant, Anitta lui sauta au cou et l'embrassa; puis elle courut auprès de ses parents et leur cria d'une voix triomphante :

« Le comte Soltyk vous rend votre parole ! Il a bien vu que jamais il n'obtiendrait ni mon cœur ni mon consentement. Il renonce à ma main et il épouse Dragomira ! »

Oginski fit un visage fort étonné, pendant que Mme Oginska se disposait à adresser des reproches au jésuite, qui s'était glissé doucement dans la chambre. Mais Anitta coupa énergiquement court à tout.

« Je ne l'aurais jamais accepté, s'écria-t-elle; j'aime Zésim Jadewski, et je serai sa femme ou j'irai dans un couvent. Dites au comte, mon révérend père, que je lui suis très reconnaissante et que j'espère que nous resterons bons amis. »

L'affaire était donc réglée, et Glinski pouvait, le cœur léger, se hâter d'aller retrouver Dragomira. Anitta s'efforça d'obtenir alors le consentement de ses parents à son mariage avec Zésim. Son père semblait disposé à consentir, mais sa mère persistait à opposer à ses vœux tout l'orgueil des magnats polonais. Cependant Anitta ne se découragea pas. Maintenant, elle était libre, et les plus douces espérances remplissaient son cœur. Elle pensa que la première chose à faire, c'était de s'entendre avec Zésim. Elle lui écrivit et fit porter sa lettre chez lui par le vieux cosaque Tarass. Quand Tarass revint, il était nuit.

19

M. Oginski était au Casino, Mme Oginska au théâtre. Anitta se trouvait donc seule.

Tarass rapporta, avec un visage sérieux et soucieux, qu'il n'avait pas rencontré Zésim et que le domestique du jeune officier avait fini par lui avouer que son maître était ce soir-là attendu par une dame.

« Par Dragomira ! s'écria Anitta.

— Il n'y a plus qu'à la suivre à la piste, dit le vieux cosaque ; elle est en ce moment au cabaret Rouge, et j'ai appris de plus que la juive est venue chez elle aujourd'hui. J'ai peur pour M. Jadewski, car par ailleurs, on raconte que Mlle Maloutine s'est fiancée au comte Soltyk.

— Oui, il faut la suivre, dit Anitta, je vais avec toi. »

Quelques minutes après, vêtue en paysanne et accompagnée de Tarass qui s'était transformé en paysan petit-russien, Anitta quittait le palais de ses parents. Elle était pâle, mais décidée et courageuse.

« Elle a pris la précaution d'éviter les rues, dit Tarass ; elle est venue dans un canot et ne peut manquer de s'en retourner par le même chemin. Ce qu'il y a de mieux à faire, c'est de louer aussi une embarcation. »

Ils descendirent donc vers le fleuve qui était débarrassé de ses glaces. L'hiver touchait à sa fin. Le printemps s'annonçait, non par des violettes et des perce-neige, ni par le ramage des oiseaux, mais par des tempêtes furieuses, de la neige et des pluies froides. Ce soir-là, cependant, le ciel était clair et sans nuages, la lune éblouissante. Le fleuve roulait ses flots écumeux sur lesquels le vent soufflait en hurlant.

« Faut-il nous y risquer ? demanda Tarass.

— Pour lui, je brave tout, » répondit Anitta.

Ils trouvèrent un canot, s'embarquèrent et longèrent lentement la rive. Quand ils furent arrivés près du cabaret Rouge, ils remarquèrent une barque retenue par une chaîne, qui se balançait sur l'eau avec un bruit plaintif. Les fenêtres du cabaret étaient éclairées.

« Elle est encore là, dit Tarass, nous allons nous poster dans l'obscurité, et l'attendre. »

Il rama jusqu'au mur le plus proche et s'arrêta là. Tous les deux restèrent immobiles et silencieux. Pendant longtemps on n'entendit que le murmure des flots et le mugissement de la tempête autour des vieilles tours de l'ancienne ville des czars.

Enfin deux formes humaines sortirent du cabaret et s'approchèrent du bateau retenu par une chaîne. L'un était un homme à tournure de pêcheur. Il détacha le bateau et prit les rames. L'autre personne s'embarqua aussi. C'était une femme d'une taille haute et élancée portant la pelisse en peau d'agneau à broderies de couleurs des paysannes de la Petite-Russie. Elle tourna son visage du côté de la lune, et, malgré le mouchoir de tête blanc qui enveloppait sa chevelure blonde, Anitta reconnut Dragomira. Le bateau s'éloigna de la rive et descendit le fleuve. Tarass le suivit à une certaine distance. Au bout de peu de temps, Dragomira aborda au faubourg. Tarass se hâta pareillement de gagner la rive, attacha le canot au poteau le plus proche et aida sa jeune maîtresse à débarquer.

Dragomira descendit la rue à grands pas. L'endroit était complètement solitaire. Il n'y avait pas une seule lanterne allumée; aucun être humain ne se montrait; les maisons avaient l'air d'être abandonnées. Quand elle fut devant la maison d'aspect sinistre où elle avait évoqué avec Soltyk les âmes de ses chers morts, Dragomira s'arrêta et frappa trois fois dans ses mains. La porte s'ouvrit, mais au même moment Anitta saisit Dragomira par le bras.

« Que voulez-vous? demanda cette dernière avec calme et fierté.

— Enfin je te tiens, s'écria Anitta; ton masque est tombé; tu as pris dans tes filets Soltyk et Zésim. Faut-il te dire dans quelle intention?

— Vous êtes folle, ce me semble, répliqua Dragomira.

— Tu aimes Zésim, dis-tu? continua Anitta, non, tu ne l'aimes pas; tu as seulement soif de son sang, tigresse; tes complices t'attendent pour le livrer au couteau.

— Lâchez-moi! »

Dragomira essaya de se dégager, mais Anitta la retint solidement.

« Oseras-tu nier? s'écria-t-elle. C'est toi qui as tué Pikturno! C'est toi qui as jeté Tarajewitsch aux bêtes féroces, à Myschkow? C'est toi qui égorgeras encore Soltyk et Zésim, si je ne t'en empêche pas! Ton cœur ne désire que le meurtre et le sang, prêtresse de l'enfer, pêcheuse d'âmes! »

Dragomira frémit des pieds à la tête et poussa un cri sauvage inarticulé, le cri d'une lionne blessée. Puis, rapide comme l'éclair, elle tira son yatagan et rassembla toutes ses forces pour frapper Anitta à la poitrine.

Mais au même moment Tarass se précipita entre elle et Anitta et la désarma.

Dragomira, se voyant perdue, se sauva de l'autre côté du mur protecteur. La porte se ferma derrière elle. Pour le moment, elle était en sûreté.

La situation était des plus dangereuses, mais Dragomira ne perdit pas la tête un seul instant. Elle rassembla en toute hâte tous les gens de la maison et leur donna les ordres nécessaires.

Elle fit passer Juri par dessus les murs du jardin voisin et l'envoya à Bassi pour l'avertir. Dschika s'esquiva par la porte de derrière et partit à la rencontre de Zésim pour le conduire à l'Image de la Mère de Dieu, sur la route de Chomtschin, pendant que Tabisch sellait le cheval préparé pour Dragomira.

Juri arriva sans encombre auprès de la juive, qui faisait le guet à l'angle de la rue, et tous les deux gagnèrent le cabaret en faisant un détour. En revanche, le traîneau de Zésim arriva avant que Dschika eût pu le rencontrer, et fut arrêté par Tarass.

« Qu'est-ce qu'il y a ? demanda le jeune officier avec impatience.

— On a découvert un complot dirigé contre votre vie, répondit le vieux cosaque ; dans cette maison qui est là, la prêtresse et le couteau du sacrifice vous attendent.

— De qui parles-tu ?

— De Dragomira. »

Une femme à la taille svelte s'aprocha.

« C'est moi, dit une douce et aimable voix, je l'ai démasquée ; et j'ai failli expier par ma mort mon amour pour vous.

— C'est avec ce poignard qu'elle a voulu tuer ma chère demoiselle, dit Tarass, en présentant le yatagan à Zésim.

— Tarass a paré le coup.

— Dragomira ! est-ce possible ? murmurait Zésim. Elle ? Une prêtresse de cette secte abominable ?

— Oui, Dragomira, répondit Anitta, ce démon à figure d'ange. Elle ne vous a attiré à elle que pour vous immoler sur l'autel de son dieu. Vous vous croyiez aimé et vous étiez dans les mains sanglantes d'une pêcheuse d'âmes.

— Mon Dieu ! mon Dieu ! s'écria Zésim, et il cacha sa tête dans ses mains.

— Il nous faut partir d'ici, dit Tarass, ses gens sont dans le voisinage. Qui sait ce qui peut arriver ? »

Anitta monta rapidement dans le traîneau, près de Zésim, et Tarass monta sur le siége à côté du cocher.

« Où dois-je aller? demanda ce dernier.

— Chez mes parents, dit Anitta.

— Non, à la police, s'écria Tarass, et le plus vite possible; sans quoi cette bande de meurtriers nous échappe. »

XIX

LA FUITE

> Je te conduis à la cité des damnés.
> DANTE.

Quand Dschika revint avec la nouvelle que Zésim et Anitta étaient partis ensemble dans le traîneau et que la route était libre, Dragomira sauta sur le cheval qu'on lui amenait. Elle envoya Tabisch à Cirilla et Dschika à Sergitsch, pour les avertir. Le vieillard qui, jusqu'alors, avait gardé la maison solitaire, ouvrit la porte et la ferma du dehors quand Dragomira fut partie. Elle prit la direction de Chomtschin, pendant qu'il se hâtait de descendre vers la rive du fleuve où le bateau était toujours attaché.

Dragomira traversa le faubourg au galop et se lança à toute bride sur la grand'route qui conduisait au château de Soltyk. Dans sa course furieuse elle avait l'air de fuir des ennemis qu'elle aurait eus sur les talons. De temps en temps elle excitait encore son ardent cheval de l'Ukraine, de la voix et du fouet. Autour d'elle, le vent mugissait; au-dessus d'elle s'étendait la voûte du ciel étincelant d'étoiles; devant elle apparaissait au-dessus de l'horizon le disque de la lune comme un but éblouissant.

Elle ne rencontra personne. Il n'y avait sur la route ni village ni cabaret. Aussi loin que la vue pouvait s'étendre, on ne distinguait que de vastes plaines blanches, au-dessus desquelles flottait une brume que traversait la lueur argentée de la lune.

Dragomira livrait le dernier combat, le combat décisif. Elle se voyait découverte; elle savait que maintenant il fallait agir, que le temps de la ruse et de la tromperie était passé. Le masque était tombé pour Zésim lui-même. Si elle n'avait pas le courage de tout risquer, il était perdu pour elle. Elle se demanda si elle l'aimait réellement, et une voix plus forte que sa froide prudence et sa volonté de fer lui répondit oui. Et Soltyk ? Qu'éprouvait-elle pour lui ? Lui non plus ne lui était pas indifférent; elle se sentait entraînée vers lui par une force presque mystérieuse. Oui, elle le comprenait maintenant, Soltyk était un homme de la même race qu'elle; son esprit, son imagination, ses sens la poussaient vers lui; mais son cœur parlait haut pour Zésim, peut-être justement parce qu'elle se voyait supérieure à lui, parce qu'il lui paraissait faible et indécis. Elle ressentait une sorte de tendre pitié pour lui, et la jalousie, l'orgueil féminin froissé transformaient cette tendresse en passion, en fureur.

Pendant que les étincelles jaillissaient sous les sabots de son cheval, elle levait son poing fermé vers le ciel, et jurait que tant qu'il lui resterait un souffle de vie, Zésim n'appartiendrait à aucune autre femme. Chose étrange, la pensée de la mort, avec laquelle elle était si familiarisée, l'effrayait en ce moment; elle frissonnait, elle avait le cœur serré par l'angoisse. Elle n'avait jamais encore aimé; jamais encore elle n'avait été aimée. Tous ces rêves charmants qui voltigent autour des jeunes filles lui étaient jusqu'alors restés étrangers. Un désir ardent comme une fièvre s'était emparé d'elle tout à coup : elle ne voulait pas mourir sans connaître le bonheur de l'amour. Elle avait encore conscience de son pouvoir : si elle allait au-devant de lui et si elle lui avouait tout, pourrait-il rester froid ? Pourrait-il lui résister ? Non. Elle voulait, elle devait le conquérir; elle voulait devenir sa femme, pécher avec lui et mourir avec lui. Mais auparavant il fallait livrer le comte au couteau.

Dès qu'elle aurait rempli sa mission, elle serait libre. Alors elle appartiendrait au bien-aimé; et qui oserait lui arracher Zésim une fois qu'elle le tiendrait dans ses bras?

Il faisait nuit quand elle arriva à Chomtschin. Le comte était dans son cabinet. Elle se garda bien d'aller le trouver immédiatement. Avant tout, elle informa sa mère de ce qui venait de se passer et du danger qui les menaçait tous. Puis elle prit les dispositions nécessaires.

Il fallait dérouter au plus tôt ceux qui la poursuivaient; elle eut bientôt imaginé un moyen. Il y avait là un secrétaire; elle s'y assit et écrivit à Zésim une lettre destinée à tomber entre les mains de ses ennemis. Cette lettre était rédigée de façon à avertir Zésim des intentions de Dragomira, et à le tromper ainsi que tous les autres sur l'endroit de sa retraite. Elle chargea un messager à cheval de porter immédiatement cette lettre à la ville; et elle était sur le point d'aller retrouver Soltyk, quand Henryka et Karow entrèrent.

Ils avaient tous les deux des costumes de paysans, et étaient pâles, émus et épuisés de fatigue. Henryka tomba sur une chaise sans pouvoir dire un mot, tandis que Karow, à mots précipités, informait Dragomira que tout était découvert, que la police se mettait en mouvement et était sur leurs traces.

« Je le sais, répondit tranquillement Dragomira; votre avis ne pourrait guère nous servir à cette heure. Dieu m'a protégée; et grâce à lui, j'ai pu les avertir tous à temps et les sauver. Je ne crois pas qu'en ce moment un seul des nôtres soit encore en danger. »

Karow regardait avec admiration la courageuse jeune fille, si sûre de la victoire.

« Mais qui vous garantit, dit-il, que vous-même êtes ici en sûreté? Pensez avant tout à votre propre salut. A vous seule vous valez plus que nous tous ensemble.

— Je sais que je n'ai pas de temps à perdre, dit-elle doucement; mais je ne quitterai pas ce château avant d'avoir accompli ma tâche. Je veux, cette nuit même, emmener le comte avec moi comme mon prisonnier.

— Disposez de moi, répondit Karow, en s'inclinant respectueusement devant elle, je suis entièrement à vos ordres.

— Moi aussi, dit Henryka, qu'y a-t-il à faire? Quel rôle comptes-tu me confier?

— Ici, il n'y a que moi qui puisse d'abord agir, dit Dragomira; je vais le trouver à l'instant même. Ne vous éloignez pas, pour le cas où j'aurais besoin de vous. »

Quand Dragomira entra dans le cabinet du comte, il était debout près d'une fenêtre, et plongeait son regard dans la nuit sombre. L'épais tapis de Perse étouffait le bruit des pas. Il ne l'entendit point et ne la vit que quand elle lui posa la main sur l'épaule. Il se retourna vers elle tout surpris.

« C'est vous! dit-il d'une voix balbutiante et en appuyant ses lèvres sur la main de la jeune fille. Si tard? je ne vous attendais plus.

— C'est une heure sérieuse que celle qui m'amène vers vous

répondit Dragomira, je suis venue pour vous dire adieu, peut-être pour toujours.

— Adieu? Et pour toujours? s'écria Soltyk; non, Dragomira, avez-vous oublié que rien ne peut plus nous séparer, que je vous suivrai jusqu'au bout du monde?

— Vous ne connaissez mon secret qu'en partie, reprit Dragomira en s'asseyant sur la chaise qui était près de la fenêtre; je ne peux pas, pour l'instant, vous en dire davantage; aussi aurai-je de la peine à vous convaincre qu'il me faut quitter ce château, ce pays, dans une heure.

— Je n'ai besoin d'aucune preuve, d'aucune explication, dit Soltyk; je ne vous fais aucune question. Il faut? Vous voulez? Il suffit. Je ne vous demande que la permission de vous accompagner.

— A quel titre? Vous comprenez que ce n'est pas possible.

— Pourquoi non? Comme votre serviteur, comme votre esclave.

— Ce serait encore inconvenant.

— Alors comme votre époux.

— Bien; admettons que j'y consente. Comment voulez-vous, dans l'espace d'une heure, prendre toutes les dispositions nécessaires?

— Il n'y a aucune disposition à prendre, répondit Soltyk, dites-moi seulement que vous renoncez enfin au jeu cruel que vous jouez; dites que vous exaucez mes vœux les plus ardents, que vous consentez à me prendre pour époux, et le chapelain du château va nous unir à l'instant même.

— Je suis prête, dit Dragomira en attachant sur le comte un regard ferme et calme.

— Ne plaisantez pas, je vous en conjure.

— Je ne plaisante pas, continua Dragomira, je veux au contraire que vous donniez immédiatement les ordres nécessaires. Je veux dans un quart d'heure être comtesse Soltyk, et, en descendant de l'autel, monter aussitôt en traîneau et partir avec vous.

— Dragomira! Je n'y puis croire! s'écria le comte en se jetant à genoux devant elle. Vous... vous êtes à moi et pour toujours!...

— Pas un mot de plus, hâtez-vous : faites venir le chapelain, ordonna Dragomira en repoussant le comte, relevez-vous; obéissez. »

Soltyk sonna, donna ses ordres à son valet de chambre de

confiance, qui était accouru en hâte; puis il retourna aux pieds de Dragomira, qui maintenant lui souriait d'un air gracieux.

« C'est pourtant beau d'être ainsi aimée, murmura-t-elle, surtout quand on garde soi-même sa tête bien froide.

— Alors, vous ne m'aimez pas ?

— Non... et cependant j'éprouve pour vous quelque chose que je n'ai encore éprouvé pour aucun homme. »

Elle lui caressa doucement les cheveux avec la main.

« Même pour Zésim ?

— Même pour lui.

— Vraiment ?

— Vraiment. »

Elle attacha sur lui un long et étrange regard, puis, subitement, elle l'enlaça de ses bras et l'attira à elle pour lui donner des baisers, non pas de femme, mais de tigresse.

« Tu ne m'aimes pas? disait le comte d'une voix qui n'était plus qu'un souffle, si c'est là de la haine, ah ! ta haine me rend plus heureux que l'amour des autres femmes.

— Que sais-je? répondit-elle, peut-être que je t'aime ! Une femme aime-t-elle comme une autre femme? Peut-être est-ce ma manière d'aimer, ce désir ardent de te faire mourir dans mes bras, cette fureur de t'étouffer sous mes baisers. Mais toi, n'as-tu pas peur de mon amour? Ne trembles-tu pas devant ces vagues de feu qui menacent de te dévorer?

— Je ne crains rien, dit Soltyk, pas même toi; prends mon sang si cela te fait plaisir.

— Je t'en ferai souvenir.

— Comme tu voudras. »

Il la serra contre sa poitrine et la couvrit de baisers, jusqu'à ce que le vieux valet de chambre vint annoncer que tout était prêt.

« Les traîneaux aussi? demanda Dragomira.

— La neige tombe de nouveau, répondit le vieux serviteur; un vent furieux souffle sur le steppe. On a préparé deux traîneaux couverts, et j'ai fait mettre à chacun une demi-douzaine de chevaux.

— Tu as bien fait. »

Dragomira prit le bras du comte et se rendit avec lui dans la salle où les attendaient Henryka et Karow. Pendant que Soltyk allait prévenir Mme Maloutine de ce qui devait avoir lieu, Dragomira échangea quelques mots à voix basse avec

Karow et se retira ensuite avec Henryka dans l'embrasure d'une fenêtre, pour lui donner les instructions que nécessitait l'état des choses. Henryka descendit rapidement dans la cour du château, sauta sur le cheval qui l'avait amenée à Chomtschin, et partit en toute hâte pour Okozyn, afin d'y prendre les dispositions qu'exigeaient les circonstances.

Soltyk revint avec Mme Maloutine à son bras, et invita Karow à conduire Dragomira. Le régisseur, vieux gentilhomme ruiné, suivait. Lui et Karow devaient servir de témoins. Dans la petite chapelle du château, tout éclatante de lumières, le chapelain attendait les étranges fiancés. En quelques minutes, la cérémonie religieuse fut terminée, les anneaux furent échangés, le comte et Dragomira unis par le prêtre d'un lien indissoluble. Encore une courte prière, et Dragomira, devenue comtesse Soltyk, quittait la chapelle au bras de son époux.

Le jeune et fier couple revint encore une fois dans le cabinet du comte.

« Maintenant tu es à moi, Dragomira, s'écria Soltyk, et il entoura de son bras la taille élancée de sa charmante femme, tu es à moi pour toujours. »

Elle ne répondit rien. Elle lui donna un baiser et le regarda, puis lui ordonna de s'asseoir à son secrétaire et d'écrire ce qu'elle lui dicterait.

C'était une lettre destinée au jésuite et qu'elle regardait comme nécessaire pour la protéger contre ceux qui la poursuivaient. Le comte informait Glinski qu'il avait épousé Dragomira et qu'il était en route avec elle pour Moscou. Il avait l'intention de partir de cette ville pour faire avec sa femme un voyage à l'étranger. A la fin de sa lettre, il priait le jésuite de ne pas le trahir et de répandre le bruit que Dragomira s'était enfuie du côté de la Moldavie.

La lettre fut confiée à un piqueur du comte qui devait la porter à Kiew. Les deux époux descendirent alors l'escalier. Karow suivait avec Mme Maloutine.

Deux traîneaux couverts attendaient dans la cour du château. Dans le premier montèrent Mme Maloutine et Karow, qui s'installa sur le siège du cocher et prit lui-même les rênes. Tabisch conduisait le second traîneau où Soltyk avait aidé sa jeune femme à monter. Ils ne risquaient donc pas d'être découverts. Personne au château ne pouvait savoir quelle direction ils avaient prise. Ils étaient partis ostensiblement pour

Kiew, mais ils tournèrent vers le sud et suivirent la route d'Okozyn par Kasinka Mala.

Le traîneau de Soltyk et de Dragomira faisait penser à une de ces gondoles vénitiennes munies d'une cabine noire fermée où les amoureux aiment à se donner rendez-vous entre le ciel et l'eau. Rapide aussi comme une gondole, il filait à travers l'océan de neige qui recouvrait le steppe.

Le plancher de la petite chambre dans laquelle les deux époux étaient étendus sur de moelleux coussins disparaissait sous de riches fourrures: d'épaisses tentures formaient autour d'eux une sorte de tente et les protégeaient contre le froid et la neige.

Pendant quelque temps ils restèrent silencieux; puis la main de Soltyk chercha celle de sa femme. Il la trouva tiède et disposée à répondre tendrement à la pression de la sienne, sous la peau d'ours dont il avait enveloppé Dragomira.

« Es-tu heureux? demanda-t-elle.

— Heureux d'un bonheur ineffable!

— Je te rendrai plus heureux encore, » dit-elle tout bas, en appuyant son adorable tête sur l'épaule de son mari et en lui tendant ses lèvres rouges qu'entr'ouvrait un délicieux sourire. Il l'attira contre lui et ils confondirent leurs âmes en un long baiser. Aucune parole ne sortait de leur bouche. Ils s'abandonnèrent tout entiers à cette sensation de bonheur infini qui les inondait comme une lumière et comme une flamme et qui faisait vibrer toutes leurs fibres. Au dehors, à la lueur fantastique de la lune, volaient et croassaient les corbeaux, ces messagers de mort. Ils ne les entendirent pas: devant eux étaient la vie, la joie, le bonheur.

XX

RÊVE D'AMOUR

> Laisse-moi plier les genoux devant toi
> et baiser le bord de ta robe.
> 		Comte KRASINSKI.

Quand les traîneaux se furent arrêtés dans la cour du vieux château d'Okozyn et que le comte, prenant Dragomira dans ses bras, l'eut aidé à sortir des chaudes fourrures qui l'enveloppaient, il regarda autour de lui avec étonnement :

« Où sommes-nous ? demanda-t-il. Est-ce une propriété de ta mère ?

— Oui, répondit Dragomira; mais notre résidence est Bojary, et c'est là que nous avons toujours demeuré. Okozyn est un château à demi ruiné où séjournaient des brigands et qui, depuis longtemps, n'était habité par personne. Ici, personne ne nous cherchera; ici, nous serons heureux. »

Elle prit son bras et entra avec lui dans une galerie voûtée et brillamment éclairée, aux murs de laquelle étaient suspendus des portraits de dignitaires ecclésiastiques, de magnats et de grandes dames des siècles passés. Henryka, toujours en paysanne, vint à leur rencontre, et, prenant à part Dragomira, lui chuchota quelques mots à l'oreille. Dragomira fit un signe d'assentiment, et se tourna vers le comte.

« J'ai encore quelques ordres à donner, dit-elle avec un aimable sourire; il faut donc que tu patientes encore un peu. Ensuite, je suis à toi. Suis Henryka qui te conduira et te tiendra compagnie. »

Soltyk prit congé de Mme Maloutine à qui il baisa respectueusement la main, et, guidé par Henryka, monta ensuite le vaste escalier qui menait au premier étage. Ils suivirent un long corridor garni de tapis et orné de tableaux. Au bout du corridor était une porte qu'ouvrit Henryka. Ils entrèrent dans une vaste salle dont la décoration était à la fois riche et antique. Dans la cheminée brûlait un bon feu. Un candélabre placé sur cette cheminée éclairait toute la salle. Henryka s'assit sur un petit fauteuil, et, les pieds étendus sur une peau d'ours, regarda le comte qui allait et venait d'un pas agité, avec une sorte de curiosité farouche.

« L'amour vous fait oublier d'être galant, à ce qu'il paraît, finit par dire Henryka en faisant une moue railleuse et en montrant ses petites dents blanches.

— Pardonnez-moi, Henryka, répondit Soltyk; il me semble que j'ai la fièvre.

— Je le vois bien. Il vous tarde de sentir le pied de Dragomira sur votre cou orgueilleux.

— C'est vrai.

— Est-ce que vous serez si heureux que cela?

— Si vous aimez un jour, Henryka, vous me comprendrez.

— Oh ! je suis déjà un peu amoureuse.

— En vérité ?

— Oui, et de vous.

— Vous raillez, Henryka?

— Je ne raille pas. J'ai prié, et prié sérieusement Dragomira de vous laisser à moi; mais elle n'a pas voulu. Il faut dire qu'un si beau coup de filet ne se fait pas tous les jours.

— Je ne vous comprends pas.

— Vous me comprendrez bien assez avant qu'il soit longtemps.

— Qu'avez-vous, Henryka ? vous êtes étrange.

— Jouissez de votre bonheur, et ne faites pas de questions; enivrez-vous de votre félicité ! L'heure viendra où vous m'appartiendrez aussi, à moi aussi bien qu'à elle. Oh! comme je me réjouis à l'idée de ce moment où vous tremblerez à mes pieds et où je n'aurai aucune pitié de vous !

— Vous me croyez donc toujours frivole et sans foi?

— Non, ce n'est pas là ma pensée.

— Alors qu'est-ce ?

— Vous le saurez quand il sera temps.

— Vous parlez par énigmes.

— Je joue avec vous, comme le chat avec la souris, voilà tout.

— Vous êtes une enfant. »

Henryka éclata de rire.

« Comme vous me connaissez peu ! Si vous pouviez lire dans mon âme, vous seriez étonné et peut-être effrayé... »

Cependant Dragomira était descendue dans la chambre du rez-de-chaussée, où l'Apôtre l'attendait. Il la regarda avec surprise. Elle était debout, le voile blanc autour de la tête, enveloppée jusqu'aux pieds d'une longue pelisse rouge garnie de zibeline, le front haut et fier, ses grands yeux brillants attachés sur lui. Ce n'était plus l'humble écolière, la pénitente tremblante d'autrefois ; c'était la femme, belle, souveraine, ayant conscience de son pouvoir.

« Tu étais dans une situation difficile, dangereuse, dit-il ; tu t'es montrée prudente et courageuse comme toujours. C'est toi, toi seule qu'il faut remercier si tous ceux des nôtres qui étaient à Kiew ont pu se sauver à temps. La récompense de Dieu t'est assurée.

— Mais il faut que tu en envoies d'autres sur-le-champ à Kiew, répondit Dragomira avec calme ; choisis des hommes décidés, des hommes de confiance. Nous avons besoin de savoir ce qui se passe là-bas.

— Sergitsch est encore dans la ville.

— Ce n'est pas assez, continua Dragomira, il faut tendre un nouveau filet autour de Zésim et d'Anitta ; ne les laissons pas échapper.

— Je vais m'en occuper. »

L'Apôtre abaissa les yeux vers le sol et garda le silence. Au bout d'un instant, il les releva, observa Dragomira d'un air interrogateur et se mit à sourire.

« Tu as épousé Soltyk ?

— Oui.

— Pour me le livrer d'autant plus facilement pieds et poings liés ?

— Oui, mais pas tout de suite.

— Pourquoi ?

— Parce que je l'aime, répondit fièrement Dragomira ; il m'appartient, personne ne peut me le disputer ; il est mon époux. Ne crains pas que je faiblisse et que je cherche à le sauver ; ne crains pas que je te le garde longtemps. Tu l'auras, et bientôt, mais pas avant que je ne le veuille moi-même.

— Tu as l'intention de rester ici, à Okozyn, avec lui ?

— Oui.

— Alors, agis comme bon te semble.

— Je te remercie, dit Dragomira d'une voix attendrie, accorde-moi ce court rêve de bonheur. Il va finir, d'ailleurs, avec nous, mon cœur me le dit. C'est nous qui terminerons la longue série des victimes. Mais avant l'arrivée du jour où nous glorifierons Dieu par notre mort, nous ne nous rendrons pas. Après avoir immolé Soltyk, je veux te livrer aussi Zésim. Toi, tu me remettras Anitta. Je veux punir moi-même la traîtresse. Promets-le-moi.

— Voici ma main, répondit l'Apôtre; j'envoie à Kiew un homme sûr. Il s'emparera de cette colombe, et tu en useras avec elle selon ton bon plaisir.

— Oh! quel bien cela me fera! s'écria Dragomira avec une flamme dans les yeux; elle sera d'abord mon esclave; elle se tordra sous mon pied, sous mon fouet; et, quand elle se sera entièrement soumise à moi, j'inventerai pour elle des supplices à confondre l'esprit d'invention du diable.

— Je vais faire disposer sur-le-champ tout ce qui est nécessaire, dit l'Apôtre pour conclure; je partirai ensuite pour Myschkow. Que le ciel te bénisse! »

Un faible coup de cloche appela Henryka hors de la chambre. Soltyk resta seul quelque temps. Henryka revint et le conduisit dans une petite salle brillamment éclairée, où régnait une chaleur agréable et où était dressée une table pour deux personnes.

« Dragomira vient à l'instant, » dit-elle, et elle disparut derrière la portière.

Presque au même moment la jeune et charmante femme arrivait de la chambre voisine. Souriante et satisfaite elle tendit à son mari une main qu'il baisa galamment, et l'invita ensuite à prendre place en face d'elle.

« J'ai renvoyé tous les gens de service, dit-elle, pour que rien ne trouble notre joie. C'est donc toi qui seras mon serviteur?

— De tout mon cœur! »

Le comte lui présentait les plats et remplissait les verres. Chaque geste de Dragomira trouvait en lui un esclave obéissant. Ils mangèrent, burent et causèrent avec la bonne humeur et l'aimable abandon de deux amants. Une musique invisible jouait des airs doux et tendres.

Tout à coup, Dragomira leva son verre rempli d'un vin doré pour boire à la santé de son mari.

« A l'avenir! » s'écria Soltyk.

Elle fronça imperceptiblement les sourcils.

« Non, au présent ! dit-elle avec un mouvement impérieux de sa belle tête ; cette heure-ci nous appartient. Usons-en, jouissons-en. Qui sait ce que la prochaine nous apportera ? »

Les verres se choquèrent. Dragomira vida le sien d'un coup et le comte suivit son exemple. Puis il les remplit de nouveau.

« M'aimes-tu encore ? dit Dragomira à Soltyk en lui tendant la main par dessus la table. Il contemplait ce bras admirable qui semblait de marbre tiède, ces yeux bleus où brillait comme une céleste révélation.

— Tu le demandes ?

— J'aime à l'entendre dire.

— Je sais aujourd'hui que je n'ai pas encore aimé. Tu es la première qui m'ait entièrement subjugué. »

Les verres résonnèrent encore une fois ; encore une fois Dragomira but avidement le vin de feu, comme une tigresse aurait bu du sang chaud ; puis elle se renversa sur le dossier de sa chaise et pétrit des boulettes de pain qu'elle lança à Soltyk.

« Je vais maintenant changer de toilette, dit-elle ; cette robe me serre. Henryka t'appellera quand je serai prête. Nous prendrons le thé ensemble. »

Elle sonna. Aussitôt la musique cessa, et Henryka apparut à la porte. Sur un signe de commandement de la comtesse, elle la suivit dans la chambre à côté.

Il y eut quelques instants de silence ; puis Soltyk entendit un bruissement gracieux de vêtements de femme, mêlé de rires étouffés. Le feu chantait dans la cheminée ; la neige frappait aux vitres, et de temps en temps les faisait résonner. Dans la chambre voisine, Henryka baisait les pieds nus de Dragomira et lui mettait ses petites pantoufles de fourrure.

Quand la toilette fut terminée, Dragomira se regarda longuement dans la grande glace fixée au mur.

« Suis-je belle ? demanda-t-elle ; lui plairai-je ?

— Tu es toujours belle, répondit Henryka, qui, à genoux devant elle, la contemplait avec adoration comme une auguste statue d'Aphrodite dans son temple, sais-tu que je l'envie ?

— Pourquoi pas moi ?

— Parce qu'il y a bien des hommes comme lui, mais qu'il n'y a qu'une femme comme toi. Et puis, être aimé de toi, quel miracle ! C'est comme si le marbre s'animait.

— Va maintenant, va lui dire que je l'attends. »

Dragomira passa dans une autre chambre, et Henryka fit signe à Soltyk d'entrer.

« Où est-elle? demanda-t-il quand il vit Henryka seule.

— Là. »

Elle lui montra la portière qui cachait la porte par où Dragomira avait disparu et se glissa dehors, silencieuse et souple comme un serpent.

Soltyk souleva la portière et s'arrêta tout ébloui.

Dans une chambre de moyenne grandeur transformée en une sorte de pavillon turc par des tapis et des tentures de Perse qui recouvraient les murs, les fenêtres, les portes et le plafond, et éclairée par une lampe à globe rouge suspendue au milieu de la pièce, Dragomira, sous un riche baldaquin, était étendue sur de grands coussins de soie et des peaux de tigre et lui souriait. Avec ses pantoufles turques, sa pelisse brodée d'or comme en portent les femmes du harem; dans sa pose molle et nonchalante au milieu de ses royales fourrures d'hermine, les cheveux, le cou et les bras ornés de sequins et d'anneaux d'or, elle ressemblait à une jeune sultane qui attend son esclave. Le comte était tout tremblant; son cœur palpitait quand il entra dans ce petit sanctuaire baigné d'une lumière rosée et embaumé d'un enivrant parfum de fleurs.

Il tomba silencieusement aux pieds de Dragomira.

« Oh! comme tu es belle! » murmura-t-il.

Elle souriait toujours. Elle sortit lentement ses bras adorables de ses larges manches d'une gaze étincelante comme le soleil et vaporeuse comme des flocons de neige, et elle l'attira contre sa poitrine.

Puis ce furent de nouveau des baisers sauvages, des baisers de feu, comme en donne non pas une femme mais une tigresse. Soltyk s'affaissa et appuya ses mains sur son cœur.

« Qu'as-tu? demanda-t-elle.

— J'ai senti... c'était comme si tu avais des griffes aux mains et comme si tu voulais m'arracher le cœur », répondit-il.

Elle se mit à rire.

Il releva sa belle tête et la contempla longuement; puis il se pencha et porta à ses lèvres le bord de sa pelisse. Elle se redressa brusquement, jeta sa pantoufle et lui posa son pied sur la nuque.

Il se laissa faire avec bonheur et murmura comme dans un rêve des vers où un amant suppliait sa maîtresse de mettre son pied nu sur le cou de son esclave.

« De qui sont ces vers ? dit-elle.

— De Chateaubriand.

— Lui aussi doit avoir connu l'amour, dit-elle, le seul vrai, qui dans un doux oubli de nous-mêmes nous livre à un autre être, nous soumet à une volonté étrangère ; l'amour qui ne prend rien, qui se contente de toujours donner. »

Au lieu de répondre, Soltyk retint prisonnier le petit pied qui cherchait à lui échapper et le couvrit de baisers.

« Allons, disait Dragomira, mets-moi ma pantoufle et tâchons d'être raisonnables.

— Raisonnables ? J'ai depuis longtemps perdu auprès de toi le peu qui me restait de raison, s'écria Soltyk en riant, et je te remercie de me l'avoir ravi, car tant qu'on est raisonnable, on ne peut être heureux ; mais aujourd'hui je tiens le bonheur dans mes bras. Le sort nous a donné cette heure-ci. Que m'importe ce que l'heure prochaine m'apportera ! »

Dragomira frémit légèrement ; cela ne dura pas plus qu'un éclair. L'instant d'après, ses lèvres cherchaient celles du comte et ses mains se jouaient inconsciemment dans les cheveux de son jeune époux.

XXI

SAUVÉS!

> Les ténèbres s'enfuient, le jour apparaît.
>
> POUSCHKINE.

Cette même nuit, il arriva aussi à Kiew des choses étranges et inattendues. Anitta et Zésim étaient en route pour aller trouver le directeur de la police. A moitié chemin, la jeune fille demanda subitement à l'officier de retourner sur ses pas; avant de prendre un parti définitif, elle avait à lui parler.

« Où voulez-vous que je vous conduise? demanda-t-il; chez vos parents?

— Non, chez vous. »

Zésim donna l'ordre au cocher de les conduire à sa maison. Ils arrivèrent bientôt. Il lui dit ensuite d'attendre devant la porte, et monta l'escalier en précédant Anitta. Tarass, à qui sa jeune maîtresse avait fait un signe, les suivait. Une fois en haut, Anitta se débarrassa de sa pelisse en peau d'agneau et s'assit sur une chaise. Avec ses bottes de maroquin rouge, sa jupe de couleur, son corsage, sa chemise blanche brodée, son cou et sa poitrine ornés de colliers de corail, ses longues nattes épaisses attachées par de larges rubans bleus, elle offrait absolument l'image de la simplicité et de l'innocence la plus touchante. Zésim debout devant elle la considérait dans un muet ravissement.

« Écoutez-moi, dit-elle d'une voix douce et confiante, j'ai à vous demander pardon. C'est moi qui suis coupable de tout ce qui est arrivé; c'est moi qui vous ai poussé dans les filets de Dragomira. Si j'avais eu plus de courage, j'aurais bravé la volonté de mes parents, je me serais enfuie avec vous; cette prophétesse sanguinaire n'aurait jamais réussi à vous faire tomber dans ses pièges.

— Ce n'est pas vous qui êtes coupable, répondit Zésim, c'est moi, moi seul. J'aurais dû me fier à vous; je n'aurais jamais dû me décider à vous abandonner. Pardonnez-moi, si vous pouvez.

— Je n'ai rien à vous pardonner, Zésim; je ne sais qu'une chose, c'est que je vous ai toujours aimé, et que je n'ai jamais eu qu'une seule pensée au cœur, celle de vous sauver. Et je veux vous sauver, et je vous sauverai, du moment que vous m'aimerez encore; car cela me serait impossible autrement. »

Zésim plia le genou devant elle et couvrit ses mains de baisers.

« Je vous le dis encore une fois, j'étais aveuglé, j'étais ivre; mais je n'aime que vous; pardonnez-moi.

— Eh bien, maintenant, s'écria Anitta en le serrant tendrement dans ses bras, je vous sauverai, je vous dirai que je vous aime, que je vous appartiens, que je veux vous suivre partout où vous le désirerez. Rien ne peut plus nous séparer; j'aurai le courage de tout souffrir. »

Zésim l'attira à lui et lui donna un baiser, puis il se releva et se mit à aller et venir à grands pas dans la chambre.

« Maintenant, dit-il, délibérons sur ce qu'il y a à faire.

— Avant tout, allons à la police, monsieur l'officier, dit Tarass, prenant part à la conversation, autrement les assassins nous échappent.

— Non, non, s'écria Anitta. Quoique Dragomira soit démasquée et qu'elle ait pris la fuite, comme je l'espère, elle a ici, dans la ville, des complices qui poursuivront son œuvre. On vous tuera, Zésim.

— Ce n'est pas moi que le danger menace, mais vous, Anitta, répondit le jeune officier; vous avez provoqué Dragomira; vous avez découvert son secret; elle ne reculera devant aucun moyen pour se venger. Il vous faut vous éloigner, et sur-le-champ. Je vous conduirai chez ma bonne vieille nourrice, à Kasinka Mala. Là, vous serez en sûreté, surtout si vous continuez à jouer votre rôle de jeune paysanne et si vous ne vous montrez pas hors de la maison avant que tout danger soit passé.

— Je ferai tout ce que vous jugerez bon, dit Anitta; mais vous... vous voulez rester ici, où la mort vous menace? Je mourrai d'effroi.

— Ne craignez rien, répondit Zésim; dès que vous serez en

sûreté, on fera tout ce qu'il faut pour mettre cette bande d'assassins hors d'état de nuire. Au surplus, elle se le tient pour dit et a peur pour le moment; elle ne se risquera pas de sitôt à commettre quelque nouvel assassinat. Alors voulez-vous me suivre ?

— Je suis prête, dit Anitta.

— Eh bien, en route, dit Zésim, nous n'avons pas de temps à perdre. »

Il aida Anitta à remettre sa pelisse, la précéda en descendant l'escalier, et lui donna la main pour monter dans le traîneau qui attendait. Pour prévenir toute trahison, il congédia le cocher et ordonna à Tarass de prendre sa place.

« Où? demanda le Cosaque d'un clignement d'yeux.

— D'abord à la police. »

Le traîneau se mit en marche. Tarass prit en apparence la direction du bâtiment de la police; mais une fois dans la rue voisine, il fit un détour, et partit au galop pour Kasinka Mala par la route qui passe à Chomtschin.

Zésim et Anitta, appuyés l'un contre l'autre, étaient silencieux et immobiles, comme dans un rêve. Ils avaient tant à se dire! et ils ne trouvaient aucune parole.

Zésim tenait la main d'Anitta dans la sienne; il sentait sa tiède haleine. La bien-aimée était près de lui; cela lui suffisait pour être absolument heureux.

Il faisait encore nuit quand ils arrivèrent à Kasinka.

La maison qui appartenait à Kachna Beskorod, la nourrice de Zésim, semblait faite exprès pour cacher un secret. Située à l'entrée du village, à l'écart de la route, elle était isolée au milieu d'un grand verger enclos d'une haute haie.

Tarass s'arrêta devant la porte, remit les guides à Zésim et passa par-dessus la haie pour attirer l'attention aussi peu que possible.

Un chien de garde s'élança sur lui avec des aboiements furieux; mais Tarass, grâce à quelques bons coups de fouet, réussit à le tenir à distance. Il arriva à la maison, frappa à la fenêtre et éveilla Kachna.

« Qui est là? demanda-t-elle.

— Ton jeune maître.

— Qui ?

— M. Zésim Jadewski.

— Serait-ce possible? Si tard! Il lui est arrivé quelque chose? J'ouvre tout de suite. »

Kachna ne tarda pas à sortir, vêtue d'une grande pelisse en peau de mouton et tenant un éclat de pin allumé. Elle pouvait toucher à la cinquantaine, mais elle était encore fraîche et rose comme une jeune femme. De grande taille, de noble tournure, elle avait une belle tête imposante, une riche chevelure brune et de grands yeux brillants et fins de la même couleur que les cheveux.

« Où est-il ? demanda-t-elle.

— Ne fais pas de bruit, lui dit Tarass à l'oreille, il s'agit d'une affaire très grave ; M. Jadewski a enlevé une demoiselle qu'il aime et que ses parents ne veulent pas lui donner pour femme.

— Mon Dieu !

— Elle restera quelque temps cachée chez toi, et personne ne doit savoir qu'elle est ici, personne.

— Je comprends. »

Elle s'approcha de la haie, ouvrit la porte et le traîneau entra.

« Que Dieu te garde, Kachna !

— Que le ciel te bénisse, mon enfant ! » répondit-elle.

Zésim sauta à terre et la serra dans ses bras ; elle le prit sans plus de façons par la tête et lui donna un baiser. Puis ils entrèrent dans la maison.

« Voilà donc ta future ? dit la nourrice en regardant Anitta avec admiration. Dieu ! qu'elle est jeune et qu'elle est belle ! une vraie enfant ! tu es toute gelée, ma tourterelle. Oh ! pauvre petite âme ! par une nuit pareille te faire sortir de ton nid bien chaud et t'emmener à travers le froid glacial et la neige ! »

Kachna alluma du feu en hâte et fit du thé, pendant que les amants parlaient de ce qu'il y aurait à faire. Zésim insistait pour que le fidèle Cosaque restât auprès d'Anitta afin de la protéger, et celle-ci finit par y consentir, bien qu'elle fût très inquiète à l'idée que Zésim s'en retournerait seul à Kiew. Finalement, l'intrépidité du jeune homme la tranquillisa. Quand il se fut réchauffé avec un verre de thé, ils se dirent adieu dans un long baiser, puis Zésim s'arracha à la douce étreinte d'Anitta, sauta dans le traîneau et partit. Il revint heureusement à Kiew, éveilla son domestique et se rendit avec lui à la maison où Dragomira avait demeuré jusqu'alors. Il la trouva silencieuse et sans aucune lumière, et sonna à plusieurs reprises sans qu'on ouvrît. Il frappa et appela :

même insuccès. Enfin il renonça à réveiller les habitants de la maison, et partit pour le cabaret Rouge. Là ce fut la même cérémonie : profond silence, aucune fenêtre éclairée, personne pour répondre.

« Évidemment ils se sont tous enfuis », se dit-il, et il retourna chez lui. Il trouva à la porte un homme vêtu en paysan qui vint à lui et lui remit une lettre.

« Qui t'envoie ? demanda Zésim avec défiance.
— Je ne sais pas.
— Qui donc t'a donné cette lettre ?
— Une jeune et jolie dame.
— C'est bien.
— Je dois rapporter une réponse.
— Alors, viens avec moi. »

Ils montèrent l'escalier ; le domestique alluma une bougie et Zésim lut la lettre, qui était de Dragomira. Elle écrivait en toute sincérité et avouait qu'elle appartenait à la secte des Dispensateurs du ciel. Elle était et serait toujours fidèle à sa doctrine comme à la seule vraie. Elle avait eu à conserver un secret sacré qui ne lui appartenait pas. Mais maintenant, bien des choses qui, dans sa conduite, avaient pu sembler jusqu'alors énigmatiques et peut-être équivoques à Zésim, allaient lui apparaître sous un autre jour. Sa foi n'était cependant pas un obstacle à ce qu'elle lui appartînt. Quand elle trouverait l'occasion de lui expliquer tout, il lui pardonnerait tout. Elle l'aimait, elle n'aimait que lui. S'il éprouvait encore quelque chose pour elle, il pouvait la suivre. Elle l'attendait au prochain jour, à Moscou, où il lui fallait se tenir cachée. Elle lui ferait connaître le reste, dès qu'il lui aurait répondu qu'il l'aimait encore et qu'il consentait à aller la rejoindre pour fuir avec elle à l'étranger.

Zésim répondit ce qui suit :

« Tout est découvert. Le devoir de quiconque a encore des sentiments humains est de se déclarer contre une secte qui, guidée par le désir du meurtre et la soif du sang, menace la société. Vos compagnons sont poursuivis. Si je vous épargne, c'est parce que je vous ai aimée, et parce que je crois que vous n'avez pas conscience des crimes que vous avez commis. Je regarde votre participation à ces horribles forfaits comme une aberration morbide. Vous, personnellement, n'êtes pas pour moi une criminelle, mais une folle abusée par des hypocrites et des fanatiques. Vous comprendrez que je ne réponde pas à votre appel. Je ne trahirai pas votre retraite ; mais vous ne serez pas longtemps en sûreté, même à Moscou. Fuyez aussi promptement que possible à l'étranger avant que d'autres ne suivent vos traces et vous découvrent. Songez à ce qui vous attendrait.

« ZÉSIM. »

Il donna cette lettre au messager qui partit en l'emportant, puis il se rendit à la police. Il fit au directeur de la police une communication détaillée sur l'existence et les actes de la secte qui jusqu'alors avait jeté en secret ses filets mystérieux dans Kiew, y avait fait tomber ses victimes et les avait livrées au couteau.

Il indiqua ses repaires et nomma plusieurs de ses membres. Mais il garda le silence sur le rôle que jouait Dragomira dans cette horrible association.

Le directeur de la police prit sur-le-champ toutes ses dispositions et envoya des hommes de confiance dans toutes les directions. D'abord le cabaret Rouge fut cerné. Un bateau, garni de soldats de police, surveilla le côté de l'eau, pendant qu'un chef suivi d'agents frappait à la porte. Personne ne répondit. On envoya chercher un serrurier qui ouvrit. La cour était vide ; la maison semblait inhabitée. Quand la porte fut ouverte et que la police pénétra dans le cabaret, il fut bien évident que les habitants s'étaient enfuis en toute hâte et dans le plus grand désordre. Tout était pêle-mêle ; un certain nombre d'objets gisaient même éparpillés sur le plancher. On interrogea les voisins ; ils répondirent que la cabaretière et ses compagnons étaient partis en barque et avaient remonté le fleuve.

La maison où Dragomira avait fait apparaître au comte les âmes de ses parents était également vide.

Un employé de la police s'était rendu auprès du marchand Sergitsch et l'avait questionné. Sergitsch fit comme si toutes ces aventures lui étaient inconnues : il montra un naïf étonnement à quelques-unes des questions qu'on lui adressa ; il en accueillit d'autres avec un air de parfaite incrédulité, comme si on lui débitait des contes.

« Il est pourtant bien constaté, dit l'employé, qu'une jeune dame venait chez vous de temps en temps, qu'elle s'habillait en homme et qu'elle allait ensuite au cabaret Rouge.

— Ah ! on sait cela ? dit Sergitsch, alors je n'ai plus rien à dissimuler. C'était Mlle Maloutine. Je suis en relations avec sa mère depuis des années. Elle s'habillait positivement chez moi quand elle avait des rendez-vous avec le comte Soltyk. Ces rendez-vous se donnaient-ils au cabaret Rouge? c'est ce que je ne sais pas. »

L'employé fit des perquisitions dans toute la maison, mais il ne trouva rien de suspect.

La déposition du marchand donna l'idée d'envoyer un agent à la maison de Dragomira. Il trouva la porte fermée et apprit des voisins que les habitants de cette maison étaient partis. Le directeur de la police donna l'ordre d'ouvrir la porte de force. Là encore on trouva le nid vide; là encore on ne découvrit absolument rien de suspect.

Pour le moment, la police était fort embarrassée, d'autant plus que, le lendemain au soir, elle eut deux fortes preuves que les compagnons de Dragomira n'avaient pas du tout quitté la place.

Zésim revenait du Casino des officiers et rentrait chez lui. Il passait par une rue déserte et sombre. Une jeune fille maquillée et en toilette tapageuse vint à sa rencontre. Il voulut continuer son chemin sans faire attention à elle, mais elle s'arrêta et lui demanda du feu pour allumer une cigarette. Pendant que Zésim lui présentait la sienne, il reçut à l'improviste un coup violent dans la poitrine, et l'éclair d'une large lame d'acier lui passa devant les yeux. Le jeune officier fit instinctivement deux pas en arrière et tira son sabre, mais l'audacieuse créature avait déjà disparu au coin d'une maison, et quand il se mit à sa poursuite, il ne trouva trace de rien ni de personne.

Le coup, d'ailleurs, avais été arrêté par son porte-cigarettes en argent.

Le même soir, un agent de police chargé de surveiller le cabaret Rouge fut attaqué par deux hommes, qui s'approchèrent en faisant les ivrognes et l'assaillirent à coups de gourdin. Il montra son revolver; alors ils reculèrent et tirèrent sur lui plusieurs coups qui ne l'atteignirent pas.

Ils s'enfuirent quand il courut après eux, longèrent le fleuve et disparurent tout à coup comme si la terre les avait engloutis.

XXII

LES TOURMENTS DES DAMNÉS

> Laissez toute espérance, vous qui entrez.
>
> **DANTE.**

Les jours de délices et de douce ivresse se succédaient.

Dragomira, dans les bras de son mari, semblait avoir complètement oublié l'univers, les dangers qui la menaçaient, sa mission et ses horribles devoirs.

Un soir, Henryka apparut. Elle revenait de Kiew, où l'Apôtre l'avait envoyée pour prendre connaissance de la situation et lui en faire son rapport. Elle frappa doucement à la porte ; Dragomira eut peur ; il lui sembla qu'un sérieux et sinistre avertissement résonnait à son oreille. Elle s'arracha à Soltyk, rajusta sa chevelure qui couvrait ses épaules du ruissellement de ses molles ondes d'or, et sortit.

« Quelles nouvelles apportes-tu ? » demanda-t-elle à Henryka.

Celle-ci se jeta à son cou et l'embrassa passionnément ; puis elles s'assirent toutes les deux près de la cheminée et causèrent à voix basse.

« Je viens de la ville, dit Henryka qui tenait dans sa main la main de Dragomira, cela va mal ; jusqu'à présent on n'a découvert aucun des nôtres ; mais ils errent çà et là dans les environs comme du gibier fugitif ; la police est sur leurs traces, et, ce qui est encore pire, sur les nôtres. Anitta a disparu, on ne sait pas où, et Zésim est un de nos plus acharnés persécuteurs. »

Dragomira regarda la flamme rouge du foyer et ne dit rien.

« Allons! du courage, continua Henryka, c'est le moment d'agir, si nous ne voulons pas que tout soit perdu. Le danger est grand. Tu ne peux pas rêver et folâtrer plus longtemps. »

Dragomira tressaillit comme secouée par le frisson de la fièvre.

« Tu as raison, dit-elle, nous ne sommes pas nés pour le bonheur, mais pour le renoncement, pour la douleur, pour la souffrance. Dis à l'Apôtre de m'accorder encore cette seule nuit. Demain, je lui appartiens de nouveau; je lui livrerai Soltyk, dès que le jour commencera à poindre. »

La nuit s'écoula rapidement, nuit de chères joies et de charmantes tendresses; et quand le jour commença à apparaître, quand les premières lueurs grises de l'aube se montrèrent à travers les sombres rideaux, Dragomira se leva, revêtit lentement sa pelisse brodée d'or, qui lui tombait jusqu'aux pieds, enroula un ruban rouge autour de ses blonds cheveux, ranima dans la cheminée la braise qui s'éteignait, jeta dans le foyer un gros morceau de bois et appela son époux.

« Que veux-tu? demanda Soltyk en venant se mettre aux pieds de Dragomira, sur la fourrure d'ours.

— Nous avons assez rêvé, dit-elle, maintenant nous devons nous éveiller. Nous étions heureux, mais le bonheur n'est qu'une ombre fugitive dans cette vallée de larmes. Prépare-toi à la douleur et à la souffrance, mon bien-aimé; elles sont notre vraie part en cette vie; et c'est par elles, si nous nous y soumettons volontairement, que nous obtenons la félicité éternelle.

— Est-ce là ce qu'enseigne l'association à laquelle tu appartiens?

— Oui, cela, et quelque chose de plus, continua Dragomira; nous avons péché en étant heureux; nous péchons rien qu'en respirant. Aussi devons-nous expier notre bonheur comme notre existence, par le renoncement, la souffrance, le martyre, et enfin par la mort.

— Ne parle pas de mort, dit Soltyk.

— Tu ne pressens donc pas, mon ami, combien elle est proche de toi?

— De moi? Perds-tu la raison?

— Prépare-toi, répondit Dragomira avec calme, je suis la prêtresse et tu es la victime. Tu vas expier tes péchés; et quand l'humilité et la souffrance auront purifié ton âme, je t'offrirai à Dieu, comme autrefois Abraham offrit Isaac.

— Tu veux me tuer ?
— Oui, je vais te sacrifier.
— Est-ce que je rêve ? s'écria Soltyk en se relevant d'un bond ; suis-je fou ? ou es-tu folle ? Où suis-je ?
— Tu es entre mes mains.
— Et tu veux me trahir ? A qui veux-tu me livrer ?
— Tu m'as dit : prends mon sang, si cela te fait plaisir. Je le prends maintenant ; je le désire.
— Quelle plaisanterie ! »

Soltyk se mit à rire. Dragomira le regarda, se leva et appuya sur un bouton qui se trouvait dans le mur.

« Que fais-tu ? demanda-t-il.
— J'appelle mes compagnons.
— Dans quelle intention ?
— Parce que je vois que tu ne te soumettras pas volontairement à ton sort.
— Tu veux employer la violence ? s'écria le comte ; la violence contre moi, que tu aimes ? Contre ton époux ?
— Oui.
— D'où te vient cette haine subite, ce désir homicide ?
— Ce n'est pas de la haine, c'est de l'amour. C'est parce que je t'aime que je veux sauver ton âme de la damnation éternelle.
— Suis-je donc sans défense ? s'écria Soltyk ; je suis encore libre, je ne me laisserai pas égorger comme un agneau.
— Tu es mon prisonnier ; tu n'as plus aucun moyen de te sauver.
— Femme ! serpent ! ne me rends pas fou ! »

Le comte poussa Dragomira dans un coin et la saisit à la gorge avec les deux mains. Il l'aurait étranglée, bien qu'elle résistât de toutes ses forces, sans Karow, qui le saisit à l'improviste par derrière et le terrassa.

Presque au même instant, deux autres hommes se précipitaient sur lui ; et, pendant qu'ils le mettaient hors d'état de remuer, Karow lui posait le genou sur la nuque, et, rapidement, avec la dextérité d'un bourreau, lui attachait les pieds et les mains.

Ils relevèrent alors Soltyk, qui jeta un regard plein d'une haine sauvage sur Dragomira. Elle le considérait tranquillement, sans pitié.

« Où faut-il le conduire ? demanda Karow à voix basse.
— Devant l'Apôtre. »

La portière fut soulevée au même moment et le prêtre apparut sur le seuil de la chambre.

« Voici la victime que tu as demandée, dit Dragomira ; prends-la. Ma mission est remplie. J'attends les nouveaux ordres que tu voudras me donner. »

L'Apôtre fit d'abord conduire le comte dans un des caveaux souterrains ; et là, chargé de chaînes, dans la nuit et dans la solitude, le malheureux resta jusqu'au lendemain sans manger ni boire. Alors l'Apôtre apparut lui-même pour exhorter le pécheur au repentir et à la pénitence.

Soltyk ne daigna pas d'abord répondre un seul mot ; et lorsque l'Apôtre, de plus en plus pressant, s'adressa à sa conscience, il se redressa fièrement et dit :

« C'est par la ruse, la trahison, la violence, que je suis tombé entre tes mains, et tu peux me faire ce que tu voudras. Mais personne ne me forcera à m'abaisser devant toi, à me soumettre volontairement à tes ordres sanguinaires. Le comte Soltyk peut être un pécheur, mais jamais personne ne le verra poltron ni lâche ! »

Quand le prêtre eut épuisé, sans réussir, son talent de persuasion avec le prisonnier, il remonta à l'étage supérieur du temple.

« Il est orgueilleux comme ne l'a jamais encore été aucun de ceux que nous avons eus ici, dit-il à ses fidèles, il faut le ployer avant de songer à sa pénitence.

— Laisse-moi briser son orgueil, dit Henryka.

— Non, répondit l'Apôtre ; le danger croît de jour en jour. Nous n'avons pas de temps à perdre. Pour triompher de ce criminel, il faut des bras plus forts que les tiens, jeune fille. »

Il fit un signe : Karow et Tabisch, ayant chacun un fouet à la main, descendirent dans le caveau.

Au bout d'une heure Karow revint annoncer qu'ils avaient tout fait, mais qu'il ne cédait pas.

L'Apôtre fronça les sourcils.

« C'est ce que nous allons voir, » murmura-t-il.

Il descendit lui-même dans les régions souterraines de l'ancien château des Starostes, et ordonna d'amener le comte devant lui. On le conduisit tout enchaîné dans une salle voûtée, où une lampe suspendue au plafond et un bassin rempli de charbons allumés répandaient une lueur sinistre. L'Apôtre était assis sur une chaise adossée à la muraille ; ses pieds reposaient sur une peau d'ours. A l'écart et dans l'ombre se tenaient ses aides, prêts à obéir au premier signe.

« Veux-tu persister dans ton arrogance ? demanda-t-il au comte qui se tenait debout devant lui tout enchaîné, je suis ici à la place de Dieu ; je suis ton seigneur et ton juge. Agenouille-toi et adore Dieu dans son prêtre. »

Soltyk ne répondit rien.

« Tu ne veux pas ?

— Non. »

L'Apôtre fit un signe. Deux hommes saisirent Soltyk et l'étendirent sur une planche parsemée de pointes de fer et soutenue par de grands blocs de bois. Après avoir attaché aux pieds du malheureux condamné un poids d'un quintal, ils se mirent à l'allonger lentement sur la planche du martyre en le tirant par les mains qui étaient liées. Soltyk résista avec un orgueil diabolique à cet horrible supplice. Pas un mot, pas un son ne sortit de ses lèvres. Quand la torture eut duré assez longtemps, le prêtre donna l'ordre de laisser quelques instants de repos à la victime.

« Il faut prendre un moyen plus énergique, s'écria l'Apôtre, le diable est plus fort en toi que je ne le pensais. »

Il fit signe à Karow d'avancer et lui donna les instructions nécessaires. Il y avait un anneau de fer attaché au plafond. On y suspendit Soltyk par les bras. Alors Dragomira et Henryka sortirent de l'ombre et saisirent les fers rouges qui étaient dans les charbons ardents.

« Ne sois pas irrité contre moi, dit Dragomira en écartant avec tendresse les cheveux de Soltyk qui couvraient son front baigné de sueur, je fais ce qu'il faut que je fasse ; nous te faisons souffrir les tourments des damnés, ici, sur cette terre où ils durent peu, pour te sauver des supplices éternels de l'enfer. C'est par amour qu'il faut que je te fasse mal, par amour qu'il faut que j'augmente tes souffrances, jusqu'à ce que la vraie humilité chrétienne pénètre dans ton cœur. »

Henryka lui donna le premier coup. La joie d'un fanatisme infernal brillait dans ses yeux ordinairement si doux. Puis le fer de Dragomira siffla à son tour au contact de la chair.

L'orgueil de Soltyk résista encore à cet épouvantable torture, mais pas longtemps. Un soupir s'échappa de la poitrine du malheureux supplicié ; puis ce fut un gémissement, et enfin un grand cri.

Les deux femmes interrompirent leur horrible besogne de bourreau.

« Veux-tu humilier ton orgueil ? demanda l'Apôtre d'un ton

calme; veux-tu éveiller dans ton âme le repentir et la douleur, et me confesser tes péchés?

— Non. »

Le prêtre fit un signe, et les deux jeunes filles recommencèrent à le torturer.

Soltyk poussa de nouveau un grand cri, un cri effrayant.

« Pitié, dit-il d'une voix suppliante.

— Te soumettras-tu?

— Oui.

— Es-tu disposé à t'humilier?

— Oui. »

L'Apôtre ordonna de le détacher. Quand Soltyk fut là devant lui, le regard abaissé vers la terre, les mains liées derrière le dos, ce n'était plus que l'ombre de cet homme si fier que Kiew admirait autrefois.

« La pénitence que nous imposons de force, continua l'Apôtre, n'a pas la valeur de la soumission volontaire aux ordres de Dieu. Penses-y bien. L'humilité me semble être pour toi une pénitence incomparablement plus grande que n'importe quelle terrible torture. Je veux voir si tu es capable de dompter ton orgueil au point de t'humilier devant moi de ta pleine volonté. Si tu le fais avec joie et enthousiasme, tant mieux pour toi et pour le salut de ton âme ! »

On débarrassa Soltyk de ses chaînes.

« Viens ici, dit l'Apôtre avec une froide majesté et semblable dans sa longue pelisse à un despote asiatique assis sur son trône, je suis à la place de Dieu et tu dois te prosterner devant moi, pauvre pécheur. »

Soltyk hésita un instant, puis se jeta à genoux devant le prêtre.

« Plus près, mon fils, continua l'Apôtre, mets-toi à mes pieds, le visage contre terre, pour que je puisse faire plier ton cou orgueilleux. »

Soltyk fit ce qui lui était ordonné.

« Je suis ton maître, dit le prêtre en posant son pied sur la nuque du comte, et tu es mon esclave. »

Au moment où le pied du prêtre le touchait, Soltyk sentit son orgueil d'homme se réveiller. Il se releva d'un bond et se précipita sur le prêtre avec fureur. Mais celui-ci, qui était toujours préparé à de pareilles attaques, le frappa au visage avec la tête du fouet caché près de lui. Soltyk recula en chancelant. Au même moment, les hommes le saisissaient et l'enchaînaient de nouveau.

« Pas encore converti, s'écria l'Apôtre ; essayez donc de nouveau les fers rouges. »

Le martyre recommença, mais cette fois Soltyk fut bientôt vaincu.

Il gémit, il cria, il demanda grâce, et quand son supplice cessa et qu'on lui ôta ses liens, il tomba par terre comme un corps sans vie. On le laissa étendu pendant quelque temps. Karow et les hommes s'éloignèrent sur l'ordre de l'Apôtre. Il ne resta avec le prêtre que les deux jeunes filles et la victime.

Lorsque le comte revint à lui, Dragomira et Henryka le relevèrent et le conduisirent au prêtre qui était assis.

« Ecoute-moi, dit le prêtre, ma patience est épuisée. Au moindre signe de résistance ou de désobéissance que tu donnes, je te fais infliger des supplices auprès desquels ceux que tu as soufferts jusqu'à présent ne sont rien. A genoux ! »

Soltyk se jeta à ses pieds sans dire un mot.

« Tu m'as menacé, murmura l'Apôtre, esclave que tu es, moi, le représentant de Dieu, moi, ton prêtre, ton juge, ton maître ! Aussi, tu seras châtié comme un chien. »

Il le frappa au visage.

« Tiens, baise la main qui te punit ! »

Soltyk lui baisa la main.

« Prosterne-toi devant moi ! »

Le comte obéit, et l'Apôtre se mit à le piétiner comme un sultan irrité fait à son esclave indocile, comme le maître fait à son chien. Et quand il lui ordonna ensuite de baiser le pied qui l'avait foulé, Soltyk, humble et rampant comme un chien, appuya ses lèvres sur le pied du prêtre. Il était maintenant tout à fait soumis.

Dragomira ne put s'empêcher de tressaillir lorsqu'elle vit ainsi humilié et maltraité l'homme avec qui elle venait de faire le plus doux rêve de bonheur. Mais ce n'était pas de la pitié : tous ses nerfs frémissaient par l'effet d'une sensation mystérieuse, à la fois ravissement et horreur, et ce qu'elle éprouvait était tellement surhumain que lorsqu'on eut reconduit Soltyk dans son cachot, elle se prosterna elle aussi devant l'Apôtre, pour lui baiser le pied.

XXIII

LA DERNIÈRE CARTE

> Les dieux vengeurs agissent en silence.
> SCHILLER.

Zésim arrivait du champ de manœuvres, lorsque le P. Glinski entra chez lui.

Le jésuite, autrefois si élégant, si aimable, si parfait homme du monde, s'était singulièrement transformé dans les derniers jours. Il paraissait vieilli de plusieurs années; son visage tourmenté était pâle et sillonné de rides profondes; sa chevelure, d'ordinaire si soigneusement arrangée, tombait en désordre sur son front; ses yeux avaient perdu leur sourire pour prendre une expression inquiète et soucieuse. Sa toilette dénotait une certaine négligence. Évidemment, il était resté plusieurs jours et plusieurs nuits sans se déshabiller.

Il tomba épuisé sur une chaise et regarda le jeune officier d'un air triste et désespéré.

« A quoi dois-je l'honneur de votre visite? dit enfin Zésim.

— Ne savez-vous pas ce qui est arrivé? répondit Glinski.

— Que voulez-vous dire? Tous ces jours-ci un événement chasse l'autre.

— J'étais depuis longtemps déjà sur la piste de ces abominables intrigues, de ces crimes que vous savez, dit le jésuite; mais au moment décisif, j'ai faibli, j'ai été aveuglé, je me suis laissé égarer. Jamais je ne me le pardonnerai. O mon pauvre comte!

— Quoi! il est arrivé un malheur à Soltyk?

— J'en ai peur, répondit Glinski. C'est une véritable fatalité! Elle a fondu sur nous si brusquement que j'en ai perdu toute espèce de sang-froid. Dragomira appartient à cette épouvantable secte qui cherche à apaiser la colère de Dieu par des sacrifices humains. C'est une Pêcheuse d'âmes, une séductrice, séduite toute la première, qui attire les victimes dans le filet, pour les livrer ensuite au couteau de ses prêtres. Elle a entouré Soltyk de pièges, elle a gagné son cœur, elle l'a enivré d'amour et finalement elle s'est hâtée de se marier en secret avec lui. A l'heure qu'il est, ils se sont enfuis ensemble à Moscou, et déjà se proposent de se sauver à l'étranger. C'est ce qu'écrit le comte.

— C'est aussi ce que Dragomira m'a fait savoir, répondit Zésim.

— Et vous y croyez ?

— Jusqu'à présent, je n'avais aucun motif d'en douter. »

Le jésuite secoua la tête.

« Oui, voilà ce qu'on nous a écrit, mais c'est pour nous tromper. S'ils étaient partis pour Moscou et pour l'étranger, ils nous auraient raconté tout autre chose. Ah ! j'ai bien peur, et j'ai de trop bonnes raisons d'avoir peur, que Dragomira n'ait entraîné le comte dans quelque repaire de cette bande d'assassins, et qu'on ne le tue après lui avoir fait souffrir d'horribles supplices. »

Le vieillard se mit à pleurer.

« Je crois que vous voyez les choses trop en noir, dit Zésim pour le consoler.

— Oh ! mon cœur me le dit, s'écria Glinski, il est perdu ! Personne ne peut plus le sauver ! »

Zésim tout ému allait et venait dans la chambre. Il s'arrêta devant Glinski.

« Je dois vous avouer, dit-il, que je désirerais sauver Dragomira, car je l'ai aimée. Si vous voulez me promettre de l'épargner, je pourrai peut-être vous mettre sur la vraie piste.

— Je vous donne ma parole, je vous jure, s'écria Glinski, que je ne ferai rien contre votre volonté. Parlez donc, que savez-vous ?

— Un jour, j'ai accompagné Dragomira à Myschkow. Elle a eu dans l'ancien manoir un entretien avec un prêtre de sa secte. Peut-être existe-t-il dans cet endroit un repaire des Dispensateurs du ciel ; peut-être est-ce là qu'on a conduit Soltyk.

— C'est très possible, dit le jésuite avec émotion ; on a tué Tarajewitsch à Myschkow et Pikturno dans le voisinage.

— Alors mes soupçons peuvent être fondés, continua Zésim ; c'est sur le domaine de Mme Maloutine à Bojary, et dans le château d'Okozyn qui n'en est pas éloigné, que cette secte doit exercer ses sinistres pratiques.

— Mais alors, comment pénétrer dans ces endroits sans perdre Dragomira ? » demanda Glinski tout perplexe.

Zésim garda le silence pendant quelques instants. Un pénible combat se livrait dans son cœur. Enfin il tendit la main à Glinski et dit : « Je ne puis pas prendre la responsabilité de sacrifier une vie humaine par égard pour Dragomira. Je lui ai répondu, je l'ai avertie, je lui ai conseillé de fuir. Si elle est restée là, je n'ai aucun reproche à me faire. L'épargner plus longtemps, c'est devenir le complice de ses forfaits. Venez, allons à la police et prenons sur-le-champ toutes les dispositions qui peuvent servir à délivrer le comte des mains de ces fanatiques.

— Je vous remercie, répondit Glinski, je respire. Voilà enfin un rayon d'espérance ! Je suis prêt. Partons. »

Les deux hommes descendirent rapidement l'escalier, appelèrent un cocher qui passait, sautèrent dans le traîneau et se rendirent à la police, où ils furent immédiatement reçus par le directeur. Zésim lui communiqua tout ce qu'il savait, en grande hâte, et l'on combina aussitôt les mesures les plus complètes. Il fallait s'attendre à une vive résistance ; aussi réunit-on toutes les forces disponibles ; les agents furent armés jusqu'aux dents. Au bout d'un quart d'heure à peine, trois expéditions différentes se mettaient en mouvement, l'une vers Myschkow, la deuxième vers Bojary, la troisième vers Okozyn.

Cependant, au même moment, des messagers à cheval, envoyés par Sergitsch, partaient au galop dans les mêmes directions, pour avertir du danger qui les menaçait les frères et les sœurs de la sanguinaire association.

Le jésuite et Zésim s'étaient joints à l'employé qui, avec une demi-douzaine d'agents et autant de soldats de police, se rendait rapidement à Myschkow. Ils y arrivèrent à midi, se postèrent autour du manoir et demandèrent à entrer. Pendant longtemps personne ne se montra. Enfin, après avoir frappé à coups redoublés, ils virent apparaître une vieille femme habillée en paysanne qui leur ouvrit. On lui demanda s'il y avait quelqu'un dans la maison. « Il n'y a personne, dit la bonne femme, personne absolument : la maison appartient à une confrérie pieuse. »

« Nous connaissons cette bande d'assassins, » s'écria le jésuite.

La vieille fit un signe de croix. « Ce sont de braves gens, dit-elle, des gens bienfaisants, des amis des malheureux, qui soignent les malades, qui donnent à manger à ceux qui ont faim.

— Ouvre la maison, » dit l'employé.

La vieille ouvrit la porte. L'employé, Glinski, Zésim et trois agents se précipitèrent dans l'intérieur, le revolver à la main. On visita toutes les chambres sans trouver rien de suspect. Les gens de police étaient fort embarrassés.

« Il doit y avoir des chambres souterraines, » dit tout bas le jésuite à l'employé.

Celui-ci questionna de nouveau la vieille.

« Je ne sais rien, je vous le jure, dit-elle, il y a là une cave, et voilà tout. »

L'employé descendit dans la cave avec Zésim et un des agents, pendant que le jésuite, avec les deux autres, inspectait le sol. Il enleva les fourrures et les tapis et finit par trouver dessous un plancher recouvert de cuir tout neuf, ce qui excita ses soupçons. Il frappa dessus en différents endroits et découvrit une place qui sonnait creux. Les agents arrachèrent le cuir, qui était solidement cloué, et aperçurent une trappe dont on avait ôté la poignée de fer. Les autres agents furent appelés; on souleva la trappe qui tourna sur ses gonds; on alluma toutes les lanternes qui se trouvaient là, et l'on descendit lentement avec toutes sortes de précautions.

En avant marchaient deux agents; venait ensuite l'employé avec Zésim et Glinski. Le troisième agent gardait l'entrée de l'escalier. Le cortège qui pénétrait dans ces sombres et mystérieux souterrains arriva d'abord dans le petit cachot noir où Henryka avait subi son épreuve. Il y avait dans ce cachot une porte de fer qui était fermée. La serrure résista à tous les efforts. Un des agents remonta et rapporta des leviers et des haches. On finit par réussir, mais avec beaucoup de peine, à enfoncer la porte. Elle ouvrait sur un corridor qui conduisait aux autres cachots et à la salle voûtée où les condamnés avaient été mis à la torture. On ne trouva rien dans cette salle que des instruments de supplice de toutes sortes. Les autres portes furent alors brisées et un horrible spectacle s'offrit aux regards.

Dans le premier cachot était une fosse nouvellement creusée;

dans le second, un homme à qui l'on avait crevé les yeux et arraché la langue gisait sur de la paille pourrie. Il leva des bras suppliants et fit entendre des sons inarticulés, semblables à des cris de bête. Il y avait plusieurs cachots vides. Dans l'avant-dernier se trouvait une femme enchaînée et à moitié nue; elle était devenue folle pendant les affreux supplices qu'elle avait évidemment dû souffrir. Ses épaules portaient les traces des coups de fouet; sur ses mains et ses pieds on voyait des marques sanglantes. Elle chantait une chanson joyeuse et se mit à rire bruyamment lorsqu'on entra dans sa prison. Dans le dernier cachot un homme était étendu sur une planche de torture, garnie de pointes de fer. Ce fut le seul dont on tira quelques réponses. Mais il ne dit rien qui pût mettre sur la piste des pieux assassins. Une belle jeune fille avait séduit son cœur et ses sens, finalement elle l'avait attiré dans ce lieu, où on l'avait forcé d'avouer ses péchés et de faire pénitence au milieu d'affreux tourments. Il dépeignait la Pêcheuse d'âmes comme une femme petite de taille, opulente de formes, avec des cheveux noirs. Ce n'était donc pas Dragomira. Par contre, la description qu'il fit du prêtre répondait parfaitement à l'image que Zésim avait encore devant les yeux.

L'employé fit tout d'abord transporter et installer le malheureux dans une chambre du manoir. Puis on ouvrit la fosse. Glinski avait peur qu'on n'eût tué Soltyk et qu'on ne l'eût enterré dans cet endroit. Il n'en était rien. Ce qu'on trouva, c'était le corps d'une femme tout criblé de coups de couteau. La vieille fut mise en état d'arrestation. Les soldats de police restèrent pour garder le manoir. L'employé revint à Kiew avec deux agents, pendant que les autres, avec Glinski et Zésim, traversaient Chomtschin et se rendaient à Bojary. Ils y trouvèrent l'employé qui venait de fouiller la maison et d'interroger les gens du village. On n'avait absolument rien découvert de suspect. Les serviteurs du manoir et les paysans avaient tous déclaré que les maîtres étaient partis pour Moscou. Une seconde inspection des caves ne donna aucun nouveau résultat.

Ceux qui étaient allés à Okozyn revinrent sans avoir rien découvert. Ils avaient aussi fouillé les caves, mais bien inutilement.

« Je commence à croire qu'ils sont réellement partis pour l'étranger en passant par Moscou, dit enfin Zésim.

— Il nous faut bien le croire, répondit Glinski; en tout cas, nous avons fait notre devoir. Pour le moment, nous n'avons aucun renseignement précis pour nous guider dans nos recherches. Peut-être le hasard nous viendra-t-il en aide et apportera-t-il un peu de clarté dans ces horribles ténèbres. »

Ils revinrent tous ensemble à Kiew. Glinski alla immédiatement chez le directeur de la police, et obtint l'envoi à Moscou d'un agent habile Zésim retourna chez lui, et, à sa grande surprise, trouva Henryka qui l'attendait depuis deux heures.

« Qu'est-ce qui vous amène ici ? demanda-t-il tout d'abord.

— Ces épouvantables événements des jours derniers, répondit-elle ; je voulais vous avertir, et je tremble pour Anitta. Savez-vous qu'elle a disparu ? que personne ne sait rien à son sujet ? Ne craignez-vous pas qu'elle soit tombée dans les mains de Dragomira comme Soltyk ?

— Non, vous pouvez être tranquille là-dessus.

— Alors, vous savez où se trouve Anitta ?

— Oui.

— J'en suis bien heureuse ; je respire. Et où est Dragomira ? Avez-vous de ses nouvelles ?

— Elle m'a écrit qu'elle partait pour Moscou, d'où elle comptait fuir à l'étranger.

— Encore des mensonges et des fourberies ! s'écria Henryka ; elle voulait simplement vous tromper. J'étais à Chomtschin la nuit où elle s'est mariée avec Soltyk. Elle se défiait déjà de moi, parce je n'étais plus aveugle, et que j'avais découvert son vrai visage sous son masque de sainteté. Je sais tout de même qu'elle n'est pas partie pour Moscou, mais pour la Moldavie.

— Avec le comte ?

— Oui.

— Vous ne croyez pas qu'elle l'ait tué ?

— Dragomira est capable de tout, s'écria Henryka ; c'est tout simplement une bête féroce, un tigre altéré de sang. Oh ! comme je l'ai aimée, et comme elle m'a trompée et maltraitée !

— Henryka se cacha le visage dans les mains et se mit à pleurer avec une émotion nerveuse. — Je croyais à sa mission. Je ne me doutais pas de la route qu'elle voulait me faire prendre, et j'étais son écolière, sa servante, son esclave. Elle m'a foulée aux pieds, elle m'a battue, comme l'aurait fait une arrogante sultane. Je porte encore les marques des coups de fouet qu'elle m'a donnés. J'étais si humble ! si obéissante ! Je l'ai adorée comme une divinité. Enfin, j'ai découvert avec horreur qu'elle appartient à cette secte qui veut noyer les péchés du monde dans des flots de sang.

— Et vous ne connaissez aucun moyen de sauver le comte?

— Non, je le regarde comme perdu, dit Henryka. Ah! si nous pouvions seulement protéger Anitta contre sa vengeance! Je sais qu'elle a juré sa mort. Où est-elle la pauvre enfant? Est-elle en sûreté? Partout Dragomira a des agents, des espions; elle saura bien la trouver, et alors Anitta sera perdue.

— Votre peur me gagne, murmura Zésim; il faut que je prenne immédiatement des mesures.

— Anitta est donc près d'ici?

— Oui.

— Alors emmenez-la à l'étranger, si c'est possible; ici, elle n'est pas en sûreté. Je vous en conjure, ne perdez pas une minute. »

Quelques instants plus tard, Henryka et Zésim quittaient la maison. Une fois dans la rue, elle prit congé de lui et fit mine de s'éloigner; mais elle le suivit de loin et le vit prendre un traîneau et partir.

Le cocher était de retour et venait de dételer ses chevaux, lorsqu'une dame en toilette élégante s'approcha de lui.

« Où as-tu conduit le lieutenant Jadewski? demanda-t-elle.

— Je ne peux pas le dire.

— Même si je te donne vingt roubles.

— Où sont-ils? »

La dame lui donna l'argent.

« J'ai conduit le jeune monsieur à Kasinka Mala, dit le cocher; mais ne révélez à personne que je vous l'ai dit. »

XXIV

LE SACRIFICE

> « Je ne trouve aucune pitié !... Les cris de douleur que m'arrachent mes horribles souffrances meurent au loin sans réponse. »
>
> KOLZOW.

Henryka, habillée en paysanne, prit un traîneau de campagnards et se rendit de Kiew à Kasinka Mala. Après une inspection attentive et prudente, elle partit pour Okozyn. Quand elle annonça à Dragomira qu'elle avait découvert la retraite d'Anitta, la créature de marbre s'anima, sa poitrine se souleva, les ailes de son nez frémirent comme les narines d'une bête de proie qui flaire le sang ; ses yeux bleus froids et ses joues s'animèrent.

« Enfin ! s'écria Dragomira, enfin ! elle est en mon pouvoir ! Je te remercie, Henryka ; tu me rends bien heureuse ! »

Elle l'attira à elle et l'embrassa tendrement.

« Ce n'est pas assez d'avoir Anitta entre nos mains, dit Henryka, il faut qu'elle nous serve d'appât pour prendre Zésim. Tu as l'esprit inventif pour imaginer des pièges. Trouve un plan, et vite à l'œuvre !

— D'abord, offrons à Dieu la victime que nous avons, répondit Dragomira ; nous songerons ensuite à de nouvelles entreprises.

— Tu as raison, dit l'Apôtre, qui était entré sans qu'on s'en aperçût ; hésiter plus longtemps serait nous perdre tous. Le danger grandit à chaque heure. Qui sait combien de temps encore nous serons ici en sûreté ? Nous avons réussi une fois à tromper ceux qui nous poursuivaient ; une seconde fois nous pourrions échouer. Je vais rassembler tout de suite la communauté ; nous communierons solennellement et nous offrirons un sacrifice à Dieu. Peut-être sera-ce le dernier. Chacun pourra alors s'en aller là où l'Esprit le poussera. Pour moi, je reste ici et j'attends la fin.

— Moi aussi, » dit Dragomira. Et Henryka exaltée l'entoura de ses bras, décidée à unir à tout jamais sa destinée à celle de son amie.

« Soltyk doit mourir, dit Dragomira après quelques instants de silence, je suis prête à l'offrir à Dieu, mais accorde-moi une heure pour le préparer.

— Fais ce que tu juges bon de faire, répondit le prêtre, je vais ordonner qu'on t'obéisse en tout. Je vous attends dans une heure, toi et lui, dans le temple, devant l'autel de l'Éternel que nous voulons célébrer et apaiser.

— C'est lui que j'immolerai d'abord, dit Dragomira; ensuite ce sera le tour de Zésim et d'Anitta.

— Que le ciel te bénisse! »

L'Apôtre partit et Dragomira se fit parer en toute hâte par Henryka. Magnifique et séduisante à la fois comme une jeune et belle sultane, elle entra dans le cachot où le comte était couché sur de la paille, fixa à la muraille la torche qu'elle tenait à la main et éveilla le malheureux qui rêvait et qui la considéra avec étonnement.

« Toi ici? murmura-t-il, viens-tu pour te railler de moi? Ou as-tu imaginé de nouvelles tortures?

— Non, tu as assez expié tes péchés.

— Ne me trompe pas, ce serait trop cruel, répondit-il. Est-ce que je te comprends bien? M'apportes-tu la liberté et la délivrance?

— Les deux, dit-elle, mais pas comme tu l'entends, mon bien-aimé. Dans une heure tu mourras.

— Je mourrai? Dragomira, c'est là ton amour?

— Je t'immolerai moi-même, parce que je t'aime, et parce qu'il n'y a pas d'autre route pour aller au paradis.

— Horrible!

— Calme-toi; nous avons encore une heure; pendant ce temps là je t'appartiens encore.

— Et aucun espoir de délivrance?

— Aucun.

— Et c'est toi-même qui veux me tuer?

— Moi-même, et je crois que la mort, venant de moi, te sera douce.

— Soit! je me remets entre tes mains. »

Dragomira lui ôta ses chaînes pesantes et le conduisit en haut, à la lumière. Deux jeunes hommes, couronnés de fleurs et vêtus de longues robes blanches, les attendaient.

« Suis-les, dit Dragomira, ils te pareront et t'amèneront ensuite vers moi. »

Soltyk la regarda avec défiance.

« Ne crains rien, dit-elle vivement, je ne te tromperai pas. »

Les deux jeunes hommes conduisirent le comte dans une petite salle, richement décorée, où l'on avait préparé un bain. Ils le servirent comme des esclaves, le déshabillèrent, et, quand il sortit du bain, lui parfumèrent le corps et les cheveux avec des essences d'une odeur exquise. Puis ils lui mirent des sandales dorées, lui passèrent une robe blanche, semblable à une tunique grecque, qui lui tombait jusqu'aux pieds et qui avait pour ceinture un ruban doré, et enfin lui posèrent sur la tête une couronne de roses fraîches. Ils le conduisirent alors dans une salle ornée avec tout le luxe de l'Asie. Dragomira l'y attendait. Ils s'éloignèrent en silence.

Dragomira était mollement étendue sur un lit de repos recouvert d'une peau de tigre. Elle avait autour de son opulente chevelure blonde une sorte de turban blanc brodé d'or. Sa taille élancée, son corps aux merveilleux contours étaient enveloppés et dessinés par une pelisse de soie bleu clair brodée d'or, doublée et garnie à profusion de magnifique hermine. Elle avait aux pieds des babouches de velours rouge également brodées d'or. Elle tendit la main à Soltyk avec un sourire à la fois triste et heureux.

« Comme tu es beau ! murmura-t-elle.
— Et toi ! »

Il tomba enivré à ses pieds et la contempla avec une extase indicible. Elle écarta ses cheveux noirs qui lui couvraient le front et lui passa autour du cou ses beaux bras semblables à du marbre vivant, à de l'ivoire tiède et animé.

« Es-tu heureux maintenant ?
— Laisse-moi l'être encore une fois, murmura-t-il dans son ravissement, et que la mort arrive ! De ta main elle sera la bienvenue. »

Elle ne répondit rien, mais elle l'attira doucement contre sa poitrine, et leurs lèvres se confondirent dans un ardent baiser.

« Est-il temps ? » demanda-t-il au bout de quelques instants.

Elle fit signe que oui.

« Promets-moi une chose, dit Soltyk; ne me livre pas aux autres, immole-moi, tue-moi de tes mains.

— Je te le promets, répondit-elle avec une sorte de transport farouche, et je te promets encore davantage. Ma mission n'est pas encore terminée. Aussitôt que mon œuvre sera accomplie, et j'espère l'accomplir en peu de jours, j'irai te rejoindre.

— Tu veux mourir?

— Oui, j'aspire à quitter ce monde de misère et de péché et à monter vers la lumière. Va devant moi, je te suivrai.

— Jure-le moi. »

Elle leva la main solennellement.

« Devant Dieu, qui sait tout et qui peut tout, je le jure! »

Soltyk la serra sur son cœur, et ils restèrent longtemps ainsi, perdus dans une muette félicité.

Une cloche d'airain, à la sonorité menaçante, sonna trois coups. L'autel sanglant réclamait une nouvelle victime.

Une vaste salle, dont la voûte reposait sur de hautes colonnes, servait de temple aux Dispensateurs du ciel.

Les murs et les fenêtres étaient cachés par des tentures de soie bleu clair parsemées d'étoiles d'argent. Trois lustres répandaient une lumière éclatante comme celle du soleil. Le milieu de la paroi principale était occupé par un autel qui n'avait pas d'autre ornement qu'une croix colossale supportant le Sauveur mourant : « Tout est consommé! » Devant cet autel, il y en avait un second, plus bas, qui faisait penser à la pierre des sacrifices païens. Il était décoré de guirlandes de fleurs et de branches de sapin et entouré des plantes exotiques les plus splendides, d'où s'exhalait une odeur douce et enivrante. Au milieu de la salle se trouvait une grande table en forme de fer à cheval, recouverte d'une nappe blanche comme la neige garnie de vaisselle précieuse, de riches pièces d'argenterie, de cruches et de coupes, et entourée de sièges antiques. Le siège du prêtre était plus élevé que les autres.

Une douzaine de jeunes hommes étaient occupés à disposer sur la table ce qu'il fallait pour manger et pour boire. Mme Maloutine les dirigeait. Elle donna enfin le signal que tout était prêt. Des trompettes résonnèrent; la communauté pouvait venir pour la communion et le sacrifice. Les tentures qui cachaient les portes furent écartées; les frères et les sœurs entrèrent deux à deux, tous vêtus de longues robes blanches, avec des ceintures rouges. Ils avaient des couronnes de fleurs sur la tête, des sandales aux pieds, des palmes à la main. Ils défilèrent une fois autour de la salle et se placèrent ensuite des deux côtés de la table.

Les trompettes annoncèrent l'apparition du prêtre.

Les tentures s'écartèrent de nouveau ; et des jeunes garçons d'une grande beauté, vêtus de robes blanches et couronnés de fleurs, entrèrent dans la salle. En tête marchaient des joueurs de luth et de flûte ; les suivants semaient des fleurs et balançaient des encensoirs. Venait ensuite un jeune homme tenant la Bible ; un second portait la croix. Enfin s'avançait l'Apôtre en robe blanche brodée d'or. Il portait un long manteau traînant de soie bleue garni de zibeline dorée, et avait sur la tête une tiare étincelante d'or et de pierreries. Il bénit la communauté qui s'était mise à genoux, s'assit en haut de la table, sur son siège élevé, majestueux comme Sardanapale sur son trône. Puis il fit un signe et les frères et les sœurs se relevèrent et s'assirent.

« Mes bien-aimés, dit-il, c'est peut-être le dernier repas que nous faisons ensemble, en mémoire de notre Sauveur Jésus-Christ, dans son esprit et selon son commandement. Élevez donc vos âmes à Dieu avec ferveur, et souvenez-vous de son Fils qui est mort en croix pour nous. Jurez encore une fois de chercher à l'imiter, et, quand l'heure sonnera, de sacrifier votre vie, comme il a sacrifié la sienne, avec soumission et joie ! »

Sur un signe de l'Apôtre deux jeunes hommes s'aprochèrent de lui. L'un portait un pain blanc sans levain sur un plat d'argent ; l'autre, une haute coupe de forme antique, remplie de vin rouge.

Le prêtre prit le pain et le rompit.

« Je fais comme le Christ a fait et je dis en son nom : Ceci est mon corps. »

Il porta ensuite la coupe à ses lèvres :

« Et ceci est mon sang. Mangez et buvez en mémoire de moi. »

Le pain et le vin passèrent de main en main, de bouche en bouche, pendant qu'une musique invisible et solennelle se faisait entendre et que tous chantaient un psaume à la gloire de Dieu.

Quand le pain et la coupe symboliques furent revenus au prêtre, il bénit les mets qui étaient sur la table et dit :

« Maintenant, mangez et buvez ce que Dieu nous a donné, avec un cœur pur et une joie pieuse. »

Le repas commença. Les coupes furent remplies; de gais propos s'échangèrent; personne ne songeait au sanglant spectacle qui se préparait. De joyeuses mélodies accompagnaient cette fête étrange.

L'Apôtre donna un signal. Les assistants se levèrent tous ensemble, et les frères et les sœurs se placèrent en deux longues rangées des deux côtés de l'autel. La table fut rapidement enlevée. Les trompettes retentirent de nouveau, et ce fut comme un cortège de bacchantes et de corybantes qui se précipita dans la salle. En tête s'avançaient de belles jeunes filles, chaussées de sandales dorées et vêtues de longues robes blanches à franges d'or. Les épaules et les bras nus, elles avaient des guirlandes enlacées dans leurs opulentes chevelures, et jouaient de la flûte et des cymbales. Une deuxième troupe, avec des peaux de panthère autour des épaules et des thyrses dorés dans les mains, chantait et dansait. Venaient ensuite les pénitentes avec les pieds et les bras nus, vêtues de sombres peaux de bêtes, coiffées de têtes d'animaux, ayant des cordes de soie rouge pour ceintures et brandissant des disciplines.

Les sacrificatrices étaient conduites par Henryka. Elles avaient des sandales dorées, de longues robes de soie blanche garnies d'hermine, des lis dans leur chevelure dénouée qui tombait en ondes désordonnées et brillantes sur leurs épaules. Dans leurs mains étincelait le couteau du sacrifice. Elles entouraient Soltyk. Enfin venait Dragomira, vêtue d'une robe blanche traînante et d'une pelisse rouge, garnie d'hermine et d'une richesse royale. Une tiare d'or, couverte de pierreries, couronnait sa tête fière et dominatrice.

Toutes ces jeunes filles, d'une beauté enchanteresse, tordaient leurs corps élancés et charmants dans les transports d'une danse digne des Bacchantes, pendant que leurs lèvres rouges, qui semblaient altérées de sang, poussaient de joyeuses acclamations et que leurs grands yeux brillaient d'un sourire cruel, Dragomira s'avançait pas à pas avec la majesté froide et silencieuse d'une statue de marbre et le sombre regard de la prêtresse sévère et inexorable. Quand le cortège fut devant l'autel, l'Apôtre se tourna vers la croix et pria Dieu d'accepter le sang qui allait couler en expiation des péchés de celui qu'on immolait comme de ceux de l'humanité tout entière. Puis il bénit la victime et toute la communauté qui était tombée à genoux et prononça la prière du sacrifice, à laquelle tous s'unirent dans un profond recueillement et en se frappant la poitrine avec le poing.

Quand l'*Amen* eut été répété trois fois, le prêtre livra Soltyk à la prêtresse. Elle s'avança vers l'autel et fit un signe à son cortège. Aussitôt retentit une musique farouche et triomphante, et la danse des Bacchantes recommença.

En même temps, quatre des jeunes filles vêtues de peaux de bêtes s'approchèrent doucement du comte, à la façon des chats ; puis elles se précipitèrent brusquement sur lui en poussant un cri sauvage. Pendant que l'une, rapide comme l'éclair, lui jetait un lacet autour du cou, une autre lui attachait promptement les pieds avec sa corde de soie. Il tomba sur les genoux et les deux autres lui lièrent immédiatement les bras derrière le dos. Les sacrificatrices le saisirent et le placèrent sur l'autel.

« Pitié ! murmura-t-il.

— C'est Dieu, qui a pitié ! » répondit Dragomira, et elle releva lentement sa large manche doublée d'hermine. Sa pelisse tombait autour d'elle comme un ruisseau de sang ; le couteau du sacrifice étincela dans sa main et ses lèvres entr'ouvertes laissèrent voir ses dents.

De nouveau la musique se fit entendre, de nouveau les jeunes filles reprirent leurs danses en agitant leurs thyrses dorés, leurs disciplines et leurs couteaux autour de l'autel.

Dragomira se pencha tendrement vers le bien-aimé et lui passa un bras autour du cou. Pendant qu'elle collait ses lèvres à celles de Soltyk, sa main droite lui donnait le premier coup. La victime frissonna et fit entendre un soupir. Les flûtes et les cymbales retentirent en suivant un rythme encore plus sauvage, et tous ces beaux corps s'agitèrent, en proie au délire des Ménades et à l'ivresse que donne l'odeur du sang.

XXV

EN CROIX

> Le loup meurt silencieusement.
> Lord Byron.

Il était encore grand matin lorsqu'on éveilla le P. Glinski. Le juif qui lui servait d'espion depuis des années demandait avec instance à entrer. Il apportait, disait-il, d'intéressantes nouvelles. Le jésuite s'habilla à la hâte, et le domestique introduisit le fidèle Hébreu vêtu d'un long caftan.

« Sais-tu quelque chose sur le comte ? demanda Glinski tout agité.

— Non, répondit le juif, mais j'ai découvert une piste importante qui peut nous conduire vers le comte.

— Qu'as-tu découvert ?

— J'ai quelques raisons de croire que Bassi Rachelles, la propriétaire du cabaret Rouge, se tient cachée à Romschin, dans le manoir de M. Monkony.

— C'est impossible !

— C'est pourtant vrai. Du moment que Mlle Maloutine est une Pêcheuse d'âmes, pourquoi Mlle Henryka, qui n'est qu'un cœur et qu'une âme avec elle, n'appartiendrait-elle pas aussi à cette secte ?

— Tu as raison, mais Bassi avouera-t-elle, si nous réussissons à la prendre ?

— C'est une femme peureuse, qui ne peut pas voir le sang, dit le juif; elle a certainement aidé à ces méfaits ; mais elle ne s'attend pas à une trop rigoureuse punition. Elle avouera. Si elle ne parle pas, on la fera parler, car elle est très poltronne. »

Le P. Glinski s'empressa d'aller à la police, et de là chez Zésim.

Tous les deux accompagnèrent l'employé, qui partit pour Romschin avec plusieurs agents. Ils eurent la précaution de s'arrêter dans un petit bois, à quelque distance du manoir, et d'expédier en avant les agents, qui s'approchèrent de différents côtés et cernèrent la maison.

Alors ils les rejoignirent et demandèrent à entrer.

Le concierge arriva tout en émoi et jura qu'il n'y avait personne au manoir.

L'employé le suivit avec Glinski dans la maison, pendant que Zésim gardait la porte.

Tout à coup on entendit un cri d'effroi poussé par une femme. Ce cri venait du jardin. Ce furent alors des jurements, des prières, des gémissements où l'on démêlait des larmes.

Bientôt deux agents de police amenèrent une jeune et jolie paysanne qu'ils avaient saisie au moment où elle essayait de s'enfuir par le jardin.

« Je suis du village, disait-elle en protestant.

— Ah! vraiment? dit d'un ton ironique un des agents. Il n'y a qu'un petit malheur, c'est que je te connais. Tu es Bassi Rachelles. »

En même temps, il arracha le mouchoir rouge qu'elle avait autour de la tête. Elle se jeta à genoux, se tordant les mains avec désespoir.

« Je n'ai rien fait! criait-elle; je ne sais rien de rien, je suis innocente!

— C'est ce qu'on verra, dit l'agent de police; allons, marchons, en avant! »

On la conduisit dans une chambre du rez-de-chaussée, où entrèrent aussi l'employé et le jésuite.

« Ah! te voilà, dit l'employé; pourquoi te caches-tu ici? Quel crime as-tu commis?

— Je n'ai rien fait, je suis innocente!

— Tais-toi, scélérate! »

Bassi se précipita à ses pieds :

« Je n'ai pas versé de sang; je ne suis pas coupable!

— Où sont tes complices?

— Je ne suis pas une criminelle. Que Dieu me punisse si j'ai quelque chose de mal.

— Connais-tu Mlle Dragomira Maloutine?

— Oui.

— Elle est venue chez toi, au cabaret Rouge?
— Oui.
— Pourquoi y venait-elle?
— Elle s'y est rencontrée avec différents messieurs.
— Avec Pikturno et Soltyk?
— Je crois... oui.
— Tu savais que c'est une Pêcheuse d'âmes?
— Non, aussi vrai que Dieu m'entend, je ne l'ai pas su.
— Tu mens. Tu connais aussi les autres. Tu sais que Mlle Henryka Monkony appartient également à cette secte sanguinaire. Tu connais les associés; tu connais leurs repaires. Allons, avoue!
— Je ne sais rien. Je connais Mlle Henryka, voilà tout.
— Où se trouve Dragomira en ce moment?
— Je ne sais pas.
— Tu ne veux pas parler, s'écria l'employé; c'est bon, nous avons des moyens de te délier la langue. »

Bassi lui embrassa les genoux en tremblant.

« Pitié! je ne sais rien, je ne peux rien dire!
— Assez causé! cria l'employé en frappant la terre du pied; le knout! Et deux femmes qui sauront s'en servir! »

Un des agents sortit.

« Grâce! dit Bassi d'une voix suppliante et toute secouée par une terreur mortelle; grâce! je suis une femme! Comment pouvez-vous frapper une femme!
— Ce sont des femmes qui te frapperont.
— Non, non! s'écria-t-elle, jamais personne ne m'a touchée!
— Tant mieux! Tu n'en avoueras que plus vite. »

L'agent revint avec deux jeunes paysannes solides, qui tenaient des cordes et des knouts. Elles considérèrent avec un sourire féroce Bassi, qui tremblait et qui se jeta, tout en larmes, aux pieds de l'employé.

« Attachez-la!
— Pitié! pitié! »

Bassi se mit en défense; mais ce fut bien inutile. Elle fut garrottée et attachée au poêle; puis les deux jeunes filles se postèrent derrière elle, le knout à la main.

« Combien de coups?
— Jusqu'à ce qu'elle avoue. »

Les knouts commencèrent leur abominable besogne. Au bout de cinq coups, Bassi capitula.

« Assez! assez! j'avoue tout, détachez-moi.

— Encore cinq coups, pour la rendre tout à fait gentille, » dit l'employé.

Les knouts continuèrent à travailler. Bassi criait et pleurait. Son désespoir ne touchait personne, ni l'employé qui fumait son cigare avec un air de parfaite satisfaction, ni les jeunes filles, qui n'étaient pas disposées à lâcher une victime de cette rareté.

Une fois délivrée, Bassi avoua tout, ses relations avec l'Apôtre et Dragomira, la part qu'elle avait prise au meurtre de Pikturno et à d'autres forfaits qui étaient jusqu'alors restés cachés. Elle révéla que la secte avait eu ses repaires au cabaret Rouge, à Myschkow et à Okozyn, et que Dragomira avait emmené le comte pour l'immoler.

« Où l'a-t-elle emmené? demanda le jésuite.

— Je ne sais pas.

— Alors, le knout!

— Pitié! Comment le saurais-je? Elle peut le retenir prisonnier à Myschkow ou à Okozyn. »

L'employé se consulta avec Glinski. Ils décidèrent d'en rester là pour l'interrogatoire, de retourner à Kiew et de se rendre en toute hâte à Okozyn avec toutes les forces disponibles. La juive fut attachée sur l'un des traîneaux, et l'on se mit immédiatement en route.

Cependant la nouvelle de cette arrestation était à peine connue dans le village que Juri partait à cheval pour Kiew, afin d'avertir Sergitsch; et celui-ci se rendait immédiatement en traîneau à Okozyn. Quand il arriva, les sectateurs de l'Apôtre s'étaient déjà dispersés dans toutes les directions. La plupart s'étaient enfuis du côté de la Galicie ou de la Moldavie.

Dragomira, Henryka, Karow et Tabisch étaient seuls restés auprès de l'Apôtre qui attendait courageusement le danger.

« Fuyez! fuyez! leur dit Sergitsch avec précipitation.

— Qu'est-il arrivé? demanda l'Apôtre d'une voix calme.

— Bassi a été découverte à Chomtschin et arrêtée, continue Sergitsch; on a employé le knout et elle a tout avoué. Vous n'avez plus ici un seul jour de sûreté. Si ceux qui nous poursuivent se hâtent, ils arriveront dans deux heures. Sauvez-vous pendant qu'il en est encore temps.

— Je laisse chacun libre de s'en aller, dit l'Apôtre; moi, je reste.

— Moi aussi, s'écria Dragomira, je ne t'abandonne pas. »

Henryka entoura silencieusement son amie de ses bras.

« Moi aussi, je reste, dit Karow.

— Soit ! dit l'Apôtre avec un sourire de tristesse, restez. Peut-être aurai-je encore besoin de vous. Toi, Sergitsch, tu vas partir pour Iassy, où beaucoup des nôtres se sont réfugiés. Là, tu prendras la conduite de notre sainte association, jusqu'à ce qu'on ait trouvé un prêtre. Que Dieu te protège ! »

Sergitsch s'agenouilla devant le prêtre. Celui-ci le bénit et le baisa au front, puis se détourna.

« Maintenant, laissez-moi seul, dit-il, et attendez tout près d'ici que je vous appelle. »

Tous sortirent de la chambre. Sergitsch remonta en traîneau et partit vers le Sud.

Il s'écoula quelques instants dans l'attente et l'anxiété ; puis l'Apôtre appela Dragomira. Tous pressentaient quelque chose d'extraordinaire. Henryka était à genoux et priait.

Quand Dragomira entra, l'Apôtre, calme et majestueux, était assis dans un fauteuil. Il lui fit signe d'approcher. Elle obéit et tomba à genoux devant lui.

« C'est fini ! Dragomira, dit l'Apôtre, nous sommes vaincus et nous n'avons plus rien à faire qu'à mourir avec courage. Je veux vous précéder et vous donner l'exemple.

— Tu veux nous quitter ? » demanda Dragomira avec un effroi profond : les paroles expirèrent sur ses lèvres.

« Il le faut. Je ne fuirai pas. Dois-je me livrer aux mains de nos ennemis, des ennemis de Dieu ? Dois-je finir sans gloire dans les steppes de la Sibérie ? non ; il est encore temps de choisir la route qui nous mène à Dieu apaisé et qui me conduira en Paradis. Il est encore temps d'inspirer un nouveau courage et de nouvelles espérances à tous ceux qui reconnaissent le vrai Dieu. Ma mort convaincra ceux qui doutent, raffermira ceux qui chancellent, allumera un feu sacré dans les âmes de ceux qui sont froids ou tièdes. C'est décidé. Renonce à me dissuader de mon projet ; ne me plains pas ; plains ceux qui restent après moi dans cette vallée de larmes et de péchés.

— Fais ce que Dieu t'inspire ; mais moi je te vengerai sur ceux qui t'ont poussé dans la mort. Je te le jure.

— Tu ne dois pas me venger, Dragomira, reprit l'Apôtre en lui posant la main sur l'épaule. Ce n'est pas la haine, mais l'amour qui doit être dans ton cœur. C'est par amour que tu dois punir ceux qui blasphèment Dieu et persécutent ses serviteurs. Punis-les pour leur gagner, à eux qui sont aveugles et sourds, le royaume des cieux et la félicité éternelle, pour les sauver de la puissance du mal.

— Je t'obéirai jusqu'au dernier soupir, dit Dragomira, et j'agirai dans ton esprit. Avec l'aide de Dieu, j'espère accomplir ma mission. Puis je n'aurai plus rien à chercher sur cette terre, et je te suivrai sur la route de la lumière éternelle.

— Ma bénédiction est avec toi, dit l'Apôtre, et maintenant je compte sur toi, sur ton courage et ta force, dans cette heure de joie et de délivrance.

— Il faut que je te tue? murmura Dragomira épouvantée Non! non! Demande-moi ce que tu voudras, mais pas cela. »

L'Apôtre sourit douloureusement.

« Non, la mort, c'est de Dieu que je l'attends, répondit-il avec calme; à toi je ne demande rien de plus que de m'assister au moment suprême et de m'obéir. Veux-tu faire ce que je t'ordonnerai?

— Oui.

— Alors, appelle les autres et tiens-toi prête. »

Pendant que Dragomira faisait ce qu'il avait commandé, l'Apôtre se prosternait devant le crucifix et priait avec ferveur. Il ne se releva que quand ses derniers fidèles entrèrent. Il fit signe à Tabisch d'approcher et lui dit tout bas quelques mots. Tabisch pâlit, mais il inclina silencieusement la tête et sortit de la salle pour exécuter l'ordre qu'il avait reçu. L'Apôtre se rendit alors avec les autres dans le temple où il pria encore à genoux devant l'autel.

Tabisch ne tarda pas à revenir. Il portait une grande croix de bois grossièrement taillé, qu'il posa sur le sol devant l'autel. Il alla chercher ensuite des clous et un lourd marteau. Tous les assistants contemplaient ces préparatifs en silence, les lèvres pâles et le regard épouvanté. L'Apôtre se leva, étendit les bras et cria : « Que la volonté de Dieu soit faite! Crucifiez-moi! »

Dragomira et Henryka se précipitèrent tout en pleurs à ses pieds.

« Courage! mes amis, continua l'Apôtre, calmez-vous et ne m'abandonnez pas à la porte de la mort. »

Dragomira se releva et essuya ses larmes. Henryka suivit son exemple.

« Au nom de Dieu, mettez-vous à l'œuvre! » dit l'Apôtre, et il se coucha tranquillement sur la croix de bois en étendant les bras.

« Dragomira, dit-il, avec une gravité religieuse, je veux que ta main m'enfonce le premier clou. »

Elle le regarda longtemps, puis, d'un mouvement presque machinal, saisit le marteau et un clou.

« Où ? » demanda-t-elle.

Elle était à la fois calme et décidée.

« A la main droite. »

Dragomira écarta sa longue pelisse de zibeline et se mit à genoux. Puis elle retroussa ses larges manches, de manière à mettre à nu ses beaux bras. Elle hésitait encore.

« Courage ! » dit l'Apôtre.

Elle posa le clou sur la main et donna le premier coup. Un sang rouge jaillit. L'Apôtre lui souriait. Elle frappa encore trois coups et la main fut clouée sur la croix.

« A toi, maintenant, Henryka, la main gauche. »

Henryka se mit à genoux à son tour. Dragomira lui présenta le marteau et Karow un clou. Elle, d'ordinaire si avide de sang, elle qui, à la vue des souffrances des autres, éprouvait un sinistre plaisir, elle manqua le clou, tant ses yeux étaient voilés par les larmes, et frappa le poignet du martyr volontaire.

« Tu me fais bien mal, murmura-t-il, c'est encore la volonté de Dieu. »

Henryka fit un effort, respira et acheva rapidement son horrible besogne.

« Maintenant, Karow, mets le dernier clou, dit l'Apôtre. Aide-le, Dragomira. »

Elle tint solidement les pieds sur la croix, pendant que Karow enfonçait rapidement, à grands coups, un énorme clou d'abord dans les chairs et ensuite dans le bois.

« Dressez-moi, continua l'apôtre, je veux mourir, comme autrefois mon Sauveur est mort. »

Les deux hommes et les jeunes filles réunissant leurs efforts mirent la croix debout et la placèrent devant l'autel du sacrifice, auquel Tabisch l'attacha solidement avec des cordes. L'Apôtre restait calme et silencieux ; mais ses lèvres tremblantes indiquaient qu'il souffrait d'épouvantables douleurs et qu'il priait. Les autres l'entouraient muets et désespérés. Dragomira était à ses pieds, son pâle visage contre la croix ; Henryka avait caché sa tête dans le sein de Dragomira. Karow s'appuyait à la muraille ; Tabisch, à genoux derrière l'autel, priait silencieusement.

Une heure s'écoula ainsi. L'Apôtre releva tout à coup la tête.

« C'est assez, mes amis, dit-il ; il est temps de fuir. Laissez-moi.

— Je resterai auprès de toi tant que tu vivras ! s'écria Dragomira avec exaltation.

— Pense à ta mission, fuis !

— Et tu tomberais aux mains de tes ennemis ? s'écria-t-elle, non ! »

Et alors, saisie d'une inspiration soudaine, comme une prophétesse.

« Dieu m'a éclairée, dit-elle, je veux lui obéir et te livrer à la mort, Apôtre !

— Si c'est la volonté de Dieu, répondit-il, obéis-lui. »

Dragomira saisit le couteau du sacrifice, qui était sur l'autel, et s'approcha de l'Apôtre en montant les marches.

« Va devant moi à la lumière éternelle, lui dit-elle tout bas, je te suis. »

Et alors, l'entourant d'un bras, pendant que ses lèvres touchaient pour la première fois celles de l'Apôtre, elle lui enfonça le couteau dans le cœur.

Aucun cri ne s'échappa de la bouche du martyr. Sa tête retomba sur sa poitrine et un sourire de félicité demeura sur ses traits inanimés.

« Tout est consommé ! s'écria Dragomira avec une majesté farouche. Que son sang retombe sur eux ! »

XXVI

DEVANT LE JUGE ÉTERNEL.

> « L'heure de la séparation a sonné. »
> FRIEDRICH HALM.

« Où veux-tu fuir? demanda Henryka; où pouvons-nous encore nous cacher? Ne vaut-il pas mieux suivre l'exemple de l'Apôtre et mourir comme lui?

— Oui, allons ensemble au devant de la mort! » s'écria Karow.

Tous étaient possédés par un enthousiasme sauvage, par un désir exalté et fou de la mort.

— Non, dit Dragomira qui prenait le commandement, non, notre mission n'est pas encore remplie. Zésim et Anitta doivent tomber d'abord sous le couteau du sacrifice. Ne craignez pas que l'on nous fasse prisonniers. Je vous conduirai hors de ce château et je connais un endroit où personne ne nous trouvera. Mais, avant de fuir, il faut tuer les pêcheurs qui sont prisonniers. Personne ne doit sortir vivant de cette maison. Amenez-les tous ici. »

Henryka et les deux hommes descendirent rapidement dans les sombres souterrains du château et firent monter dans le temple les prisonniers hommes et femmes, jeunes filles, jeunes hommes et vieillards. Les malheureux, chargés de chaînes, regardaient avec épouvante le mort étendu sur la croix et attendaient leur sort en tremblant.

Ils étaient tous réunis, au nombre de vingt et un. Dragomira monta à l'autel et supplia Dieu d'accepter les victimes avec clémence. Alors Henryka et elle saisirent les couteaux du sacrifice et se mirent à égorger sans pitié les infortunés voués à la mort.

En vain, secoués par les angoisses de la mort, demandaient-ils grâce ; Karow et Tabisch les saisissaient l'un après l'autre et les plaçaient sur l'autel. Les prêtresses étaient là, debout, les manches retroussées, les bras nus, le fer étincelant à la main. Pendant longtemps on n'entendit que les plaintes, les sanglots, les cris de douleur des mourants. Une sorte de pieuse rage s'emparait des prêtresses pendant que le sang rouge et chaud ruisselait sur les mains. Elles poussaient des cris d'allégresse, comme des lionnes en délire, riaient aux éclats dans des transports de joie épouvantable et chantaient un hymne sauvage, un hymne de fous. C'était comme une ivresse de sang ; leurs narines s'ouvraient, leurs lèvres frémissaient, leurs yeux brillaient de l'ardeur du meurtre. L'odeur du sang mêlée à celles des fourrures qui enveloppaient leurs corps, cette atmosphère d'arène romaine semblait les enivrer. Elles ne se reposèrent pas avant d'avoir frappé de leurs mains la dernière victime, avant d'avoir achevé l'horrible hécatombe offerte au dieu de colère et de vengeance, le seul dieu qu'elles connaissaient et qu'elles adoraient.

Alors elles rejetèrent leurs couteaux, lavèrent leurs mains ensanglantées et ôtèrent leurs vêtements souillés de sang :

Un quart d'heure plus tard, ils descendaient tous les quatre, habillés en paysans, dans les souterrains du château.

Dragomira les conduisait, une torche à la main. Ils fermèrent toutes les portes derrière eux, et barricadèrent la dernière avec des barres de fer et des pierres.

Ils étaient arrivés dans une vaste salle voûtée, où l'on n'apercevait aucune issue. Dragomira désigna une pierre placée tout en bas de la muraille. Ils réunirent tous leurs efforts, réussirent à la pousser de côté ; et alors s'ouvrit devant eux un nouveau corridor souterrain que personne n'avait connu, excepté Dragomira et l'Apôtre.

Quand ils eurent passé en rampant par cette ouverture et remis la pierre à sa place, ils étaient sauvés.

Personne ne pouvait découvrir cette issue. Là devait s'arrêter toute poursuite.

Ils s'avancèrent dans une galerie spacieuse et élevée qui était taillée dans le roc et qui remontait aux temps où Mongols et Tartares, Turcs et Cosaques envahissaient, pillaient et dévastaient cette partie de la Russie.

La galerie aboutissait, à une lieue environ du château, au milieu d'une épaisse forêt. L'ouverture, pratiquée dans un rocher élevé, était encore fermée par une dalle de pierre.

Ils arrivèrent enfin en plein air, et se trouvèrent sur une espèce d'observatoire d'où ils apercevaient les vastes plaines de la campagne par dessus les cimes des arbres séculaires. Devant eux brillaient les cinq coupoles de l'église grecque du village de Kasinka Mala.

Tabisch fut chargé d'aller aux nouvelles. Il revint bientôt annonçant que les gendarmes avaient investi le château, mais que la route par le bois était libre.

Pendant que les agents de police et les soldats dirigés par l'employé et le jésuite enfonçaient la porte du château et pénétraient dans les bâtiments, les fugitifs se glissaient avec précaution à travers l'épaisseur du bois dans la direction du village. Non loin du village, et dans le bois même, sur une espèce de presqu'île entourée de marécages et d'eau se trouvait un autre grand rocher, où, du temps des Tartares, des gens du pays fuyant devant eux s'étaient pratiqué une retraite sûre. Dragomira l'avait fait préparer depuis longtemps déjà comme un dernier asile pour elle et ses compagnons. Seuls l'Apôtre et Mme Maloutine, qui s'était enfuie en Moldavie, connaissaient cette cachette. Là, ils étaient complètement à l'abri. On y parvenait par une porte faite d'une roche habilement dissimulée derrière les broussailles et le lierre. Cette porte ne s'ouvrait que sous la main d'un initié et se refermait derrière lui. Une galerie sombre conduisait à l'intérieur. Puis un escalier taillé dans la pierre se dressait brusquement. En haut, à droite et à gauche, s'ouvraient deux chambres ménagées dans le roc et recevant le jour par de petites ouvertures cachées sous le lierre.

Les murs et le sol étaient recouverts de tapis, ainsi que les portes et les fenêtres. Des lits formés de matelas et de peaux de bêtes, des lampes suspendues au plafond, étaient tout le mobilier. Des niches creusées dans le roc renfermaient tout ce dont on ne pouvait se passer. Quelques marches de plus conduisaient au sommet du rocher, d'où la vue s'étendait au loin sur tout le pays environnant comme du haut d'un donjon.

Peu de jours auparavant, Dragomira avait elle-même transporté secrètement en ce lieu des vivres, des armes et des munitions. On pouvait à la rigueur s'y cacher pendant plusieurs semaines et même y soutenir un siège. Les fugitifs s'y installèrent. Les deux jeunes filles prirent une chambre, Karow et Tabisch prirent l'autre. Puis Dragomira appela

Tabisch pour lui donner ses ordres. Quand il se fut un peu reposé, il repartit et s'en alla au village, à travers la forêt d'un pas tranquille, la pipe à la bouche, le bâton à la main, comme un bon paysan,

Il trouva dans un cabaret un grand garçon de la campagne, qui, moyennant deux roubles et un petit verre d'eau-de-vie, se chargea volontiers d'un message pour Zésim. Quand le jeune campagnard fut à cheval, Tabisch lui demanda encore s'il avait bien compris.

« Certainement, répondit-il, la demoiselle qui est chez la nourrice du monsieur est en danger; monsieur l'officier fera bien de venir tout de suite; seulement, pas chez Kachna, mais ici, au cabaret.

— Bien, je vois que tu es un garçon avisé. »

Le messager partit. Tabisch calcula que Zésim ne pourrait pas arriver avant le point du jour, et se remit en route pour le rocher. Il retraversa la forêt sans accident et fit son rapport à Dragomira.

La police avait trouvé vide le nid des Dispensateurs du ciel, et était revenu à Kiew après avoir laissé quelques gendarmes pour garder la maison. La poursuite n'avait pas été plus loin et les fugitifs pouvaient jouir d'un peu de repos. La nuit était venue; l'armée des étoiles brillait au ciel; un silence religieux régnait au-dessus des cimes des chênes séculaires. Bientôt tout dormit; seule, une louve aux yeux ardents errait dans les profondeurs de la forêt, et Dragomira, que fuyait le sommeil, restait assise sur ses molles fourrures et songeait. Enfin, elle s'endormit, elle aussi. Mais ce ne fut pas pour longtemps : le premier chant d'oiseau l'éveilla de grand matin.

Cependant, le messager était arrivé à Kiew, avait réveillé Zésim et s'était acquitté de la commission. Zésim le renvoya sur-le-champ avec un autre message. Seulement, quand le garçon revint, au lieu d'aller au cabaret, il se rendit à la maison de la nourrice et lui annonça que : « Monsieur l'officier le suivait de près et serait au cabaret dans un quart d'heure au plus tard. »

Ce message parut singulier à la paysanne, qui s'était réveillée la première et qui causait avec le jeune homme par la fenêtre. Elle lui dit d'attendre et éveilla Anitta.

« Mon enfant, dit-elle, avez-vous envoyé un message à Zésim ?

— Moi... ? Non.

— Il y a là un garçon qui apporte une réponse de lui. Parlez-lui vous-même. »

Anitta s'habilla à la hâte. Un triste pressentiment s'était emparé d'elle et la poussait.

« Entre, dépêche-toi ! cria-t-elle au messager, quand il apparut sur le seuil avec une contenance embarrassée.

— Qui t'a envoyé ? demanda-t-elle.

— M. Jadewski.

— Et qui t'a envoyé à lui ?

— Vous-même, mademoiselle.

— Je ne t'ai donné aucune commission.

— Mais si, hier soir, vous me l'avez fait dire par un paysan, qui m'a payé deux roubles.

— Raconte, dit-elle rapidement, raconte tout. »

Quand le jeune campagnard eut fini son récit, Anitta comprit qu'on avait attiré Zésim à Kasinka pour s'emparer de lui. Il n'y avait que Dragomira qui pût lui avoir tendu ce piège. Il était en danger d'être tué. Il s'agissait d'agir avec courage et promptitude.

« Eveille les voisins, dit-elle au jeune paysan, qu'ils s'arment et viennent ici avec nous. Mais dépêche-toi, il y va de la vie d'un homme. »

Kachna éveilla les gens de sa maison. Anitta appela Tarass et fit seller le cheval qui était là exprès pour elle.

Zésim avait quitté Kiew peu de temps après avoir renvoyé le messager. Il arriva à Kasinka Mala au petit jour. Il sauta de son cheval, le remit au cabaretier juif qui s'était empressé de venir au-devant de lui, et entra dans le cabaret. Au moment où il posait le pied sur le seuil, il fut saisi par Karow et Tabisch. En même temps, Henryka lui arrachait son épée du fourreau, et, pendant que les deux hommes luttaient avec lui, elle lui jetait un lacet autour du cou. Peu d'instants après, Zésim, les mains et les pieds garrottés, était posé à genoux au milieu de la chambre, devant Dragomira. Celle-ci, habillée en paysanne, avec des bottes de maroquin rouge aux pieds, un mouchoir rouge autour de la tête, une pelisse blanche de peau de mouton brodée en couleur, était assise sur un banc de bois et le considérait d'un air de triomphe.

« Enfin, te voilà entre mes mains ! » dit-elle en faisant signe aux autres de s'éloigner.

Zésim ne répondit rien.

« Tu te tais ? continua-t-elle. Est-ce que tu ne m'aimes plus ? Ce serait fâcheux pour toi si tu avais changé de sentiment, car voici l'heure où je vais tenir ma parole. Je suis prête à devenir ta femme. Puis après avoir été heureux, nous apaiserons Dieu et nous mourrons ensemble.

— Tu peux me tuer, répondit Zésim, mais jamais je ne mettrai ma main dans cette main souillée de sang; jamais je ne presserai sur mon cœur une réprouvée comme toi. Je t'ai aimée, mais en ce moment, tu me fais horreur.

— Je vous immolerai, toi et Anitta, en expiation du sang des justes qui retombe sur vos têtes.

— Ce n'est pas nous qui sommes les coupables, répondit Zésim, c'est toi qui es la criminelle, la scélérate! Le bras vengeur de Dieu, que tu as si souvent offensé, t'atteindra tôt ou tard.

— C'est ce que nous verrons, dit-elle avec calme; en attendant, tu es mon prisonnier, et Anitta ne tardera pas à être en mon pouvoir. Alors j'imaginerai pour vous des tortures auxquelles on n'a pas encore songé. Ne t'attends à aucune pitié de ma part.

— Je n'ai pas peur de toi, et je ne te demanderai pas grâce, s'écria Zésim; je suis fier de ta haine. Si je dois mourir, c'est que Dieu le veut. Je suis prêt à me soumettre à sa volonté. »

Dragomira riait. Ce rire, froid et cruel comme celui d'un démon, faisait tressaillir Zésim lui-même, malgré son courage. Il frissonnait devant cette belle enchanteresse qui avait autrefois troublé tous ses sens et exercé sur son cœur un empire despotique

« Nous verrons si tu restes toujours aussi ferme, dit-elle avec la majestueuse tranquillité d'une souveraine qui n'est pas habituée à rencontrer de résistance; d'abord tu éprouveras encore une fois le charme qui t'a si souvent vaincu; et, quand au milieu des plus doux tourments, tu te traîneras à mes pieds en me demandant grâce, comme un païen à son idole, comme un esclave à son maître, Anitta verra comme je me raille de toi, comme je te repousse du pied, et comme je te livre à la mort sans pitié.

— Tu peux me torturer et me tuer ; tu ne m'aviliras pas. Je méprise ta puissance. »

Dragomira se leva et prit un fouet qui était sur une table. Au même instant Henryka se précipita dans la chambre en criant :

« Fuyez! Ils arrivent! Anitta à cheval, suivie de gens armés ! »

Dragomira pâlit un moment. Mais elle eut bientôt recouvré son calme et sa décision.

« Fuis ! dit-elle d'un ton de commandement énergique, votre affaire est de continuer l'œuvre sainte ! Sauvez-vous !

— Je reste avec toi, s'écria Henryka.

— Non, fuis, je te l'ordonne, en toute hâte, à cheval ! Je reste ici pour juger au nom du Tout-Puissant ! »

Henryka se jeta dans les bras de Dragomira et lui donna un baiser ; puis elle sortit rapidement, sauta sur le cheval de Zésim et partit au galop. Karow et Tabisch se sauvèrent par le jardin, passèrent par-dessus la clôture de planches et disparurent bientôt dans la forêt.

Dragomira prit son revolver et attendit Anitta de sang-froid.

On entendit le trépignement des pieds des chevaux, des pas lourds, le cliquetis des armes, une voix claire qui donnait des ordres. Puis le silence se fit, et Anitta entra, accompagnée de Tarass. Elle portait, elle aussi, la jupe courte, les bottes d'homme, la pelisse de mouton et le mouchoir de tête d'une paysanne petite-russienne. Elle avait un pistolet à la main ; Tarass était armé d'un fusil de chasse.

« Rends-toi, scélérate ! cria Anitta ; le cabaret est entouré par mes gens. Tu es entre mes mains. Tu ne peux t'échapper. »

Dragomira dressa fièrement la tête.

« Je t'ai attendue, répondit-elle, pour régler mon compte avec toi. Cette heure est celle du châtiment que je veux vous infliger au nom de Dieu, à toi et à celui qui est là !

— Tu blasphèmes Dieu quand tu prononces son nom, dit Anitta, il a horreur de toi et de ta doctrine homicide.

— Dieu décidera entre toi et moi.

— Qu'il décide ! répondit Anitta, regardant avec calme son ennemie bien en face, nous sommes toutes les deux devant le Juge éternel. Qu'il prononce ! »

Un sourire triomphant passa sur le beau et fier visage de la Pêcheuse d'âmes, pendant qu'Anitta faisait à voix basse une courte prière.

Toutes les deux levèrent en même temps leurs pistolets. Il y eut un instant d'anxieuse attente, puis Dragomira pressa la détente.

Le coup ne partit pas.

L'autre chien s'abattit. On vit un éclair, on entendit une détonation. Dragomira fit encore un pas vers Anitta et tomba tout à coup en avant le visage contre terre.

« Est-elle morte ? » demanda Anitta.

Tarass s'approcha de Dragomira et la retourna :

« Dieu a jugé, dit-il ; son âme est devant lui. »

Anitta se mit à genoux et éleva en pleurant ses bras vers le ciel. Puis elle se releva, tira le poignard qu'elle portait à sa ceinture, coupa rapidement les cordes qui liaient son bien-aimé, et, sanglotant de joie, le serra contre sa poitrine.

« Sauvé ! murmura Zésim, sauvé par toi ! »

La nourrice se précipita alors dans la salle, et se suspendit en pleurant au cou de Zésim.

« Mon enfant ! s'écria-t-elle, mon cher enfant ! Le ciel t'a protégé et cet ange t'a sauvé ! »

Le traîneau de Kachna fut bientôt attelé. Zésim aida Anitta à y monter, et Tarass sauta sur le siège du cocher. On partit au galop pour Kiew et l'on alla droit au palais Oginski.

Zésim, tout triomphant, rendit la bien-aimée à son père et à sa mère, qui bénirent le jeune couple en versant des larmes de joie et rendirent grâces à Dieu par un vœu solennel.

Aujourd'hui, à Kasinka Mała, à la place où était jadis le cabaret et où Dragomira mourut, s'élève une chapelle dédiée à la Vierge. Tous les ans, au jour anniversaire de celui où Zésim fut sauvé par Anitta d'une façon si merveilleuse, un prêtre y dit une messe basse pour l'âme de la malheureuse, victime d'une épouvantable superstition.

FIN

December 84

TABLE DES MATIÈRES

PREMIÈRE PARTIE

	Pages.
I. — La Prédiction	1
II. — Mère et Fille	8
III. — Dragomira	14
IV. — La Mission	20
V. — Le Feu follet	26
VI. — La Vestale	33
VII. — Anitta	39
VIII. — Le Cabaret rouge	46
IX. — Le comte Soltyk	53
X. — Le loup	59
XI. — Ange ou démon ?	66
XII. — Flèche d'amour	73
XIII. — L'infirmière	80
XIV. — Jeune amour	87
XV. — La médecine des Borgia	94
XVI. — Une âme sauvée	101
XVII. — Un beau rêve	108
XVIII. — Les roses se fanent	115
XIX. — Dans le filet	122
XX. — Pastorale	129
XXI. — Effet à distance	135
XXII. — Le regard du tigre	142
XXIII. — Où allons-nous ?	148
XXIV. — La confession	154

TABLE DES MATIÈRES

		Pages
XXV.	— La Vénus de glace	160
XXVI.	— Sous le masque	166

DEUXIÈME PARTIE

I.	— Ciel et Enfer	173
II.	— La route du paradis	179
III.	— Cartes vivantes	186
IV.	— Dans le labyrinthe de l'amour	193
V.	— Le purgatoire	199
VI.	— Le voile se soulève un peu	206
VII.	— Nouveau pas vers le but	212
VIII.	— De l'autre monde	218
IX.	— A bas le masque	224
X.	— Nouvelles mines	231
XI.	— Chasse à l'homme	237
XII.	— Dans le filet	242
XIII.	— Tissu de mensonges	250
XIV.	— Traité d'alliance	256
XV.	— Perdu	263
XVI.	— La Déesse de la vengeance	270
XVII.	— Cœurs de marbre	279
XVIII.	— La Pêcheuse d'âmes	286
XIX.	— La fuite	294
XX.	— Rêve d'amour	301
XXI.	— Sauvés !	308
XXII.	— Les tourments des damnés	315
XXIII.	— La dernière carte	322
XXIV.	— Le sacrifice	329
XXV.	— En croix	336
XXVI.	— Devant le Juge éternel	344

Imprimeries réunies, B, rue Mignon, 2.

www.ingramcontent.com/pod-product-compliance
Lightning Source LLC
Chambersburg PA
CBHW050749170426
43202CB00013B/2355